Smart City wird Realität

Michael Jaekel

Smart City wird Realität

Wegweiser für neue Urbanitäten
in der Digitalmoderne

Michael Jaekel
München
Deutschland

ISBN 978-3-658-04454-1   ISBN 978-3-658-04455-8 (eBook)
DOI 10.1007/978-3-658-04455-8

Die Deutsche Nationalbibliothek verzeichnet diese Publikation in der Deutschen Nationalbibliografie; detaillier-
te bibliografische Daten sind im Internet über http://dnb.d-nb.de abrufbar.

Springer Vieweg
© Springer Fachmedien Wiesbaden 2015

Gedruckt auf säurefreiem und chlorfrei gebleichtem Papier

Springer Fachmedien Wiesbaden ist Teil der Fachverlagsgruppe Springer Science+Business Media
(www.springer.com)

Für Natalia und Konstantin

Vorwort

Wer Visionen hat, sollte zum Arzt gehen.
(Helmut Schmidt)

An einem verregneten Sonntag im September in Berlin letzten Jahres besuchte ich einen befreundeten Professor für „Neuere Geschichte" in einem durchaus noblen Alters- und Pflegeheim. Hier hatte ich den Eindruck, dass die Senioren unserer Gesellschaft gut versorgt werden. Als ich auf die Zustände in dem Altersheim zu sprechen kam, entgegnete mir mein Freund mit leiser, aber bestimmter Stimme: „Versorgt bin ich hier sehr gut, aber das Leben im Alter habe ich mir immer anders vorgestellt." Die noch lebenden Verwandten leben alle relativ weit weg in anderen Städten oder sind selbst in Altersheimen untergebracht. Seine Vision vom Leben im Alter brachte er wie folgt auf den Punkt: „ein hohes Maß an Lebensqualität auf der Basis eines weitgehend selbstständigen Lebens in den eigenen vier Wänden." Die Begegnung mit meinem befreundeten Professor führte dazu, dass ich weitere Senioren in demselben Alters- und Pflegeheim hinsichtlich ihrer Vision des Lebens im Alter befragte. Diese Senioren bestätigten im Kern die formulierte Vision, erweitert um zusätzliche Aspekte: Leben im Alter bedeutet so lange wie möglich selbstbestimmt, oder auch mit Hilfe, in der vertrauten Umgebung leben zu können. Diese Umgebung umfasst die eigene Wohnung und den vertrauten Stadtteil mit den damit oftmals verbundenen sozialen Strukturen außerhalb der Familie.

Dieser Trend nimmt auf Grund der Überalterung der Gesellschaft in naher Zukunft zu. Noch werden sehr viele Pflegeleistungen in den privaten Haushalten von nahen Angehörigen erbracht. Die modernen Anforderungen der Berufswelt nach Flexibilität und Mobilität zerstören aber zunehmend soziale Strukturen. Dadurch wird ein Leben im Alter in den eigenen vier Wänden kaum möglich sein. Die heutigen Städte sind nicht smart genug, um die alten Menschen in ihrem gewohnten Umfeld leben zu lassen. Die Vision vom selbstständigen Leben im Alter in der vertrauten Umgebung bildet den notwendigen Ausgangspunkt für eine Smart City-Initiative im Bereich vernetzter Gesundheitswelten.

Wie und wo wollen wir alle nicht nur im Alter in den Städten leben? Diese Frage beschäftigt mich seit geraumer Zeit und bildete den Anstoß für das Buch. Es zielt darauf ab, Ansätze für die Umsetzung von Smart City-Initiativen, beispielsweise im Gesundheitswesen und anderen Handlungsfeldern einer modernen Stadt, zu entwickeln.

Überall auf der Welt werden Smart City-Initiativen entwickelt, jedoch meist isolierte Smart City-Programme oder -Projekte, ohne eine integrierte und kohärente Strategie. Noch fehlt es an den praktischen Smart City-Visionsmustern, geeigneten Schablonen zur Einordnung von Initiativen und Vorgehensmodellen zur konkreten Umsetzung der Visionen.

Das vorliegende Buch stellt eine Fortführung des Buches „Die digitale Evolution moderner Großstädte" [JA01] dar. Im ersten Band wurden primär neue Geschäftsmodelle durch die IT-Technologie Cloud Computing und Apps-Ökosystemen im Umfeld von Smart City-Initiativen skizziert und damit das „Was" einer Smart City.

In diesem zweiten Band geht es um die konkrete und stufenweise Umsetzung von Smart City-Visionen. Folglich wird das „Wie" einer Smart City konkret herausgearbeitet und beantwortet. Das Buch erlaubt die Klassifikation und Bewertung von Smart City-Initiativen/-Visionen anhand eines Reifegradmodells. Auf der Basis des Reifegradmodells können Smart City-Visionen mit Hilfe eines Transformationsmodells stufenweise praxisorientiert umgesetzt werden. Zusätzlich erhält der Leser ein Gerüst an Best Practices bei der Entwicklung und Umsetzung von Smart City-Visionen an die Hand. Das Reifegrad- und Transformationsmodell werden durch einen konkreten Smart City-Anwendungsfall im Handlungsfeld vernetzter Gesundheitswelten (exemplarisch übertragbar auf andere Handlungsfelder einer Smart City) veranschaulicht.

Das Buch richtet sich an alle Akteure einer Stadt, die an dem dynamischen Transformationsprozess der Städte hin zu Smart Cities interessiert sind. Konkret geht es uns darum, auf der Basis akademischer Überlegungen unterschiedlichster Disziplinen und praktischer Erfahrungen den Akteuren einer Smart City Handwerkszeuge und neue Denkanstöße zu liefern, die zur Realisierung einer Smart City hilfreich sind.

Ein derartiges Buch ist immer das Ergebnis einer Zusammenarbeit zahlreicher Experten. Zahlreiche Ideen, Vorschläge und Anregungen sind im Rahmen von Fachtagungen, praktischen Projekten und Diskussionsrunden mit Experten des MIT (Massachusetts Institute of Technology), des Fraunhofer Instituts, der Max-Planck Gesellschaft, der BITKOM, der Siemens AG, Google Inc., Amazon Inc., Apple Inc., Atos IT Solutions and Services und Vertretern der Stadt Masdar City entstanden, um nur einige zu nennen. Damit ist die Liste sicher nicht komplett und ich entschuldige mich bei allen, die nicht erwähnt wurden. Auch ihnen gilt mein Dank.

Trotz sorgfältiger Recherchen kann es durchaus vorkommen, dass sich Fehler eingeschlichen haben. Dafür ist der Autor verantwortlich und ich entschuldige mich hier vorsorglich dafür. Wenn Sie Interesse daran haben, den Transformationsprozess der Städte zu Smart Cities begleiten zu wollen, dann senden Sie mir Ihre Anregungen, Visionen, Ideen oder Kritik. In zukünftigen Auflagen versuche ich, dies alles zu berücksichtigen.

Februar 2015   Michael Jaekel

Inhaltsverzeichnis

Abbildungsverzeichnis

Die Suche nach einer neuen Urbanität

Es reicht nicht, die sozialen Probleme von Leuten zu lösen, sie
brauchen Schönheit. Oscar [Niemeyer] macht das Leben schöner.
(Fereira Gullar)

Wir schreiben das Jahr 2154: Auf der Erde herrschen Armut, Krankheit und Gewalt. Die Städte sind übervölkert, eine medizinische Versorgung existiert lediglich auf niedrigem Niveau und die Wirtschaft erlahmt. Dagegen kreist über der Erde eine Raumstation in der Form eines Rings – „Elysium". In der griechischen Mythologie stellt Elysium die Insel der Seligen dar. Im Film ist es das Paradies für die Superreichen, von nahezu makellosen Menschen, die von hoch automatisierten Robotern bedient und beschützt werden. An diesem Ort werden Krankheiten binnen Sekunden von High-Tech-Maschinen erkannt und geheilt [LIP01]. Diese Raumstation wirkt wie eine „Gated Community" des 21. Jahrhunderts, wie man sie vor allem in Nord- und Südamerika, aber auch in zunehmendem Maße in Asien findet. Die Entwicklung einer ringförmigen „Space Station" wurde tatsächlich bereits in den 70er-Jahren von Wissenschaftlern der Raumfahrtbehörde NASA betrieben. Unter dem Arbeitstitel „Stanford Torus" wurde 1975 die Idee einer ringförmigen Raumstation entwickelt, die im Orbit über der Erde kreisen sollte [MER][ROJ01].

Auch die in dem Film dargestellte ausgelaugte Erde ist keine reine Fiktion. Als Drehort für das zukünftig ausgelaugte Los Angeles (USA) wurde die heutige Stadt Mexico City mit ihren Slums herangezogen.

Die apokalyptische Erde und die Raumstation Elysium bilden die beiden Schauplätze für den Film „Elysium" von Neil Blomkamp. Der Film beschreibt schematisch ein überzeichnetes Szenario vom urbanen Leben in der Zukunft. Dennoch behandelt der Film eindrucksvoll in der ersten Hälfte die Themen medizinische Versorgung und Nichtversorgung, Immigrationsproblematik, Errichtung von „Gated Communities für Wohlhabende", Verdrängung der Armen in Slums, Überbevölkerung der Städte und kollabierende

© Springer Fachmedien Wiesbaden 2015
M. Jaekel, *Smart City wird Realität*, DOI 10.1007/978-3-658-04455-8_1

Stadt-Infrastrukturen [HAL]. Die Problematik der medizinischen Unterversorgung auf der ausgelaugten Erde und die High-Tech-Versorgung auf Elysium wurden nicht zufällig gewählt. Vielmehr wird die heute schon existierende und sich weiter teilende Qualität der medizinischen Versorgung kritisiert und im Film auf die Spitze getrieben.

Unweigerlich kommen bei der Betrachtung des Films Fragen auf, ob die zukünftige Urbanität so oder so ähnlich aussehen wird und wie wir in den Städten der Zukunft leben wollen?

Im Jahr 2000 hat der damalige UNO-Generalsekretär Kofi Annan in Berlin anlässlich der Eröffnung der Weltkonferenz zur Zukunft der Städte, URBAN 21, konstatiert: „Die Zukunft der Menschheit liegt in den Städten" [KOFI].

Mehr als die Hälfte der Weltbevölkerung lebt in Städten; die UNO schätzt, dass im Jahr 2030 bereits 60 % aller Menschen in Städten leben werden. Bis 2050 könnten bereits 6,5 Mrd. Menschen in Städten leben – nahezu doppelt so viele wie heute. Bis zum Jahre 2100 könnte die globale Bevölkerung die Marke von 10 Mrd. übersteigen und die Städte würden zum Zuhause von mehr als 8 Mrd. Menschen werden [UN02]. Die rasche Zunahme wird sich überwiegend in den Entwicklungsländern abspielen. In der dritten Welt ist es oft die Überlebensnotwendigkeit, die dazu führt, dass die Menschen vom Land in die großen Ballungszentren und Mega Cities ziehen. Die Migration vollzieht sich in der dritten Welt eher über ein unkontrolliertes Wachstum der Städte. Diese Städte sind dann auch Orte der Ausbeutung, Krankheit, Gewaltverbrechen, Arbeitslosigkeit, Unterbeschäftigung und extremer Armut. In den heruntergekommenen und unsicheren Slums finden nur die Armen Unterkunft, in denen sie ohne Trinkwasserversorgung, Abwasserbeseitigung und weitere grundlegende kommunale Dienstleistungen auskommen müssen [KOFI]. Eine große Herausforderung besteht darin, das weitere Wachstum von Elendsvierteln zu verhindern und den Bewohnern sauberes Wasser bereitzustellen, Abwässer und Abfälle hygienisch zu entsorgen und die Luftqualität zu verbessern.

In der ersten Welt entscheiden sich viele Menschen weitgehend aus freien Stücken, in die Städte zu ziehen. Die Urbanisierung kann hier in geregelten, gemäßigten Bahnen verlaufen und führt nicht zwangsweise zu riesigen Megastädten. Vielmehr entstehen Städte mittlerer Größe mit ungefähr einer halben Million Einwohner, die eine deutlich höhere Lebensqualität bieten als die Megastädte mit ihren 23 oder 30 Mio. Einwohnern. In den meisten Industrienationen lässt sich eine Dezentralisierungstendenz des Urbanisierungsprozesses beobachten, der kleinere und lebenswertere Städte hervorbringt, die auf ein größeres Gebiet verteilt sind [CLOS].

Die Städte sind Motoren des wirtschaftlichen Wachstums und Brutstätten der Kultur. Mithin fungieren die Städte als Plattformen für Ideen, Orte geistiger Spannung und technischer wie sozialer Innovationen. Zudem können die Städte Modelle des demokratischen Wirkens und multikulturellen Zusammenlebens sein. In den Städten mit Dichte ist der Energieverbrauch pro Einwohner mit kürzeren Wegen und Massentransportmitteln deutlich niedriger als im Landesdurchschnitt. Zudem ist der Zugang zu medizinischer Versorgung und Bildung wesentlich einfacher.

Zusammenfassend kann man sagen, dass durch die massive Urbanisierung die Städte einen besonderen Einfluss auf die Entwicklungen unseres Planeten haben werden – auf die Lebensqualität, die gesellschaftliche Struktur, soziale Interaktion, Ressourcenkonsum, Wirtschaft etc. Die urbane Expansion stellt die gewaltigste Infrastrukturauf- und -umbauphase der Menschheit dar. Beispielsweise ist Indien gefordert, jedes Jahr Wohnraum zu schaffen, der der Größe einer Stadt wie Chicago entspricht [SAN]. Ein Land wie China schickt sich an, jedes Jahr 12 neue Städte bis 2020 zu bauen, um der Landflucht von geschätzt jährlich 12 Mio. Migranten zu begegnen [CER]. Die Städte benötigen dringend effizientere Infrastruktursysteme, um die negativen Folgen wie Verkehrsstaus, Lärm-, Luft- und Wasserverschmutzung zu reduzieren.

Ein weiteres wichtiges Handlungsfeld ist der demografische Wandel und damit die zunehmende Überalterung in den entwickelten Industriegesellschaften. Damit geht ein erhöhter Bedarf an Gesundheits- und Betreuungsleistungen für die älter werdende Bevölkerung einher.

1.1   Die Städte im Aufbruch – Terra Incognita

Der Urbanist Charles Landry weist in dem sehr lesenswerten Buch „The Creative City – A toolkit for Urban Innovators" [LA01] deutlich darauf hin, dass in den neuen globalen Städten, unabhängig von deren Größe, die Frage nach deren Rolle und Positionierung in der Welt beantwortet werden muss. Es geht also um die Wettbewerbsfähigkeit einer Stadt in der globalen Welt. Konkret müssen alle Verantwortlichen einer Stadt über die spezifischen Herausforderungen und Möglichkeiten einer Stadt nachdenken, die vorhandenen Probleme thematisieren sowie die bestehenden „Aktivposten" bewerten. Die Städte müssen sich fragen:

1. Welche Rolle hat die Stadt und wie sieht der zukünftige Entwicklungspfad aus?
2. Wie sieht die Stadtidentität aus? Was unterscheidet diese Stadt von anderen Städten?
3. Über welche „Aktivposten" verfügt die Stadt?
4. Welche Möglichkeiten bestehen für die Stadt, ein dynamisches und kreatives Milieu zu erzeugen, damit Innovationen möglich werden?

Prinzipiell muss sich jede Stadt darüber klar werden, wie sie ihre Anziehungskraft für Wirtschaft, Gesellschaft, Kultur und Politik erhöhen kann [LA01]. Außerdem ist sie gefordert, ein starkes Innovationsmilieu zu erzeugen, in Verbindung mit einer Industrieexpertise. Auf dieses Innovationsmilieu gehe ich im Kap. 2.3.3 näher ein. Der offensichtlichste Treiber für die Weiterentwicklung der Städte sind die Wirtschaftskrise und die Notwendigkeit, einen höheren Lebensstandard im urbanen Raum zu erzeugen. Denn Städte werden zu wichtigen Akteuren im globalen Wettbewerb und sie müssen ihre Ressourcen mobilisieren, um einen höheren Lebensstandard zu erzielen [FLOR]. Malecki [MALE] argumentiert, dass die Regierungen unter Druck stehen, den steigenden Erwartungen hinsichtlich städtischer Services, vergleichbar denen in der Unternehmenswelt, gerecht zu werden. Andere konzentrieren sich auf soziale Fragen. Deakin [DEAK06] hebt hervor, dass das Potenzial für soziale Exklusivität in den Städten die Relevanz der Wettbewerbs-fähigkeit hervorhebt.

Neben diesen grundsätzlichen Fragen nach der Erneuerung oder Aufbau grundlegender Stadtinfrastrukturen manifestieren sich neue Megatrends im digitalen Zeitalter, die das Leben in den Städten nachhaltig beeinflussen werden. Das gilt nicht nur für das urbane Le-ben in den entwickelten Industrienationen, sondern umspannt den gesamten Globus. Die Rede ist von der rasanten Verbreitung von Mobiltelefonen und der Internet-Vernetzung von Menschen über Social-Media-Anwendungen wie Facebook, LindekIn, YouTube etc. Ein Leben ohne Mobiltelefon – das ist für die meisten Menschen kaum vorstellbar. Keine Technologie hat die Welt bisher schneller erobert. Fast 6 Mrd. Menschen nutzen heute ein Handy. Der Großteil der Besitzer ist laut United Nations Department of Economic and Social Affairs aber nicht in den USA oder in Europa zu Hause, sondern in ärmeren Län-dern wie Ghana, Uganda oder Nigeria (ca. ¾ der Handybesitzer). In der krisengeschüttel-ten Demokratischen Republik Kongo besitzen 9,3 Mio. Menschen ein Mobiltelefon. Das Mobiltelefon ist ein Entwicklungsmotor der besonderen Art. Es ermöglicht nicht nur die Kommunikation außerhalb der unmittelbaren Umgebung, sondern überbrückt schlechte Straßen und weite Distanzen. Mit dem Mobiltelefon können Menschen Geld überweisen oder empfangen, wo keine Bank ist und dort, wo kein Krankenhaus ist, trotzdem medizi-nischen Rat bekommen [UN05]. Das ist aber noch lange nicht das Ende der Entwicklung hin zum digitalen Zeitalter.

Auf der Elektronikmesse CES in Las Vegas im Januar 2013 sprach Paul Jacobs, Chef von Qualcomm, von weiteren Megatrends, die das urbane Leben heute und in Zukunft bestimmen werden: **Das Zeitalter der Datenflut** – die neue Welt der Smartphones und Tablets verfügt über eine Masse von Sensoren. Diese Sensoren sammeln und liefern eine Unmenge an Daten, die für immer neuere Anwendungen benötigt werden. Die Nutzung und intelligente Verknüpfung dieser Daten ist der entscheidende Faktor. **„Always on" und im Internet** – die permanente Verbindung des Smartphones oder Tablets mit dem Internet ist die Voraussetzung für neue Produkte und Dienste. Ein Beispiel in diesem Zusammen-hang stellt die Datenbrille „Google Glass" dar: Diese Datenbrille liefert dem Träger Um-gebungsinformationen und stellt Handlungsmöglichkeiten bereit. Weitere Informationen zu der Datenbrille „Google Glass" entnehmen Sie bitte dem ersten Band „Die digitale Evolution moderner Großstädte" – insbesondere Kap. 4 [JA01].

Dadurch, dass viele Menschen mehr als ein internetfähiges Gerät nutzen, entsteht ein **verändertes Medienverhalten**. Dies passiert, wenn Menschen neben dem Smartphone auch gleichzeitig das Tablet nutzen [POST]. Die skizzierten Megatrends der digitalen Ge-sellschaft werden das urbane Leben nachhaltig beeinflussen. Diese technologisch orien-tierten Aspekte werde ich im weiteren Verlauf des Buches immer wieder aufgreifen, in den Kap. 2, 3.3 und 4.

Es findet eine zunehmende Digitalisierung zahlreicher Lebensbereiche urbanen Lebens statt und ein Ende ist nicht in Sicht. Oder wie es der Fantasy-Forscher Rolf Giesen erklärt:

„Wir sind die Neandertaler der [digitalen] Zukunft" [MEIER]. Wir stehen also noch am Anfang der beginnenden Digitalisierung und Virtualisierung der Gesellschaft. Sämtliche skizzierten Tendenzen in der Digitalmoderne führen durch die digital-technologische Revolution, den ökologischen Umbau und die soziale Umwälzung zu einer zunehmend integrierten und nachhaltigeren Welt. Die sich abzeichnende Urbanität der Zukunft ist ein Amalgam aus den Prinzipien der ökologischen und ökonomischen Entwicklung, den technologischen Prinzipien der vernetzten Informationswelt und den sozialen Prinzipien der menschlichen Entwicklung.

Die sich formende Urbanität kann als ein sozioökonomisch-technologisches Konzept verstanden werden, das zahlreiche Handlungsbereiche einer Stadt miteinander integriert und vernetzt. Auf diesen sozioökonomisch-technologischen Aspekt gehe ich im Kap. 1.2.1 näher ein.

Im nächsten Schritt wird das Wesen einer Stadt näher beleuchtet. Insbesondere gehe ich der Frage nach, was eine Stadt ausmacht und welche Entwicklungstendenzen von Städten erkennbar werden.

1.1.1   Über das Wesen der Stadt

In dem kürzlich erschienenen Buch „Die City" konzentriert Hannelore Schlaffer das Wesen einer Stadt auf die Formel: „Die Stadt ist eines der grundlegenden und die Zeiten überdauernden Ordnungsmuster der menschlichen Gesellschaft" [SCHLA].

Dieses Ordnungsmuster macht die Stadt zu einer Plattform für Ideen aus den Bereichen Kunst, Kultur, Architektur, Wirtschaft, Forschung, Technologie und gesellschaftlichem Leben. Denn die Städte sind auch durch Dichte, Interaktion der Menschen im urbanen Raum, Diversität und Verbindung zu anderen Städten gekennzeichnet. Zudem besteht die Stadt aus privatem und öffentlichem Raum, innerhalb dessen menschliche Interaktion stattfinden kann. Gerade im öffentlichen Raum manifestiert sich eine Stadt.

In seiner feinen Abhandlung „Wir sind die Stadt" von Hanno Rauterberg wird dieser öffentliche Raum für die dynamische Urbanität aktiv eingefordert, denn: „Der Raum verlangt die Wahrnehmung des Individuums, doch nur in gelebter Beziehung zueinander gewinnt er jene Spannung, die Urbanität auszeichnet. Es ist die Erfahrung des offenen, geteilten Raumes, die eine Stadt zur Stadt macht" [RAU].

Die Stadt bildet den Katalysator für soziale und wirtschaftliche Interaktionen. Dies spiegelt sich auch in der zentralen Botschaft des Kopenhagener Weltsozialgipfels von 1995 wider. Darin heißt es, dass soziales und wirtschaftliches Wohl nicht voneinander getrennt werden können. In sämtlichen Städten der Welt geht es vor allem um die Lebensqualität. Wenn Kofi Annan davon spricht, dass die Zukunft der Menschheit in den Städten liegt, ist damit auch gemeint, dass eine Stadt sich um alle Mitglieder kümmert, in sie alle investiert und ihnen bei Entscheidungen, die ihr Leben beeinflussen, ein Mitspracherecht einräumt [KOFI]. Die renommierte Urbanistin Jane Jacobs formuliert es so: „Städte haben nur dann die Fähigkeit, allen etwas zu bieten, wenn sie von allen gemacht werden" [JA-

COBS]. Der Mensch und die soziale Interaktion stehen im Zentrum urbanen Lebens – sie sind der Ausgangspunkt und Zweck.

Nachdem ich das Wesen einer Stadt kurz beleuchtet habe, wende ich mich den Charakteristika, Zielen und der Definition einer Stadt zu.

1.1.2   Die Charakteristika und Definition einer Stadt

Welche Faktoren charakterisieren eine Stadt? Prinzipiell ist eine Stadt charakterisiert durch die Polarität von Öffentlichkeit und Privatheit. So sind die Polarität und Anonymität der großen Stadt die Voraussetzungen der sozialen Emanzipation des Individuums aus den unentrinnbaren Kontrollen der dörflichen Nachbarschaft [SIEBEL][RAU].

Daraus lassen sich drei Charakteristika einer Stadt ableiten, die primär aber nicht nur auf die europäische Stadt zutreffen:

1. Die Stadt ist ein Hoffnungsträger für die Menschen, die darin leben wollen. Sie steht für das Versprechen, die Bürger von den ökonomischen, politischen und sozialen Zwängen zu befreien. Mithin will und soll der Städter ein besseres Leben führen – Steigerung der Lebensqualität.
2. Die Stadt ist ein demokratisch legitimiertes, handlungsfähiges Subjekt ihrer eigenen Entwicklung.
3. Die Stadt wird auch charakterisiert durch Stadtentwicklung als Wachstumsprozess. In diesem Wachstumsprozess steigt die Zahl der Einwohner, der Arbeitsplätze, des Steueraufkommens, der Zuwanderung, der Infrastruktur etc. [SIEBEL]. Denn einer der Hauptgründe für die Verstädterung ist der sich verändernde Anteil der Wertschöpfung in den einzelnen Wirtschaftssektoren (primär: Landwirtschaft, sekundär: Industrie und Bergbau, tertiärer Wirtschaftssektor: Dienstleistung und Handel) und damit der Menschen, die dafür tätig sind [WIKI01].

Folglich sind Städte aus kulturwissenschaftlicher Sicht der Fall einer Kulturraumverdichtung.

Aus Sicht der Soziologie sind Städte vergleichsweise dicht und mit vielen Menschen besiedelte, fest umgrenzte Siedlungen mit vereinheitlichenden, staatsrechtlichen Zügen wie eigener Markthoheit, eigener Regierung, eigenem Kult und sozial stark differenzierter Einwohnerschaft [WIKI01].

Der einzigartige Charakter einer Stadt lässt sich aber vor allem aus den Verbindungen einer Stadt erklären. Man kann Städte als Teile von Netzwerken betrachten, die kulturelle, wirtschaftliche und regionale Netzwerke darstellen. Eben diese Netzwerke sind in den Städten konzentriert und überschneiden sich. Anhand der Konzentration der Netzwerke lässt sich auch die Urbanisierung erklären. Die unterschiedlichsten Netzwerke bündeln sich in den Städten und versammeln Menschen. Mit der Konzentration der Menschen entstehen völlig neue Netzwerke und die Möglichkeit, neue Verbindungen aufzubauen, nimmt zu. Denn es treffen die so in Netzwerken verbundenen Menschen auf viele andere Menschen, die gleich oder anders sind. Hinzu kommt die interne Diversifikation in Städten. Die internen Unterschiede in der Stadt sind dabei mit den externen Netzwerken verbunden. Beide beeinflussen sich gegenseitig. Die internen Divisionen einer Stadt und die Verbindungen in den Städten sind untrennbar miteinander gekoppelt.

Die Immigration ist ein sehr gutes Beispiel für dieses Spannungsverhältnis zwischen Verbindung und Diversion einer Stadt. Die Immigranten bringen völlig neue Ansichten, Kontaktnetzwerke, kulturelle Aspekte in eine Stadt ein [WIKI01]. Diese Netzwerke werden uns in der Smart City wieder begegnen. Denn die Netzwerke sind nicht nur das Rückgrat einer Stadt, sondern auch für die smarte Urbanität in der Zukunft von zentraler Bedeutung. Dort werden die bestehenden Netzwerke durch innovative Technologien wie Cloud Computing, Social Media, das Internet der Dinge und Dienste digitalisiert beziehungsweise virtualisiert und vernetzen so städtische und interstädtische Netze miteinander (siehe hierzu insbesondere die Kap. 2 und 3).

Schnell zeigt sich, dass es in der Literatur und Praxis keine einheitliche Definition für die Begriffe „urban" oder sogar „Stadt" gibt [EUKOM01]. Im Prinzip kann sich eine Stadt auf eine Verwaltungseinheit oder eine bestimmte Bevölkerungsdichte beziehen. Mitunter wird auch zwischen kleineren und größeren Städten unterschieden. Zudem kann sich die Stadt aber auch allgemeiner auf zahlreiche Vorstellungen einer städtischen Lebensweise beziehen, auf bestimmte kulturelle oder soziale Merkmale beziehungsweise funktionale Orte der Wirtschaft und des Austausches [EUKOM01]. Angesichts des Fehlens einer einheitlichen Definition einer Stadt hat die Europäische Kommission in Zusammenarbeit mit der OECD eine relativ einfache und einheitliche Definition erarbeitet, die für das weitere Verständnis des Buches relevant ist:

- eine Stadt besteht aus einer oder mehreren Gemeinden;
- mindestens die Hälfte der Bewohner der Stadt wohnt in einem städtischen Zentrum;
- ein städtisches Zentrum hat mindestens 50.000 Einwohner. Es besteht aus einem dicht besiedelten Cluster benachbarter Rasterzellen von 1 km^2 mit einer Dichte von mindestens 1500 Einwohnern/km^2 sowie aufgefüllten Zwischenräumen [EUKOM01].

Welche Entwicklungstendenzen von Städten zeichnen sich momentan ab? Dieser Frage gehe ich im nächsten Kapitel nach.

1.1.3 Zu den Entwicklungstendenzen von Städten

In der Vergangenheit hatte die Stadt mit der Kirche im Zentrum und dem dazugehörigen mustergebenden Rathaus und Markt(-platz) immer die Funktion eines Mittelpunktes. Dabei waren die Einwohner der Stadt auf dieses Zentrum bezogen [SCHLA]. Die Einwohner prägten den Charakter einer Stadt und bildeten das Spannungsfeld über die soziale Interaktion im zentrumsnahen urbanen Umfeld. Dieses Muster einer Stadt scheint sich in der modernen Zeit langsam aufzulösen. Zumindest gilt dies wohl für zahlreiche Städte in den Industrienationen.

Die Autorin Hannelore Schlaffer hat in ihrem Buch „Die City" diese Tendenz in einer äußerst geschliffenen Sprache beschrieben und bewertet. Nach Frau Schlaffer zerfallen die Städte in zwei Zonen, einem Zentrum und die umgebenden Vororte samt dem Um-land [SCHLA]. Dabei wird das Zentrum in den Metropolen zunehmend zu „Business Improvement Districts" transformiert. Diese Business Improvement Districts, eigentlich ist die Bezeichnung schon eine zynische Betrachtung urbanen Lebens, verbannen das über Jahrhunderte gepflegte urbane Leben in die Außenbezirke der Städte. Hannelore Schlaffer geht sogar so weit zu sagen, dass die Stadt der Gegenwart eine fabrizierte Stadt ist. Dabei geht die Gestalt der Stadt nicht aus den Bedürfnissen und den Netzwerken der Bürger hervor, sondern entspringt den Planungen von Unternehmern.

Die Business Improvement Districts sind gekennzeichnet von Gebäuden, die nach ei-nem Modell entworfen sind, das jedem beliebigen Ort leicht anverwandelt werden kann [SCHLA]. Von Schönheit, die sich aus der Verbindung von Architektur und Kunst ergibt, kann kaum die Rede sein. Ein Beispiel für diese fabrizierten Stadtbereiche ist sicherlich „La Défense" in Paris. Dieser Business Improvement District lebt nicht von einem perma-nenten Ineinander von urbanem Leben und Wirtschaft. Vielmehr zeigt sich dem Betrachter eine Bürostadt, die abends nahezu menschenleer ist.

Diese Entwicklungstendenz der Städte, wonach die Zentren der Städte zu Büro- und Einkaufszentren ohne nachhaltige Stadtkultur werden, ist schleichender Natur, aber in vielen Metropolen zu beobachten. Die Urbanität alten Musters wird aus den Zentren in das Umland und vor allem in angrenzende Stadtteile verschoben. Aber diese urbane Re-stauration über die Wiederherstellung von Urbanität in Nachbarschaften und Quartieren ist für die Weiterentwicklung von Städten von zentraler Bedeutung [STO]. Diese Tendenz hat Auswirkungen auf alle Lebensräume in der Stadt. Mit diesen Business Improvement Districts verschwinden auch vormals öffentliche Räume für den Bürger. Zahlreiche Archi-tekten und Stadtplaner wie Rem Koolhaas oder Richard Sennett beklagen so die Verödung der Innenstädte, alarmieren vor Verarmung, Segregation und der Privatisierung des öffent-lichen Raumes [RAU].

Dem stemmt sich ein **Urbanismus von unten** entgegen, der die öffentlichen Räume im Zentrum der Stadt zurückgewinnen will. Dabei eignen sich viele Bürger den öffentlichen Raum auf mannigfaltige Weise an. Man könnte auch von einem Mitmach-Urbanismus sprechen. Mit diesem Mitmach-Urbanismus sind Aktionen wie Urban Gardening, Guerilla Wayfinding (nach Vorlagen im Internet ausgedruckte Hinweisschilder, die mit Plastikbän-dern an Laternenmasten festgemacht werden), Space Hijackers (die per Facebook, Twitter oder auf anderen Kanälen dazu aufrufen, eine U-Bahn zu okkupieren, um dort eine Party zu organisieren), mit über Social Media ausgerufenen Flashmobs (die sich zu einem be-stimmten Zeitpunkt, an einem bestimmten Ort im Stadtzentrum treffen, um koordiniert ei-nen scheinbar spontanen Menschenauflauf auf öffentlichen oder halb öffentlichen Plätzen zu inszenieren), bei denen sich die Teilnehmer persönlich nicht kennen und ungewöhnli-che Dinge tun. Im Kern geht es um die Rückgewinnung des öffentlichen Raumes.

Durch das nahezu überall verfügbare Internet (Stichwort: Always On) verlagern sich Teile des Lebens ins Reich des Digitalen. Hinzu kommen die Social Media-Applikationen wie Facebook, Twitter oder YouTube. Der Autor Hanno Rauterberg beschreibt in seinem Buch „Wir sind die Stadt" [RAU] diese virtuelle Stadtrealität als **Digitalmoderne**. Damit gemeint ist unter anderem, dass eine Vielfalt an urbanem Leben in der Stadt möglich ist. Durch das mobile Internet entsteht eine mobile und ortlose Sphäre. Das Netz hat man sozusagen in der Tasche [RAU].

Wie ich bereits beschrieben habe, entstehen in dieser Digitalmoderne temporäre Zweckbündnisse, bei denen sich völlig unbekannte Bürger über die Social-Media-Applikationen zu Flashmobs oder Facebook-Partys treffen. Es handelt sich um eine urbane Intervention, die von Bürgern temporär organisiert und damit auch zu einem wesensbestimmenden Merkmal einer modernen Stadt wird [RAU]. Die Bürger reklamieren den öffentlichen Raum der Stadt für sich, nicht dauerhaft, sondern unvorhersehbar und auf kurze Zeit. Es ist ein „Pop-Up"-Verhalten der Bürger (Pop-Up-Gärten – Terrassen-Tag in Wien, Pop-Up-Mobiliar oder Pop-Up-Märkte) und zugleich ein bestimmendes Wesensmerkmal von Erscheinungen der Digitalmoderne.

Zahlreiche Städte in den USA suchen nach Werkzeugen, um Städte zu modernisieren und smart auszurichten. Gleichzeitig sollen die wirtschaftliche Entwicklung gefördert und die Verringerung der Kohlendioxid-Emissionen ermöglicht werden. Das Projekt „Better Block" ist ein Demo-Tool, um die Gemeinden aktiv an dem Aufbauprozess zu beteiligen und Rückmeldung in Echtzeit zu ermöglichen. Die Website „BetterBlock.org" dient zur Bereitstellung von Nachrichten, Informationen, Dienstprogrammen und als Pool von Best Practices (siehe Abb. 1.1). Damit können Städte ihre eigenen Better-Block-Projekte realisieren.

Die Initiative Betterblock.org gibt einen interessanten Überblick über zahlreiche Beispiele für urbane Interventionen in den USA [BETTER]. Gerade bei Betterblock.org werden Plattformen geschaffen, die einen offenen Bereich für Bürger zur Verfügung stellen. Hier zeigt sich abermals der Open Source-Gedanke. Die Überlegungen zu offenen Plattformbereichen wurden im ersten Band „Die digitale Evolution moderner Großstädte" [JA01] bereits ausführlich diskutiert.

An dieser Stelle soll nicht verschwiegen werden, dass diese Mitmach-Kultur nicht dazu taugt, gesellschaftspolitische Interessenkonflikte zu lösen. Vielmehr wirkt die Urbanisierung von unten wie eine städtische Akupunktur. Dennoch sind diese urbanen Aktivitäten ein Mittel, um aktiv an der Umgestaltung der Stadt zur Smart City mitzuwirken. Diese Ad-hoc-Aktivitäten folgen aber anderen Mustern und Prozessen als die Stadtverwaltungen. Auf der einen Seite ist es das unvorhergesehene, temporäre Aufbegehren, eine gute Idee zu verwirklichen, ohne über Fragen der Dauerhaftigkeit, Sicherheit und Pflege nachzudenken. Die Ämter hingegen müssen an ihre Vorschriften und Normen denken [RAU]. Dieses Spannungsfeld zwischen Unvorhergesehenem und Planbarkeit ist aber ein notwendiges Wesensmerkmal jeder Stadt und erst recht einer Smart City.

Die Mobiltelefone und die entstehenden App-Welten (Apple iTunes, Google Play) mit Apps für sämtliche Lebensbereiche eines Bürgers ergeben völlig neue Vernetzungsmuster

THE BETTER BLOCK

betterblock.org provides news and information on Better Block projects occurring around the world.

| ABOUT | HOW TO BUILD A BETTER BLOCK | BETTER BLOCK PROJECTS MAP | TRAINING | CONTACT |

TRAINING

WANT TO LEARN HOW TO BUILD A BETTER BLOCK?

TEAM BETTER BLOCK IS NOW OFFERING ON-SITE WORKSHOPS FOR YOUR CITY!

BETTER BLOCK PROJECT MAP

View Better Block Projects in a larger map To add your project to the map, open the link to the larger map, click the edit button, zoom in to your location on the map, click and drag the blue placemark button (located at the top left hand of the map, and pin to your block. A description window will pop up. Please provide information such as facebook event links, blog details, and project description for the Better Block.

JASON ROBERTS SPEAKING AT TEDXOU ON THE BETTER BLOCK PROJECT

Abb. 1.1 Betterblock.org [www.betterblock.org]

innerhalb von Städten und darüber hinaus. Zudem führt die Vernetzung über Smartphones und dem Internet via Social Media wie Facebook, Twitter etc. zu einem Mehr an Transparenz in politischen, sozialen und wirtschaftlichen Bereichen. Die Social Media bilden einen wesentlichen Treiber für die Digitalisierung zahlreicher Lebensbereiche von Bürgern in allen Regionen der Erde. Die neue Urbanität durch das Internet, Social Media, Smartphones und Tablets sowie PCs stellt eine Kombination aus realer Realität und virtueller Realität dar [HATZELHOFFER01]. Auf diese neue Urbanität gehe ich in den Kap. 2 und 3 vertiefend ein. Auf der Basis der digitalen Technologien entstehen Netze von „Dingen und Diensten" – das sogenannte „Internet of Things and Services" – das eine Vielzahl von Geräten und Dienstleistungen über internetbasierte Netze miteinander vernetzt. Die

Vernetzung ist ein wichtiger Aspekt und viele Autoren betonen die Notwendigkeit, alle Interessengruppen und Bürger zu berücksichtigen [SCHUUR]. Zusätzlich unterstreichen Leydesdorff und Deakin [LEY] die Notwendigkeit, die kulturelle Entwicklung einer Stadt als wesentlichen Treiber einer Smart City-Entwicklung zu betrachten. Kulturelle Entwicklung umfasst dabei nicht nur allgemein Kunst und Museen, sondern auch Bildung und ein kreatives Milieu in der Stadt.

Die Social Media zur Organisation temporärer Menschenansammlungen, neu aufkommende Share-Modelle (neben dem temporären Besetzen von Plätzen und beispielsweise „car-2-go" Share-Modellen etc.) und der Trend zum Recycling sind auch Wegbereiter für die Smart City, denen wir im nächsten Kapitel begegnen. Viele der neuen Bewegungen sind nicht auf grundsätzliche Umwälzungen ausgerichtet, sondern auf kleine Eingriffe in das urbane Leben. Das Prinzip dahinter könnte man mit „alles ist im Fluss" bezeichnen. Es bildet sich eine urbane Liquidität. In dieser liquiden Urbanität findet eine Verbindung zwischen städtischem Masterplan und Unbestimmtem statt. Denn Urbanität ist nie allein das Ergebnis eines städtischen Masterplans. Dabei ist das Prinzip der Offenheit und freien Aneignung, unvorhersehbar und ungehindert von äußeren Zwängen, mancherorts sogar zum neuen Leitbild der Planung avanciert [RAU]. Mit den Shared Spaces beispielsweise kehrt das Unvorhergesehene in die Städte zurück. Denn nicht Sicherheit, sondern Unsicherheit befördert diesen Raum. Bei den Shared Spaces entscheiden sich Verkehrs- und Stadtplaner in manchen Stadtvierteln dazu, sämtliche Symbole der richtigen Ordnung zu demontieren. Da kommt die Stadt dann ohne Beschilderungen aus, ohne Warn- und Vorsichtszeichen, ohne Bordsteinkanten. Es soll im Shared Space nichts mehr vorherbestimmt sein. Niemand hat mehr Vorfahrt – alle haben Vorfahrt. Diese Shared Spaces entstehen in Kommunen in den Niederlanden, der Schweiz und England [RAU].

Die Zukunft der Stadt ist eine Kombination aus Planung, Unvorhergesehenem und kreativer Imagination. Man könnte auch sagen, die neue Urbanität verbindet harte Faktoren (Straßen, Gebäude, Brücken etc.) mit den weichen Faktoren einer Stadt (das kreative Milieu einer Stadt, die allgemeine mentale Infrastruktur einer Stadt).

Die Architektur dieser neuen Urbanität ergibt sich schematisch aus der Abb. 1.2.

Auch die harten Faktoren einer Stadt können zu einer neuen Urbanität beitragen, wenn es Architekten gelingt, das Layout eines urbanen Raumes so zu gestalten, dass soziale Interaktion möglich und gefördert wird. Im Kap. 1.1.4 zeige ich exemplarisch ein Beispiel für eine derartige Architektur. Das Layout, die Architektur urbaner Räume, verankert sich direkt in unserer Wahrnehmung und in unserem Bewusstsein von urbaner Nachbarschaft und Zugehörigkeit [QUE]. Auch hier wird die Vernetzung von Netzwerken in urbanen Räumen gefördert. Denn in der Stadt geht es um die immer wieder neue Vernetzung urbaner Netzwerke.

Eine besondere Tendenz betrifft den „Bilbao Effekt". Frank Gehrys Guggenheim Museum in Bilbao gilt als der Impulsbau für postindustrielle Stadtumwandlungen. Das Museum wurde 1997 fertiggestellt und ist heute überregional bekannt als Motor, der einer sterbenden Arbeiterstadt ein neues Image, neues Selbstvertrauen und vor allem neue wirtschaftliche Aussichten ermöglicht hat. Dabei ging es Frank O. Gehry wohl auch um

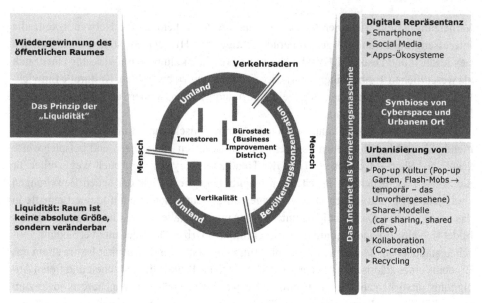

Abb. 1.2 Schematische Darstellung der neuen Urbanität

Schönheit: „Ich habe mich unter Künstlern immer wohler gefühlt als unter Architekten."
Andere Städte versuchen diesen Effekt zu replizieren. Die dekonstruktivistische Archi-
tektur bietet Dank eingebauter Überraschungseffekte das nötige Spektakel, und auch Zaha
Hadid (siehe hierzu insbesondere auch Kap. 8) bekam zunehmend öffentliche Aufträge,
zum Beispiel aus Weltstädten wie Rom, Kopenhagen, Straßburg, Cincinnati und natürlich
Weil am Rhein.

1.1.4   Tabula Rasa oder stufenweise Weiterentwicklung der Stadt

An dieser Stelle gehe ich der grundsätzlichen Frage nach, ob Städte eher transformiert
oder am Reißbrett entworfen werden sollen? Nach dem Credo der renommierten Urbanistin Jane Jacobs ist es eindeutig: „Neue Ideen brauchen alte Gebäude [JACOBS]." Folglich macht nicht Perfektion einen Ort lebenswert, sondern Authentizität. In diesem Credo
von Jane Jacobs spiegelt sich das Verständnis von Urbanität wider, wonach authentische
Urbanität weder planbar ist, noch über Nacht entsteht. Vielmehr ist es ein langwieriger
Prozess, der die Spannung zwischen Tradition und Moderne in Metropolen wie London
oder Peking ausmacht.

Derselben Ansicht ist auch der Star-Architekt Renzo Piano, der nicht an die Vorzüge
der **Tabula rasa** glaubt. Vielmehr ist eine Stadt ein Text, der aus verschiedenen Seiten
bestehe und jede Seite zähle. Renzo Piano sagt weiter über den Greenfiled-Ansatz, dass
„[d]u keine Ahnung hast, wer dem neuen Stadtteil Leben einhauchen wird." Weiter heißt
es: „…man lässt das Leben nicht Kraft seiner biologischen, unvorhersehbaren Rhythmen

einkehren, sondern, indem man virtuelles Leben schafft. Das macht mir ein wenig Angst [SCHNEI]."

Demgegenüber stehen die **Greenfiled-Ansätze**. In der Vergangenheit hat es beispielsweise Greenfield-Stadtentwicklungsprojekte in Nairobi, Chandigarh und Brasilia gegeben. Der Design-Professor Sergio Correa de Jesus in Spanien gibt drei historische Beispiele von Städten, die explizit geplant und von Grund auf neu entwickelt wurden. Diese Städte haben sich trotz der unterschiedlichen Entwicklungen prinzipiell gut entwickelt [BE].

- **Nairobi** begann als ein Bahnhof, in dem damaligen British Ost Afrika unter Sir Charles Elliot. Sir Elliot stellte als Kolonialbeauftragter ca. 500 Quadratmeilen zum Bau einer neuen Stadt zur Verfügung. Die Stadt Nairobi wurde in den Jahren 1900–1904 von Grund auf neu errichtet. Es hat das höchste Brutto-Inlandsprodukt (BIP) in Kenia: US$ 1100 pro Kopf, 3.138.200 Einwohner, 87%-ige Alphabetisierung. Nairobi ist die 12-größte Stadt in Afrika, hat eine der aktivsten Börsen auf dem Kontinent und einen Flughafen, der 5.000.000 Passagiere im Jahr abfertigt.
- **Chandigargh** war die erste postkoloniale Stadt in Indien unter dem damaligen Ministerpräsident Nehruas. Die Stadt wurde von Le Corbusier 1947–1948 geplant und ab 1951 gebaut. Es folgte dem Ideal einer perfekten, idealisierten, grünen Stadt. Es hat das höchste Pro-Kopf-Einkommen in Indien: US$ 1700 pro Kopf, hat eine 87%-ige Alphabetisierungsrate, wurde im Jahr 2010 als die „sauberste Stadt" in Indien von der eigenen Regierung betrachtet. Zudem ist die Stadt der Ort für mehrere multinationale Unternehmen wie Infosys, Dell, Quark und Phillips.
- **Brasilia** war der Traum des brasilianischen Präsidenten Juscelino Kubitschek de Oliveira im Jahr 1956. Das Ziel bestand darin, das weitgehend unbesiedelte Zentrum von Brasilien zu entwickeln. Es wurde in der Mitte von Nirgendwo gebaut, in der brasilianischen Savanne, wo nichts vorher existierte. Unbefestigte Straßen zum zukünftigen Ort Brasilia mussten von anderen Orten weit entfernt gebaut und die meisten Baumaschinen eingeflogen werden. 30.000 Menschen arbeiteten rund um die Uhr, Tag und Nacht, um eine ganze Stadt in nur 41 Monaten zu bauen. Es wurde vor Plan fertiggestellt und im Jahr 1960 eingeweiht. Es ist die viertgrößte Stadt in Brasilien mit nunmehr 2.600.000 Einwohnern und einer Alphabetisierungsrate von 98 %. Brasilia hat den drittgrößten Flughafen des Landes, der 16.000.000 Passagiere im Jahr abfertigt. Zudem verfügt Brasilia über das höchste Pro-Kopf-Einkommen im Land: US$ 31.000 pro Kopf. Doch steht Brasilia an Stelle Nummer 16 als ungleichste (unequal) Stadt der Welt gemäß den Vereinten Nationen. Bei Brasilia ging es in erster Linie um eine Idee, die Idee eines neuen Brasiliens und auch um eine neue Selbstwahrnehmung, die Aufhebung des ewigen Gegensatzes zwischen Sao Paulo und Rio de Janeiro.

Brasilia war eine komplett neue Idee, eine nach der Struktur des antiken Athen am Reißbrett geplante Idealstadt, die ganz und gar auf die Moderne, und auf das Neue (siehe Abb. 1.3) ausgerichtet war [MAC01]. Diese Entwicklung ist trotz der damaligen Anfänge möglich gewesen. Noch im Jahr 1967 urteilte Roll Italaander in einem sozialkritischen

Abb. 1.3 Brasilia [http://www.istockphoto.com]

Gespräch mit dem Architekten Oscar Niemeyer (der maßgeblich an der Planung und der Umsetzung des Stadtprojektes beteiligt war) sehr kritisch: „In Brasilia ist auf seelische Bedürfnisse des Menschen keine Rücksicht genommen worden. Es ist eine ganz und gar zu künstlich und gigantisch konstruierte Phantasterei. Die Situation erinnert mich an Chandigargh, die neue Hauptstadt des indischen Staates Pandschab, die Niemeyers Lehrer und Freund Le Corbusier gebaut hat: gleichfalls Beton gewordene Eitelkeit" [ITA]. In seinem Film „Das Leben ist nur ein Hauch" von Fabiao Maciel betont der brasilianische Star-Architekt Oscar Niemeyer: „Es sei besser, heute die Vergangenheit von morgen zu bauen, als, wie in Europa, zwischen Denkmälern zu leben" [MAC01]. Auf die Bedeutung von Oscar Niemeyers Formensprache in der Architektur von Brasilia für die Entwicklung von Smart Cities komme ich im Schlusskapitel 8 nochmals zurück.

Nach meiner Einschätzung haben beide Ansätze – Tabula Rasa oder stufenweise Weiterentwicklung – ihre Berechtigung. Schon möchte man sagen, dass Neues vor allem aus dem Neuen entsteht, wie man eindrucksvoll in China, Indien und Singapur beobachten kann. Denn auch existierende Städte können von den Greenfield-Ansätzen lernen und das Gelernte in die bestehende Urbanität integrieren. In der Literatur findet sich immer wieder das Argument, dass Greenfield-Ansätze leichter zu realisieren sind. Eine ausreichende Begründung für diese Behauptung wird nicht geliefert. In diesem Zusammenhang fällt die Tatsache auf, dass den Greenfield-Städten erst Urbanität, von wem auch immer, eingehaucht werden muss. In existierenden Städten hingegen versucht man, Urbanität zu transformieren und zu erneuern. Aber auch dies hängt von der Akzeptanz der Bürger ab. Begrenzte Urbanitätstransformationen lassen sich sicherlich leichter in existierenden Städten umsetzen. Groß angelegte Greenfield-Städte wie Brasilia sind nur in der Tabula-

Rasa-Form möglich und sinnvoll. Insofern sind diese Projekte leichter zu realisieren, aber das Problem der eingehauchten Urbanität bleibt. Und das kann man kaum planen oder verordnen.

1.1.5   Eduardo Paes: Die 4 +1-Gebote existierender Städte

Im Februar 2012 hatte ich die Gelegenheit, auf einer TED-Konferenz (TED= Technology, Design, Entertainment) gespannt den Vortrag des Bürgermeisters von Rio De Janairo (Brasilien), Eduardo Paes, zu verfolgen. Dabei thematisierte Eduardo Paes folgende Themen: Wie können sich Städte für alle Menschen zu lebenswerten Orten entwickeln? Wie werden alle Menschen – egal ob arm oder reich – in das tägliche Leben integriert? Mit welchen Herausforderungen hat die Stadt der Zukunft zu kämpfen? Welche Lösungsmöglichkeiten gibt es? Eduardo Paes sprach auf dieser TED-Konferenz über die vier Gebote einer Stadt, die sich im Retrofitting-Prozess befindet. Hier lassen sich erste Anzeichen einer smart werdenden Stadt schemenhaft erkennen. Der Bürgermeister von Rio de Janeiro sprach von der Revitalisierung der brasilianischen Metropole. Zu den vier Geboten der Revitalisierung zählen:

- **Öffentliche, grüne Plätze schaffen**

Die Stadtverwaltung begann damit, im öffentlichen Raum der Stadt Orte zu suchen, die sich in innerstädtische Parks oder Grünflächen umwandeln lassen. Das Credo von Eduardo Paes lautet: „Jedes Mal, wenn man über eine Stadt nachdenkt, muss man vor allem denken: Grün, grün, grün, grün…" Wenn man auf einen Betondschungel herabblickt, muss man Freiflächen finden, die man gestalten kann. Gibt es solche Freiflächen nicht, so muss man welche schaffen. Aus diesem Grund wurde in Rio beispielsweise ein neuer Park – nach Eröffnung im Juni 2012 der drittgrößte der Stadt – geschaffen.

- **Neue Formen der Mobilität schaffen**

Zur Schaffung neuer Mobilität wurde das System des High Capacity Transports (HCT) modifiziert. In der Folge wurden die Bushaltestellen so umgebaut, dass diese als Verlängerung von U-Bahnstationen zu verstehen sind. Es findet eine intermodale Verbindung statt. Damit gelangt ein U-Bahnpassagier direkt in eine Bushaltestelle und kann mit dem Bus seine Reise fortsetzen (Bus Rapid Transit (BRT)). Darüber hinaus wurden für die Busse separate Fahrspuren gebaut, die einen vom sonstigen Verkehrsfluss ungehinderten Transport ermöglichen. Dieses System wurde in Brasilien erstmals in der Stadt Curitiba von Jaime Lerner entwickelt und umgesetzt (siehe Abb. 1.4). Bislang konnten in Rio de Janeiro ca. 18 % der Bevölkerung mittels des HCT befördert werden. Mit der skizzierten Maßnahme konnte der Anteil der Bevölkerung, der mit HCT befördert wurde, von 18 auf 60 % erhöht werden. Zudem kostet der Aufbau dieser Art der Beförderung lediglich 1/10 der Kosten für den Aufbau einer U-Bahn-Meile.

Abb. 1.4 Bus Rapid Transit (BRT) System Curitiba, Brasilien [http://www.istockphoto.com]

- **Inklusion ausgegrenzter Bevölkerungsschichten**

In der Kernmetropole leben etwa 6,3 Mio. Bürger, von denen 1,4 Mio. in sogenannten „Favelas" oder „Slums" leben. Damit diese in die Gesellschaft sozial integriert werden können, legte die Stadtverwaltung ein Programm auf, mit dem grundlegende Bürger-dienste (Basis-Infrastruktur) in hoher Qualität für die Bewohner der Favelas bereitgestellt wurden. Dazu zählen Bildungseinrichtungen, Krankenstationen, Wasserversorgung etc., die direkt in den Favelas aufgebaut und betrieben werden. In Rio de Janeiro sollen alle Favelas bis 2020 „urbanisiert" sein.

- **Digitale Technologien zur Echtzeit-Steuerung**

In Zusammenarbeit mit dem Konzern IBM wurde das Rio-Operationscenter (städtisches Kontrollzentrum) aufgebaut, um Daten aus verschiedenen urbanen Systemen für die Echt-zeit-Visualisierung (Überwachung und Analyse) zu konsolidieren. Das System wurde ur-sprünglich für die Prognose von Überschwemmungen und damit zusammenhängenden Notfällen ausgelegt. Das Modell ist aber erweiterbar auf jede in der Stadt auftretende Si-tuation. Das Operationscenter ermöglicht es, Stadtverantwortlichen in Notfallsituationen Entscheidungen auf Basis von Echtzeit-Informationen zu treffen [SIN]. Durch derartige technische Einrichtungen lassen sich Probleme frühzeitig erkennen und Lösungen finden.

- **4 Gebote einer Stadt + 1: Aktive Partizipation der Bürger**

Jaime Lerner hat in seinem Vortrag über die Modernisierung der Stadt Curitiba sein Motto so formuliert: „Die Stadt ist nicht nur ein Problem, sondern die Stadt ist oftmals auch die Lösung [LER]." Hier bin ich der Auffassung, dass die Stadtverwaltung eine treibende Kraft bei der Weiterentwicklung einer Stadt darstellt. Dies gilt für Städte in den Entwicklungsländern genauso wie in den entwickelten Industrienationen. Gleichsam bin ich mir bewusst, dass eine Stadt immer eine besondere Kombination aus historisch (mal abgesehen von den Greenfield-Städten) gewachsenen, kulturellen, politischen, ökonomischen und gesellschaftlichen Wandlungsprozessen darstellt. So ist die Weiterentwicklung einer Stadt untrennbar mit der aktiven Einflussnahme durch den Bürger verbunden. Wie wir im Kap. 2 noch sehen werden, kommt dem Bürger und seiner aktiven Partizipation an der Weiterentwicklung einer Stadt hin zur Smart City eine zentrale Bedeutung zu. Daher besteht für uns ein weiteres Gebot der Stadt darin, dem Bürger die Möglichkeit zu bieten, aktiv an der Weiterentwicklung einer Stadt mitzuwirken.

Mit diesen Geboten einer Stadt beginnt bereits die Reise einer Stadt hin zu einer Smart City. Zuerst ist es erforderlich, das Wesen einer Smart City greifbar zu machen. Im Folgenden betrachte ich das Gebilde Smart City aus unterschiedlichen Perspektiven.

1.2 Von der Stadt zur Smart City

Der Antrieb, eine Stadt zu einer Smart City zu transformieren, ist vielfältiger Natur und von den Gegebenheiten der jeweiligen Stadt abhängig. Die zunehmende Urbanisierung, der demografische Wandel und die rasante Entwicklung neuer digitaler Technologien sind wesentliche Faktoren in der Neuausrichtung städtischer Leistungen. Der Strukturwandel in der Gesellschaft wird auch als treibende Kraft hinter Smart City-Projekten gesehen. Die Gesellschaften nehmen im Informationszeitalter eine andere Form an und die Governance-Strukturen müssen sich entsprechend anpassen. Willke [WILLKE] betont, dass die Smart Governance die Gesamtheit der Prinzipien, Faktoren und Fähigkeiten umfasst, mit der die Bedingungen und Anforderungen der Wissensgesellschaft bewältigt werden können.

Manche Städte nutzen Mega Events zur Neugestaltung ihrer Städte. In der Vergangenheit haben München und Barcelona im Zuge der Ausrichtung der Olympischen Spiele das Stadtgebilde modernisiert [HATZELHOFFER01]. Andere Städte leiden unter dem massiven Verkehrsaufkommen und damit verbundenen Smog-Belastungen, so geschehen in China im Oktober 2012: Ein heftiger Smog hat das Leben in der chinesischen Millionenstadt Harbin lahmgelegt und ein Verkehrschaos ausgelöst [AFP].

Bereits an dieser Stelle wird der Weg beschritten, um herauszufinden, was das **Wesen einer Smart City** ausmacht und welche Faktoren eine Smart City bestimmen.

1.2.1 Das sozioökonomisch-technische Wesen der Smart City

Das Wesen und Konzept einer Smart City ist immer noch „liquide" und ein laufender Prozess, der zahlreiche Disziplinen bzw. Akteure umfasst: Stadtplaner, Ökonomen, Community-Arbeiter, Sozialwissenschaftler, Technologieexperten, Politiker, Bürger etc. Im Folgenden skizziere ich die Überlegungen und Ansätze dieser unterschiedlichen Disziplinen zum Wesen einer Smart City.

Folgende Aspekte machen das Wesen einer Smart City greifbar (erweitert nach [GOV] [ROB][PEL]):

- **Smart Cities-Initiativen sind Top-Down geführt**

Die Führung einer Smart City-Initiative hat eine klare und konsistente Smart City-Vision und kennt den Wertbeitrag der zukünftigen Smart City für den Bürger. Die Bürgermeister von Rio de Janeiro und Barcelona demonstrieren eindrucksvoll eine derartige Führerschaft. Dabei zeigen die Stadtverantwortlichen eine kontinuierliche Verpflichtung zur Umsetzung des Smart City-Vorhabens.

- **Smart Cities verfügen über ein Stakeholder-Forum**

Eine Smart City-Initiative geht immer von den Bedürfnissen der Bürger in der Stadt aus – es liegt eine „bürgerzentrierte" Initiative vor. Diese Initiative basiert auf der von allen Akteuren einer Smart City formulierten Vision. Diese Akteure tragen diese Vision und nehmen eine aktive Rolle bei der Umsetzung der Initiative ein. Die Stadtverwaltung ist zudem gefordert, Management-Informationen über die Führung des Smart City-Vorhabens transparent zu machen. Zudem sollten die zuständigen Behörden zusammenarbeiten und sich nicht abschotten und Zuständigkeiten verwässern.

- **Smart Cities investieren in die Technologie-Infrastruktur**

Ein Kernelement zahlreicher Smart City-Ansätze ist die zentrale Rolle der Informations- und Kommunikationstechnologien IKT. Diesen IKT kommt eine Schlüsselrolle in den Konzepten zur zukünftigen Stadtentwicklung zu [HATZELHOFFER01]. Das Konzept der Smart City ist aber kein technologisches Gebilde. Es ist vielmehr ein sozial-ökonomisch-technisches Gebilde [PEL]. Die Stadtplaner und Technologie-Firmen, die von der Smart City als technologisches Konzept sprechen, begeistern sich nicht so sehr für die Möglichkeit des sozialen Austausches, vielmehr träumen sie von einer vollautomatisierten Stadt. Manche Städte verfolgen einen technikorientierten Ansatz wie beispielsweise Stockholm, Amsterdam oder auch Santander in Spanien. Dort werden Messstationen an Laternen oder Hauswänden installiert. Damit sollen vielfältige Verkehrs- und Klimadaten erhoben werden. Gleichzeitig sollen Staus vermieden oder der Einsatz von öffentlichen Verkehrsmitteln verbessert werden. Es wurden gar Mülleimer entwickelt, die dem zuständigen Amt mitteilen, wann diese geleert werden sollen. In der Digitalmoderne spricht man daher von einem „Technikurbanismus" [RAU].

Zahlreiche Ansätze finden sich in der Literatur, die das Wesen einer Smart City als technologisches Konzept verstehen, indem digitale urbane Netze technologisch miteinander vernetzt werden. Diese isolierte Sicht hängt sicher mit den Anfängen der Smart City-Diskussion zusammen. Denn die ersten Reflexionen über Smart Cities wurden Ende der 90er Jahre von W.J. Mitchell in „E-topia" angestellt, über digitale Netzwerke und die durch innovative ICT-induzierten Veränderungen einer Stadt [MITCHELL].

Die Annahme, dass neue Technologien smartere Kollaborationen zwischen Bürgern erzeugen oder diese automatisch zu Smart Cities führen, ist eher naiv [MEIJ]. Die neuen Informationstechnologien vernetzen Netze. Smart Cities verfügen über eine digitale Infrastruktur, in Verbindung mit einem offenen Zugang zu Open Data, die weiterverwertet werden können. Das soll den Bürgern die Möglichkeit einräumen, innerhalb offener Plattformbereiche eigene Bürgerdienste zu entwickeln (siehe hierzu insbesondere [JA01]). Die Verwaltungsdaten müssen aber in der Regel zur Maschinenlesbarkeit und Verwertbarkeit aufbereitet und in geeigneter Form bereitgestellt werden. Die Kosten für die Aufbereitung der Verwaltungsdaten sind in geeigneter Form auf die Nutzer der Daten gegebenenfalls zu verteilen. Diese und andere Fragen sind im Zusammenhang mit öffentlich zu machenden Verwaltungsdaten zu berücksichtigen.

Das Fundament einer digitalen Infrastruktur bildet eine Breitband-Internetversorgung und darauf aufbauende Plattformtechnologien. Am Beispiel von Rio de Janeiro konnten wir im Kap. 1 (siehe Eduardo Paes: Die 4 +1-Gebote einer Stadt) bereits sehen, wie auf der Basis von Breitbandnetzen mithilfe von IBM ein Echtzeit-City-Portal realisiert wurde. Mit diesem Portal werden Verkehrsströme, das Wasserversorgungsnetz oder die Energieversorgung der Stadt in Echtzeit überwacht und reguliert. Innerhalb dieser Plattform werden aber auch Verwaltungsdaten wie Wartezeiten in verschiedenen Ämtern oder Übersichtsdaten über freie öffentliche Parkplätze in der Stadt in aufbereiteter Form zur Verfügung gestellt. Diese Daten können dann zu sinnvollen Bürgerdiensten weiterverwendet werden. Diese Thematik wird uns im Kap. 3.5 wieder begegnen, wenn ich Smart City-Geschäftsmodelle in der Digitalmoderne beleuchte.

In diesem Zusammenhang sind „Smart Cities" Städte, die mittels neuer digitaler Technologien eine ressourcenschonende, nachhaltige und zukunftsorientierte Stadtpolitik umsetzen wollen. Über ein dezentrales Steuerungssystem in einem Informations- und Kommunikationsverbund werden alle Informationssysteme aus den Bereichen Gesundheit, Mobilität, Bildung, E-Government etc. miteinander vernetzt. So werden den Bürgern und Unternehmen in Smart Cities ganzheitliche Services bereitgestellt [HATZELHOFFER01]. Kurzum kann man das Konzept der Smart City als ein organisches System betrachten, das zahlreiche Sub-Systeme und Komponenten miteinander vernetzt [CHOURABI]. Dirks und Keeling betrachten eine Smart City als organische Integration von Systemen [DIRKS]. Allerdings gilt es auch hier, dass die adaptivsten und flexibelsten Systeme so genannte Open-World-Systeme sind, die einen bestimmten Grad von mittlerer Vernetzung haben. Aus der Systemforschung zeigt sich, dass es Mischformen braucht, in denen sich die Prinzipien der Vernetzung und Autonomie ausbalancieren [SEIBEL].

- **Smart Cities haben eine Organisation und Struktur**

Das Konzept „Smart City" verfügt über ein Potenzial und ist ein evolutionärer Prozess, kein Endzustand. Denn die Smart City ist ein komplexes, adaptives und heterogenes System. Das nichtlineare Zusammenwirken der einzelnen Elemente führt zu emergentem Verhalten, was prinzipiell unvorhersehbar ist. Was möglich und sinnvoll ist: Rahmenbedingungen zu entwerfen, die den evolutionären Prozess unterstützen und insbesondere Innovationen ermöglichen. Wichtig ist insbesondere die Frage danach, was an der Struktur und Organisation einer Smart City anders ist, als bei herkömmlichen Stadtsystemen. Welche Veränderungen sind in der Organisation und Struktur dieser Vorhaben vorzunehmen? Wie können die Strukturen so entwickelt werden, dass sie effektiv für Einzelpersonen, Gemeinden und Unternehmen in der Stadt eingesetzt werden können? Welche anderen Strukturen und Prozesse sind erforderlich, um die geplanten Fortschritte in einer Smart City zu erreichen?

- **Smart Cities zeigen eine offene Lernkultur und erzeugen Transparenz über Ereignisse**

Smart Cities fördern die Kollaboration zwischen den Bürgern einer Stadt und den Städten. Die in der Transformation zur Smart City befindlichen Städte lernen kontinuierlich voneinander und experimentieren mit neuen Ansätzen und neuen Geschäftsmodellen. Die Ergebnisse dieser Aktivitäten werden allen Akteuren einer Stadt transparent gemacht, und zwar über die Stadtgrenzen hinaus. Das Ziel der Städte bestand auch immer darin, die soziale Interaktion von Bürgern in eine offene Kultur zu befördern [TOWN]. Die Bürger sollen über offene, digitale Plattformbereiche an der aktiven Entwicklung von Smart City-Diensten beteiligt werden, wie beispielsweise in Wien mit der Initiative „Open Government Data Wien" [OGD]. Lokale Besonderheiten spielen eine wichtige Rolle, insbesondere Kultur, Lage und Umgebung der Stadt. Die neuen Informationstechnologien sollen nicht nur den Städten zu effizienteren Strukturen verhelfen, sondern oft auch dadurch behilflich sein, das städtische Handeln gegenüber den Bürgern transparenter zu machen.

- **Smart Cities überwinden die „parallele Urbanität"**

Smart Cities ermöglichen den Zugang für möglichst alle Bürger einer Smart City und sorgen für die Schulung im Umgang mit den neuen Technologien. Smart Cities sind eine Kombination aus evolutionärer und revolutionärer Weiterentwicklung der Stadt. Diese (R) Evolution vollzieht sich in folgenden Phasen:

1. analoge Urbanität in der Stadt;
2. offene Plattformbereiche ermöglichen parallele Urbanität (Parallelität von analoger und digitaler Urbanität – das Buch parallel zum Tablet);
3. integrierte Urbanität (die digitalen Technologien werden Teil des urbanen Lebens, ohne abzugrenzen und ohne einen Digital Divide hervorzurufen);
4. dynamische, smarte Urbanität führt zu einem Aufgehen der Digitalmoderne im analogen Modus und formt eine neue Smart-Urbanität.

Diese Entwicklungsstufen sind fließend und nicht notwendig streng voneinander getrennt: 1) Analoge Entwicklung der Städte ohne digitale Technologie und 2) Offene Plattformen ermöglichen parallele Urbanität = analoges Stadtleben (besonders ältere Bevölkerung) und digitales Stadtleben (Bornmobiles nutzen Apps, Smartphones). Beide Urbanitäten existieren parallel. 3) Integrierte Urbanität = Verschmelzung der digitalen Urbanität
mit der analogen Urbanität. Die digitale Urbanität wird nicht mehr als unbekannt, unge-
liebt und unverstanden erlebt. Die ältere Bevölkerung integriert digitale Services in den
Lebensalltag. 4) Dynamische, smarte Urbanität – alle Bevölkerungsschichten entwickeln
Smart City-Dienste und -Lösungen (analoge und digitale Dienste der Zukunft). Neu sind
die neuen Technologien und die zunehmende Betonung der „Smartness" vieler Bürger
(nicht nur einer Minderheit!) sowie der städtischen Umgebung (smarte IT-Services).

Nachdem ich das Wesen der Smart City beleuchtet habe, kläre ich die Frage, was denn
eine Stadt so smart macht.

1.2.2   Smart, smarter, smartest ist die Stadt

Unter Smartness versteht man:

- **Smart ist intelligent**

Es entstehen innovative Ansätze. Neue Informations- und Kommunikationstechnologien
werden angewandt.

- **Smart ist integrativ, vernetzt und systemübergreifend**

Durch intelligente Systemintegration und Vernetzung zwischen Themenbereichen entstehen Synergien. Systemerweiterungen machen Interaktionen zwischen Themenbereichen
besser verständlich. In diesem Zusammenhang ist systemübergreifend auch räumlich zu
verstehen (z. B. Stadtumlandkooperationen).

- **Smart ist effizient**

Im Vergleich zu nicht integrierten Ansätzen wird eine deutliche Effizienzsteigerung beziehungsweise Energieverbrauchsreduktion (insbesondere fossiler Energie) erreicht. Mit
dem geringstmöglichen Ressourceneinsatz entsteht der größtmögliche (gesamtgesell-
schaftliche) Nutzen.

- **Smart ist effektiv**

Im Vergleich zu nicht integrierten Ansätzen ergeben sich deutlichere Wirkungen. Die höhere Effektivität versteht sich hinsichtlich der Auswirkungen auf Indikatoren, die die zukunftsfähige, städtische, postfossile Gesellschaft charakterisieren.

- **Smart ist adaptiv**

Systeme passen sich an neue Bedingungen an, behalten dabei ihre Funktionalitäten unter Berücksichtigung der neuen Gegebenheiten [SAR].

- **Smart ist attraktiv**

Attraktivität für Bürger und Investoren führt zu gesteigerter Lebensqualität und sicheren Perspektiven für Investitionen.

In Anlehnung an das europaweite Forschungsprogramm „Smart Cities" ist eine Stadt dann „smart", wenn durch Investitionen in IKT, Transportinfrastruktur sowie Sozial- und Humankapital eine nachhaltige Entwicklung angestoßen wird. Unter dem schonenden Einsatz von Ressourcen und durch die Partizipation von Bürgern sollen die Lebens- und Standortqualität erhöht werden. Gleichzeitig soll die Wettbewerbsfähigkeit der Stadt gestärkt werden [HATZELHOFFER02]. In einem Vortrag vom 04.03.2013 vor dem Royal Institute of British Architects ist der frühere Präsident dieses Instituts Sunand Prasad der Frage nachgegangen, **was Städte in der Praxis konkret smart macht**. Smart ist

- die Vernetzung mit anderen Städten (ökonomisch, sozial, durch technologische Zusammenarbeit und Open Data, Open Sharing von Daten),
- das Denken in langen Zeiträumen, obgleich das Handeln kurzfristig ist,
- die Integration zahlreicher Bereiche einer Stadt (soziale, ökonomische und technologische Systeme),
- die Qualität des Designs von Gebäuden und Plätzen sowie
- das Empowerment von Bürgern und die Steigerung der Kritikfähigkeit der Bürger hinsichtlich ihrer Umgebung (siehe hierzu auch Kap. 1) [PRA].

Ausblick: Digital Divide oder negative Folgen der Smart Cities

Es lohnt sich, an dieser Stelle der Frage kurz nachzugehen, ob die Smartness auch negative Folgen haben kann. Von Digital Divide spricht man, wenn Ungleichheiten zwischen Gruppen beim Zugang und der Nutzungsmöglichkeit beziehungsweise der Durchdringung der Alltagsgestaltung durch die neuen Technologien bestehen. Dies kann Auswirkungen auf die gesellschaftlichen Chancen und das gesellschaftliche Zusammenleben haben [HATZELHOFFER01].

Anthony Townsend schreibt dazu in seinem Buch „Big data, civic hackers, and the quest for a new utopia" [TOWN], dass Smart Cities negative Folgen in einer Vergrößerung der Kluft zwischen Wohlhabenden und armen Menschen hervorbringen können. Das könnte im Design der Smart City liegen, wenn Sensoren und Überwachungstechnologien dazu genutzt werden, die Abgrenzung zwischen Wohlhabenden in „Gated Communities" und Armen außerhalb dieser Gated Communities zu verstärken.

Werden in Smart Cities über alle Lebensbereiche einer Stadt hinweg umfassende digitale Daten über Bürger gesammelt, besteht das Dilemma, eine Balance zwischen privatem Datenschutz und öffentlichem Interesse zu finden beziehungsweise zu gewährleisten. Ein weiteres Dilemma kann sich aus dem sogenannten „Crowdsourcing" und der zukünftigen Rolle der Stadtverwaltungen in der Bereitstellung grundlegender Stadtinfrastrukturleistungen ergeben. In Smart Cities wird es zahlreiche neue Crowdsourcing-Tools geben wie beispielsweise „OpenStreetMap". Ist die Konsequenz, dass sich die Städte dann aus der teilweisen Bereitstellung von grundsätzlichen städtischen Leistungen zurückziehen? In den hochentwickelten Ländern werden sich die Stadtverwaltungen angesichts der klammen Haushaltslage der öffentlichen Hand sukzessive von grundsätzlichen Stadtleistungen zurückziehen, da es alternative Crowdsourcing-finanzierte Alternativdienste dafür gibt. Dies würde aber den Druck auf die Armen und von den digitalen Technologien ausgeschlossenen Bürgern weiter erhöhen und diese marginalisieren.

Ein weiteres Beispiel ist der sogenannte „arabische Frühling" in Ägypten im Jahre 2011, als Zehntausende Bürger auf die Straßen gingen, um gegen die ägyptische Regierung zu demonstrieren und sich von einer verärgerten Bürgerschaft in einen smarten Mob verwandelten. Die Organisation der Beteiligten erfolgte über Textmessaging und Social Media Apps. In der Folge ordneten die Verantwortlichen in der ägyptischen Regierung die komplette Abschaltung des Mobilfunknetzes in Kairo an.

Dies ist auch in der westlichen Welt für offizielle Sicherheitsbeauftragte eine verlockende Option, um in einer Smart City die Vernetzung temporär zu unterbinden [TOWN]. All diese Probleme mit dem Digital Divide sind erst der Anfang. Die weitere Entwicklung wird noch zeigen, welche negativen Auswirkungen die Smart Cities mit ihren vernetzenden Netzen auf das Miteinander in Gesellschaften haben werden. Es wäre wünschenswert, wenn auf diesem Gebiet mehr Forschungsarbeit betrieben würde.

Nach diesem kurzen Ausflug in die möglichen negativen Konsequenzen einer Smart City widme ich mich nun der grundsätzlichen Architektur des Smart City-Ökosystems. Aus welchen Bestandteilen setzt sich eine solche Architektur zusammen?

1.2.3   Die Smart City-Expansion erzeugt ein Ökosystem

Ausgehend von der konzeptionellen Betrachtung der Smart City (siehe Abb. 1.5) im ersten Band „Die digitale Evolution moderner Großstädte" [JA01] wird der Versuch unternommen, dass holistische Ökosystem einer Smart City abzubilden.

Es sind hier die Bürger mit ihren Lebensrealitäten in den verschiedenen Stadtteilen und die Stadtverwaltung, die den Nukleus einer Smart City ausmachen. Dieser Nukleus ist über Informationsinfrastrukturen mit den weiteren Smart City-Partnern aus Wirtschaft, Politik und Wissenschaft vernetzt. Dieses Gebilde beschreibt konzeptionell eine Smart City [JA01]. Um die gesamte Architektur einer Smart City mit ihrem Ökosystem abzubilden, sind weitere Komponenten notwendig. Aus der nachfolgenden Abb. 1.6 ergibt sich die Darstellung einer Smart City-Architektur mit einem Ökosystem basierend auf in der Literatur entwickelten Modellen und eigenen Weiterentwicklungen. Die Abbildung zeigt Beziehungen und Interdependenzen zwischen den Elementen einer Smart City auf. Sämtliche Elemente sind wichtig, um das Ausmaß einer Smart City einordnen zu können.

Die Ziele einer Smart City werden nur durch eine Smart City-Strategie erreicht, wenn diese Strategie zu Änderungen in den städtischen Systemen und Infrastrukturen führt.

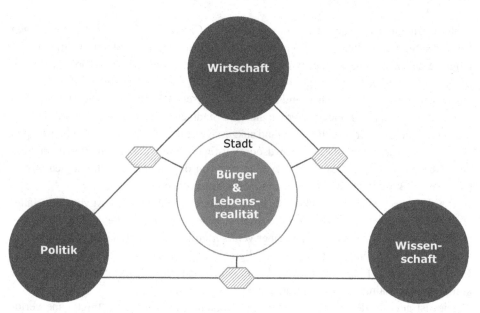

Abb. 1.5 Konzeptionelle Betrachtung der Smart City [JA01]

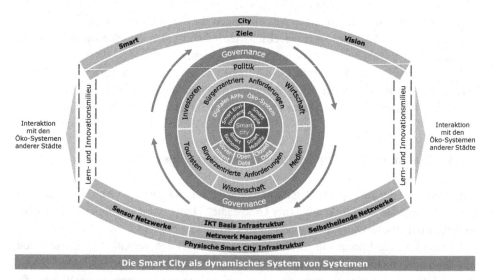

Abb. 1.6 Die holistische Architektur des Smart City-Ökosystems (abgeleitet und erweitert nach [GOV01][JA01][BOYD][BATA])

Das Primat des bürgerzentrierten Smart City-Ansatzes ist von entscheidender Bedeutung für die Entwicklung von Smart City-Konzepten. Eine Smart City-Strategie, die nur die Stadt-Systeme und harte Infrastrukturen umfasst, führt nicht zu einem bürgerzentrierten Smart City-Design. Vielmehr bedarf es auch weicher Infrastrukturen in Verbindung mit den Stadt-Communities, um die Smart City-Ansätze in der Stadt zu verankern. Die Bedeutung der Einbindung von städtischen Communities bei der Formulierung einer Smart City-Vision und -Strategie sowie den damit verbundenen Zielen wurde bereits mehrfach betont. Städtische Communities sind lebende Erscheinungsformen einer Stadt, die nicht künstlich hergestellt werden können. Sie bilden ein vitales Element einer Stadtkultur, in der sie gemeinsame Werte und Interessen teilen, und das soziale Leben verkörpern. Diese städtischen Communities umfassen Familien, Bildungseinrichtungen, kulturelle Organisationen, lokale Behörden, lokale Wirtschaft, Angestellte etc.

Die Herausforderung für alle Smart City-Designer besteht immer darin, die Stadtinfrastrukturen so zu entwickeln, dass diese Teil des sozialen Ökosystems einer Stadt werden. Oder anders formuliert: Nutzerakzeptanz ist der Schlüssel. Um den Prozess zu verstehen, wie Gemeinden und Einzelpersonen miteinander interagieren und eine Smart City erleben, werden Komponenten der weichen Infrastruktur erzeugt. In erster Linie handelt es sich um Gespräche und Vertrauen. Einige weiche Infrastrukturelemente sind formal. Zum Beispiel Governance-Prozesse für die Messung des Fortschritts der gesamten Smart City und die Leistung der einzelnen Stadt-Systeme. Die City-Systeme stellen die Lebensader einer Smart City dar, indem sie Bildung, Transport und Verbrauchsgüter für die Bürger bereitstellen und Communities sowie die lokale Wirtschaft unterstützen. Ein Schlüsselelement jedes Designprozesses berücksichtigt dabei die Faktoren, die als Beschränkungen für die Designer fungieren. Bestehende Stadt-Systeme sind eine reiche Quelle von Einschränkungen für das Smart City-Design: Ihre physischen Infrastrukturen können Jahrzehnte alt sein und deren Betrieb unterliegt häufig der Hoheit von Dienstleistern und strengen vertraglich geregelten Leistungskriterien. Diese Einschränkungen, es sei denn, sie können relativ einfach geändert werden, spielen eine wichtige Rolle bei der Gestaltung einer Smart City-Strategie.

Ein weiterer Bereich der Smart Cities entstand in den Möglichkeiten, die neue Technologie-Plattformen bieten, um Stadt-Systeme zu transformieren. Diese Plattformen sind Netzwerke wie 4G und Breitband-, Kommunikations-Tools wie z. B. Telefonie, Social-Media- und Video-Conferencing, Rechenressourcen wie Cloud Computing und Analyse- und Modellierungswerkzeuge, die einen tiefen Einblick in das Verhalten von Stadt-Systemen erlauben. Diese Technologie-Plattformen müssen kontextuell entwickelt werden – im Kontext des holistischen Konzeptes einer Smart City. Die Technologie-Plattformen können dabei unterstützen, im Interaktionsprozess mit Bürgern und anderen Akteuren einer Smart City deren Bedürfnisse und Herausforderungen zu verstehen und zu befriedigen.

Der Prozess des Co-Design eines Smart City-Infrastruktur mit den Gemeinden der Stadt kann zur Schaffung eines Portfolios von technologiefähigen Stadtdienstleistungen führen, mit dem Potenzial, Einnahmen zu generieren. Diese künftigen Einnahmen unterstützen im Gegenzug die Argumente für eine Investition in diese Plattformen (siehe hierzu insbesondere Kap. 3.3). Nachdem wir uns dem Wesen einer Smart City angenähert haben, geht es nun darum, das Gebilde einer Smart City zu definieren. Mithin auf einen verständlichen Sockel zu setzen. Die Definition der Smart City und das Verständnis des Wesens der Smart City bilden die Grundlage für das weitere Verständnis des Buches sowie für die Entwicklung schematischer Smart City Reifegrad- und Transformationsmodelle in den Kap. 5 und 6.

1.3   Die erweiterte Definition einer Smart City

Im Verlauf des Buches wurde festgestellt, dass sich das Konzept der Smart City im akademischen sowie praktischen Umfeld in einer dynamischen Entwicklung befindet. In der Literatur wird das Konzept Smart City oftmals mit „knowledge", „digital", „Cyber", „Eco-City" oder „Green City" in Verbindung gebracht [MUR]. Das verengt die Perspektive auf Smart Cities als ein technologisches Konzept, basierend auf neuesten Technologien. Viele der Greenfield-Ansätze konzentrieren sich im Wesentlichen auf diesen technologischen Aspekt (siehe hierzu die Kap. 2 und 7). Der Grund hierfür dürfte im „Urknall" der Diskussion über Smart Cities liegen. In seinem Buch „E-topia: Urban Life, Jim – But Not as We Know It" behandelt W.J. Mitchell die smarte Urbanität im Zusammenhang mit digitalen Netzwerken und dem Einfluss von Innovationen in der Informations- und Kommunikationstechnologie auf Städte der Zukunft. Laut Mitchell sind smarte Räume solche: „where the bits flow abudantly and the physical and digital world overlap, at points where we plug into the digital telecommunications infrastructures" [MITCHELL]. Diese städtischen Räume werden von smarten Bürgern bewohnt, das heißt „people capable of benefiting from the potentialities offered by new technologies, with elevated levels of flexibility, capable of concentrating their creativity and talent on producing innovation" [MITCHELL].

Auf dieser Basis begann die Diskussion des Konzeptes „Smart Cities" und manifestierte sich in praktischen Smart-Initiativen wie New Songdo City (Südkorea) oder die vom Elektronikkonzern geplante Smart City im Fertigbauprinzip in Fujisawa (Japan), südlich von Tokio (siehe hierzu Kap. 2).

Eine interessante Erweiterung der mehr technologisch orientierten Smart City-Konzeption ist das aufkommende „Parametric Design" zur Entwicklung und Management von Städten. Mittels Computersimulation sollen Städte beziehungsweise Stadtviertel umgestaltet und vorher am Computer simuliert werden [FUS]. Beispiele für dieses Parametric Design sind Experimente von Zaha Hadid Architects in Istanbul (Kartal Pendik Masterplan) oder von Carlo Rotti, dem bedeutenden Designer und Mitglied des Global Agenda Council, für das Stadtmanagement des Weltwirtschaftsforums in der Wüste von Riyad, Saudi Arabien (King Abdullah City-Masterplan).

Im weiteren Verlauf der Diskussion wurde das Konzept der Smart City um folgende Aspekte angereichert:

1. thematisch umfassende Behandlung der städtischen Entwicklung auf zahlreiche Handlungsbereiche einer Stadt wie Energie, Umwelt, Mobilität, Governance und Lebensqualität. Der Smart City-Ansatz kann so für die Vernetzung und Integration der verschiedenen Handlungsfelder eine wichtige Rolle spielen. Zudem kann der Ansatz auch dafür genutzt werden, die Bedeutung gesellschaftlicher Veränderungen und des Beitrages jedes/jeder Einzelnen im täglichen Leben (Nutzerverhalten) mehr in den Vordergrund zu stellen.
2. Die Berücksichtigung neuer Akteure im städtischen Umfeld (z. B. Prosumer-Akteure, die sowohl Produzenten als auch Konsumenten darstellen) [SCHREMM].

Daraus resultierend wird zum gegenwärtigen Zeitpunkt das Konzept der Smart City aus
drei verschiedenen Perspektiven betrachtet: der technologischen Perspektive (smarte
Technologien), der Human-Resource-Perspektive (smarte Bürger) und der Governance-
Perspektive (smarte Kollaborationen). Bei der **technologischen Perspektive** wird die
Technologie als Ausgangspunkt für die Betrachtung des Smart City-Konzeptes betrachtet.
Dabei werden auch sozioökonomische Aspekte betrachtet [KOM02][HOL01]. Die **Hu-
man-Ressource-Perspektive** stellt den smarten Bürger als zentrales Element zur Steu-
erung einer Smart City in den Vordergrund, ohne die Technologie dabei zu ignorieren
[SHA]. Im Rahmen der **Governance-Perspektive** werden die Interaktionen zwischen
Technologien und sozialen Strukturen in den Vordergrund gestellt. Open Innovation und
Open Data werden als Schlüsselelemente von Smart Cities betrachtet [SCHA01]. Die Idee
der Kollaboration ist zentrales Wesenselement dieses Ansatzes und die Autoren konzen-
rieren sich auf produktive Interaktionen zwischen technischen Systemen und Netzwerken
von urbanen Akteuren [CHOURABI].

Die Betrachtung der Smart City als soziotechnisches Gebilde ist eine umfassendere
und vielversprechende Perspektive, die sicherlich in der nahen Zukunft an Bedeutung
gewinnen wird. Genau diese sozioökonomisch-technische Perspektive liegt diesem Buch
zugrunde und ich habe mich im Kap. 1.2.1 dem Wesen der Smart City als einem sozioöko-
nomisch-technischem Konzept angenähert.

1.3.1   Caragliu und die Charakteristika einer Smart City

Ein guter Startpunkt zur Definition einer Smart City ist die Definition von Caragliu et al.
(2009) [CARAGLIU], wonach eine Smart City als smart bezeichnet werden kann, wenn
„die Investitionen in das Human- und Sozialkapital und traditionelle Transport- und Kommunikationsinfrastruktur (ICT) zu einem nachhaltigen ökonomischen Wachstum und
einer höheren Lebensqualität führen. Dies soll mit einem vernünftigen Umgang natürlicher Ressourcen und einer partizipativen Governance einhergehen." Dieser Definition
der Smart City liegen folgende Charakteristika zugrunde:

- Die Verwendung einer Netzwerk-Infrastruktur, um die ökonomische und kulturelle Ef-
fizienz zu erhöhen und soziale, kulturelle und urbane Entwicklung zu ermöglichen.
- Eine Orientierung an ökonomischer Wettbewerbsfähigkeit.
- Die Förderung sozialer Inklusion.
- Die Betonung der Rolle von High-Tech- und Kreativ-Industrie für das langfristige
Wachstum.
- Die Berücksichtigung von sozialen Ungleichheiten.
- Soziale und ökologische Nachhaltigkeit als eine wichtige strategische Komponente
[CARAGLIU].

Damit dieser theoretische Ansatz einen holistischen und damit sozioökonomisch-technischen Charakter erhält, empfiehlt es sich, das „Empowerment der Bürger" (Citizen emp-

owerment for shaping innovation and urban development) und die „Demokratisierung der Innovation" mit in die Definition von Caragliu aufzunehmen [HIPPEL]. Mit der Demokratisierung der Innovation sind Open Innovation und Open Data (siehe Kap. 1.3 und [JA01]) gemeint. Darüber hinaus ist nach meiner Auffassung die **„Lerndynamik einer Stadt"** mitaufzunehmen. Gemeint ist damit die Lernkultur einer Stadt beziehungsweise das Innovations- und Lernmilieu einer Smart City. Das geht über eine Demokratisierung der Innovation hinaus. Ein derartiges Innovationsmilieu hat sich beispielsweise im Silicon Valley (USA) etabliert. Mit seinen unzähligen Internet- und Start-Up-Firmen wird es gerne auch als Epizentrum der Innovation und Netzwerk innovativer Partner bezeichnet. Wesentlich dabei ist, dass sich eine dauerhafte Innovationsnetzwerk- und Interaktionskultur unterschiedlichster Partner etabliert hat, die konstant dafür sorgt, dass neue Dienste und Innovationen erzeugt werden. In der Praxis zeigt sich deutlich, dass ein bestimmtes Innovations- und Lernmilieu vorhanden sein muss, damit Smart City-Initiativen langfristig erfolgreich sind.

1.3.2 Giffinger et Reloaded – perspektivisch erweiterte Handlungsfelder

Im Rahmen des interuniversitären Projektes „European Smart Cities" haben Rudolf Giffinger et al. von der technischen Universität Wien einen Kriterienkatalog zur Bewertung mittelgroßer Städte entwickelt, der folgende Handlungsfelder einer Smart City umfasst: Smart Economy (Wettbewerbsfähigkeit), Smart People (Sozial- und Humankapital), Smart Governance (Partizipation), Smart Mobility (Transport und iCT), Smart Environment (natürliche Ressourcen) und Smart Living (Lebensqualität) [GIFF01]. Den Handlungsfeldern sind spezifische Attribute zugeordnet (siehe Abb. 1.7).

In Anbetracht der bisherigen Überlegungen zur sozioökonomisch-technischen Definition einer Smart City sind die Charakteristika und Handlungsfelder einer Smart City nach Giffinger et al. in der Hinsicht zu modifizieren, dass die IKT-Infrastruktur (Attribut von Smart Mobility) einen holistischen Charakter hat. Denn die Informations- und Telekommunikationstechnologien vernetzten sämtliche Handlungsfelder einer Smart City. Auch das Handlungsfeld „Smart Living" (Lebensqualität) stellt kein eigenes Handlungsfeld dar. Sämtliche Aktivitäten in den Handlungsfeldern einer Smart City verfolgen das Ziel, die Lebensqualität in den Smart Cities zu erhöhen. Folglich stellen die IKT und die Lebensqualität eine übergeordnete Dimension dar [HATZELHOFFER01]. Hinzu kommt, dass das Handlungsfeld „Smart Governance" sowohl ein Handlungsfeld als auch eine übergeordnete Dimension darstellt. Zum Handlungsfeld „Smart Governance" ist auch das übergeordnete Attribut „Open Innovation" mittelbar zuzuordnen. Des Weiteren betrachte ich den Aspekt „smartes Innovationsmilieu" einer Smart City als übergeordnete Dimension. Unter smartem Innovationsmilieu verstehe ich „Open Innovation Eco-Systems" und „Global Innovation Chains".

Auf der Basis dieser Überlegungen ergibt sich folgende perspektivische Adaption (siehe Abb. 1.8) der Handlungsfelder einer Smart City nach Giffinger et al.

Smart Economy (Competitiveness)	Smart People (Social and Human Capital)	Smart Governance (Participation)
▪ Innovative spirit ▪ Entrepreneurship ▪ Economic image & trademarks ▪ Productivity ▪ Flexibility of labour market ▪ International embeddedness ▪ *Ability to transform*	▪ Level of qualification ▪ Affinity to life long learning ▪ Social and ethnic plurality ▪ Flexibility ▪ Creativity ▪ Cosmopolitanism / Open-mindedness ▪ Participation in public life	▪ Participation in decision-making ▪ Public and social services ▪ Transparent governance ▪ *Political strategies & perspectives*
Smart Mobility (Transport and ICT)	Smart Environment (Natural resources)	Smart Living (Quality of life)
▪ Local accessibility ▪ (Inter-)national accessibility ▪ Availability of ICT-infrastructure ▪ Sustainable, innovative and safe transport system	▪ Attractivity of natural conditions ▪ Pollution ▪ Environmental protection ▪ Sustainable resource management	▪ Cultural facilities ▪ Health conditions ▪ Individual safety ▪ Housing quality ▪ Education facilities ▪ Touristic attractivity ▪ Social cohesion

Abb. 1.7 Charakteristika und Handlungsfelder einer Smart City [GIFF01]

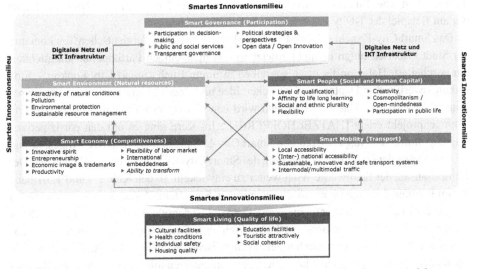

Abb. 1.8 Perspektivische Adaption der Handlungsfelder einer Smart City (in enger Anlehnung an [GIFF01])

1.3.3 Ein erweiterter, praktischer Definitionsansatz der Stadtwerke Wien

Der theoretische Ansatz von Caragliu in Verbindung mit den Handlungsfeldern einer Smart City nach Giffinger et al. spiegeln sich in der praktischen Definition der Stadt Wien und den Wiener Stadtwerken wider: „Smart City bezeichnet eine Stadt, in der systematisch Informations- und Kommunikationstechnologien sowie ressourcenschonende Technologien eingesetzt werden, um den Weg hin zu einer postfossilen Gesellschaft zu beschreiten, den Verbrauch von Ressourcen zu verringern, die Lebensqualität der Bürgerinnen und Bürger und die Wettbewerbsfähigkeit der ansässigen Wirtschaft dauerhaft zu erhöhen – mithin die Zukunftsfähigkeit der Stadt zu verbessern. Dabei werden mindestens die Bereiche Energie, Mobilität, Stadtplanung und Governance berücksichtigt. Elementares Kennzeichen von Smart City ist die Integration und Vernetzung dieser Bereiche, um die so erzielbaren ökologischen und sozialen Verbesserungspotenziale zu realisieren. Wesentlich sind dabei eine umfassende Integration sozialer Aspekte der Stadtgesellschaft sowie ein partizipativer Zugang" [WIE01].

Diese Definition wurde bereits im ersten Band „Die digitale Evolution moderner Großstädte" [JA01] erweitert: Wesentlich sind dabei eine umfassende Integration sozialer Aspekte der Stadtgesellschaft sowie ein partizipativer Zugang „in Form aktiver, konstruktiver Gestaltungsmöglichkeit mit und durch den Bürger" [JA01]. Damit wird herausgestellt, dass der Bürger in der Smart City die Möglichkeit bekommt, aktiv an der Planung, Gestaltung und Umsetzung von Smart City-Initiativen mitzuwirken. Dass dieser Aspekt für das Gelingen einer Smart City-Initiative von entscheidender Bedeutung sein kann, haben wir am Beispiel der T-City Friedrichshafen bereits gesehen.

Das Smart City-Projekt „T-City Friedrichshafen" zwischen der deutschen Telekom und der Stadt Friedrichshafen ist nicht zuletzt an den mangelnden Partizipationsmöglichkeiten gescheitert. Hatzelhoffer et al. schreiben in ihrem Buch „Smart City konkret – Eine Zukunftswerkstatt in Deutschland zwischen Idee und Praxis" hierzu pointiert: „Partizipationsmöglichkeiten: „Das T-City Projekt wird von vielen Gesprächspartnern nicht als ein Mitmachprojekt erlebt [HATZELHOFFER01]." Im Kern ging es um den partizipativen Zugang, mithin das Ausprobieren von Smart City-Lösungen und die aktive Mitgestaltung.

Angesichts der weiteren Entwicklung des Smart City-Konzeptes empfehle ich, den Definitionsansatz der Stadtwerke Wien weiter zu entwickeln. In den Kap. 1.3 und 1.3.1 habe ich im Rahmen des sozioökonomisch-technischen Smart City-Ansatzes immer wieder den Aspekt der Innovationskultur thematisiert. Gemeint ist damit die Lernkultur einer Stadt beziehungsweise das Innovations- und Lernmilieu einer Smart City. Auch hierzu liefert das Beispiel der T-City Friedrichshafen einen pointierten Nachweis: „Die Stadt ist durch ein Spannungsverhältnis zwischen hochfliegender Spitzentechnologie und oberschwäbischer Hinterhofmentalität gekennzeichnet" [HATZELHOFFER01]. So kommen Hatzelhoffer et al. zu dem kaum überraschenden Ergebnis, dass im Fall von Friedrichshafen kaum von einem kreativen Innovationsmilieu gesprochen werden kann, das in urbanen Qualitäten und einer damit verbundenen Vielfältigkeit und Offenheit gegenüber dem Fremden in der Stadtgesellschaft wurzelt. Jedoch bin ich der Auffassung, dass dieses kreative Milieu als Biotop unterschiedlichster Auffassungen, Disziplinen, Netzwerke und Dynamiken ein wichtiger Wesensbestandteil von Smart Cities sein muss.

Zusammenfassend empfehle ich angesichts der obigen Überlegungen die Smart City-Definition der Stadtwerke Wien wie folgt zu erweitern: Wesentlich sind dabei eine umfassende Integration sozialer Aspekte der Stadtgesellschaft „auch in Form sozialer Innovation" sowie ein partizipativer Zugang „in Form aktiver, konstruktiver Gestaltungsmöglichkeit mit und durch den Bürger, eingebettet in einem dynamischen Innovations- und Lernmilieu aller Akteure einer Smart City."

Dieser erweiterte, praktische Definitionsansatz entspricht meinem weiter entwickelten ganzheitlichen Verständnis einer Smart City und liegt diesem Buch zugrunde.

1.4 Fazit

Die Städte sind und bleiben attraktive Anziehungspunkte für die unterschiedlichsten Menschen und deren Hoffnung auf eine erhöhte Lebensqualität. Die zunehmende Urbanisierung der Lebensräume einer Mehrzahl von Menschen stellt die Städte vor enorme Herausforderungen. In dieser Hinsicht scheint das Smart City-Konzept, das sich noch in der Entwicklung befindet, ein erfolgversprechender Ansatz zu sein, Städte zukunftsfähig zu machen. Die bisherigen Anstrengungen, das Konzept „Smart City" greifbar zu machen, zeigen, dass wir es mit einem komplexen sozioökonomisch-technischen Gebilde zu tun haben sowie mit dynamischen Interaktionen zwischen den Handlungsfeldern und Akteuren einer Stadt. Letztendlich müssen die Städte der Zukunft ein ganzheitliches Konzept der Smart City verfolgen. Die Herausforderungen der Städte müssen in integrierter, ganzheitlicher Weise angegangen werden. Inwieweit sich die Versprechen, die mit den Smart City-Initiativen verbunden werden, auch tatsächlich einstellen, ist noch ungeklärt. Erste Anzeichen (siehe hierzu insbesondere Kap. 7) deuten zumindest wohlwollend in diese Richtung.

Im weiteren Verlauf des Buches gehe ich den Fragen nach, welche Typen von Smart Cities es gibt, und wo diese gebaut werden sollen. Was lässt sich von Smart Cities für die Zukunft lernen? Welche praktischen Anwendungsmuster und -schablonen existieren, um den Prozess der Realisierung einer Smart City besser zu verstehen und umsetzen zu können.

Die Triebfeder des Buches ist es, ein tieferes Verständnis für das Wesen der Smart City zu vermitteln und mit konkreten Umsetzungsansätzen in Form von schematischen Reifegrad- und Transformationsmodellen die Entwicklung der Städte hin zu Smart Cities zu begleiten. Im zweiten Kapitel skizziere ich die Typisierung von Smart Cities und das Umsetzungsdilemma von Smart City-Initiativen. Daran anschließend wird im Kap. 3 der praktische Smart City-Anwendungsfall „Smart Senior-Ökosystem" im Handlungsfeld „Smart Living" dargestellt. Dieser praktische Anwendungsfall bildet den praktischen Orientierungsrahmen bei der Ausgestaltung der schematischen Smart City-Modelle. Im Kap. 4 wird der Themenkomplex „Big Data-Management" und der Smart City-Wandel beleuchtet. Im Kap. 5 wird das schematische Modell einer ganzheitlichen Smart City-

Architektur entwickelt. Die schematische Smart City-Architektur bildet das Fundament für die schematischen Smart City-Umsetzungsmuster. Die Umsetzungsmuster zur Realisierung einer Smart City werden im Kap. 5 als schematisches Reifegradmodell und im Kap. 6 als schematisches Transformationsmodell aufgefächert. Die Anwendungsmöglichkeit schematischer Umsetzungsmuster demonstriere ich im Kap. 7 mit der kritischen Betrachtung der ausgewählten praktischen Barcelona Retrofitting Smart City-Initiative. Im abschließenden Kap. 8 schließe ich den Kreis meiner Überlegungen zum Komplex Smart City aus der Perspektive eines der bedeutendsten Architekten der Moderne – Oscar Niemeyer.

Begleiten Sie mich auf dieser spannenden Reise der Städte hin zu Städten der Zukunft. Entdecken Sie praktische Umsetzungsansätze, Denkanstöße und neue Möglichkeiten auf dem Weg von Utopia zur Smart City-Realität.

Von Utopia zur Smart City-Realität

> *Wer eine Stadt baut, fährt ins Dunkle und nimmt in Kauf, dass*
> *etwas Unvorhersehbares passiert. Es sind die nicht planbaren*
> *Ereignisse, die das Gesicht einer Stadt ausmachen.*
> (Renzo Piano)

Die Vergleichbarkeit von Smart City-Initiativen fällt angesichts der unterschiedlichen Zielrichtungen bezogen auf die Handlungsfelder einer Stadt und des Ansatzes (technologischer, humaner, kollaborations- oder sozioökonomisch-technischer Ansatz) relativ schwer. Aber über die Planung und Umsetzung einer Smart City-Initiative lässt sich eine Klassifikation durchführen. Die Umsetzung einer Smart City als Reißbrett-Entwurf mit ganzheitlichem Ansatz oder als inkrementellem Transformationsprozess lässt eine Klassifikation der Smart City-Initiativen zu. Ein übergeordnetes Klassifikationsschema ist über folgende Typisierung [HATZELHOFFER01] möglich:

1. **Greenfield Smart City-Initiativen**
   (am Reißbrett entworfene Smart Cities wie New Songdo City, Südkorea oder Masdar City, Vereinigte Arabische Emirate).
2. **Retrofitting Smart City-Initiativen**
   (die Transformation existierender Städte in Smart Cities wie Barcelona, Spanien oder London, Vereinigtes Königreich).

Die Greenfield Smart City-Initiativen haben meist den Anspruch, eine ganzheitlich am Reißbrett entworfene Smart City umzusetzen. Ein weiteres auffälliges Element ist, dass hinter den Greenfield-Ansätzen oftmals große Technologie-Konzerne stehen, wie Cisco Systems im Fall von New Songdo City und die Siemens AG bei dem Projekt Masdar City.

© Springer Fachmedien Wiesbaden 2015
M. Jaekel, *Smart City wird Realität*, DOI 10.1007/978-3-658-04455-8_2

Nachfolgend betrachte ich kurz die beiden Vorhaben Masdar City, Vereinigte Arabische Emirate als Greenfield-Ansatz, und Barcelona, Spanien als Retrofitting-Ansatz.

Masdar City, Vereinigte Arabische Emirate

Die Stadt der Zukunft liegt mitten in der arabischen Wüste in der Nähe von Abu Dhabi. Mit Masdar-City entsteht in den Vereinigten Arabischen Emiraten die Ökostadt des 21. Jahrhunderts. Die für 50.000 Einwohner ausgelegte Stadt, für die der britische Star-Architekt Norman Foster den Masterplan entworfen hat, soll die erste kohlendioxidfreie, abfallfreie und autofreie Stadt der Welt werden [JAF01]. Die Umsetzung des Projektes hat bereits im Februar 2008 begonnen. Einige der visionären Ideen wurden aber in ihrem Anspruch zurückgeschraubt [HATZELHOFFER01]. Beispielsweise wird die Stadt nicht wie geplant kohledioxidfrei, sondern nur „low carbon" sein [JAF]. Alles in der Stadt, vom Müll bis zum Wasserverbrauch, wird über Sensoren gemessen und überwacht.

Der Fertigstellungstermin wurde auch angesichts der Weltwirtschaftskrise auf 2025 verschoben [DG01]. In Masdar City sind bis dato lediglich einige hundert Studenten in das Masdar Institute of Science and Technology eingeschrieben. Geplant ist, 40.000–50.000 Menschen in Masdar City wohnen und leben zu lassen. Die Kosten für das ambitionierte Projekt liegen bei mehr als US\$ 22 Mrd. Kritiker des Projektes beschreiben es als ein weiteres Beispiel für eine Enklave im Mittleren Osten für die Reichen und Privilegierten [WAKE][KREM].

Der Erfolg oder Misserfolg dieses und anderer gewaltiger Smart City-Projekte ist noch ungewiss, dennoch lassen sich wichtige Erkenntnisse im weiteren Verlauf auch für Retrofitting-Projekte gewinnen.

Barcelona, Spanien

Der CIO von Barcelona Manel Sanroma hat sich zu der Bemerkung hinreißen lassen, dass Städte der Zukunft mächtiger als Nationalstaaten sein werden. Des Weiteren vertritt er die Auffassung, dass eine Stadt der Zukunft einen starken Bürgermeister benötigt, der die Verantwortung für die Smart City-Transformation und die Entwicklung der Vision übernimmt. In Barcelona wurden effizientere Busrouten entwickelt, mittels Sensoren wurde die Müllabfuhr optimiert und smarte Straßenlampen kamen zum Einsatz. Allerdings sollen in Barcelona keine zentralen Kontrollzentren mit Live-Präsenz Monitoring wie in Rio de Janeiro (1.1.5) aufgebaut werden [WAKE]. Ein Leuchtturm für ein Smart City-Projekt ist die Einführung eines kontaktlosen Zahlungssystems für das gesamte öffentliche Verkehrssystem in Barcelona. Manel Sanroma treibt auch die Kollaboration und den lernenden Austausch mit anderen Städten wie Amsterdam, Lissabon oder San Francisco voran.

Im Kap. 7 untersuche ich einen ausgesuchten Smart City-Retrofitting-Ansatz im Detail, den ich anhand der in den Kap. 5 und 6 entwickelten Smart City Reifegrad- und Transformationsmodelle bewerte.

Es mag zwar sein, dass sich ganzheitliche Smart City-Ansätze leichter am Reißbrett planen lassen, aber die Umsetzung ist nicht notwendigerweise leichter als bei Retrofitting-Projekten. Dies muss auch vor dem Hintergrund gesehen werden, dass Smart Cities immer eine langfristig wirkende Vision und Planung benötigen, aber unter Umständen auch in inkrementellen Projekten angefangen und weitergetrieben werden können.

Im nächsten Schritt beleuchte ich die Entwicklung von Smart Cities als Greenfield-Ansatz am Reißbrett. Begleiten Sie uns auf der Flugschau über ambitionierte und teilweise einschüchternde Träume am Reißbrett.

2.1   Smart City Utopia am Reißbrett

In der Literatur wird immer wieder über die wichtigsten Greenfield-Smart-City-Beispiele berichtet: Living PlanIT in Paredes, Portugal, New Songdo City, Südkorea, und Masdar City, Vereinigte Arabische Emirate. Dabei werden die Projekte kurz vorgestellt und teilweise kritisch beleuchtet. Weitere Greenfield-Smart-City-Vorhaben sind: Lava und Nano Stadt (Indien), Neapolis (Cypern), Skolkovo (Russland), Meixi-Dongtan-Wuxi Huishan (China), Putrajaya (Malysia) und König Abdullah Economic City (Saudi Arabien).

An dieser Stelle skizziere ich die **Kernbestandteile der Greenfield-Ansätze** (erweitert nach [TOWN][POR][WIKI06][RATTI][SEN][HATZELHOFFER01][WALL]):

- Der Versuch, die Vision einer Smart City in ihrer Gesamtheit umzusetzen.
- Komplett neuer Aufbau einer Stadt auf der grünen Wiese.
- Sehr ambitionierte Ziele hinsichtlich der Nachhaltigkeit der Stadt. Das Motto der ökologischen Nachhaltigkeit (CO_2-neutral oder reduziert).
- Kernbestandteil sind die neuen Technologien, vor allem als Umgebungsintelligenz. Die Umgebungsintelligenz ist kein „Add-On" einer Stadt, sondern das letztendliche Ziel. Ein Netz aus unzähligen Sensoren in Häuserfassaden, Bürgersteigen, Haushaltsgeräten etc., die über eine urbane Plattform miteinander verbunden sind. Die Datensammlung über diese Sensoren zielt darauf ab, sämtliche Abläufe (Verkehr, Energie, Müllentsorgung etc.) in einer Smart City zu beobachten, auszuwerten und „lernend" zu optimieren. Die Automatisierung zahlreicher Lebensbereiche (dynamische, adaptive Systeme reagieren in Echtzeit auf sich verändernde Umgebungsbedingungen).
- Die Smart Cities werden als lebende Labore für ubiquitäre Technologien betrachtet. Die dahinterstehende Frage lautet: „Kann sich der Mensch auf ökologische Erfordernisse einstellen?"
- Brutstätte für weitere technologische Lösungen. Paredes in Portugal soll zu einer Art Silicon Valley nach europäischem Muster werden, da die Smart Cities ein Ökosystem von verschiedenen Partnern wie IT-Service-Providern, Baukonzernen, Investoren, Venture Capitalists etc. aufbauen sollen. In diesem Sinne ist Paredes ein „living laboratory", in dem neue technologische Lösungen entwickelt, getestet und ausgerollt werden.
- Bei der prinzipiellen Architektur der Stadt verfällt man auf Reflexe alter Muster: Einkaufspassage, Kino, Theater, Platz, Wasserspiele. So ging es auch dem Star-Architekten Renzo Pinao bei der Bebauung des leeren Potsdamer Platzes in Berlin: „Und Du hilfst dir, indem du die bewährten Reize aufrufst, die irgendeine Art Betriebsamkeit

entstehen lassen – Einkaufspassage, Kino, Casino, Theater, Platz, Wasserspiele -, man lässt das Leben nicht kraft seiner biologischen, unvorhersehbaren Rhythmen einkehren, sondern, indem man virtuelles Leben schafft. Das macht mir ein wenig Angst" [SCHNEI].

- Die Nutzung vorgefertigter Module zum Bau der Häuser zur Erleichterung der Konstruktion und des Aufbaus.

Diese Bestimmung der Wesensmerkmale einer Greenfield-Smart-City ist ein erster Versuch. Ich kann es mir nur wünschen, dass hier weitere Anstrengungen unternommen werden, die Kernbestandteile dieser auf der grünen Wiese aufgebauten Smart Cities greifbarer zu machen.

Kritische Betrachtung von Smart Cities am Reißbrett
- Technologie sollte als „Add-On" einer Smart City betrachtet werden und nicht als Selbstzweck [TOWN]. In dem Film „Die Insel" des vormaligen Werbefilmers Michael Bay wird durch Virtualisierungstechnologien eine „Kunstwelt" erschaffen. Mit einer Vielzahl an Umgebungssensoren wird eine selbststeuernde Stadt geschaffen, die an Laborbedingungen erinnern – alles High-Tech und doch emotionsleer. In Paredes, Portugal, soll eine Metropolis entstehen, die über ein Netzwerk von 100 Mio. Sensoren verfügt, das von einem zentralen Betriebssystem gesteuert wird. Dieses Betriebssystem arbeitet ähnlich den Prinzipien eines menschlichen Gehirns und ist darauf programmiert, mit den Bewohnern der Stadt zu interagieren.
- Greenfield Smart Cities werden als „Closed-Systems", deterministische Städte konzipiert. Die Menschen wollen aber grundsätzlich nicht-lineare, offene, in-deterministische Städte mit dem Moment des Unvorhergesehenen.
- Die Architektur zahlreicher Reißbrett-Smart-Cities wirkt monoton, da viele Strukturen in Modulen vorgefertigt werden, um die Konstruktionsaufwände und -zeiten drastisch zu reduzieren. Zudem erfordert die Umgebungsintelligenz architektonische Konsequenzen in der Hinsicht, dass reaktive Fassaden mit gleicher Struktur aufgebaut werden müssen [RATTI02]. In New Songdo City wurden die Strukturen einfach als Funktionen entworfen – es fehlt das Prinzip der architektonischen Diversität [SEN].
- Die mit der Greenfield-Smart-City verbundenen Ziele, wie zum Beispiel CO_2-neutrale Städte zu konstruieren, sind meist überzogen. Im Beispiel von Masdar City wurde das Ziel von CO_2-frei auf CO_2-reduziert zurückgestuft [WIKI06].
- Der städtische Smart-City-Geist formt sich aus informellen, sozialen Prozessen in offenen, nicht-linearen und kollaborationsfördernden Umgebungen, eingebettet in architektonischer Diversität – die Technologie kann dies nicht erzeugen, vor allem wenn diese dazu genutzt wird, zu kontrollieren, zu überwachen, statt Kollaborationen zu erleichtern.
- Die jüngste Finanzkrise und weitere Finanzhürden führen oftmals dazu, dass geplante Eröffnungstermine der Greenfield-Smart-Cities verschoben werden müssen.

Die fruchtbarste Möglichkeit wäre nicht die Entscheidung entweder für eine Greenfield oder eine Retrofitting Smart City, sondern das geographische Nebeneinander. Dabei würden sich eine geplante Stadt und ein (existierendes) Unvorhergesehenes gegenseitig befruchten.

Die Stadt Seoul ist so ein Paradox: In einem Moment ist man umgeben von Geschichte und kulturellem Erbe, an der nächsten Ecke wird man in eine Smart City geschleudert, die für das nächste Jahrhundert gebaut scheint. Diese Widersprüche mit dem Element des Unvorhergesehenem und der Reibung von High-Tech mit offener Kollaboration befördern neue smarte Urbanität.

2.1.1   Urbane Träume im Fertigbauprinzip

Eine besondere Form der Greenfield Smart City ist die vollelektronische Stadt, die von dem Elektronikkonzern Panasonic entwickelt und in der Nähe von Tokio aufgebaut werden soll. In dieser Stadt scheint das „Internet der Dinge und Services", bei dem eine Vielzahl von Geräten miteinander kommunizieren, vom Kühlschrank bis zum Toaster, bereits in Zügen Realität [KOEL].

Hier wird der Greenfield Smart City-Gedanke auf die Spitze getrieben, getreu dem Motto „Fließbandproduktion von Smart Cities". Der Konzern Panasonic will eine logische Fertigstadt aufbauen, die schlüsselfertig bei dem Unternehmen bestellt werden kann. Die Stadt entsteht nach dem Fertigbauprinzip auf einem Fabrikgelände in der Nähe von Tokio (siehe Abb. 2.1). Geplant ist, auf einem brach liegenden 19 Hektar großen Gebiet 1000 Baukastenhäuser entstehen zu lassen, die vom konzerneigenen Fertighausanbieter „PanaHome" entwickelt und aufgestellt werden. In den speziell konzipierten Wohnungen, Einkaufszentren und öffentlichen Gebäuden sollen rund 3000 Menschen umweltverträglich leben können. Die Stadt wird sich weitgehend selbst mit Energie versorgen und komplett vernetzt sein: Informations-, Wärme- und Energienetzwerke erkennen, wie die Bewohner leben, was sie brauchen und stellen die nötigen Ressourcen zur Verfügung.

Der Hintergrund ist das vierteilige Konzept des Erzeugens, Speicherns, Verwaltens und Sparens von Energie – alles innerhalb der smarten Stadt. Es kommt das gesamte Angebot an Energielösungen und intelligenten Elektrogeräten von Panasonic zum Einsatz, zum Beispiel Solarzellen, Wärmepumpen, Lithium-Ionen-Akkus, LEDs sowie energieeffiziente Waschmaschinen und Kühlschränke [ICN].

Die riesigen Zentralrechner auf der untersten Ebene der Fertigbaustadt steuern Verkehr, elektrische Netze und Geräte als Teil des „Internets der Dinge". Die Zentralrechner steuern eine Vielzahl von Computern in den Häusern, die über Internetfernseher als Schaltzentrale die gesamte Bandbreite von Haushaltsgeräten lenken können. Um Strom zu sparen, können Kühlschränke oder Klimaanlagen ihre Kühlleistung der Umgebung anpassen [KOEL]. Mit einer Solaranlage und einer Speicherbatterie für 4,5 KW können die Einfamilienhäuser den selbst erzeugten Strom speichern und an den regionalen Energie-

Abb. 2.1 Fujisawa – die schlüsselfertige, ökologische Fertigbaustadt [http://panasonic.net/es/solution-works/fujisawa/]

versorger Tepco zum üblichen Tarif verkaufen. Dabei benutzen sie einen eigenen Energie-manager. Dazu kommt die Option einer Brennstoffzelle. Die Häuser haben besonders gut isolierte Wände und Fenster. Trotzdem sollen sie in der Anschaffung nicht deutlich teurer sein als Standardhäuser und zugleich niedrigere Betriebskosten haben.

Aus architektonischer Perspektive wirken die Häuserentwürfe wie eine typische Vor-stadt. Bei den Ökobauten steht eben der Faktor „smarte, technologische Intelligenz" im Vordergrund. Diese smarte Intelligenz ist das Ergebnis von einer Unzahl an Sensoren, die Daten sammeln, auswerten und zu Reaktionen im System Smart City führen. Bei-spielsweise sorgen Lichtsensoren dafür, dass situativ nur die Bereiche eines Raums hell ausgeleuchtet werden, die gerade genutzt werden. Mittelfristig soll so eine Musterstadt energieautark funktionieren.

Ein anderes Beispiel – Toyota City. Das Unternehmen Toyota hat sich Toyota City als Testrevier ausgewählt. Toyotas Test konzentriert sich auf den Einsatz von Hybridautos als dezentrale Energiespeicher für Ökostrom. Denn wie im Beispiel von Panasonics Ökostadt gesehen, benötigt man eine Vielzahl von großen Akkus. Sie müssen den Ökostrom zwi-schenspeichern, da die Produktion von Sonnen- und Windkraftwerken stark schwankt. Rechner leiten den Stromfluss so, dass das ganze System im Lot bleibt.

Der Fokus praktisch aller bisherigen Smart Cities liegt auf der technischen Seite. Mög-lichst viel Elektronik soll die Energiekosten senken – ein radikaler Ansatz. Im Anschluss betrachte ich nun noch kurz eine nicht so radikale Greenfield Smart City-Lösung, die in Südkorea entwickelt und umgesetzt werden soll: New Songdo City.

2.1.2   New Songdo City oder die Stadt in der Box

New Songdo City in Südkorea (siehe Abb. 2.2) gilt als Vorzeige-Projekt einer Smart City, das im Jahr 2003 aus der Taufe gehoben wurde, mit geschätzten Kosten in Höhe von $ 40 Mrd. [KWO]. Songdo ist auch unter dem Schlagwort „U-City" oder „Ubiqituous City" bekannt.

Eine ubiquitäre Stadt oder U-Stadt (auch U-City genannt) ist ein Konzept der Integration von Ubiquitous-Computing-Technologien in einem städtischen Umfeld. Es kann als eine Zusammenführung der IT-Systeme und sozialer Systeme einer Smart City beschrieben werden. Dabei sind praktisch jedes Gerät und jede Dienstleistung mit einem Informationsnetzwerk über drahtlose Netzwerk-, RFID-Tags und-Sensoren verbunden. Anthony Townsend, ein Forschungsdirektor am Institute for the Future in Palo Alto, Kalifornien, betrachtet das Modell als eine ausschließlich koreanische Idee [TOWN].

Die U-City liefert Informationen an alle überall und zu jeder Zeit, unter Verwendung vernetzter Informationssysteme und ubiquitärer Informations- und Kommunikationstechnologie-Lösungen innerhalb der Stadt zur Steigerung der Lebensqualität (siehe Abb. 2.3). Von entscheidender Bedeutung ist sicherlich, dass die Planer auf die in der südkoreanischen Bevölkerung stark verwurzelte Technikaffinität abstellen konnten [KEETON] [HATZELHOFFER02].

Abb. 2.2 New Songdo City [www.songdo.com]

Abb. 2.3 Schematische Darstellung U-City [SPIRO]

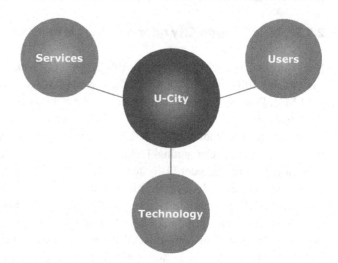

Die als ganzheitliche Smart City konzipierte Stadt vereint nach Aussage der Planer folgende Vorteile auf sich:

- Global günstige Lage in Ostasien, in 3,5 Flugstunden werden 34 % der Weltbevölkerung erreicht.
- Kurze Entfernung zum internationalen Flughafen Incheon.
- Konzentration von Finanz-, Wirtschaftsplatz und Technologiezentrum.
- Wohnen, Arbeiten und Freizeit in einer nachhaltig ausgerichteten Kommune.
- International anerkannte, zertifizierte Umweltstandards beim Bau und Betrieb der Planstadt.
- Vorrang für umweltschonenden Individual- und öffentlichen Verkehr.
- Bildungs-, Kultur- und Einkaufsangebote sowie Gesundheitsdienste vor Ort.
- 40 % der Flächen bestehen aus Parks, Grün- und Erholungsflächen.
- Um ein urbanes Flair zu erzeugen, werden die Straßen mit mittelhohen Häusern eingegrenzt.

Als Großthemen für Songdo City werden angegeben: Internationaler Business-Komplex, Industrieller Wissens- und Informationskomplex, Hightech-Bio-Komplex, Songdo Wohnstadt und zentrale City, Hightech-Industriebereich und ein Komplex für Hafenbetrieb und Hafenservice (neue Hafenlogistik, Luftfracht-Logistik u. a.) [WIKI07].

Gale International entwickelt als privatwirtschaftliches Unternehmen die größte Komponente der New Songdo City – das internationale Songdo Geschäftsviertel in der Innenstadt (Songdo IBD). Gale entwickelte die Blaupause des Songdo IBD mit Incheon Stadtplanungsexperten sowie Design-Profis und Engineering-Partnern wie Kohn Pedersen Fox und Arup. Gale arbeitete eng mit Cisco Systems zusammen, um die Smart + Connected Songdo Community voll funktionsfähig entstehen zu lassen. Als Blaupause wurde ein digitaler Masterplan herangezogen. Gale und Cisco begannen mit den Fragen: „Welche

Erfahrungen wollen die Bewohner von Songdo machen? Was würde die Stadt für die Bürger attraktiv machen?" Cisco Systems definierte die technologische Architektur, damit die Smart City-Dienste den Bürgern zur Verfügung gestellt werden konnten [GOV01] [TOWN].

Die Informations- und Kommunikationssysteme von Songdo sind umfassend miteinander vernetzt. In der ganzen Stadt wurden Sensoren installiert, beispielsweise befinden sich Sensoren in Aufzügen, die nur bei Anwesenheit einer Person fahren. Zudem sind Bürogebäude und Bildungseinrichtungen auch an das Netzwerk angeschlossen. In jeder Wohnung beziehungsweise jedem Wohnhaus wurde ein Telepräsenz-System installiert. Die Bewohner können damit ihr Heizungssystem und die Türen kontrollieren. Es geht aber viel weiter: Das Video Conferencing fungiert als Kanal für Government-Services, Gesundheits- und Bildungsdienste. Die Fertigstellung für Songdo ist für 2015 geplant und wird ein Zuhause für 65.000 Bürger und 300.000 Arbeiter bieten [HATZELHOFFER01].

Obgleich schon 35.000 Menschen in Songdo eingezogen sind, berichten Reporter vom BBC bei einer Ortsbegehung, dass sich die „Straßen, Cafés und Einkaufszentren ziemlich leer anfühlen" [JAF01][WIL01].

Beeindruckend ist sicher das „unsichtbare" Müllentsorgungssystem. Auf den Straßen kann man keine Müllautos oder Mülleimer vor den Häusern sehen. Vielmehr wird der Müll direkt aus den Küchen in den Häusern über ein ausgeklügeltes Tunnelsystem direkt zu den Müllverwertungsanlagen transportiert. Dort wird der Müll automatisch sortiert und wiederverwertet. In der Zukunft soll ein Teil des Abfalls zur Gewinnung von erneuerbarer Energie genutzt werden.

Dennoch sieht Songdo einfach nicht so spannend aus, wie es klingt (siehe Abb. 2.4). Wo man eine glitzernde, futuristische Metropole mit neuen architektonischen Formen und neue urbane Lösungen erwartet, gibt es nur zurückhaltende Gebäude in ordentlich aufgeräumten Häuserblocks. Der neue Standard Achtzehn-Loch „Jack Nicklaus Golfplatz" ist im Bau befindlich und Daniel Libeskind wurde angeheuert, um die erforderliche Shopping Mall zu entwerfen. Achtspurige Straßen nehmen zukünftige Hauptverkehrsströme voraus und schneiden die Häuserblöcke vom Fußgängerzugang ab. Es fällt schwer, sich einen authentischen urbanen Lebensstil vorzustellen, der in einer derart sterilen Umgebung entstehen soll [Keeton]. Gale drückt es etwas anders aus: „Wir brauchen Künstler, Internet-Unternehmer, Modedesigner. So bauen wir Inkubator-Räume in der Stadt, um den richtigen Mix hinzubekommen. Sie können diesen Mix nicht künstlich erzeugen, aber zumindest ermuntern" [ARL].

Im europäischen Kontext sind solche Konzepte schon aus datenschutzrechtlicher Sicht kaum in dieser Dimension vorstellbar. Aber in Südkorea, in einem Land, in dem die Nutzung von Breitband- und Netzwerktechnologien zum Alltag gehört, hat sich ein spezifisches Milieu der digitalen Vernetzung und Nutzung digitaler Technologien etabliert. Die in Europa reflexartigen Bedenken gegenüber den neuen Technologien stellen sich in Südkorea nicht ein. Erklären lässt sich dies mit dem spezifisch koreanischen Verständnis von Öffentlichem und Privatem. Dort wird das Individuum nicht über das Wohl des Kollektiven gestellt. So wird in der Öffentlichkeit koreanischer Städte wenig Privatheit erwartet.

Abb. 2.4 New Songdo City Masterplan [www.songdo.com]

Wenn man durch New Sondo City schlendert, beschleicht einen das Gefühl, einer ge-
wissen Sterilität ausgesetzt zu sein. Kann es der Traum sein, diese Greenfiled Smart Cities
in Serie zu produzieren und zu exportieren? Womöglich noch in der extremsten Variante,
gebaut vom Panasonic-Konzern? Diese und andere Fragen tun sich auf, wenn man durch
Songdo City schlendert. Allerdings gilt auch, was Oscar Niemeyer bereits auf eine Frage
zu Brasilia gesagt hatte: „Sie können die Stadt (Brasilia) mögen oder nicht, aber Sie werden nicht behaupten können, so etwas schon mal gesehen zu haben." Und so geht es einem
auch mit New Songdo City.

Abschließend betrachte ich im folgenden Kapitel kurz die Aktivitäten transnationaler
Konzerne in Bezug auf Smart Cities.

2.1.3 Internationale Technologiekonzerne im Smart City-Umfeld

Die transnationalen Konzerne wie IBM (Smarter Planet), Siemens AG (Sustainable Cities)
oder Cisco Systems (Smart & Connected Communities) sind oftmals die treibenden Partner bei Smart City-Initiativen. Die strategische Unternehmensberatung Frost und Sullivan
beispielsweise beziffert das Smart City-Marktpotenzial auf US\$ 1,5 Billionen bis zum
Jahre 2020 mit wirtschaftlichen Möglichkeiten im Bereich Infrastruktur-Aufbau, Techno-
logie-Integration sowie Energie- und Sicherheitsdienste [FROST]. Angesichts des Wachs-
tumspotenzials sind es vor allem transnationale Konzerne in den Bereichen Informati-
ons- und Kommunikationstechnologie, Elektronik und Energieversorgung, die an smarten
Lösungen für die Herausforderungen der Städte der Zukunft arbeiten. Die Unternehmen

entwickeln ihre jeweils eigene Vision einer Smart City. Gemeinsam ist den Unternehmen das Bestreben, durch den Aufbau intelligenter Stadtinfrastrukturen die Städte intelligenter, effizienter, ressourcenschonender, nachhaltiger und lebenswerter zu gestalten.

IBM Corp.
IBM agiert primär für bestehende Städte wie Rio de Janeiro (siehe Kap. 1.1.5), San Francisco oder Memphis, USA, und versorgt diese mit einer Dateninfrastruktur. Diese Dateninfrastruktur dient dazu, die Leistungsfähigkeit einzelner Handlungsfelder einer Stadt auf der Basis von Echtzeitanalysen erhobener Daten zu verbessern. Im Kern geht es um die Umwandlung von Geschäftsprozessen durch Echtzeit-Datenanalyse. Zudem nutzt IBM die Ergebnisse der weltweiten Datenanalysen dazu, standardisierte Smart City-Lösungen anzubieten, die Bereiche wie Wassermanagementsysteme, Abfallwirtschaftssysteme, Verkehrsmanagement und Gesundheitsversorgung umfassen [IBM01].

IBM beispielsweise forciert eine cloudbasierte Software-Plattform. Über die City Cloud sollen kommunale Dienste wie Feuerwehr und Notarztdienste, aber auch Polizei und die Lenkung des Straßenverkehrs durch „intelligente" Ampelschaltung gesteuert werden. Auch die Strom- und Wasserversorgung von Städten wie Washington D.C., New York oder Los Angeles soll künftig mittels Cloud Computing betrieben werden.

Siemens AG
Der global operierende Konzern Siemens operiert mit seinem Sektor Infrastructure & Cities (IC) im Bereich Smart Cities. Dazu bündelt Siemens die Expertise in zahlreichen Technologiesparten, um unter der Prämisse der Nachhaltigkeit die verschiedensten Infrastrukturen einer Smart City miteinander zu verknüpfen [HATZELHOFFER01].

Siemens forciert sogenannte City Cockpits. Dies sind IT-gestützte Kommandozentralen für Bürgermeister und Leitungsgremien von Städten. In Singapur läuft derzeit ein City-Cockpit-Projekt. Es zeigt beispielsweise auf einer zentralen Konsole an, wie viele Menschen an einem bestimmten Tag mit Bus und Bahn zur Arbeit gefahren sind und wie flüssig der Autoverkehr läuft. Zudem lassen sich in Echtzeit Informationen über andere Bereiche abrufen: die Strom- und Wasserversorgung oder der Status bei Polizei, Feuerwehr und Stadtreinigung.

Cisco Systems Inc.
Wie wir bereits im Kap. 2.1.2 gesehen haben, ist Cisco federführend bei dem Projekt New Songdo City aktiv. Cisco ist weltweit führend im Bereich Netzwerkausrichtung und fokussiert seinen Smart City-Ansatz auf Netzwerktechnologien und die damit verbundene „Smart & Connected Communities Initiative". Im Rahmen der Initiative werden Dienstleistungen wie „Virtual Citizen Services" oder „Smart + Connected Community Home Solutions" für Anwendungen in der Smart City bereitgestellt [CIS01].

Zahlreiche andere Firmen wie GE (Masdar Smart City), Toshiba (Smart Community) oder LG-CNS (Smart Green City) haben eigene Smart City-Lösungen entwickelt. Aber nicht nur international operierende Firmen sind im Smart City-Umfeld aktiv, es lassen sich auch internationale Organisationen wie UN-HABITAT (Suatainable Cities Programme),

The World Bank (Eco-2-Cities) oder APEC (Low Carbon Model Town) finden, die an der Weiterentwicklung von Städten beteiligt sind [ITU]. Die EU-Kommission hat 2011 die „European Smart Cities & Communities" Initiative gestartet. Erklärtes Ziel ist die Steigerung der Energieeffizienz europäischer Städte [EUCOM03].

Auffällig ist, dass bei den Smart City-Initiativen der transnationalen Unternehmen mehr Unterschiede als Gemeinsamkeiten bei den Aktivitäten zu finden sind. Im Folgenden wende ich mich der Entwicklung von Smart Cities zu. Dazu zählen neben der Vision und Strategie einer Smart City insbesondere auch die Roadmap und dazu gehörige Design-Prinzipien.

2.2   Die Leitplanken für die Smart City-Transformation

Sämtliche Smart City-Typen, gleich ob Greenfield oder Retrofitting-Ansatz, haben alle eine gemeinsame Absprungbasis. Diese Absprungbasis bildet die langfristig orientierte Vision und damit verbundene Ziele einer Smart City. Dabei sollte die Smart City-Vision von allen Akteuren einer Stadt getragen und gelebt werden. Denn sämtliche Aktivitäten bei einer Smart City-Initiative sind immer Teil der übergeordneten Vision und haben sich im Rahmen der Vision und der abgeleiteten Ziele als Leitplanken einer Smart City zu bewegen. Bei zahlreichen technologisch orientierten Smart City-Initiativen sind die Akteure der Auffassung, dass die Planung mit der technologischen Implementierung beginnt. Dies ist grundlegend falsch. Die Smart City-Planung beginnt immer mit der Formulierung der jeweiligen Smart City-Vision durch alle Akteure einer Stadt und einer tiefen Verwurzelung im soziokulturellen Stadtumfeld.

Denn mit der Vision ist untrennbar auch das Momentum für Veränderungen in der Stadt gegeben [LA01]. Die Erarbeitung einer Smart City-Vision öffnet den Raum zwischen der momentanen Stadtrealität und den Erwartungshaltungen. Das soll eine kreative Antwort auf die Herausforderungen der Städte provozieren. Ein Kernelement für den Erfolg einer Smart City ist die Etablierung einer Kultur der institutionalisierten Führung einer Smart City. Die Führung von Smart City-Initiativen ist dabei Sache der Stadtführung und nicht das Mandat von transnationalen Konzernen.

Das Beispiel „T-City Friedrichshafen" liefert hierzu eindrückliche Erfahrungswerte [HATZELHOFFER01]. Die Vision muss derart belastbar sein, dass komplexe und widersprüchliche Bedürfnisse ausbalanciert werden können. Sie muss von zahlreichen Stadtakteuren mit unterschiedlichem Hintergrund, Perspektiven und Interessen in einem aktiven Beteiligungsprozess erarbeitet werden. Schlussendlich geht es darum, einen möglichst breiten Konsens und Zustimmung zu erzielen, um die Konflikte in der Umsetzungsphase so gering wie möglich zu halten. Die Planung und der Prozess der Visionserarbeitung sollen aktivieren, nicht kontrollieren [LA01].

Die Vision und damit Planung für eine Smart City kann schematisch wie in der Abb. 2.5 dargestellt und zusammengefasst werden:

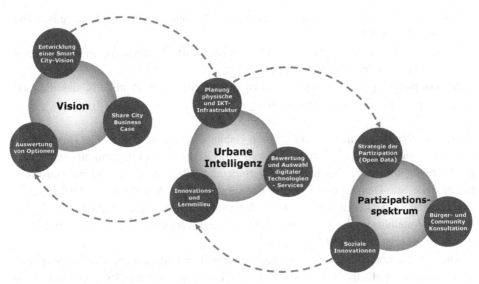

Abb. 2.5 Vision, Strategie – die Planung einer Smart City

2.2.1   Zur Vision und Strategie einer Smart City

Was sind nun die Erfolgsfaktoren einer Smart City-Vision und -Strategie? Zu diesen Erfolgsfaktoren der Strategie zählen:

- **Vision**: Formulierung spezifischer sozialer, ökonomischer und Umweltziele durch die Stadtverantwortlichen, dies basierend auf den Bedürfnissen der Bürger und (lokalen) Wirtschaft. Hinzu kommen die Komponenten des Smart City-Modells zur Steigerung der Lebensqualität der Bürger und die damit verbundene Erwartungshaltung [ITU].
- **Führung**: Hochrangige Stadtverantwortliche (optimal Bürgermeister), die die Einführung der Vision betreiben und begleiten.
- **Business Case**: das finanzielle Modell der Smart City-Vision.
- **Stakeholder-Partizipation**: Partizipation der Bürger und anderer Akteure an der Formulierung der Vision und Strategie (Open Data-Plattformen).
- **Innovationsmilieu**: Ausprägung der Innovationskultur in der Bevölkerung.

Am Beispiel der Stadt Barcelona, Spanien, in Zusammenarbeit mit Cisco („Smart + Connected Cities") lässt sich eine praktische Smart City-Vision betrachten: Die Führung der Formulierung der Smart City-Vision und -Strategie lag im Juli 2011 in den Händen des Bürgermeisters Xavier Trias und des Bürgerkomitees. Die Vision baute auf drei wesentlichen Säulen auf:

1. Lokale Projekte: Steigerung der Lebensqualität der Bürger durch die bessere Nutzung von neuen Technologien.
2. Internationale Vision: Aufbau einer skalierbaren Plattform, damit Smart City-Projekte replizierbar ausgerollt werden können.
3. Standardisierung der Technologie: Entwicklung eines City-Protokolls, das die Entwicklung von Technologie-Standards regelt.

Zudem hat der Bürgermeister eine „Urban-Habitat-Abteilung" aufgestellt. Diese Abteilung kombinierte die Stadtplanung, Umweltamt, IT-Abteilung, Infrastruktur- und Transportabteilung unter der Führung des stellvertretenden Bürgermeisters. Dadurch wurde das traditionelle Silo-Denken und Handeln der verschiedenen Abteilungen der öffentlichen Hand bei der Entwicklung von Smart City-Bürgerdiensten überwunden [GOV01]. Zudem war diese Abteilung auch für die Budgetplanung und -vergabe verantwortlich, mithin für den Business Case der Smart City-Initiative.

Die sozioökonomisch-technologische Transformation bildet oftmals den Nukleus einer gemeinsamen Smart City-Vision. Bei der Formulierung einer Smart City-Vision und -Strategie sollten folgende Fragen ins Kalkül gezogen werden (erweitert nach [PEL], [CLAR], [HATZELHOFFER01]):

1. Was ist das beste technisch-ökonomische Modell?
2. Wie agieren die Stadt und Stadtbevölkerung mit Themen wie Innovationen und neuen Ideen? Existiert ein kreatives Milieu, offen für neue Technologien und soziale Innovationen?
3. In welchem Maß verbessern Smart City-Initiativen die lokale, regionale und globale Wettbewerbsfähigkeit der Stadt? Was sind die langfristigen Auswirkungen, wenn die Stadt die Transformation zur Smart City unterlässt?
4. Welches sind die vorläufigen wirtschaftlichen und sozialen Elemente der Smart City-Vision?
5. Wie bindet man die Bürger und andere Akteure einer Smart City in die Visionsbildung und -Umsetzung produktiv und nachhaltig ein?
6. Welches sind die kritischen sozialen und wirtschaftlichen Bedürfnisse verschiedener Bevölkerungsgruppen?
7. Wie formt man die Partnerschaften mit unterschiedlichen Akteuren einer Smart City, um zu einem produktiven Ökosystem zu gelangen?
8. Mit welchem Handlungsfeld einer Smart City fängt man an? Welche Bürgerdienste soll man zuerst entwickeln?
9. Was sind die kritischen lokalen und regionalen strategischen Themen und Wettbewerbsbenchmarks?
10. Wie findet man zusätzliche Finanzierungsmöglichkeiten, um Ideen in der Umsetzung skalierbar zu machen?

Dieser Fragenkatalog ist sicherlich nicht vollständig, bietet aber eine gute Grundlage für die Formulierung einer belastbaren Smart City-Vision und -Strategie.

2.2.2 Die Roadmap einer Smart City

Wie man von einer Smart City-Vision und -Strategie zu einer Roadmap für eine Smart City-Initiative gelangt, lässt sich am Beispiel der Stadt Eindhoven illustrieren. In der Stadt Eindhoven wurde eine Vision und Roadmap in einem Smart City-Handlungsfeld entworfen – urbane innovative Lichtlösungen Eindhoven 2030. Damit eine Vision und Strategie für das Smart City-Programm „Urban Lightning in Eindhoven 2030" entwickelt werden konnte, wurde das Programm in vier Phasen unterteilt:
Das 4 Phasen-Modell Eindhoven Urban Lightning 2030 [OUD].

Gegenwart
Die Analyse der aktuellen Situation, der zugrunde liegenden Prinzipien und des Anspruchsniveaus der Stadt in Bezug auf die Stadtbeleuchtung für das Jahr 2030.

Die Zukunft
Mit den Mitteln der erzählten Zukunftsforschungsmethode wurden die wichtigsten Treiber des Wandels für eine zukünftige Stadt mit hoher Lebensqualität identifiziert. Diese Ergebnisse wurden genutzt, um das gewünschte Szenario für Eindhoven als einer Stadt mit einer hohen Lebensqualität im Jahr 2030 zu schaffen.

Der Weg
Der nächste Schritt bestand darin, mittels einer Roadmap zu bestimmen, welche technologischen Entwicklungen und organisatorischen Veränderungen möglich und notwendig sind, um die gewünschte Zukunftsvision zu realisieren.

Der Plan
Das Verständnis der sozialen, technischen und organisatorischen Veränderungen führte zu einem Innovationsplan. Dieser Innovationsplan manifestierte konkrete Schritte, die innerhalb des Innovationsgerüstes durchgeführt werden können auf dem Weg zu Eindhoven als Stadt mit einer hohen Lebensqualität – eine „lebenswerte Stadt" – im Jahr 2030.
Diese Vision und Strategie des Eindhoven Smart City-Programms in einem Smart City-Handlungsfeld lassen sich auf eine ganzheitliche Smart City-Initiative extrapolieren. Idealerweise wurden bei der Formulierung der Vision und Strategie alle wichtigen Komponenten berücksichtigt, die auch für eine übergeordnete Smart City-Initiative gelten (siehe hierzu insbesondere Kap. 5). Die Vision und Strategie des Eindhoven Smart City-Programms lassen sich wie folgt zusammenfassen:

1. Die Stadt übernimmt die Rolle des „lead user", wodurch die Stadt zugänglich gemacht wird für Innovationen von anderen Akteuren der Smart City (privatwirtschaftliche Unternehmen und kreative Unternehmen oder Bürger).
2. Der Fokus der Smart City-Initiative wird auf Technik, Licht und Design für die Stadt Eindhoven gelegt und begrenzt.
3. Es besteht der vertrauensvolle Wunsch, mit den Bürgern in unterschiedlicher Weise zu interagieren. Dies geht weit über die üblichen Interaktions-/ Bürgerbeteiligungsmöglichkeiten hinaus.
4. Es existiert die Erkenntnis, dass neue Geschäftsmodelle benötigt werden, um die geplanten Investitionen möglich und rentabel zu gestalten, trotz der angespannten ökonomischen Situation.

Die Elemente der Roadmap setzten sich zusammen aus: Meilensteinen, technologischen Optionen im Lichtbereich, technologischen Innovationen bei Smart Cities und Voraussetzungen bei der Organisation von Smart Cities.

Die technologischen Möglichkeiten wurden in zwei Hauptkategorien mit jeweils drei Aspekten unterteilt:

• Was sind die Entwicklungen im Bereich der Beleuchtung? Beleuchtungstechnologien (Lichtquellen und zugehörige Einrichtungen), Steuerungssysteme (Sensorensteuerung und Lichtquellen-Kontrollen) und Anwendungen (Funktionen und Dienstleistungen mit und/oder für die Beleuchtung?).
• Was sind die Entwicklungen auf dem Gebiet der Smart Cities? Anwendungen (Funktionen und Dienstleistungen mit und/oder für die Smart-Stadt), IKT-Infrastruktur (Netzwerk-und Systemanlagen) und unterstützende Systeme (Datenverarbeitung und Energie).

Die organisatorischen Voraussetzungen sind in Prozesse, Geschäftsmodelle und „Living Labs" unterteilt [OUD].

Auf der Basis des Ansatzes und der zugrunde liegenden Prinzipien wurde ein iterativer Smart City-Entwicklungsrahmen geschaffen, in den sich die Roadmap einfügt. Dieser Prozess ergibt sich schematisch aus der Abb. 2.6.

Dieses Phasenmodell wird im Buch in Kap. 3 bis 6 schematisch aufgegriffen und ausdifferenziert. Von der Smart City-Roadmap muss ein Weg zum Innovationsplan führen, damit Smart Cities ihre Innovationsfähigkeit verstetigen können. Wenn dieser Innovationsplan nicht entworfen und umgesetzt wird, dann verpuffen Smart City-Initiativen meist nach der Einführung einzelner Projekte [HATZELHOFFER01].

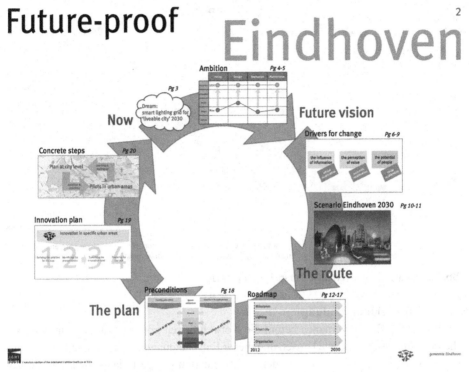

Abb. 2.6   Future-proof Eindhoven [OUD]

2.2.3   Die Governance von Smart City-Initiativen

Es stellt sich die Frage, wie der Bürgermeister als Verantwortlicher einer Smart City-Initiative das Thema „Governance" einer Smart City umsetzen soll? Die Governance, also
Führung einer Smart City, kann verschiedene Ausprägungen zeigen, wie aus der Abb. 2.7
hervorgeht:

Smarte = gute Governance
Diese Form der Governance einer Smart City sieht keine Notwendigkeit für die Trans-
formation staatlicher Strukturen und Prozesse. Bei dieser Governance-Konzeption geht es
lediglich um die „gute" Verwaltung einer Stadt. Es geht darum, die richtigen politischen
Entscheidungen zu treffen und diese effektiv und effizient umzusetzen. In dieser Perspektive kann dies innerhalb der bestehenden Strukturen durchgeführt werden. Giffinger et al.
[GIFF01] betonen, dass diese Form der Governance Aspekte der politischen Partizipation,
Bereitstellung von Diensten für die Bürger als auch das Funktionieren der Verwaltung
umfasst.

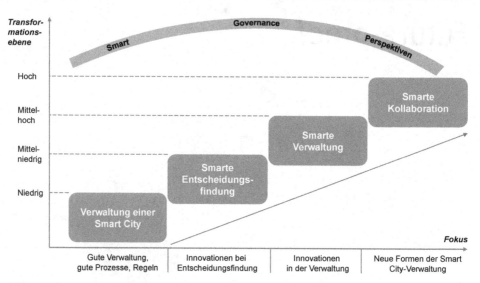

Abb. 2.7 Smart City-Governance-Perspektiven [MEIJ]

Smarte Entscheidungsfindung

Der zweite Typ der Governance betont die Notwendigkeit von Innovationen in den Entscheidungsprozessen und die Umsetzung dieser Entscheidungen. Diese Governance-Konzeption wird auf der unteren Ebene der Transformation gelagert, da es nicht um die Restrukturierung der existierenden Organisationsformen oder Institutionen geht.

Smarte Verwaltung

Die dritte Ebene der Governance-Konzeption behandelt die Entwicklung einer smarten Administration. Gil-Garcia [GIGA] zeigt, dass ein „intelligenter Staat" eine neue Form der elektronischen Verwaltung darstellt, die mit neuesten Informationstechnologien Informationen, Prozesse, Institutionen und physische Infrastrukturen miteinander vernetzt und integriert, um bessere Leistungen für die Bürger und Communities zu erbringen. Diese Art von Smart Governance ist auf einer höheren Ebene der Transformation anzusiedeln, da es die Umstrukturierung der internen Organisation der Stadtverwaltung verlangt.

Smarte Kollaboration

Die vierte und transformative Ebene der Smart Governance-Konzeptualisierung betont die Neuordnung der Position der Stadtverwaltung im urbanen System. Dabei handelt es sich um die höchste Transformationsstufe der Governance, denn es geht hierbei um die Transformation der internen und externen Organisation.

In Anbetracht dieser Smart City-Governance-Perspektiven bleibt hinsichtlich der strategischen Führung klar, dass die Smart City-Strategie immer einen politischen Prozess erforderlich macht, der kontinuierlich mit der Frage beschäftigt ist, was mit der Smart City-Initiative erreicht werden soll und muss. Beide Aspekte, der Prozess der Visions- und Strategieentwicklung und der operationale Betrieb einer Stadt, sind untrennbar miteinander verbunden und erfordern bewusste Entscheidungen und Maßnahmen. Diese Aspekte können nicht durch digitale Lösungen auf der Basis ausgeklügelter Algorithmen abgelöst werden.

Dann kommen aber Fragen auf, wie der Bürgermeister als Treiber und Gestalter einer Smart City-Initiative sicherstellt, dass

- es Chancen für die Industrie und Bürgerbemühungen gibt, um Innovationen zu erzeugen;
- sie die Bürger befähigen, neue öffentliche Smart City-Services zu entwickeln, ohne sich dabei städtischer Verpflichtungen zu entledigen und
- dass die Stadt und Bürger Stadtdaten sammeln, die zur Entwicklung neuer öffentlicher Services aggregiert werden, ohne dabei die datenschutzrechtlichen Sicherheitsvorkehrungen gegen Missbrauch zu missachten.

Diese und weitere Fragen werden auf den Tischen der Bürgermeister vieler Städte landen, die ihre Stadt zur Smart City transformieren wollen. Denn niemand sonst wird sich um die konstruktive Beantwortung dieser offenen Fragen kümmern [LA01][TOWN].

Nachdem die Smart City-Roadmap und Governance-Prinzipien schematisch beleuchtet wurden, lohnt es sich, zu untersuchen, warum Smart City-Initiativen in der Praxis scheitern. Als Quintessenz aus dem Umsetzungsdilemma von Smart City-Initiativen leite ich Design-Prinzipien und Handlungsempfehlungen ab, die für die Praxis relevant sind.

2.3   Das Umsetzungsdilemma und das Smart City-Design

Auf dem Weg der Stadt zur Smart City habe ich bereits die Rolle der Stadt beziehungsweise der Stadtverantwortlichen kurz thematisiert (siehe insbesondere Kap. 2.2.3). Am Beispiel der hervorragend von Hatzelhoffer et al. [HATZELHOFFER01] dokumentierten „T-City Friedrichshafen" lässt sich aufzeigen, warum die transnationalen Konzerne kein ganzheitliches Verständnis einer Smart City haben. Transnationale Konzerne mit ihren Smart City-Fanfaren betrachten Städte aus der Perspektive eines Unternehmens und ausschließlich als Unternehmen. Es fehlt bei zahlreichen Smart City-Initiativen der große strategische Zusammenhang. Entweder handelt es sich um Smart City-Programme, die spontan entstanden sind und nur einen Ausschnitt des gesamten Smart City-Spektrums betreffen. Oder es wird gänzlich nur auf einen Ausschnitt abgestellt.

So verwundert es kaum, dass dieses Phänomen bei der T-City Friedrichshafen wieder auftaucht. Die Autoren um Hatzelhoffer et al. konstatierten, dass es an einem Nährboden für das Entstehen einer Smart City fehlte. Es fehlt an einer Vermarktung, die nicht nur auf Teilprojekte mit einem begrenzten Einzelnutzen ausgerichtet ist, sondern die die innovativen Informations- und Kommunikationstechnologien ganzheitlich in der Stadtgesellschaft verankern will [HATZELHOFFER01].

Nun ist es so, dass die Deutsche Telekom als strategischer Partner nicht allein für die zumindest in Teilen gescheiterte T-City Friedrichshafen Smart City-Initiative verantwortlich gemacht werden kann. Dennoch zeigte sich deutlich, dass Unternehmen, die Lösungen für Smart City-Initiativen entwickeln, oft nicht die Gesamtheit der Stadt im Blick haben und die Stadt nicht als sozioökonomisch-technisches, dynamisches Gebilde mit dem Moment des Unvorhergesehenen betrachten, sondern als beherrschbares Unternehmen „Stadt". So kommt der damalige Bürgermeister der Stadt Friedrichshafen, Josef Büchelmeier, zu dem ernüchternden Ergebnis, dass den Bürgern der Zusammenhang nicht vermittelt werden konnte, wie die Interessen eines Großkonzerns mit denen einer Kommune und der Bürger in Einklang gebracht werden konnten beziehungsweise können. Vielmehr äußerten die Bürger die Meinung, die Stadt oder die einzelnen Bürger hätten nun „Geschenke" vom Großkonzern zu erhalten [HATZELHOFFER01]. Größer könnte die Diskrepanz kaum ausfallen.

So bleibt die Frage, wer denn für das Design der zukünftigen Smart City verantwortlich sein muss. Wie bereits an vielen Stellen angedeutet, sind und bleiben es der Bürgermeister beziehungsweise die Stadtverantwortlichen [TOWN][PEL]. Diesen und ähnlichen Fragen gehe ich ausführlich in den Kap. 3–6 nach. Bevor ich dies tue, widme ich mich den Hindernissen für Smart City-Initiativen, die oftmals zum Scheitern einer Initiative führen.

2.3.1   Der Nutzer und andere Hindernisse auf dem Weg zur Smart City

Warum haben sich nicht schon mehr Städte zu Smart Cities transformiert? Warum haben die Anwender einer Smart City Schwierigkeiten mit der Akzeptanz der Lösungen? Diesen Fragen gehe ich in diesem Abschnitt nach, um daran anschließend Design-Prinzipien und Handlungsempfehlungen für das Gelingen einer Smart City zu skizzieren. Bei der Planung und Umsetzung von Smart City-Initiativen treffen unterschiedliche Interessen und Ziele aufeinander, da die Kooperation unterschiedlichster Partner erforderlich ist. Zudem sind privatwirtschaftliche Unternehmen, Städte, Forschungseinrichtungen und Bürgernachbarschaften in unterschiedlichen Formen organisiert und leben in spezifischen Kulturen.

Dieses Spannungsfeld führt oft zu Schwierigkeiten, wenn nicht sogar zum Scheitern von Smart City-Initiativen. Insbesondere die Gewinnorientierung von privatwirtschaftlichen Unternehmen ist oftmals nicht mit den Interessen von Städten und Bürgern zur Steigerung der Lebensqualität in Einklang zu bringen. Bei den sich formenden Public-private-Partnerships (PPP) stehen Risikobereitschaft und kurze Entscheidungen von Unternehmen den langen, demokratischen Entscheidungsprozessen und dem risikomindernden Denken der öffentlichen Hand gegenüber. Zudem zählen für Unternehmen Quartals- oder Jahresbilanzen, die Politik hingegen arbeitet in vier- oder fünfjährigen Legislaturperioden, währenddessen viele Verbraucher im Alltag gefordert sind, von heute auf morgen zu entscheiden. Die **unterschiedlichen Interessenlagen und Zeithorizonte** bilden wichtige Barrieren für das Entstehen einer Smart City.

Eine **mangelnde Kommunikation** der konkreten Vorhaben kann letztendlich zum Scheitern einer Smart City führen. Die Initiativen werden dann oft nur halb oder in drastisch reduzierter Form umgesetzt, da sich zwischenzeitlich die politischen Kräfteverhältnisse und damit die Prioritäten geändert haben [KAUF]. Im Fall der T-City Friedrichshafen wechselten bei der Telekom im Projektverlauf die Verantwortlichen im Zeitablauf und es traten dadurch immer wieder Probleme bei der Umsetzung der Initiative auf [HATZELHOFFER01].

Für den Bürger sind oftmals die technischen Innovationen in der durchaus nutzbringenden Initiative kaum oder gar nicht sichtbar. Das erschwert die Wahrnehmung in der breiten Öffentlichkeit. Hinzu kommt, dass diese Einzelprojekte nur auf eine bestimmte Zielgruppe zugeschnitten sind. Daraus ergibt sich auch, dass Anwender einer Pilotgruppe die Smart City-Konzeption deutlich positiver bewerten als Nichtnutzer. Dennoch vermissten viele Bürger bei der Smart City-Initiative „T-City Friedrichshafen" oftmals das überraschende Moment [HATZELHOFFER01]. Ganz im Sinne von Steve Jobs, der beim Schluss seiner Produktpräsentationen immer zu sagen pflegte „One more thing."

Viele Bürger hegen eine gewisse Skepsis gegenüber der technologischen Vernetzung ihrer Stadtbereiche. Bei dem Beispiel der T-City Friedrichhafen zeigten viele Bürger gar eine offene Ablehnung gegenüber den neuen Technologien und eine Protokollierung sämtlicher Alltagsaktivitäten in der Stadt der Zukunft. Dies hängt aber auch mit der mangelnden Kommunikation der Partner einer PPP gegenüber den Anwendern von Smart City-Lösungen zusammen. Es wird meist der Nutzen dieser Anwendungen nicht ausreichend kommuniziert und für die Nutzer erfahrbar gemacht. Die Smart City bleibt abstrakt und ist damit kaum nachvollziehbar. Die Bürger finden es aber höchst sinnvoll, wenn es Orte in der Stadt gäbe, an denen die Smart City anfassbar, erleb- und wahrnehmbar wird [HATZELHOFFER01].

So kommt es auch, dass Smart City-Initiativen von der Bevölkerung nicht mit eigenen Initiativen und Projektideen übernommen werden. Denn einzelne technische Lösungen schaffen nur für begrenzte Zielgruppen einen Nutzen. Es sind also fehlende Partizipationsmöglichkeiten, die eine **Smart City nicht als Mitmachprojekt** erscheinen lassen. Dabei geht es um die aktive Mitgestaltung und das aktive Ausprobieren und Erleben von Smart City-Lösungen. Bei der Mitgestaltung ist aber auch die Sensibilität für Problemlösungsvorschläge und Ideen der Bürger gemeint. Es kam häufiger vor, dass Ideen oder Vorschläge einfach ignoriert wurden. Ein weiteres Hindernis bestand bei der T-City Friedrichshafen darin, dass man es versäumt hat, mehr Einzelprojekte mit Lokalbezug zu realisieren – Projekte, die reale Probleme der Bürger einer Stadt aufgreifen. Insbesondere Verkehrs- und Mobilitätslösungen wurden genannt [HATZELHOFFER01][KAUF].

Häufig ist der einseitige **technologische Fokus einer Smart City** eine Barriere für die Umsetzung. Wie ich bereits im Kap. 1.2 ausführlich dargelegt habe, beinhaltet eine Smart City neben der notwendigen Vernetzung der Handlungsfelder einer Stadt insbesondere die Berücksichtigung der soziokulturellen, wirtschaftlichen und umweltbezogenen Aspekte des städtischen Lebensumfelds, denn Smart Cities sind ganzheitliche Gebilde mit einer sozioökonomisch-technischen Ausrichtung.

Die zunehmende und intelligentere Vernetzung von Systemen führt unweigerlich zu einem erhöhten Datenaufkommen über das Nutzerverhalten in diesen Netzwerken. Dies wird zu einer erhöhten Sensibilität der Bürger gegenüber Datenmissbrauch führen. Es werden auch potenzielle Schwachstellen entstehen, die von Hackern oder anderen kriminellen Mitgliedern der Gesellschaft missbraucht werden. Ein hohes Maß an **Datensicherheit und Systemintegrität** wird notwendig sein, um das Vertrauen der Nutzer in diese Systeme zu stärken.

Die Stadtverwaltungen erkennen zunehmend die Vorteile von digitalen Stadtdienstleistungen. Dennoch bemühen sie sich immer noch aktiv um die **Aufrechterhaltung der Exklusivität ihrer Dienste** und dass alle Bürgerinnen und Bürger auf neue Stadtdienste in geschlossenen Systemen zugreifen können [GOV01]. Zudem fehlt es bei den Stadtverantwortlichen als zentraler Stelle zur Führung einer Smart City-Initiative an adäquaten und praktikablen Monitoring-Systemen, mit denen sich die Zielerreichung von Smart City-Maßnahmen sinnvoll überprüfen und mit anderen Smart City-Entwicklungen vergleichen ließen. Nur mit zuverlässigen, quantitativen und qualitativen Indikatoren, die alle wesentlichen Aspekte einer effizienten Projektumsetzung und den Zielerreichungsgrad angemessen abbilden, lassen sich die Fortschritte und Ergebnisse solcher ganzheitlichen Konzepte bestimmbar machen. Nur so können Projekte sowie Prozesse und Systeme besser gesteuert und angepasst werden [BECK04].

Mit der zunehmenden Anzahl an praktischen Smart City-Umsetzungen werden die Schwierigkeiten transparenter und zum Gegenstand weiterer Untersuchungen. Aus diesen Ergebnissen lassen sich wichtige Rückschlüsse auf Handlungsempfehlungen für die Smart City-Umsetzung ziehen. Im Folgenden behandle ich die Design-Prinzipien und Handlungsempfehlungen für eine Smart City.

2.3.2   Smart City Design-Prinzipien und andere Handlungsempfehlungen

Aus den im vorherigen Kapitel betrachteten Barrieren für das Entstehen von Smart Cities lassen sich Design-Prinzipien ableiten. Diese Design-Prinzipien dienen als Leitplanken bei der Planung (Vision und Strategie) und Umsetzung (Roadmap, Projektierung, Monitoring etc.) einer Smart City-Initiative. Zu den Leitplanken zählen:

a. **Die Smart City als holistisches, sozioökonomisch-technisches Gebilde**

Smart City-Strategien und -Lösungen sind immer im Kontext einer ganzheitlichen Betrachtung der Stadt zu bewerten. Die Strategie und Umsetzung von Smart City-Initiativen basiert auf einer langfristigen und sämtliche Bereiche der Stadtentwicklung umfassenden Planung. Hinzu kommt eine innovationsfreundliche Verwaltung, die ebenso rasch wie effizient ist und über ein umfassendes Projektmanagement verfügt.

Eine besondere Schwierigkeit ist, dass Smart City-Visionen agil und dynamisch anpassbar sein müssen, da sich die Realität und Modelle ständig ändern. Die Ernennung eines neuen Bürgermeisters ist oft der Treiber für den Wandel und die Entwicklung einer Smart City-Vision, zum Beispiel in Rio de Janeiro: Für den Bürgermeister Eduardo Paes bilden der Zugriff auf Daten und ein effizientes Projektmanagement die zentralen Elemente auf die Herausforderungen, die durch Naturkatastrophen (der Erdrutsch 2010) und die Notwendigkeit, eine erfolgreiche Weltmeisterschaft (2014) und die Olympischen Spiele (2016) zu organisieren, entstehen. Das „televisuelle Operationscenter", das Daten von über 30 Stadtbereichen sammelt, auswertet und weiterverwertet in Verbindung mit den vernetzten städtischen Versorgungsbetrieben bilden einen integrierten Ansatz.

Eine Smart City lebt immer im Spannungsfeld von Wissenschaft und Kultur. Das, was die Wissenschaften auch in Form neuester Technologien nicht erklären können, liegt in der Kultur begründet. So kommt Anthony Townsend auch zu dem Urteil, dass „die Technologie nur ein Upgrade für eine Stadt zur Smart City darstellt, aber nicht deren Wesen begründet [TOWN]." Im Zusammenhang mit den neuen digitalen Technologien muss man sich folgende harte Fragen stellen: Welche Smart City-Lösungen werden durch smarte Technologien tatsächlich ermöglicht? An welcher Stelle optimieren diese smarten Anwendungen existierende Lösungen? Besonders wichtig: Wo stehen diese smarten Technologien im Widerspruch zu existierenden Lösungen und wo entstehen durch diese Technologien völlig neue Probleme? Die Stadt muss sich außerdem entscheiden, welche Stadtdaten zur Entwicklung neuer digitaler Smart City-Lösungen als Open Data freigegeben werden und welche Daten auch aus besonderen Datenschutzbestimmungen im exklusiven Besitz der Stadt verbleiben.

Aber die Stadt darf und sollte sich nicht der Offenlegung von Stadtdaten verweigern. Es geht vielmehr um eine breite Diskussion rund um das Thema „Open Data". Dabei schwingt das Spannungsfeld der Transparenz öffentlicher Prozesse und Entscheidungen mit. Mit der neuen Technologie kommen noch weitere Herausforderungen auf Smart City-Designer zu. Nach Anthony Townsend sollten Smart City-Designer unbedingt transdisziplinär denken und handeln können – denn es müssen in der Smart City die physische und die virtuelle Welt handlungsfeldübergreifend miteinander verbunden werden. Die Smart City-Planung ist immer ein Amalgam aus Ingenieurswissenschaften, Ökonomie, Soziologie, Geographie, öffentlicher Finanzierung, Rechtswesen und politischem Geschehen [GOV01].

b. Der Fokus auf die Lebensrealität und die aktive Bürgerbeteiligung

Die Unterstützung der Bürger und der breiten Öffentlichkeit für Smart City-Initiativen bilden eine grundlegende Leitplanke zum Gelingen einer Smart City, mithin die Akzeptanz der mit dem Smart City-Konzept verbundenen Werte und Einstellungen durch die betroffenen Bürgerinnen und Bürger einer Stadt. Darüber hinaus auch die Bereitschaft der Bürger, die notwendigen Informations- und Kommunikationstechnologiekenntnisse zu erwerben und manche ablehnende Verhaltensmuster gegenüber Neuerungen abzule-

Abb. 2.8 Das TU Berlin Urban Lab [TU01]

gen [KAUF][HATZELHOFFER01]. Der Fokus auf die Lebensrealität der Bürger setzt auf ein bürgerzentriertes Betriebssystem einer Stadt. Denn Bürger sind die wesentlichen Akteure einer Stadt. Dieses Netz urbaner Interaktionen erhöht das soziale Gefüge, das Städte ausmacht und antreibt. Eine zentrale Steuerung des Netzes ist nicht zwingend erforderlich. Vielmehr werden Netze kleinerer Communities entstehen, die sich untereinander vernetzen. Als Beispiel kann hier die Stadt Wien unter der Führung des Bürgermeisters Dr. Michael Häupl angeführt werden. In Wien werden vernetzte Communities aktiv in die Weiterentwicklung der Smart City Wien eingebunden [JA01].

c. Die Rolle der Inkubator-Gruppen

Diese Gruppen haben in der Regel ein ganzheitliches Verständnis für die strategische Rolle, die Technologien bei der Lösung städtischer Herausforderungen spielen können. Typische Aufgaben der Mitglieder einer Inkubator-Gruppe sind:

• Mitentwicklung der smarten Strategie/Vision einer Stadt,
• Coach und Vermittler von Stadt-Akteursinteressen,
• Förderung der Zusammenarbeit mit Stadtdienste-Anbietern wie IBM, Siemens oder General Electric, um mit den Technologien im Stadtumfeld als Testfall experimentieren zu können und wertvolle Erfahrungen bei der Weiterentwicklung der Städte zu sammeln [GOV01].

Beim T-City in Friedrichshafen wurden Inkubator-Gruppen für ausgesuchte Projekte unter dem Banner „Zukünftler" T-City Friedrichshafen gebildet [HATZELHOFFER01].

An der Technischen Universität Berlin etabliert sich aktuell ein urbanes Testlabor (siehe Abb. 2.8).

Das TU Berlin Urban Lab verfolgt zwei zentrale Ziele:

1. Die Einrichtung eines urbanen Labors als interaktives Kommunikations- und Simulationsinstrument: Hier können Simulationen zu Pilotprojekten und ihren Wechselwirkungen ablaufen und die verschiedenen Akteure miteinander agieren.
2. Die Verknüpfung von Methoden, Strategien und wissenschaftlichen Erkenntnissen mit konkreten Raumzusammenhängen: Dazu dienen sogenannte urbane Inkubatoren, die einen präzise definierten Raum oder ein urbanes System darstellen, in dem Pilotprojekte stattfinden können.

Diese Organisationen benötigen starke politische Unterstützung (in der Regel das Büro des Bürgermeisters oder Executive-Teams) und haben ein klares Mandat, das ihnen Glaubwürdigkeit gibt und ihre Agenda auf Innovationen konzentriert. Allerdings müssen diese Organisationen die operativen Einheiten der Stadtverwaltungen unterstützen und mit dem Rest der Stadtorganisation verbunden sein [GOV01][EUKOM01].

d. Open Data, Digital Divide und Kommunikation

Offene Daten werden als ein wesentlicher Treiber des Wandels gesehen. Führende Städte suchen die aktive Partizipation von Bürgern zu urbanen Themen, die diese am meisten bewegen. Aus der Auswertung intelligent verknüpfter Datensätze erhalten Städte bessere Erkenntnisse über die Bedürfnisse der Bürger, um so bessere Dienstleistungen unter Wahrung des Datenschutzes und der Sicherheit entwickeln zu können [GOV01][EUKOM01].

Bei der technischen Umsetzung der Smart City-Konzepte sollte unbedingt auf die Nutzerfreundlichkeit abgestellt werden. Zur Beseitigung des bereits erwähnten „Digital Divide" müssen allen Bürgern Schulungen und weitergehende Trainings angeboten werden. Dabei ist darüber nachzudenken, die Schulungsangebote günstig bis sogar kostenfrei anzubieten, um den **Digital Divide** zu überwinden. Dies ist auch eine Maßnahme, um von der parallelen Urbanität, die bei den von den neuen Technologien ausgeschlossenen Bürgern auch als völlig abgeschlossene Parallelwelt wahrgenommen wird, zur integrierten Urbanität zu kommen. Die integrierte Urbanität löst die Grenzen zwischen realer und virtueller Realität auf. Der Umgang mit neuen Technologien und Anwendungen wird Teil der urbanen Lebensrealität.

Die Bürger sind im Rahmen der Transformation der Stadt zur Smart City umfassend über die Initiative zu informieren. Dies kann über Auftritte bei Facebook, YouTube, Twitter und mit einem eigenen Web-Auftritt erfolgen. Hinzu kommen Projektzeitschriften, Radiosendungen und Fernsehauftritte. Darüber hinaus sind zur Etablierung der Smart City als Mitmachprojekt Workshops mit einem breiten Spektrum der Bevölkerung zu organisieren und Informationscontainer aufzustellen, in denen **umfassend über die Initiative informiert wird**. Viel bedeutender ist aber, dass die Bürger Gelegenheit erhalten, mit den neuen Smart City-Lösungen aktiv spielen und experimentieren zu können so wie es in Friedrichshafen im Rahmen der Zukünftler-Initiative geschehen ist [HATZELHOFFER01].

e. Kollaboration und Public-private-Partnerships (PPP)

Das Zusammenkommen von urbanen Visionen und neuesten digitalen Vernetzungstechnologien zahlreicher Akteure einer Stadt in Form von Public-private-Partnerships (PPP) und der Governance von Städten erfordern die Kollaboration unterschiedlichster Akteure einer Stadt sowie darüber hinaus der interstädtischen Kollaboration [MCGRAW]. Dies erfordert klare Anweisungen, Fallback-Pläne und Kontrollen – mithin ein ausdifferenziertes Partnerschaftsmodell mit den Beteiligten einer Smart City-Initiative.

f. Neue Formen der Finanzierung

Die Umsetzung von Smart City-Initiativen wird beträchtliche finanzielle Mittel erfordern, die die Städte nicht allein aufbringen können. Dies gilt für die flächendeckende Umsetzung der Konzepte sowie bereits bei der Entwicklung von Demonstrationsprojekten.

Die öffentliche Hand muss auch hier auf neue Kooperationsmodelle abstellen und folgende Finanzierungsmöglichkeiten einkalkulieren:

- Bürgerbeteiligungsmodelle in Form von Crowd-Finanzierung,
- Finanzierungs- und Förderinstrumente internationaler politischer Institutionen wie der Europäischen Kommission etc. sowie
- Energiespar-Contracting, ein Modell, bei dem die Errichtung einer neuen Anlage und bei Bestandsobjekten die Sanierung aus den erzielbaren Energieeinsparungen finanziert werden [KAUF][GOV01].

Die Entwicklung neuer Finanzierungsmodelle für Smart City-Vorhaben steht aber noch am Anfang.

g. Smart City Governance

Zusätzlich zur Vision und Führung eines Smart City-Vorhabens kann die Stadt bei Innovationen und dem Wandel von der Privatwirtschaft die Mechanismen und Erfahrungen nutzbringend einsetzen, vor allem die Freiheit, neue Ideen einzubringen und neue Formen der Kollaboration einzuführen (siehe hierzu „Die Governance von Smart City-Initiativen" im Kap. 2.2.3). Ein weiteres Element bilden quantifizierbare Kennzahlen zur Kontrolle des Smart City-Fortschritts. Hierzu können Städte mit Hochschulen zusammenarbeiten, um Grundlinien zu bestimmen und die längerfristigen Auswirkungen der innovativen Ansätze auf die Erbringung öffentlicher Dienstleistungen festzustellen und auswerten zu können.

Auf der Basis dieser Design-Prinzipien lassen sich Handlungsanweisungen für die Umsetzung von Smart City-Initiativen durch den Bürgermeister ableiten:

1. Etablierung einer langfristig orientierten Smart City-Vision,
2. Entwicklung einer Strategie-Roadmap,
3. Entwicklung eines strategischen Plans für die phasenbasierte Transformation zur Smart City,
4. Etablierung einer marktorientierten Richtung und die Ausbalancierung zwischen öffentlichen, städtischen und privatwirtschaftlichen Interessen,
5. Aufbau einer kohäsiven Struktur zur übergeordneten Umsetzung der Smart City-Initiative,
6. Einführung neuester digitaler Smart City-Lösungen und Infrastrukturen in der Partnerschaft mit privatwirtschaftlichen Unternehmen,
7. Entwicklung eines Kommunikationsplans in Verbindung mit Schulungsangeboten für die Nutzer von Smart City-Anwendungen sowie
8. die Initiierung von Pilotprojekten und integrierten Smart City-Lösungen in der frühen Phase einer Initiative [PEL][TOWN][LA01].

Nachdem ich die prinzipiellen Design-Prinzipien für Smart Cities skizziert habe, möchte ich einen Bereich berühren, der nur schwer künstlich herzustellen ist. Dennoch zeigt sich in vielen Smart City-Initiativen in der Praxis, wie wichtig das kreative Milieu einer Stadt für die Transformation zur Smart City ist. Was aber macht das kreative oder innovative Milieu einer Smart City aus? Findet sich das innovative Milieu nur im Silicon Valley, dem Innovationsmekka aller Nerds (Talente) auf diesem Planeten [POSTTI]?

2.3.3 Das kreative Milieu einer Smart City

Wenn man in das Silicon Valley nahe San Francisco fährt, dann sieht es auf den ersten Blick gar nicht so spektakulär aus. Das Geheimnis des Silicon Valley liegt in der Firmenkultur der dort ansässigen Unternehmen begründet. Während eines mehrjährigen Aufenthaltes im Silicon Valley konnte ich gründlich in diese Firmenkulturen eintauchen. Ein besonderes Wesensmerkmal des Silicon Valley ist die Bedeutung der Kontakt-Netzwerke. Die Netzwerke im Silicon Valley sorgen für gute und weiterbringende Kontakte, ohne die im Valley nichts geht. Außerdem hat sich im Valley ein Ökosystem etabliert, das nicht irgendwo einfach repliziert werden kann. In unmittelbarer Reichweite sitzen erfolgreiche Gründer, Entrepreneurship-Professoren, spezialisierte Anwälte, Mentoren, Unternehmer und Venture Capitalists. Alle Ressourcen sind, wenn man mal Zugang zu den Netzwerken gefunden hat, schnell verfügbar. Damit liegt dort ein Ökosystem umfassender Erfahrung mit dem Willen zum Erfolg vor. Außerdem auch den möglichen Misserfolg einkalkulierend im Sinne einer gelebten Fehlerkultur.

In der Nähe des Silicon Valley findet sich auch die hochkarätige Stanford Universität, die eine Vielzahl an zukünftigen Unternehmern entlässt. Von den 2,3 Mio. Bewohnern

im Valley arbeiten ca. 500.000 im Bereich Informations- und Kommunikationstechnologie. Verglichen damit nimmt sich die IT-starke Region Rhein-Main, in der ca. 7,6 Mio.
Menschen leben, eher bescheiden aus – 80.000 davon arbeiten im Bereich IKT Informa-
tions-und Kommunikationstechnologien. Das Valley zieht Entwickler, Designer, Gründer, Unternehmer und Forscher aus aller Welt an. Dieses Amalgam aus Internationali-
tät, Aufbruchsstimmung, verbunden mit harter Arbeit, einem exzellenten Netzwerk und
Fehlerkultur, prägt das Valley und macht es zum Mekka für Innovationen und Kreativität
in Verbindung mit Geschäftssinn. So bringt es der Geschäftsführer Konstantin Guericke,
Gründer von LinkedIn, auf die griffige Formel: „Man brauche sich nur zwei gleich gute
Teams vorzustellen mit einem gleichen Produkt, eins in Berlin, eins im Silicon Valley.
Nach einem Jahr hat das deutsche Start-up vielleicht 100.000 Kunden, das amerikanische
hat eine Million" [SPIEGEL].

Auch in anderen Teilen der Erde entstehen ähnliche, kreative Milieus. In Israel oder
Seoul, Südkorea, finden sich viele meist jüngere Menschen, die weltoffen, technikaffin,
weltweit vernetzt und durch diese bildungs- und fortschrittsgetriebene Kultur hungrig
nach neuen Innovationen sind [TAUBE]. Die Managerin Stephanie Czerny gründete Anfang der Nullerjahre die Konferenz „Digital Life Design" (DLD), auf der sich jährlich das
Who-is-Who der digitalen Welt zusammenfindet. In einem Interview hat sie die Innovationskultur, selbst in dem als kreativ und dynamisch geltenden Berlin, so charakterisiert:
„Die sind top in ihren Präsentationen, aber überhaupt nicht locker, nicht vernetzt, auch
nicht besonders kreativ." Genug Geld ist da, aber es mangelt uns an Risikobereitschaft,
auch mal in verrückte Menschen und Ideen zu investieren" [TAUBE]. Dabei ist es doch
genau diese Risikobereitschaft, in verrückte Ideen und Ansätze zu investieren, die zu neu-
en Wegen führen. So verwundert es nicht, dass die T-City Smart City-Initiative in Friedrichshafen scheiterte. Denn „den hochqualifizierten Beschäftigten in Friedrichshafen falle
es meist nicht leicht, sich in die bestehende Stadtgesellschaft einzugliedern" [HATZEL-
HOFFER01]. So wurde dann auch die T-City-Initiative „von Beginn an zurückhaltend
aufgenommen. Dies gilt sowohl für weite Teile der Bevölkerung als auch für viele Unternehmen und einige Vertreter in der Kommunalpolitik. Bisweilen wurde die Einrichtung
des Projektes gar als eine Zumutung empfunden" [POG].

Was macht nun ein für die Transformation von Städten zu Smart Cities so wichtiges
kreatives Milieu aus? Ein kreatives Milieu ist ein Ort – entweder ein Cluster von Gebäuden, ein Teil einer Stadt, eine ganze Stadt oder Region, die die notwendigen Voraussetzungen in Form von „harter" und „weicher" Infrastruktur besitzt, um Ideen und Erfin-
dungen kontinuierlich zu produzieren. Solch ein kreatives Milieu ist ein Ökosystem, in
dem eine kritische Masse an Unternehmern, Intellektuellen, Sozialaktivisten, Künstlern,
Verwaltern, Power-Brokern oder Studenten in einem „Open-Minded" kosmopolitischen
Kontext interagiert und wo direkte Interaktionen zu neuen Ideen, Artefakten, Produkten,
Lösungen, Diensten und Institutionen führen und in der Konsequenz zur wirtschaftlichen
Prosperität der Stadt beitragen.

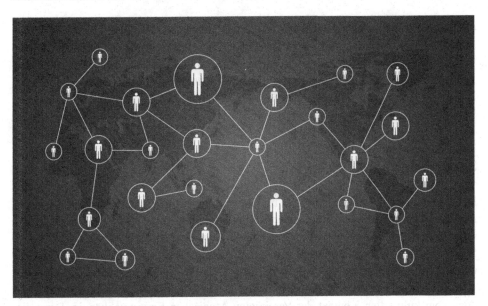

Abb. 2.9 Menschliche Interaktionen in Netzwerken [Fotolia/Aurora]

Zu den harten Faktoren zählen Gebäude, Straßen und Institutionen wie Forschungs-, Bildungs- und Kultureinrichtungen und andere unterstützende Dienste wie Transport-, Gesundheits- und Freizeiteinrichtungen. Die weiche Infrastruktur setzt sich zusammen aus sozialen Netzwerken und menschlichen Interaktionen, die den Fluss von Ideen zwischen Individuen und Institutionen befördern (siehe Abb. 2.9). Dies geschieht entweder direkt oder über digitale Vernetzungstechnologien, die zu weiteren Kommunikationsnetzwerken führen. Die Netzwerkfähigkeit ist das Kernstück des innovativen, kreativen Milieus – denn die Smart City vernetzt Netze.

Letztendlich ergeben sich aus den Überlegungen vier Konsequenzen [LA01], um ein für Smart Cities notwendiges kreatives Milieu zu erzeugen:

1. Damit die Städte der Zukunft wettbewerbsfähig bleiben, müssen diese in allen Handlungsfeldern und verbindenden Komponenten kreativ und innovativ sein, intellektuell, kulturell, technologisch und organisatorisch. Das Zusammenwirken von kultureller und technologischer Kreativität ist der Schlüssel zur Entwicklung nachhaltiger Urbanität.
2. Kreativität und Innovationsfähigkeit müssen im urbanen Kontext holistisch betrachtet werden, als ein integrativer Prozess, der sämtliche Aspekte des urbanen Lebens umfasst: ökonomisch, politisch, kulturell, umweltbezogen samt sozialer Innovation.
3. Ein Schwerpunkt auf neue, weichere Infrastrukturkomponenten der Kreativität und Innovation ist notwendig. Dies dient der Stärkung der Rolle der Städte als tolerante, aufgeschlossene Orte. Dabei sind die Lösung von Fragen des sozialen Zusammenhalts, der sozialen Fragmentierung und des interkulturellen Verständnisses von zentraler Natur.

4. Die neue Reihe von kreativen und innovativen Städten wie Portland, Zürich oder Freiburg konzentriert sich stark auf die Generierung einer hohen Lebensqualität. Diese Städte versuchen, Aspekte wirtschaftlicher Stimulierung mit dem Gedanken der Nachhaltigkeit und Stärkung der partizipativen Bürgerbeteiligung zu verbinden, und zwar in Verbindung mit Benchmarking-Programmen, um die urbane Entwicklung zu beschleunigen.

2.4 Fazit

Den Ausgangspunkt einer Smart City bildet eine langfristig orientierte Vision, die einen Ausdruck der kreativen und innovativen Kultur eines Stadtkontextes darstellt. Wie wir gesehen haben, kann eine Smart City am Reißbrett oder als Retrofitting einer existierenden Stadt entstehen. Auch die urbanen Träume im Fertigbauprinzip, zur Replikation in den unterschiedlichsten Teilen der Welt gedacht, sind in einen kulturellen Kontext einzufügen. Auch wenn Masdar City im Emirat Abu Dhabi in der Wüste entstehen soll, ist sie doch vom kulturellen Kontext der Vereinigten Arabischen Emirate abhängig. Denn die Idee der Öko-Stadt ist den traditionellen arabischen Siedlungen abgeschaut: Wo wenig Sonne eindringen kann, bleibt das Klima erträglich. Die eng gestellte, schattenspendende Bauweise vermeidet das Herunterkühlen mit riesigem Energieaufwand. Außerdem glauben die Initiatoren, dass die niedrige Gassenbauweise trotz aller modernen Technik dem menschlichen Bedürfnis nach einem öffentlichen Raum mit persönlicher Kommunikation am besten entspricht. Die neuartige Architektur vieler Bereiche der Stadt, die zum Teil vom Stararchitekten Norman Foster entworfen wurde, zeichnet sich durch eine teilweise organisch geformte Ästhetik aus [WIKI08].

Alles in allem zeigt sich, dass die Smart City, ob im Greenfield- oder Retrofitting-Gewand, eine Stadt der Zukunft ist, die sich im sozioökonomisch-technischen Kontext bewegen muss. Am Reißbrett entworfen, muss der Smart City das soziale Leben erst „eingehaucht" werden, während im Retrofitting die Sozialisierung mit neuen Innovationen verbunden werden muss.

Die in beiden Fällen im sozioökonomisch-technischen Kontext einer Stadt zu erstellende Vision einer Smart City mündet in eine Roadmap und Design-Prinzipien zur Umsetzung. Die Führung bei der Entwicklung einer Smart City-Vision und die darauf folgende Umsetzung liegen untrennbar im Verantwortungsbereich des Bürgermeisters. Der Bürgermeister kann auch mit entsprechenden Governance-Prinzipien zum Erfolg einer Smart City-Initiative entscheidend beitragen; dies aber immer unter Berücksichtigung divergierender Interessen und Ziele zahlreicher Akteure einer Smart City. Das letztendliche Ziel einer Smart City ist die Steigerung der Lebensqualität der Bürger und der Wettbewerbsfähigkeit einer Stadt. Die Steigerung der Lebensqualität geht dabei von der Lebensrealität und konkreten Bedürfnissen der Bürger aus. Der Nährboden für erfolgreiche Smart City-Initiativen ist aber das kreative Milieu einer Stadt. Ohne ein auf kontinuierliche Vernetzung und Interaktion ausgerichtetes innovatives Milieu unterschiedlichster Akteure wird das Smart City-Konzept nie sein volles Potenzial entfalten können. Ein ganzheitliches Smart City-Modell basiert auf einem kreativen Milieu, aber es ist durchaus möglich, dass in der Folge eine Smart City-Initiative als Katalysator zu einem kreativeren Milieu einer Stadt führen kann.

Lassen Sie uns die Reise fortsetzen und die nächste Hürde der Umsetzung einer Smart City näher beleuchten. Bei der Klassifikation der Reife einer Smart City fehlt es in der Literatur und Praxis immer noch an geeigneten und umfassenden Modellen, an denen sich der Smart City-Designer orientieren könnte. Zudem liegen viele Schwierigkeiten bei der Umsetzung von Smart City-Initiativen in fehlenden Umsetzungsmodellen begründet. Es mangelt nicht an Masterplänen, aber erst in der Umsetzung entsteht aus der Utopia die Smart City-Realität.

Smart City konkret – smartes Leben im Alter 3

> *Prognosen sind schwierig, besonders wenn sie die Zukunft betreffen.*
> (Zugeschrieben unter anderem Winston Churchill, Mark Twain, Niels Bohr)

Im bisherigen Verlauf des Buches habe ich das Wesen einer Smart City und die möglichen Evolutionspfade vertiefend beleuchtet. Darauf aufbauend wurde das holistische Modell einer Smart City schematisch aufgezeigt. Das ganzheitliche Verständnis einer Smart City bildet die Grundlage für die Entwicklung des formalisierten Modells einer Smart City und darauf aufbauender Smart City-Reifegrad -und Transformationsmodelle, die ich in den folgenden Kap. 5 und 6 entwickeln werde. Bevor ich mich der Ausgestaltung dieser Modelle widme, skizziere ich den kontextuellen Referenzrahmen. Dieser Referenzrahmen bildet sich aus einem praktischen Anwendungsfall „Smart Senior-Ökosystem" im Handlungsfeld „Smart Living" einer Smart City. Am Beispiel vernetzter Gesundheitswelten (Smart Health) mit dem Fokus auf das smarte Leben im Alter (Smart Senior), lässt sich das Smart City-Reifegrad- und Transformationsmodell plastisch veranschaulichen. Der herangezogene konkrete Anwendungsfall ist exemplarisch auf Anwendungsfälle in anderen Smart City-Handlungsfeldern übertragbar.

In diesem Zusammenhang spreche ich auch von der Herausbildung des Smart Senior – abgeleitet vom Smart Citizen. Das dominante Ziel des Smart Senior-Ökosystem-Programms besteht darin, die Lebensqualität älterer Menschen zu erhalten und weiter zu verbessern. Im Rahmen des Großprojektes (unterstützt vom Bundesministerium für Bildung und Forschung) „Smart Senior – Intelligente Dienste und Dienstleistungen für Senioren" wurde dieses Ziel noch weiter konkretisiert: Die Unabhängigkeit, Selbstbestimmtheit und somit der Lebensstandard von Senioren sollen noch im hohen Alter gesichert werden. Die wichtigsten Faktoren sind dabei: Länger selbstständig im häuslichen

© Springer Fachmedien Wiesbaden 2015
M. Jaekel, *Smart City wird Realität*, DOI 10.1007/978-3-658-04455-8_3

Umfeld leben, sicher unterwegs sein und gesund werden und bleiben [SMASE01]. Dieses deutsche Großprojekt beleuchte ich eingehender im Kap. 3.4.2.

Die Notwendigkeit für derartige Smart City-Programme wird immer dringlicher. Zumindest stimmt dies für die meisten hoch entwickelten Länder der westlichen Welt. Denn die sinkende Bevölkerungszahl im erwerbsfähigen Alter und die gleichzeitig steigende Zahl älterer Menschen verschieben den demografischen Rahmen in bisher nicht gekannter Art und Weise. So werden im Jahr 2030 in Deutschland voraussichtlich nur noch rund 77 Mio. Einwohner leben. Die Altersgruppe der 65-Jährigen und Älteren wird hingegen um rund ein Drittel (33 %) von 16,7 Mio. im Jahr 2008 auf 22,3 Mio. Personen im Jahr 2030 ansteigen [STATI01]. Angesichts dieser demografischen Entwicklung und der parallel verlaufenden Entwicklung von Smart Cities drängt sich die Frage auf, wie das Leben der Smart Senioren in Zukunft gestaltet sein wird. Welche Entwicklungstendenzen sind hier bei der Entwicklung von Smart Cities erkennbar?

3.1 Die Zukunft der Altenpflege in 20 Jahren?

In einer nicht ganz fernen Zukunft lebt Frank, ein ehemaliger genialer Juwelendieb, im ländlichen New York. Er ist im Ruhestand und lebt ein ödes Einsiedlerleben in einem abgelegenen Haus mit Garten. Unterbrochen wird dieses Leben nur von sporadischen Besuchen bei Susan, der Bibliothekarin im Ort [HAR]. In dieser Szenerie weiß der Sohn Hunter für die beginnende Demenzkrankheit seines Vaters Frank keine bessere Behandlungsmöglichkeit als den Einsatz eines humanoiden Roboters VGC-60 L [WIKI11]. Der humanoide Roboter verfügt über eine beachtliche Intelligenz und agiert als Pflegeroboter. Der Pflegeroboter kommuniziert in natürlicher Sprache und betont in dem im Jahre 2012 im Kino gezeigten Spielfilmdrama „Robot & Frank" selbst, dass er als Pflegehilfe zum Putzen, Kochen, Aufräumen, Gärtnern, Spazierengehen, als Ernährungsberater oder Reha-Experte bestens geeignet ist. Mithin ist der Roboter, der im Film aussieht wie eine Art Playmobil-Figur mit weißem, retro-futuristischen Design, dazu geeignet, den Lebensstandard des von aufziehender Demenz betroffenen Frank zu erhalten beziehungsweise zu verbessern.

In einem realistischen Setting zeigt dieser Film, wie die Zukunft der Altenpflege aussehen könnte [HAR]. Diese vielleicht zehn oder fünfzehn Jahre entfernte Zukunft ähnelt unserer Gegenwart auf erstaunliche Weise. Nur die technologischen Spielereien, wie transparente Mobiltelefone, elektromobil angetriebene Autos und stimmengesteuerte Bildtelefonanlagen, erzeugen die Szenerie einer entfernten Zukunft, die doch so nah an der uns vertrauten liegt.

Nach anfänglicher Ablehnung baut Frank eine „emotionale Bindung" zu dem Roboter auf. Das hat auch damit zu tun, dass Frank die erstaunlichen Fähigkeiten des Roboters für seine Leidenschaft zu nutzen weiß. So wird der humanoide Roboter darauf trainiert, Schlösser und Zahlencodes von Safes zu knacken. Diese Aufgabe bewältigt der Roboter auf eindrucksvolle Weise. Als die beiden, Robot & Frank, allerdings den nächsten Coup planen und durchführen, werden sie von der Polizei nach einer Verfolgungsjagd festgenommen. Danach wird Frank in ein Pflegeheim überstellt, in dem menschliche

Pflegekräfte als überholt gelten. Dort wird jedem pflegebedürftigen Senior ein individueller Roboter zugeordnet [HAAS03] [WIKI11].

So mancher Leser mag sich fragen, ob dies die Altenpflege der Zukunft sein wird. Der Regisseur Jake Schreier ist der Auffassung, dass Technik weder per se gut noch schlecht sei. Aber die Technik ändert die Art, wie wir miteinander in Beziehung treten. Diese Entwicklung, so Schreier, lasse sich nicht mehr aufhalten [WORTH]. Mit dieser Beziehung ist auch die emotionale Dimension gemeint. Denn Frank baut im Verlauf des Films eine „emotionale Bindung" im Sinne einer „Freundschaft" zu dem Roboter auf. Hier wird man unweigerlich an den eigenwilligen Boardcomputer HAL in Stanley Kubricks „Odyssee im Weltraum" erinnert [SCHMIEDER]. Hier wie da wird ein moralischer Diskurs erzeugt, der die Frage danach, ob eine Maschine, die bei ihrem Besitzer menschliche Empfindungen hervorruft, noch wie ein Objekt behandelt werden kann. Angesichts der zunehmenden Digitalisierung und Robotisierung unseres Lebensalltags wird dieser Diskurs weiter an Brisanz gewinnen. Diesen Aspekt möchte ich an dieser Stelle nicht weiter verfolgen. Dennoch bin ich aber der Überzeugung, dass eine umfassende gesellschaftliche Auseinandersetzung mit der skizzierten moralischen Situation dringend erforderlich ist.

Bereits heute werden Roboter in Pflegeheimen und Hotels eingesetzt. Punktuell fungieren Roboter auch als Lehrer [KEMP][KOTHE]. Hinsichtlich des Designs geht die Entwicklung der Roboter dahin, dass sie dem Menschen auch äußerlich immer ähnlicher werden. In dem oben beschriebenen Film „Robot & Frank" ist der Roboter noch deutlich vom äußeren Erscheinungsbild eines Menschen abgegrenzt.

3.1.1   Die Robotik und das unheimliche Tal

In diesem Fall wird das im Jahr 1970 von dem japanischen Robotiker Masahiro Mori beschriebene Phänomen des „unheimlichen Tals" vermieden [KAGE]. Das Phänomen stellt sich ein, wenn das Äußere eines Roboters humanoid wirkt, aber das Verhalten nicht damit übereinstimmt. Beim Menschen stellt sich dann ein befremdliches Gefühl beziehungsweise ein Unbehagen ein. Es entsteht das „unheimliche Tal", wie Mori den Knick in der Vertrauenskurve nannte [TERRA]. Damit dieses „unheimliche Tal" bei der Interaktion zwischen Mensch und Maschine nicht entsteht, müssen Androide in ihrem äußeren Erscheinungsbild und ihrem Verhalten so menschlich wie möglich sein.

Unter Androiden versteht man Roboter mit menschenähnlichem Erscheinungsbild und Verhalten. Genau in diese Richtung geht die weitere Entwicklung von Robotern, die heute schon Patienten betreuen und tagsüber die Wohnung überwachen [KLEMP]. Das japanische Unternehmen Kokoro hat den weit fortgeschrittenen „androiden" Roboter mit der Modellbezeichnung „Actroid-SIT" entwickelt, der 18 verschiedene menschliche Gesten beherrscht. Auch äußerlich wirkt dieses Roboter-Modell zumindest aus der Entfernung wie ein Mensch. Der japanische Roboterforscher Hiroshi Ishiguro von den ATR Intelligent Robotics and Communication Laboratories an der Universität Osaka (Japan) betont die Wichtigkeit des äußeren Erscheinungsbildes von humanoiden Roboter (siehe

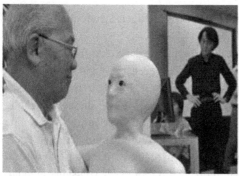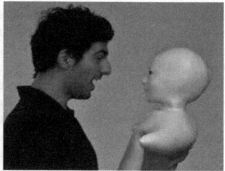

Abb. 3.1 „Telenoid" aus Japan. [http://www.geminoid.jp/projects/kibans/res/Telenoid-resources.html] (Telenoid was developed by Osaka University and Hiroshi Ishiguro Laboratories, Advanced Telecommunications Research Institute International (ATR). Telenoid is a registered trademark of Advanced Telecommunications Research Institute International (ATR))

Abb. 3.1). So baut Hiroshi Ishiguro seit mehr als zehn Jahren Androide, die so aussehen und sich so verhalten wie Menschen. Unter dem Programmnamen „Geminoid" (lateinisch für „zwillingsartig") entwickelte Ishiguro eine völlig neue Kategorie von Robotern, die Duplikate von real existierenden Menschen darstellen (siehe Abb. 3.2), die dem Original bis ins kleinste Detail gleichen [TERRA].

Allerdings merkt man immer noch bei Betrachtung der Videos im Internet innerhalb weniger Sekunden, dass es sich nicht um einen realen Menschen handelt. Dennoch wird hier deutlich, wohin die Entwicklung humanoider Roboter geht. In zehn bis zwanzig Jahren ist es sehr wahrscheinlich, dass Androide Einzug in unseren Lebensalltag finden werden. Beispielhaft für die Anstrengungen der EU ist das Projekt „Robot Companiens for Citizens" zu nennen, bei dem gefühlvolle Roboter entwickelt werden, die auf möglichst natürliche Weise mit dem Menschen kommunizieren, ihre Umgebung erkennen und bewerten. Weiter sollen diese Roboter Erfahrungen sammeln, Probleme erkennen und

Abb. 3.2 Projekt Geminoid – Hiroshi Ishiguro mit Roboter-Duplikat [http://www.geminoid.jp/en/robots.html] (Geminoid was developed by Hiroshi Ishiguro Laboratories, Advanced Telecommunications Research Institute International (ATR). Geminoid is a registered trademark of Advanced Telecommunications Research Institute International (ATR))

lösen. Ein internationales Team von 140 Wissenschaftlern arbeitet seit 2013 an der Umsetzung des Projektes [KLEMP][ROBO]. In Deutschland ist die Forschung des Fraunhofer Instituts in Stuttgart unter dem Programm-Namen „Care-o-Bot" zu nennen. Dieser Roboter kann eigenständig Getränke servieren und soll zukünftig Haushaltsaufgaben wie Tischdecken, Abräumen und Putzen übernehmen. Der „Care-o-Bot" wird bereits in Altersheimen erprobt [KLEMP][CARE]. Hier wird wieder deutlich, wie sehr die Szenerie im skizzierten Film „Robot & Frank" eine sehr reale Zukunft beschreibt.

3.1.2   Google X und die Smart Senior-Urbanität

Auch der Internet-Gigant Google Inc. in Mountain View (USA) agiert in diesem Umfeld und investiert Milliarden in zukunftsweisende Projekte. Insbesondere der eigenwillige, aber hochintelligente Google Mitbegründer Larry Page treibt die Entwicklung von Projekten voran, mit der die Vision verbunden ist, das Leben mit intelligenten Maschinen zu verbessern – ob Zuhause, im Altersheim oder im Auto [SCHU]. Im Zukunftslabor Google X (das X steht für die Suche nach dem Unbekannten), gegründet und aufgebaut von Sebastian Thrun, dem weltweit führenden Experten für Robotik und künstlicher Intelligenz, sollen die wegweisenden Projekte vorangetrieben werden. Beispielsweise wurde im Google X eine Kontaktlinse entwickelt, die in der Lage ist, den Blutzucker konstant zu messen. Dabei misst die Linse die Glukose-Werte jede Sekunde in der Tränen-Flüssigkeit. Bei der Kontaktlinse sind zwischen zwei Schichten ein Sensor sowie ein Miniatur-Funkchip integriert.

Geoffrey Hinton, Professor für Computerwissenschaften an der University of Toronto, arbeitet für Google am Thema „Deep Learning". Beim „Deep Learning" verschmelzen Computer- und Neurowissenschaften miteinander [SCHU]. Damit verfolgt Hinton die Idee, Maschinen intelligenter zu machen, indem sie ein menschliches Verständnis ihrer Umgebung entwickeln. Dazu hat dann Google gleich auch für $ 450 Mio. ein britisches Labor für künstliche Intelligenz mit dem Namen „Deepmind" gekauft. Ein weiteres Beispiel für die Bestrebungen von Google X ist das Unternehmen „Calico", das von Larry Page selbst gegründet wurde. Dieses Unternehmen ist auf das Altern und die damit einhergehenden Krankheiten spezialisiert. Momentan werden riesige Datenmengen zu Krankheiten, Diagnosedaten, Informationen zu biologischen Prozessen, Studien von Forschungseinrichtungen etc. angehäuft und mittels Big Data-Management [JA01] ausgewertet und angereichert [SCHU][GOOGLE]. Das Thema „Big Data-Management" wird uns insbesondere im Kap. 4 wieder begegnen.

Die hier beschriebenen Entwicklungstendenzen werden von Unternehmen, Forschungseinrichtungen, Regierungsbehörden und kreativen Tüftlern vorangetrieben, ausprobiert und erfolgreich umgesetzt oder erfolglos wieder eingestellt. Die Frage nach dem „Ob" stellt sich angesichts der Entwicklungen nicht mehr. Vielmehr drängt sich die Frage nach dem „Wie" im Konkreten und damit in der Praxis auf. Die ersten skizzierten Ansätze für die Altenpflege in der Zukunft oder die Ausgestaltung des smarten Lebens von

Smart Senioren in der Smart City entstehen schemenhaft mit einer klaren Kontur. Diese Kontur bilden die innovativen digitalen Technologien (siehe hierzu Kap. 1 und 2) und die Verbindung von Robotik mit künstlicher Intelligenz (siehe oben). Aber auch hier sind die Prognosen nicht mit absoluter Sicherheit zu validieren, aber es handelt sich um sehr realistische Einschätzungen zukünftiger Entwicklungen. Die Technologien der Digitalmoderne bilden einen wesentlichen Treiber für die Entwicklung vernetzter Gesundheitswelten für den Smart Senior in Smart Cities. Aber mindestens genauso wichtig sind in diesem Zusammenhang „soziale Innovationen", damit diese Technologien beziehungsweise technologischen Lösungen vom Smart Senior akzeptiert und in die Lebensrealität konturlos integriert werden.

Der Smart Senior lebt dann nicht mehr in parallelen Urbanitäten, sondern in einer „integrierten Urbanität" [JA01]. Mit seiner 1912 veröffentlichten „Theorie der wirtschaftlichen Entwicklung" gilt Joseph Schumpeter als Begründer der Innovationsforschung. Darauf zurück geht der Begriff der sozialen Innovation [WIKI17]. In einem Beitrag von Wolfgang Zapf aus dem Jahr 1989 wird der Begriff „soziale Innovationen" im deutschen Sprachraum als eigenständiges Konzept thematisiert. In seinem Beitrag definierte Zapf soziale Innovationen als „neue Wege, Ziele zu erreichen, insbesondere neue Organisationsformen, neue Regulierungen, neue Lebensstile, die die Richtung des sozialen Wandels verändern, Probleme besser lösen als frühere Praktiken, und die es deshalb wert sind, nachgeahmt und institutionalisiert zu werden" [ZAPF].

Laut Zapf bedarf es bei sozialen Innovationen – wie bei technischen – des wissenschaftlichen Fortschritts und praktischer Erfahrung. Eine ähnliche Definition findet sich in Anlehnung an Zapf im Beitrag von Gillwald (2000) „Soziale Innovationen sind, kurz gefasst, gesellschaftlich folgenreiche, vom vorher gewohnten Schema abweichende Regelungen von Tätigkeiten und Vorgehensweisen. Sie sind überall in gesellschaftlichen Systemen möglich, im Ergebnis mit Verhaltensänderungen verwandt, aber nicht gleich mit technischen Innovationen" [GILL][WIKI 17].

Hier wird klar deutlich, dass im Umkehrschluss technische Innovationen immer mit einer sozialen Innovation im Sinne einer Verhaltensänderung einhergehen müssen, um erfolgreich sein zu können. Auf die sozialen Innovationen, die eine Grundvoraussetzung für das Gelingen der Technologien in der Digitalmoderne von Smart Cities darstellen, komme ich im Verlauf des Buches immer wieder zurück.

In der Digitalmoderne gewinnen unter anderem die Themen vernetzte Gesundheitsplattform, Apps-Anwendungswelten, die digitale Patientenakte und Telemedizin an Bedeutung und Relevanz. Diese Themenkomplexe werden in den folgenden Kapiteln im Zusammenhang mit dem Smart Senior kurz beleuchtet. Bevor ich dies mache, betrachte ich im folgenden Kapitel weitere Triebkräfte für das Entstehen von smartem Leben im Alter. Begleiten Sie mich auf dieser Reise und nehmen Sie Denkanstöße, Anregungen und Ideen für das Entstehen neuer oder die Weiterentwicklung begonnener Smart City-Initiativen mit auf den Weg.

3.2   Die Triebkräfte für das Entstehen vom smarten Leben im Alter

Am 31. März 2014 ging der sichtlich gut gelaunte Zukunftsforscher Matthias Horx auf die Bühne des von Johnson & Johnson organisierten „Health Community Forum". Sein Beitrag konzentrierte sich auf die mögliche Zukunft des Gesundheitssystems in Deutschland. Den Schlüssel dazu liefern laut Horx die Japaner. In Japan leben die aktivsten und gesündesten Senioren der Welt. Woran dies liegt? Nun in Japan hat die öffentliche Gesundheitsdiskussion sämtliche Lebensbereiche und vor allem die der Senioren erfasst [PI]. Zudem findet in Tokio beispielsweise eine weltweit einmalige Vernetzung zwischen Patient und Mediziner statt. „Gesundheitsexperten sind rund um die Uhr erreichbar. Blutwerte und der Herzrhythmus können durch neueste Software täglich überwacht werden, per Interaktion wird schnellstmöglich reagiert." Aber neben der Technologie setzen die Japaner vor allem auch, so Matthias Horx, auf das Phänomen der „Selfness". Matthias Horx verbindet damit einen zunehmenden Bewusstseinswandel der Bürger hin zu einem gesundheitsorientierten Lebensstil. Dieser Bewusstseinswandel geht weg von einer Kultur der „Reparatur" eines kranken Menschen hin zur Prävention.

In dem mit großem Beifall quittierten Beitrag von Matthias Horx tauchen wieder die schon skizzierten Kräfte auf, die auf das bestehende Gesundheitssystem nicht nur in Deutschland einwirken: technologischer Wandel, Vernetzung der unterschiedlichsten Gesundheitsbereiche, Prävention statt Reparatur und damit einhergehender Bewusstseinswandel der Menschen gegenüber dem Gesundheitssystem. Dieser geänderte Bewusstseinswandel ist das Ergebnis des zunehmend selbstbewussten und informierten Patienten, nicht nur der jungen, sondern vor allem auch der Senioren. Die Informationshoheit des Arztes wird zunehmend aufgeweicht. Nicht nur die Abstimmung mit Verwandten, Information bei Patientenorganisationen oder der Versicherung emanzipieren den Patienten. Vor allem das Internet mit seinen enormen Informationsmöglichkeiten stärkt die emanzipatorische Kraft des Patienten. In dem sehr lesenswerten Beitrag von Maulbecker, C. et al. „Auf der Suche nach dem Gesundheitssystem der Zukunft" wird die Emanzipation des Patienten hervorgehoben. In den USA beispielsweise nutzen zwei von drei Internet-Surfern das weltweite Internet zur Information über Krankheiten, Therapiemöglichkeiten sowie Bewertung von Krankenhäusern etc. [MA].

Die Weiterentwicklung des deutschen Gesundheitssystems wird allerdings immer noch blockiert durch eine Vielzahl an Regulierungsmaßnahmen und deutliche Finanzierungsschwierigkeiten im Bereich der Krankenhäuser und niedergelassener Ärzte. Die Hindernisse bei der Weiterentwicklung des vor allem deutschen Gesundheitssystems habe ich im ersten Band „Die digitale Evolution moderner Großstädte" [JA01] eingehender beleuchtet. Die Debatte über die Weiterentwicklung der Gesundheitssysteme wird sicher an Schärfe zunehmen. Aber schließlich rede ich über ein hochkomplexes und zahlreiche Lebensbereiche der Menschen betreffendes System.

Nicht nur Horx, sondern u. a. auch Maulbecker, C. et al., verstehen die Veränderung des Gesundheitswesens vom Reparatur- und Pflegebetrieb hin zu einem Sektor mit lebenslangen wertschöpfenden Versorgungsleistungen. Diese wertschöpfenden

Versorgungsleistungen werden entlang „eines Indikationskontinuums von Diagnose, Prävention, Behandlung, Pflege und Rehabilitation" erbracht [MA]. Der Schlüssel sind die
Verfügbarkeit und Nutzung von Informationen. Dazu bedarf es innovativer elektronischer
Systeme für Telemedizin, Patientenerfassung und -steuerung, Gesundheitskarte und elektronische Patientenakte oder Anlagen zur mobilmedizinischen Betreuung für pflegebedürf-
tige Senioren. [MA][ECONO].

Letztlich führen diese Entwicklungstendenzen zu einer Individualisierung der medizinischen Pflege und Betreuung. Diese Individualisierung wird auch als personalisierte
Medizin bezeichnet: Jeder Patient wird unter weitgehender Einbeziehung individueller
Gegebenheiten, über die reine Krankheitsdiagnose hinaus, behandelt [WIKI18]. Diese
Individualisierung der medizinischen Behandlung und Betreuung mit der Emanzipation
der Patienten wird gravierende Auswirkungen auf das Leben von Senioren in der Zukunft
haben. Die Emanzipation der Senioren führt zu einem zunehmend selbstbestimmten und
längeren Leben der Senioren im individuellen Sozialkosmos.

3.2.1   Wer will denn ein Smart Senior sein?

Die Robert-Bosch-Stiftung hat eine vergleichende Untersuchung beim Institut für Demo-
skopie Allensbach in Auftrag gegeben, in der das „Alter und Älterwerden – aus Sicht von
Journalisten und der Bevölkerung" untersucht wurden. Das hervorragende Ergebnis der
Studie ist: „Das Selbstbewusstsein der Älteren hat deutlich zugenommen" [BOSCH]. In
der Bevölkerung herrschte noch vor nicht mal 30 Jahren eher die Vorstellung vom Alter als
Zeit von Mühen und Beschwerden. Dieses Bild hat sich aufgrund der in den letzten Jahr-
zehnten deutlich gestiegenen Lebenserwartung erheblich verändert. So kommt die Studie
zu dem Schluss, dass sich mit dem demografischen Wandel offenbar nicht nur die gesellschaftliche Einstellung zum Alter verändert, sondern auch das Lebensgefühl der älteren
Menschen. In der Untersuchung sprachen sich nicht nur die Journalisten deutlich dafür
aus, die Chancen und Potenziale des Alters stärker zu betonen [BOSCH]. Es handelt sich
dabei um ein Plädoyer für die Herausbildung von smarten Senioren.

Unter einem „Smart Senior" verstehe ich grundsätzlich einen Smart Citizen, wie im
ersten Band „Die digitale Evolution moderner Großstädte" beschrieben, mit dem zusätz-
lichen Attribut, älter als 60 Jahre zu sein. Im bisherigen Verlauf des Buches wurde immer wieder betont, dass die neuen technologischen Möglichkeiten eine der wesentlichen
Grundlagen für die Herausbildung des Smart Senior in der Smart City darstellen. Ist es
denn nicht so, dass die älteren Menschen eher Vorbehalte gegenüber den neuen Technologien haben?

Die Akzeptanz neuer technologischer Möglichkeiten scheint bei den Senioren eher
gering ausgeprägt zu sein [LUME][RIEDER]. Die Entwicklung geht aber mit der Emanzipation der älteren Bevölkerung und dem neuen Selbstverständnis in eine andere Richtung. Es bilden sich zunehmend die sogenannten „silberne Surfer" heraus, in der Me-
dienbranche auch gerne „Best Ager" genannt. Relevant in unserem Zusammenhang ist

die Bezeichnung „silberne Surfer". Unter dem Begriff „silberne Surfer" wird die Netzgemeinde der „Senioren im Internet" bezeichnet. Die Netzgemeinde der Älteren verzeichnet
in den vergangenen Jahren einen enormen Zuwachs. Dabei sind es besonders die Anwendungen des Web 2.0, die hilfreich sein können, wenn die eigene Mobilität abnimmt
und das Pflegen persönlicher Kontakte aufgrund altersbedingter Einschränkungen immer
schwieriger wird. In der Konsequenz können in sozialen Netzwerken Aktivitäten bis ins
hohe Alter entfaltet werden [RIEDER]. Konkret bedeutet dies, innerhalb der Netzgemeinde Freunde, Gleichgesinnte und Anerkennung zu finden. Zudem können die Senioren die
eigenen Interessen und Ansichten mit anderen Menschen teilen. Dabei handelt es sich
um Erlebnisse mit familiärem Charakter, lebenswichtige soziale Komponenten, die vielen
älteren Menschen heute auf anderem Weg nicht mehr zugänglich sind. Ähnliche Erfahrungen haben Senioren in Wien gemacht. Dort schult beispielsweise die Wienerin Karin
Niderhofer in der Praterstrasse (Wien) Senioren im Umgang mit dem Computer und Internet. Auch das Interesse bei den Senioren an Kursen für Tablets und Smartphones steigt unaufhörlich [LUME]. Dieses gestiegene Interesse der Senioren an grundsätzlichen Kennt-
nissen über die Funktionsweise des Internets, Web 2.0., Tablets und Smartphones wird bei
der Entwicklung von technologischen Lösungen für den Smart Senior bedeutsam.

3.2.2   Die Digitalisierung der Lebensbereiche des Smart Senior

Im Rahmen des Forschungsprojektes „Smart Senior" im Verbund von 28 Unternehmen
und wissenschaftlichen Einrichtungen, darunter Siemens, Deutsche Telekom und das
Fraunhofer Institut, wurden Technologien entwickelt, die Senioren ein längeres, selbstbe-
stimmtes Leben im eigenen sozialen Umfeld und Zuhause ermöglichen sollen. Unterstützt
wurde das Projekt mit 25 Mio. € durch das Bundesministerium für Bildung und Forschung
[NEUH][SMASE02].
  Beispielsweise wurde die Wohnung von Sigrid Gorn mit der neuesten Telemedizin-
Technik ausgestattet. Dabei wurde mit Hilfe zahlreicher Sensoren jede Bewegung in der
Wohnung registriert. So klebten an der Wand, an Fenstern und Türen mal runde oder
eckige Sensoren mit kleinen Solarzellen. Diese Sensoren messen die Raumtemperatur
oder erkennen, wie lange das Licht brennt, und ob Türen oder Fenster geöffnet werden.
Zudem messen die Sensoren, ob sich jemand in den unterschiedlichen Räumen bewegt.
Ein automatischer Notruf wird dann ausgelöst, wenn in einem Raum ungewöhnlich lange
das Licht einer Lampe brennt oder sich keiner mehr in einem belegten Raum bewegt. Dies
dient der Sicherheit der Senioren [NEUH].
  Befragt nach dem Empfinden gegenüber der sensorischen Überwachung in der Wohnung, hat Frau Gorn kaum Bedenken geäußert. Vielmehr ist es so wie im Beispiel des
T-City-Projektes der Stadt Friedrichshafen mit der Deutschen Telekom, dass für die Senioren die Einbuße an Privatheit durch die permanente „Überwachung" geringer bewertet wird, als der Gewinn an Lebensqualität und Selbstbestimmtheit [HATZELHOFFER1]
[NEUH]. Im Rahmen des Projektes „Smart Senior" konnten die Senioren über ihr Tablet

auf ein Smart Senior-Portal zugreifen [SMASE02]. So konnte Frau Gorn unter dem Me-
nüpunkt „Gesundheit" ihre letzten Blutdruckwerte kontrollieren oder per Knopfdruck
Medikamente in der Apotheke bestellen. Weiter konnte Frau Gorn, falls sie sich nicht gut
fühlt, oder Probleme mit dem Blutdruck hat, per Viodeoschaltung Kontakt mit dem Tele-
medizin-Zentrum der Charité in Berlin aufnehmen. Der Arzt stellte die Diagnose dann per
Fernvisite [NEUH]. Ob so die smarten Senioren der Zukunft leben werden, konnte Frau
Gorn nicht sagen. Sehr wahrscheinlich ist dies schon und die Ergebnisse von Smart Se-
nior-Projekten im Rahmen von Smart City-Initiativen deuten zumindest darauf hin.

Auf das kurz skizzierte Großprojekt „Smart Senior" gehe ich im Kap. 3.4.2 ausführlicher ein, da dieses Projekt bereits Teil der praktischen Umsetzung meiner Vision der
vernetzten Gesundheitswelt darstellt, die ich im Kap. 3.4 aufzeige.

Das oben beschriebene Telemedizin-Projekt zeigt eindeutig die Richtung der Entwicklung von Smart City Health und darin agierender smarter Senioren an. Denn Telemedizin
ist wesentlich kostengünstiger als der persönliche Arztbesuch und zudem erweitert sich
die Auswahl an verfügbaren Ärzten für die Senioren. Dies ist unter anderem das Ergebnis
von Telemedizin-Projekten in den USA [WESTLAKE][SULLI][JMAN]. Dass sich mancherorts Ärzte gegen die Einführung neuester technologischer Lösungen zur Wehr setzen,
hat auch mit der Angst der Ärzte vor dem Verlust der Informationshoheit oder dem zusätz-
lichen Wettbewerb in dem angestammten Einzugsbereich des Arztes zu tun [MÜ03]. In
einer Accenture-Studie aus dem Jahre 2013 wird konstatiert, dass fast jeder zweite Patient
für die digitale Patientenakte den Arzt wechseln würde. Trotz der Tatsache, dass sich zwei
Drittel der befragten Ärzte durch eine digitale Patientenakte eine Verbesserung von Diag-
nostik und Therapie bei gleichzeitiger Minimierung von Behandlungsfehlern versprechen,
sind nur 12 % der Ärzte der Meinung, dass ihre Patienten den vollen Zugriff auf ihre
digitale Akte haben sollten. Hingegen ist die Mehrheit der befragten deutschen Patienten
(70 %) überzeugt, sie sollte genau diesen Zugriff haben [ACCE04][ACCE05].

Dies ist eine erstaunliche Besonderheit in Deutschland, die sich in anderen Ländern
nicht so drastisch zeigt. Die Abb. 3.3 aus der Accenture-Studie zeigt deutlich, wie sehr
technikaffine smarte Senioren in Deutschland das digitale Potenzial im Gesundheitsbereich suchen. Dieser Trend steht zwar erst am Anfang, wird sich aber in den nächsten
Jahren verstärken und prägend für das smarte Leben im Alter in Smart Cities sein.

Auch die Europäische Kommission hat diesen Trend erkannt und versucht, diesen zu
verstärken. Die Europäische Kommission hat einen Aktionsplan ins Leben gerufen, der
Patienten ins Zentrum des Gesundheitsmanagements rückt und eine digitale Zukunft des
Gesundheitswesens ausruft („Putting patients in the driving seat: A digital future for healthcare") [EUCO14].

Hinter all diesen Entwicklungen ragt eine weitere Tendenz heraus – Schlagwort: „Big
Data-Management", also die Sammlung, Auswertung und Weiterverwertung riesiger
Datenmengen zur Erzeugung neuer Dienste und Lösungen. Im Kap. 4 stelle ich eine um-
fassendere Beschreibung des Konzeptes „Big Data-Management" zur Verfügung. Bei-
spielsweise arbeiten der Pharmakonzern UCB und der Technologie Konzern IBM mit
Big Data-Management an einem Hilfsangebot für Epileptiker. Nach dem Modell von

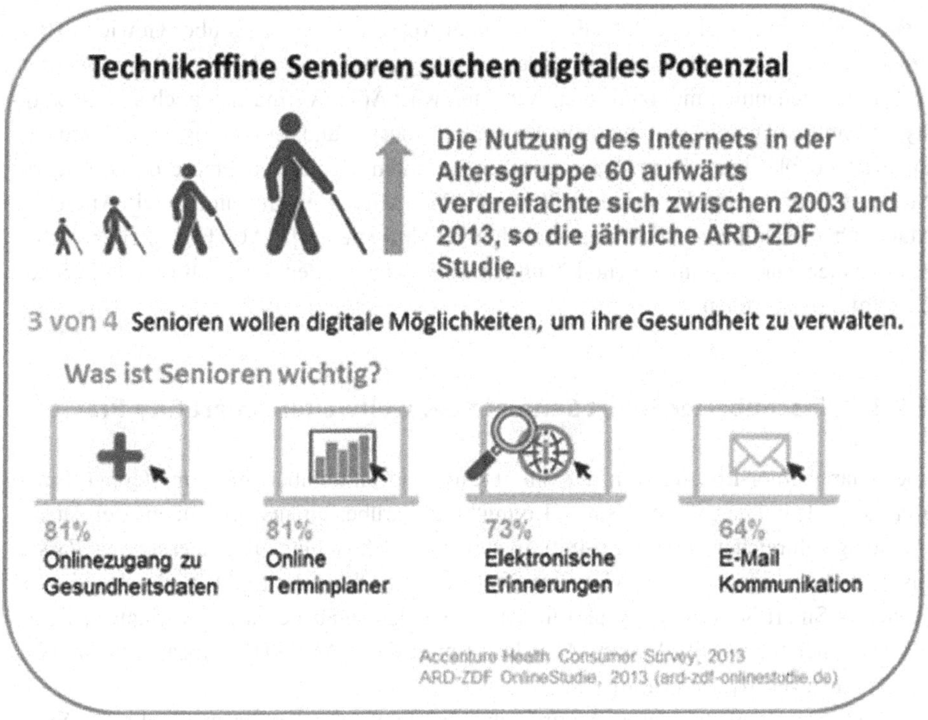

Technikaffine Senioren suchen digitales Potenzial

Die Nutzung des Internets in der Altersgruppe 60 aufwärts verdreifachte sich zwischen 2003 und 2013, so die jährliche ARD-ZDF Studie.

3 von 4 Senioren wollen digitale Möglichkeiten, um ihre Gesundheit zu verwalten.

Was ist Senioren wichtig?

81% Onlinezugang zu Gesundheitsdaten

81% Online Terminplaner

73% Elektronische Erinnerungen

64% E-Mail Kommunikation

Accenture Health Consumer Survey, 2013
ARD-ZDF OnlineStudie, 2013 (ard-zdf-onlinestudie.de)

Abb. 3.3 Technikaffine Senioren suchen digitales Potenzial [http://www.accenture.com/de-de/company/newsroom-germany/Pages/senior-citizens-survey-germany-2014.aspx]

„Watson", dem für seine künstliche Intelligenz berühmten Supercomputer von IBM, soll eine Computeranwendung entwickelt werden, die es Ärzten ermöglicht, die Diagnose und Behandlung von Epilepsie zu erleichtern. Zu diesem Zweck werden alle verfügbaren Patientendaten mit dem Computer gesammelt und aufbereitet.

Weiter arbeitet IBM im Bereich „Big Data-Management" auch mit dem Deutschen Krebsforschungszentrum in Heidelberg zusammen. Bei dieser Zusammenarbeit werden aus Tausenden von Krankenreports, Laborwerten, EEG- und Tomographieergebnissen von Epileptikern mit Hilfe des Big Data-Analyseprogramms individuelle Patienten-Behandlungsoptionen ermittelt [LZT][BERNAU]. Hier begegnet uns wieder das weiter oben im Kap. 3.2 beschriebene Konzept der individualisierten Medizin. So wird deutlich, dass mit dem Konzept des Big Data-Managements neue Formen der individualisierten Medizin möglich werden. Nicht nur IBM, sondern auch die Internetgiganten Google und Apple engagieren sich in den Bereichen „Big Data-Management" und vernetztes Gesundheitswesen.

Bei dem Beispiel von Google sind es die Unternehmen Google X und das 2013 neu gegründete Unternehmen Calico (siehe hierzu Kap. 3.1). Das Unternehmen Apple wiederum versucht über die direkte Integration des sogenannten „Healthbook" in ihr Betriebssystem „iOS 8" den Sprung in die Bereiche „Big Data-Management" und „Gesundheitsmanage-

ment". Mit dem „Healthbook" sollen von dem Apple-Nutzer Daten über Gewicht, Blutdruck, Bewegung, Ernährung und vieles mehr registriert und weiterverarbeitet werden.
Neben den genannten medizinischen Aspekten wird Apple vermutlich auch alle „Health-
style"-Funktionen wie Schlafzeiten, Bewegungsmuster und Ernährungsgewohnten etc.
in „Healthbook" integrieren. So zumindest berichten es die Redakteure der Zeitschrift
Macwelt in ihrer Ausgabe vom Juni 2014 [KURZ]. Mit dieser Anwendung will Apple den
Markt für Gesundheits- und Fitnesszubehör revolutionieren [MACTECH]. Hier dürften
in der nahen Zukunft einige neue Lösungen entwickelt werden, die auch Einzug in Smart
City-Initiativen finden.

3.2.3   Einschub: Der Smart Senior in der weltweiten Smart City-Praxis

Die Smart Senior-Lösungen in der Smart City sind untrennbar mit dem Bereich Smart
Health des Handlungsfeldes „Smart Living" und darüber hinaus verbunden. Bei der Betrachtung zahlreicher Smart City-Initiativen in der Welt ist eindeutig zu erkennen, dass es
bis heute kein signifikant entwickeltes Smart Senior-Ökosystem gibt. Vielmehr wird der
Komplex Smart Senior-Ökosystem in der am wenigsten ausgeprägten Variante lediglich
als Teil einer Smart City-Vision (Aberdeen Smart City [ABERD], Fujisawa Sustainable
Smart Town [FUJI]…) formuliert.

Einen Schritt weiter gehen Smart City-Initiativen, die bereits an konkreten Smart
Senior-Ökosystem-Projekten arbeiten (Kashiwanoha Smart City Project [KASH], Nu-ri's
City of Future [KOR], Singapore iN2015 Vision (iN=intelligent Nation) [IN], Chicago
Smart City [BIS08], Smart City Friedrichshafen [HATZELHOFFER1]…)

Aus Abb. 3.4 geht deutlich hervor, dass hier mit dem Aufbau einer „Total Healthcare
Station" sowie dem „Citizens' health support program" konkret an der Umsetzung von
Smart Senior-Ökosystem-Lösungen gearbeitet wird.

In der nächsten Evolutionsstufe gibt es momentan nur ein groß angelegtes Smart
Senior-Ökosystem-Programm, das darauf abzielt, das gesamte Gesundheits- und Sozi-
alpflegesystem zu erneuern und über eine digitale Gesundheitsplattform zu vernetzen.
Ein Programm dieser Größenordnung ist weltweit bis dato einzigartig. Es handelt sich
um das Projekt „APOTTI" in Finnland. Das Apotti-Programm (Apotti ist der Name für
die Organisation, die für die Entwicklung und Umsetzung des Programms verantwortlich
ist) ist ein Kooperationsprojekt lokaler Regierungen in Helsinki, Vantaa, Kirkkonummi,
Kauniainen und HUS (HUS ist der Krankenhausdistrikt von Helsinki und Uusimaa). Die
geplanten Kosten für diese Smart City-Gesundheitswelt sollen 335 bis 430 Mio. € über einen Zeitraum von zehn Jahren betragen [APOTTI]. Noch bestehen nicht viel mehr als eine
Vision und Idee, aber mit dem politischen Auftrag und dem zur Umsetzung notwendigen
Budget ist der erste Schritt bereits getan.

Momentan wird daran gearbeitet, die strukturelle Architektur dieser hoch vernetzten
Gesundheitswelt zu entwickeln. Die Themen Smart Senior, elektronische Patientenakte,

A city of health and longevity

In the Kashiwa-no-ha Campus area, a range of activities has been conducted to help local inhabitants lead healthy long lives, including the development of the unique Happappa Exercise Time. The Kashiwa-no-ha Smart City Project team will help all members of the local community, both young and old live healthy and satisfactory lives continuously in the area.

Preventing Diseases and Reducing the Need of Long-Term Nursing Care

Total healthcare station providing comprehensive services
As a result of being designated as a "special zone for regional revitalization" and as a "FutureCity", rehabilitation facilities can be established within the area also by organizations other than medical institutions, and so we will establish a total healthcare station within the area to provide citizens with comprehensive health services, including nutrition care and mouth care to help them prevent diseases and reduce the need of long-term nursing care.

Helping People Leading Satisfactory Lives

Citizens' health support program, which provides participants with knowledge about long-term nursing care
To encourage healthy elderly retirees' to go out to support those needing support and long-term nursing care instead of just staying at home, a "citizens' health support program" is planned to be held, in which participants will be able to learn about long-term nursing care and lead their remaining lives with high motivation in the age of high longevity.

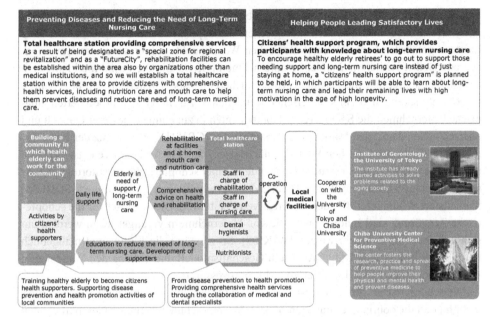

Abb. 3.4 Kashiwa-no-ha [KASH]

Telemedizin, neue Formen der Pflege, Big Data-Management, Gesundheits-Apps etc. spielen dabei eine wichtige Rolle. Vor allem sollen Patienten über ein Gesundheitsportal Zugang zu ihren Gesundheitsdaten erhalten und weitere Services nutzen können. Darüber hinaus ist geplant, ein umfassendes Smart Health-Ökosystem aufzubauen, in das zahlreiche Gesundheitspartner wie Apotheken, Fitnessstudios, Rehabilitationszentren etc. integriert werden und miteinander interagieren. Das APOTTI-Programm geht über das weiter oben bereits erwähnte Smart Senior Öko-System-Programm (siehe Kap. 3.4.2) weit hinaus. Meine Vision werde ich im folgenden Kap. 3.3.4 auffächern und das Grundkonzept des Smart Senior-Ökosystems auf der Basis einer digitalen Gesundheitsplattform abbilden. In diesem Ökosystem geht es um das Zusammenspiel einer Vielzahl an Akteuren wie Krankenkassen, Arbeitgeber, Mitarbeiter von Präventionseinrichtungen, Ärzte und Apotheker, Reha-Zentren, Fitnesszentren etc. Der Bürger kann über die digitale Gesundheitsplattform nicht nur seine Gesundheits- und Fitnessdaten eigenständig verwalten, sondern auf weitere Dienstleistungen in den Bereichen Telemedizin, Präventionsmaßnahmen, mobile Krankendienstservices oder Medikamentenbestellungen zugreifen.

3.3   Aufkommende Smart City-Geschäftsmodelle in der Digitalmoderne

In seinem Buch „Nur die Paranoiden überleben" beschreibt der damalige Intel-Manager Andy Grove das Phänomen der „strategischen Wendepunkte", das Unternehmen in ihrer Existenz gefährden kann. Diese strategischen Wendepunkte führen zu einem erzwungenen oder selbst initiierten Wandel in Unternehmen [GROVE]. Die Firma Intel hatte sich in den 70er-Jahren auf die Fertigung von Speicherchips spezialisiert. In den 80er-Jahren jedoch entwickelte sich ein strategischer Wendepunkt. Zu dieser Zeit produzierten japanische Unternehmen die Speicherchip-Komponenten in zunehmend besserer Qualität und überschütteten damit den Markt zu Dumpingpreisen [GRIM]. Die Existenz der Firma Intel lief auf einen strategischen Wendepunkt zu. Der Manager Andy Grove entschied sich gegen viele unternehmensinterne Widerstände zu einer schöpferischen Zerstörung im Sinne Schumpeters. In seinem Werk „Theorie der wirtschaftlichen Entwicklung" [SCHUM] thematisiert Schumpeter die Idee der kreativen Zerstörung. Die Auslöser für die schöpferische Zerstörung sind Innovationen, die von Unternehmern vorangetrieben werden, um sich auf dem Markt durchzusetzen [WIKI09]. So zerstörte die Firma Intel maßgeblich unter dem Einfluss von Andy Grove sein Geschäftsmodell und vollzog den Wandel zum weltweit dominierenden Hersteller von Mikroprozessoren.

Die schöpferische Zerstörung ist kein automatischer und reibungsloser Prozess. Vielmehr hindert die dominante Branchenlogik viele Unternehmen daran, ihr Geschäftsmodell zu transformieren. Die Firmen verharren in der dominanten Logik ihrer Firma und ihrer Branche [GASSMANN]. Die Mechanismen der Marktwirtschaft setzen Unternehmen aber immer Transformationsprozessen aus. Dem stehen Trägheitstendenzen gegenüber, die den notwendigen Wandel oftmals behindern. Die verstärkte Dynamik in Bezug auf das Verhalten von Nachfragern, Wettbewerbern an den Märkten sowie marktorientierte Innovationen technologischer und sozio-organisatorischer Art führen zu strategischen Wendepunkten für Unternehmen. Diese Wendepunkte können die Wettbewerbsfähigkeit und die schiere Existenz der Unternehmen gefährden. So müssen sich Unternehmen in ihrem Lebenszyklus immer wieder mit folgenden Fragen kritisch auseinandersetzen:

1. Wie stark ist das Geschäftsmodell des Wettbewerbers?
2. Welche Vorteile hat unser Unternehmen im Vergleich zu den Wettbewerbern?
3. Welche Bedingungen würden den Wettbewerber daran hindern oder ihm dabei helfen, ihre Wettbewerbsfähigkeit zu kopieren? [WES01]

Hier lassen sich Parallelen zu einer Smart City erkennen. Wie wir bereits festgestellt haben, sind mit der Transformation der Stadt zur Smart City der Aspekt der Wettbewerbsfähigkeit und damit die Steigerung der Lebensqualität für die Bürger unentrinnbar verbunden. Bei der Entwicklung von Smart Cities entscheidet die Wettbewerbsfähigkeit über die Attraktivität der Städte. Ist die Attraktivität der Smart Cities hoch genug, um Unternehmen, qualifizierte Arbeitnehmer, Investoren, Kulturschaffende, Politiker etc. anzuziehen?

Damit ergibt sich die Anwendbarkeit obiger Fragen zur Attraktivität der Wettbewerbs-fähigkeit von Städten.

Eine Smart City ist aber nicht als Unternehmen zu betrachten, ein Grundsatz, der mit dem Verständnis einer Smart City als sozioökonomisch-technologischem Gebilde klar zum Ausdruck kommt. Dennoch können sich die Städte nicht den Dynamiken der Markt-wirtschaft entziehen. Denn die Städte sind die Orte und Motoren der wirtschaftlichen Ent-wicklung, auch weit über die eigenen Stadtgrenzen hinaus. Städte sind lebende Gebilde, die in ein dynamisches Ökosystem eingebunden sind und mit diesem interagieren.

Auf einer generischen Ebene lassen sich Geschäftsmodelle als die „Logik, mit der eine Organisation die finanzielle Überlebensfähigkeit sicherstellt" [BMY] charakterisieren. Diese Logik trifft prinzipiell auch auf Smart Cities zu. Die Herausforderungen der Städte (siehe insbesondere Kap. 1) führen zu strategischen Wendepunkten, die deren finanzielle Überlebenslogik zunehmend in Frage stellen. Den Wandel der Städte beschleunigt zudem die Digitalisierung aller Lebensbereiche der Bürger und betrifft alle Handlungsfelder ei-ner Stadt. Es sind aber genau diese neuen digitalen Technologien, die zu einer schöpferi-schen Zerstörung bestehender Strukturen in den Städten führen werden und völlig neue Geschäftsmodelle erzeugen. Diese Smart City-Geschäftsmodelle werden die finanzielle Überlebenslogik der Städte entscheidend beeinflussen. Dabei determinieren die digitalen Technologien nicht das Wesen einer Smart City. Die kreative Anwendung und Nutzbar-machung dieser Technologien, die alle Handlungsfelder einer Smart City vernetzen, ist die wahre Revolution. Das Potenzial der Städte wird entscheidend von der kreativen Nutzbar-machung dieser Technologien abhängen (zur ausführlichen Behandlung digitaler Techno-logien vergleiche den ersten Band „Die digitale Evolution moderner Großstädte" [JA01]).

Im nächsten Abschnitt thematisiere ich den digitalen Smart City-Ansatz und die digita-le Service-Innovation im Apps-Ökosystem. So ist es auch die digitale Service-Innovation in Apps-Ökosystemen, die zur Stärkung der wirtschaftlichen Überlebenslogik von Städten bei der Transformation zu Smart Cities entscheidend beiträgt. Dem Wandel kann sich kaum eine Stadt entgegenstellen, ohne damit die wirtschaftliche Überlebenslogik zu ge-fährden. So kommt Andy Grove zu der erhellenden Erkenntnis: „Die Lektion ist, dass wir uns alle den Strömungen des Wandels aussetzen müssen" [GROVE].

3.3.1 Das Wesen und die Kernelemente eines Smart City-Geschäftsmodells

Der Autor Nicholas Negroponte zeichnet in seinem Buch „Total digital. Die Welt zwi-schen 0 und 1" Visionen über das Leben im digitalen 21. Jahrhundert. So schreibt er: „Zu Beginn des nächsten Jahrtausends werden unsere linken und rechten Armbänder oder Ohrringe auf dem Umweg über erdnahe Satelliten miteinander kommunizieren und dabei mehr Rechenpotenzial besitzen als unsere heutigen PCs" [NE01]. Weiter heißt es, dass in der Welt des „Internets der Dinge" der Toaster mit anderen Geräten im Haushalt kom-munizieren kann [SIMA]. In dieser Digitalmoderne durchziehen digitale Technologien

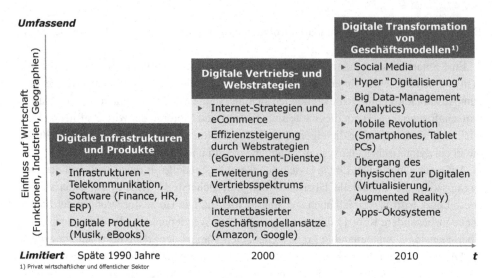

Abb. 3.5 Die Evolution der digitalen Transformation (in Anlehnung an [BER])

alle Lebensbereiche der Bürger und führen zur Vernetzung aller Handlungsbereiche einer Smart City. Diese digitale Transformation folgt einem evolutionären Entwicklungspfad (siehe hierzu Abb. 3.5).

Diese digitale Transformation beeinflusst die Geschäftsmodelle im öffentlichen und privatwirtschaftlichen Sektor. Zu unterscheiden sind dabei E-Government-Services wie Online-Steuererklärungen oder IT-Prozesse im Meldewesen, angeboten über städtische Apps-Plattformen [KUK], und die Entwicklung von Apps-Ökosystemen, die von privat-wirtschaftlichen Unternehmen wie Google, Amazon, Apple, Facebook etc. vorangetrieben werden. Das wirtschaftliche Potenzial der von privatwirtschaftlichen Unternehmen ent-wickelten plattformbasierten Apps-Welten trägt entscheidend zur wirtschaftlichen Über-lebenslogik von Smart Cities bei [JA01].

Bei diesem digitalen Smart City-Ansatz findet zudem eine Entkopplung der Compu-ter-Schnittstelle von der physikalischen Infrastruktur statt. Es kommt zu einer verstärk-ten Verknüpfung und Integration von Gegenständen, Oberflächen, Räumen und letztlich unserer gesamten Umwelt. Es entstehen smarte, interaktiv lernende Netzwerke, auf die alle Akteure einer Smart City über iPads und Smartphones zugreifen können. Dieses bi-direktionale, in Echtzeit ablaufende Netzwerk, entsteht aus sozialen Netzwerken wie Facebook, Cloud Computing-basierten Apps-Plattformen, Verkehrs- und Überwachungs-sensoren, On-board-Units in eCars, Ladestationen, Smart Homes und Smart Grids sowie tausenden weiterer Alltagssensoren. Im Verlauf entstehen neuartige Apps-Ökosysteme auf der Basis einer breitbandigen bi-direktionalen Informationsverteilung, -speicherung und -weiterverarbeitung. Diese Systeme agieren als Katalysator und erzeugen vielfältige Ent-wicklungsmöglichkeiten für die Stadt mit dem Ziel, die Lebensqualität der Bürger nach-haltig zu steigern [JA01].

Abb. 3.6 Mobiltelefone und die neue Mobilität [Fotolia/Scanrail]

Die neue Mobilität durch Mobiltelefone hat die Grenzen von Raum und Zeit sprich-
wörtlich eliminiert (siehe Abb. 3.6). Die Bürger stehen mit den Stadtverwaltungen, Kultureinrichtungen, öffentlichen und privatwirtschaftlichen Unternehmen etc. über Smartphones, Tablet-PCs mobil in Verbindung und erwarten direkte Interaktionen. Die Bürgerinnen und Bürger interagieren mit den Institutionen zu jeder Zeit und von überall aus. Der
größte Impetus kommt vom Wachstum des Internets, der allen Akteuren einer Smart City
den Zugang zu einer enormen Menge an Daten und Informationen ermöglicht. Das Internet bietet einen einfachen Zugang zu digitalen Daten wie digitalisierten Büchern, Musik,
Filmen, Zeitungen, wissenschaftlichen Berichten, Websites etc. Durch unsere digitalen
Identitäten sind wir immer stärker miteinander vernetzt, leben und arbeiten zunehmend
mobil und digital. So skizziert, ist die postindustrielle Gesellschaft digital. Die konsequen-
te Nutzung der digitalen Technologien in den Städten führt dazu, dass die Bürgerinnen und
Bürger Teil einer hochkomplexen Dienstleistungs- und Kreislaufwirtschaft werden. Die
digitale Technik ist einerseits Treiber für viele neuartige Service-Angebote, versetzt aber
auch den Bürger in die Lage, sich konstruktiv in die Entwicklung einer Smart City einzubringen und daran teilzuhaben.

Es existieren bereits unzählige Apps, die den Alltag der Bürgerinnen und Bürger mit
wertvollen digitalen Informationen erweitern. Dazu gehört es, die umliegenden Nahver-
kehrshaltestellen und die Ankunftszeiten der Busse und Bahnen verfügbar zu machen.
Diese Daten werden im Rahmen von sogenannten „Open Data"-Initiativen der Städte
der breiten Öffentlichkeit zugänglich gemacht. Über eine gleichzeitige Verbindung mit

dem eigenen sozialen Netzwerk werden diese und andere Informationen allen Freunden und Bekannten sichtbar gemacht. Diese technischen Möglichkeiten eröffnen unbegrenzte Kreativität für viele weitere Apps mit einer bis dato noch unvorstellbaren Anwendungsvielfalt.

Nachfolgend betrachte ich kurz die Entwicklung eines neuartigen Mobilitätsverhaltens in den Städten. Es geht um den Mix an Fortbewegungsmitteln – Auto, eBike, Bus, Bahn, U-Bahn, Car-Sharing usw. Durch die intermodale Vernetzung der verschiedenen Fortbewegungsmittel über eine Mobilitätsdienste-Plattform kann mittels bi-direktionaler Kommunikation die Optimierung der Fortbewegung in modernen Städten erfolgen. Der Bürger kann letztlich so die Kosten der Beförderung sowie die CO_2-Emissionen reduzieren und den Verkehrsfluss optimieren. Dieses Beispiel illustriert das Potenzial digitaler Informations- und Kommunikationstechnologien im Alltag der Bürger in modernen Städten. Die Akzeptanz dieser digitalen Dienste hängt entscheidend davon ab, dass die Bürgerinnen und Bürger aktiv Teil einer umfassenden digitalen Entwicklung und Teilnehmer von offenen, bürgernahen IT-Plattformen sind.

Letztendlich werden in der diesem Buch zugrunde liegenden Vision der Smart City dem Bürger über digitale Dienste-Plattformen innovative Smart City-Dienste in allen Handlungsfeldern einer Stadt angeboten. Als zentrales Element dieser innovativen Geschäftsmodelle etabliert sich die Integration von Bürgeranforderungen in die Leistungserstellung und Bereitstellung. Dabei verändert sich der Konsument zum sogenannten Prosumer. Aus dem am Konsum orientierten Bürger wird ein aktiver Produzent von Inhalten und Smart City Apps. Dieser digitale Smart City-Ansatz wird ausführlich im ersten Band „Die digitale Evolution moderner Großstädte" behandelt [JA01]. Der Ansatz zielt darauf ab, konkrete Anregungen für Städte, Kommunen und Infrastrukturlieferanten zu liefern, damit für die Bürger in sämtlichen Lebensbereichen der Stadt ein moderner Smart Life-Ansatz realisiert werden kann. Mit dem digitalen Ansatz etablieren sich lokale Nachbarschaften in urbanen Zentren mit hoher Produktivität, Bildungs- und Beschäftigungsmöglichkeiten. Es findet die Transformation lokaler Communities zu intelligenten Nachbarschaften statt.

In der digitalisierten Stadt sind digitale Services in Form von Apps auf der Basis von Community Cloud-Apps-Plattformen realisierbar. Die Bestandteile eines plattformbasierten Apps-Ökosystems beruhen auf den zentralen Elementen eines Geschäftsmodells in der Digitalmoderne (siehe hierzu Abb. 3.7).

Neben der Auswahl digitaler Technologien, die Teil von Stadtinfrastrukturleistungen werden, gehört zum Business-Modell-Design auch die Festlegung der Ziel-Handlungsfelder einer Stadt. Weiter sind der Nutzen dieser Apps-Dienste und das wirtschaftliche Potenzial für die Akteure der Smart City-Dienste zu bestimmen. Darauf aufbauend sind Design-Mechanismen zu entwickeln, die den Wert stiftenden Charakter der digitalen Smart City-Dienste aufweisen [TEECE][BMC]. Diese Kernelemente des Smart City-Geschäftsmodell-Designs spiegeln sich im Smart City Apps-Ökosystem und insbesondere der darin enthaltenen Smart City Apps-Community-Plattform wider. Bevor ich im Kap. 3.3.2 die Wertschöpfung digitalisierter Smart City-Geschäftsmodellansätze beleuchte, betrachte ich die Wesenszüge des Smart City App-Ökosystems.

Abb. 3.7 Die Kernelemente des digitalen Geschäftsmodell-Designs (in Anlehnung an [TEECE])

Ein wesentliches Axiom des Smart City Apps-Ökosystems ist die Funktion digitaler Technologien zur Systemintegration und der hochgradigen Vernetzung der unterschiedlichen Handlungsfelder wie Mobilität, Energie, Stadt- und Raumplanung usw. Wesentlich dabei ist die Vernetzung von Daten aus diesen Handlungsfeldern. Die Einführung neuer Technologien stellt lediglich eine notwendige Voraussetzung für das Gelingen einer Smart City-Initiative dar. Im Vordergrund stehen die gesellschaftliche Problemlösung und die Technikakzeptanz bei den Nutzern. Bei der T-City Friedrichshafen kam man kaum überraschend zu der Schlussfolgerung, dass Geschäftsmodelle und Mehrwerte im Fokus stehen sollten. Die Technologie ist eine notwendige Nebenbedingung [HATZELHOFFER01]. Bei der Einführung neuer Technologien sind in Gesellschaften mit kaum ausgeprägtem Innovationsmilieu oder Technikaffinität besonders die nutzerorientierten und gesellschaftlichen Ansprüche zu berücksichtigen. Hier sind die technologischen Neuerungen mit einer notwendigen Verhaltensänderung und Bewusstseinsänderung beim Bürger verbunden [MANDL]. Auf den smarten Bürger im Zusammenhang mit Smart Cities gehe ich nochmals im Kap. 8 ein.

Innerhalb des Smart City Apps-Ökosystems (siehe Abb. 3.8) spielt der kooperative Zusammenschluss zwischen Bürgern, Politik und Wirtschaft eine wesentliche Rolle. Besonders deutlich wird in dem Modell die Basis der Smart City-Informations- und Kommunikationsinfrastruktur, die als vernetzendes Element auf alle Handlungsfelder einwirkt.

Die bedeutenden Smart City-Dienste entstehen innerhalb der Smart City Apps-Community-Plattformbereiche. Auf diesen Plattformen werden Smart City Apps wie Car2go, MyTaxi, Smart Parking, Smart Metering oder „Bettertaxi" entwickelt. Bei „Bettertaxi" können sich beispielsweise die Kunden ein Taxi teilen [SPIE]. Diese Apps werden von kommerziell agierenden Anbietern auf internetbasierten Plattformen wie Apple iTunes, Google Play etc. gegen eine Nutzungsgebühr angeboten. Mittlerweile gibt es unzählige

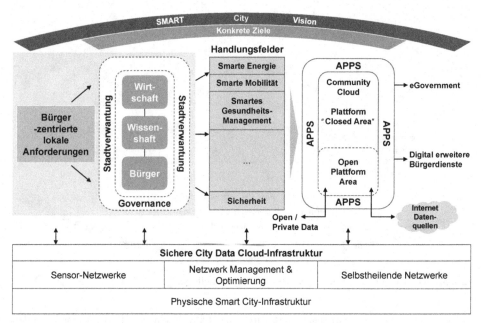

Abb. 3.8 Das Smart City Apps-Ökosystem [JA01]

Apps für jeden Lebensbereich eines Bürgers. Demgegenüber entwickeln sich sogenannte E-Government-Dienste. Hierbei werden die von der Stadt in der Vergangenheit analog bereitgestellten Dienste digitalisiert. Zu diesen Diensten zählen die An- und Abmeldung von Kfz, die online ausgefüllten Steuererklärungen, die Anmeldung des Kindes in der städtischen Kita per Internet und viele weitere mehr.

Bei den Geschäftsmodellansätzen der Stadtverwaltungen ist zwischen dem Full-Service-Provideransatz und dem digitalen Service-Provideransatz zu unterscheiden. Bei dem Full-Service-Provideransatz entwickelt die Stadtverwaltung erst eine Technologieplattform. Danach werden auf dieser Plattform digitale E-Government-Services angeboten. Bei dem zweiten Ansatz werden bestehende Stadtdienste digital angereichert oder neue Services in digitalisierter Form angeboten [KUK], ohne dass dazu von der Stadt eine eigene Technologieplattform im Vorfeld selbst entwickelt wird. Beide Geschäftsmodellansätze haben gravierende Auswirkungen auf das Selbstverständnis der Stadtverwaltungen und der darin wirkenden Beschäftigten.

Viele neue Apps-basierte Dienste sind auf der Basis von Stadtdaten möglich, die zunehmend der Öffentlichkeit zugänglich gemacht werden. Das Stichwort ist hier „Open Data". Die Stadt hat vornehmlich die Hoheit über diese Daten. Der öffentliche Diskurs darüber, welche Daten wie der Allgemeinheit zur Verfügung gestellt werden sollen, steht erst am Anfang. Die Verantwortlichen in den Stadtverwaltungen sind außerdem gefordert, darüber nachzudenken, wie die Stadt selbst nutzbringende Dienste auf der Basis dieser Daten entwickeln kann. Den Bürgermeistern und Landräten kommt hier eine besondere Verantwortung zu. In ihrer eigentümlichen Nähe zu den Bürgerinnen und Bürgern müssen diese Entscheidungsträger die gesellschaftliche beziehungsweise städtische Partizipation zum Leitbild ihrer Verwaltungsarbeit erklären. Dieses Spannungsfeld zwischen Stadtverwaltungen mit ihrem althergebrachten Selbstverständnis und der Öffnung öffentlicher Daten für die Allgemeinheit wird mitbestimmend bei der Entwicklung von Smart City Apps sein. Denn die Daten dienen nicht nur zur Entwicklung von E-Government-Services, sondern auch zur Entstehung kommerziell orientierter Apps. Für eine ausführliche Behandlung der Smart City Apps-Geschäftsmodelle siehe den ersten Band „Die digitale Evolution moderner Großstädte" [JA01].

Innerhalb der Abb. 3.8 ist der Bereich „Open Area" hervorzuheben. In diesem Bereich können Bürger, Entwickler, Unternehmen und Besucher Apps entwickeln, offene Daten weiterverwenden und experimentieren. Zunehmend etablieren sich in den Städten „Community-Ecken" für einzelne Stadtbezirke. Hierbei können sich Nachbarschaftsmitglieder in diesen Nachbarschaftsecken über Open-Source-Anwendungen miteinander vernetzen. Zudem können Stadtverwaltungen und Unternehmen zum Beispiel Nachrichten, Angebote oder öffentliche Bekanntmachungen abbilden. In diesem Sinne sind Smart Cities als Interaktionsplattformen zu verstehen. Diese Interaktions- und Entwicklungsplattformen mit Open Areas sind prinzipiell offene IT-Plattformen, die als Einladung zum Mitmach-Smart-City-Projekt gestaltet sind. Das Ziel besteht darin, Bürger, Besucher, die lokale Wirtschaft und Politik im kooperativen Zusammenschluss zu mobilisieren [JA01].

Wenn ich in den Community-Plattform-Bereich des Smart City Apps-Ökosystems in Abb. 3.9 hineinzoome, zeigt sich die schematische Architektur der Smart City Apps-Community-Plattform mit einem offenen und geschlossenen Bereich.

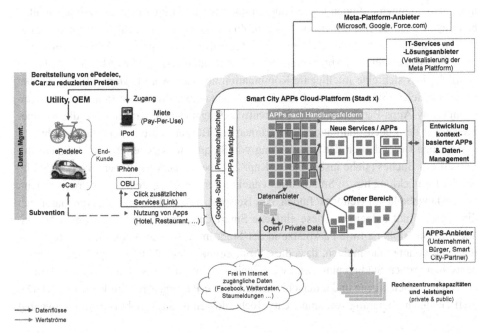

Abb. 3.9 Offener und geschlossener Bereich einer Smart City Apps-Community-Plattform [JA01]

Innerhalb der offenen Community-Plattformbereiche stehen dem Bürger Online-Tools zur Vernetzung zur Verfügung. Dazu zählen Gmail, Google Docs, Google Hang-Outs, YouTube, Facebook, Dropbox oder Flickr, um nur einige zu nennen. Innerhalb des geschlossenen Bereiches werden sicherheitsrelevante E-Government-Services und/oder kommerzielle Apps für die einzelnen Handlungsfelder einer Smart City entwickelt. Die dabei genutzten Daten werden nur einem eingeschränkten Kreis an Smart City-Akteuren zugänglich gemacht. Im öffentlichen Plattformbereich können alle Akteure einer Smart City eigene Apps entwickeln, testen und einer breiten Öffentlichkeit zur Verfügung stellen. Die hierbei verwendeten Daten stammen aus frei im Internet verfügbaren Daten- und „Open Data"-Quellen. Die Entwicklung der Smart City Apps-Community-Plattformen steht noch am Anfang und vollzieht sich evolutionär.

Der **evolutionäre Prozess** vollzieht sich über die Entwicklung von **singulären Apps** auf geschlossenen und offenen IT-Plattformen für eine spezielle Nutzergruppe. Beispielsweise wird das Blutdruckmessen per Mobile App angeboten, bei der die Blutdruckdaten des Patienten gemessen, archiviert und ausgewertet werden. Im nächsten Evolutionsschritt werden Apps zu **konkreten Anwendungsfällen** gebündelt. In unserem Beispiel könnten die Blutdruckmessergebnisse mit den Pulsdaten, Temperaturdaten und Insulinwerten, die ebenso das Smartphone erfasst, kombiniert werden. Diese Kombination unterschiedlicher Daten ist für Patienten mit einer Zuckererkrankung sinnvoll, um die Zufuhr von Insulin bedarfsgerecht steuern zu können [JA01]. In der nächsten Entwicklungsstufe entstehen **komplexe Anwendungswelten**: Gebündelte Anwendungsfälle und Stand-alone-Applikationen werden zu komplexen Anwendungswelten zusammengeführt. In meinem Beispiel entstehen Gesundheitsplattformen, auf denen zahlreiche Gesundheits- und Fitnessanbieter ihre Anwendungen miteinander verknüpfen und die vielfältigen Prozesse zwischen allen beteiligten Gesundheitspartnern optimieren. Zu diesen Prozessen zählen Terminvereinbarungen, Patientenaufnahme, elektronische Medikationsanweisungen, Präventivmaßnahmen, Überweisungen und Abrechnungen mit den Krankenkassen. Aus Abb. 3.9 wird auch deutlich, dass sich eine intelligente Kombination aus Hardware-basierten Komponenten (eCar, ePedelec, Smart Grid etc.) mit Daten-Management-Modellen (auf der Basis von Community-Apps-Plattformen) bei Stadtentwicklungsprojekten abzeichnet, die zu einer Steigerung der Lebensqualität der Bürgerinnen und Bürger in modernen Städten führt.

Auf eine Besonderheit der Entwicklung von Smart Cities gehe ich noch kurz ein. Im Verlauf des Buches (siehe insbesondere Kap. 2) habe ich hervorgehoben, dass die Städte bei der Entwicklung hin zu Smart Cities voneinander lernen sollten. In der Praxis scheint diese Maßgabe kaum Gehör zu finden. Am Beispiel der „Mobile-Parking App" lässt sich dies beispielhaft aufzeigen. Diese einfache Smart City App ermöglicht es dem Nutzer, über das Smartphone freie Parkplätze in der Stadt im Voraus zu finden und zu reservieren. Nun könnte man meinen, dass diese App, einmal entwickelt und optimiert, in allen deutschen großen Städten eingesetzt wird. Nein – allein in Deutschland lassen sich in 24 größeren Städten eigene und unterschiedliche Mobile-Parking-Apps finden [TOWN]. Die ineffiziente Duplizierung von Smart-City-Technologien ist das Ergebnis des „not invented

Abb. 3.10 citymart.com [CITYM]

here"-Syndroms. Dies ist nur ein Beispiel von mangelnder Kooperation zwischen den Städten. Um die Kooperation zwischen Städten zu fördern und eine aktive Lernkultur zu etablieren, die über die Stadtgrenzen hinausgeht, wurde beispielsweise die Plattform „citymart.com" aufgebaut (siehe Abb. 3.10).

Über den Marktplatz „citymart.com" vernetzen sich weltweit Städte, Smart City-Lösungsanbieter, Bürger, Politik und wissenschaftliche Institutionen, um in einem kreativen Innovationsmilieu voneinander zu lernen und neuartige Lösungen zu entwickeln. Der Marktplatz zielt auch darauf ab, die nutzlose Duplikation von Smart City Apps zu reduzieren. Zudem will „citymart.com" insbesondere den Städten und damit den Stadtverwaltungen Werkzeuge und Methoden zur Verfügung stellen, um intelligentere Investments in den Aufbau von Smart Cities realisieren zu können [CITYM]. Denn die Investments in die Entwicklung von Smart City-Initiativen sind angesichts des Verschuldungsgrades zahlreicher Städte der neuralgische Punkt. Konkret geht es um neue Refinanzierungsansätze, damit die Transformation der Städte zu Smart Cities realisiert werden kann [JA01].

3.3.2 Das wirtschaftliche Potenzial digitalisierter Smart City-Geschäftsmodelle

Bei der Planung, Finanzierung und Umsetzung einer Smart City-Initiative kommt es angesichts der Größenordnung immer zu einem Verbund von Städten, Wirtschaft, Wissenschaft und Bürgern. Zudem gehen bei der Finanzierung von Smart City-Initiativen mehrere Akteure, nicht notwendigerweise die Stadt selbst, in Vorleistung. Über ausgeklügelte Refinanzierungsmodelle werden die notwendigen Vorleistungen mehr als rekompensiert. Zu den Refinanzierungsquellen zählen Rental-Modelle (eBike, Car2go etc.), Wertschöpfung durch Apps, Apps-Verkäufe und Apps-Clicks, Werbeeinnahmen und der Weiterverkauf von Daten und Datenpaketen. Bei diesen Refinanzierungsmodellen werden Daten zu Handelsobjekten. Neben reinen Daten-Management- und Wertschöpfungsmodellen können sinnvolle Kombinationen aus Hardware-basierten Infrastrukturleistungen und Daten-Management-Services realisiert werden. Zu den zentralen Treibern der Geschäftsmodelle zählen ePedelecs oder eCars in Verbindung mit Smartphones, Tablet-PCs oder On-board Units in eCars. Es lässt sich zwischen dem Kauf oder den sogenannten Miet-Modellen moderner eVehikel wie eCars etc. differenzieren.

In den Städten werden Miet-Modelle überwiegen, die bereits umfassend erprobt werden. Die rasche Etablierung dieser Mobilitätsvehikel führt zu einem erhöhten Bedarf an Infrastrukturkomponenten wie Ladesäulen, Smart-Grid-Komponenten, ausgebaute Radinfrastrukturen und intermodale Mobilitätssysteme, die beispielsweise einen Wechsel von der Bahn zum ePedelec ohne Schnittstellenbruch zulassen. In dem skizzierten ePedelec-Szenario bilden die starke Verbreitung von ePedelecs in modernen Städten entweder in Form von Rental-Modellen oder als subventioniertes Kaufobjekt zu niedrigen Kaufpreisen (ähnlich dem Modell in der Telekommunikationsindustrie mit subventionierten Mobiltelefonen) die entscheidenden Treiber. Die Refinanzierung kann weiterhin durch die sogenannte Klick-Rate-Refinanzierung erfolgen. Durch die Nutzung weiterer Apps wie Hotels, Restaurants, Museumsführer, Events etc. fließen dem ePedelec-Anbieter weitere Umsätze zu. So kann die Subventionierung des Kaufpreises für ePedelecs im Zeitablauf mehr als kompensiert werden.

Des Weiteren können die Stadt oder kommerzielle Anbieter auf der Smart City IT-Plattform Werbeflächen zur Verfügung stellen und die Google-Suche integrieren. Bei jedem Klick der Nutzer auf Werbung, Apps etc. verdienen die Stadt und/oder kommerzielle Anbieter mit. Die Umsatzkomponenten innerhalb des Smart City-Geschäftsmodells lassen sich am Beispiel des ePedelec-Szenarios wie in der folgenden Abb. 3.11 illustrieren:

Alle Akteure dieser Smart City-Geschäftsmodelle verfügen über dezidierte Erlösquellen. Diese Erlösquellen umfassen direkte Einnahmequellen aus der Nutzung der ePedelecs als auch indirekte Erlöse aus der Weiterverwertung von Datensätzen über Google Search oder Klicks auf Apps. Hinzu kommen Umsatzanteile von Applikationspartnern, die die IT-Plattform nutzen, um eigene Applikationen gegen eine Gebühr anzubieten. Es kommt hier zu Umsatzaufteilungen zwischen der Stadt als Plattform-Betreiber und externen

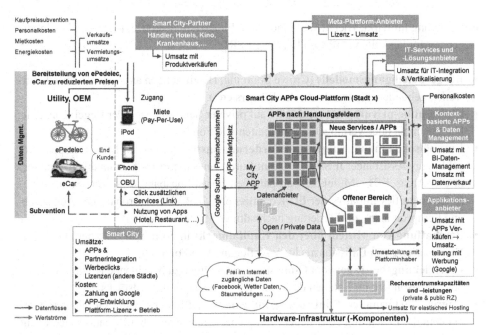

Abb. 3.11 Die Umsatzströme innerhalb des Smart City-Geschäftsmodells [JA01]

Applikationsentwicklern [HELM]. Zudem können die Smart City Apps-Plattformen an andere Städte weiter lizensiert werden. Die interessierten Städte „leasen" dann die IT-Plattform und entwickeln diese auf der Grundlage eigener Ansprüche weiter.

Neben diesen Erlösquellen kommt noch das sogenannte **Kontext-Brokering** hinzu. Im Rahmen des Kontext-Brokerings werden auf der IT-Plattform umfangreiche Daten über Nutzer, Nutzung von Apps, Nutzung von Devices, Nutzung von Google Search etc. gesammelt und ausgewertet. Diese Daten werden bei der Auswertung neu miteinander kombiniert und so zu neuen Datenbündeln verknüpft. Daraus erwachsen völlig neue Erlösquellen. Diese neuen Datenkombinationen sind das Ergebnis des „Big Data-Managements" – der Verwertung und kontextuellen Neukombination von Nutzungsdaten. Die einzelnen Nutzungsdaten können dann weiter verkauft oder zu neuen Anwendungswelten weiterentwickelt werden. Bei all dem sind der Datenschutz und die Gewährleistungsrechte unter Wahrung des Rechts auf informationelle Selbstbestimmung einer strengen Governance mit genau definierten Kontrollsystemen zu unterziehen. Dazu gehört es insbesondere, dass Daten ausschließlich anonymisiert erhoben und verarbeitet werden. Die hier erkennbaren Möglichkeiten zeigen ein breites Spektrum auf, mit dem die Investitionen in Smart City-Initiativen refinanziert werden können [JA01].

Neben den Erlösquellen und der damit verbundenen Voraussetzung, dass andere Akteure als die Stadt bei der Finanzierung der Smart City-Initiative in Vorleistung gehen, ergibt sich noch ein weiteres Szenario. Dieses Szenario schließt auch die Möglichkeit explizit mit ein, dass die öffentliche Hand in Vorleistung geht beziehungsweise partizipativ bei der

Finanzierung mitwirkt. Hierzu sind innovative Finanzierungskonzepte zu entwickeln, die folgende Möglichkeiten umfassen [KAUF][FER]:

- **Bürgerbeteiligungsmodelle** (Crowd Sourcing, Beteiligungen an beispielsweise Kraftwerke, gebundene Spareinlagen des Bürgers etc.).
- **PPP: Public-private-Partnerships** – auf privater Seite stehen in der Regel Konzerne, Unternehmen oder Vermögensgesamtheiten wie Fonds.
- **Europäische Finanzierungs- und Förderungsinstrumente** (ELENA – European Local Energy Assistance, JESSICA – Joint European Support for Sustainable Investment in City Areas, EIB – Mittel der Europäischen Investitionsbank, European Smart Cities & Communities Initiative der EU Kommission, URBACT – europäisches Austausch- und Lernprogramm zur Förderung nachhaltiger Stadtentwicklung).
- **Beschaffung von Mitteln über den Kapitalmarkt** in Form von Anleihen, Darlehen, Versteigerung von Emissionsrechten, Auflegung von Fonds etc.
- **Erschließungsbeiträge:** vom Grundstückseigentümer zu bezahlende Kommunalabgaben, insbesondere im Rahmen der Erschließung eines Baugrundstücks.
- **Energy Performance Contracting for Energy Efficiency** – ein Geschäftsmodell, bei dem die Errichtung einer neuen Anlage beziehungsweise bei Bestandsobjekten die Sanierung aus den Energieeinsparungen finanziert wird, die sich aus der Errichtung beziehungsweise der Sanierung ergibt.
- **Spread Shareholding** – im Gegensatz zu Bonds kaufen die Anteilsnehmer einen Anteil an der zu finanzierenden Infrastrukturkomponente. Das damit verbundene Risiko ist höher als bei Bonds, dafür aber auch der mögliche Gewinn.

Die Finanzierungsinstrumente verfügen über unterschiedliche Komplexitäten und unterliegen einer ständigen Weiterentwicklung. Insbesondere die Kombination der Finanzierungsinstrumente mit den in diesem Kapitel beschriebenen Refinanzierungsmöglichkeiten wird noch weitgehend von den Stadtverwaltungen vernachlässigt. Dies hat sicherlich auch mit dem bisherigen Rollenverständnis der Partner bei Stadtmodernisierungsprojekten zu tun. Auf der einen Seite stehen die Stadtinfrastrukturanbieter mit spezifischen Lösungen und auf der anderen Seite steht die Stadt mit Investitionsanforderungen und -budgets. Dieses Rollenmodell ist in der Digitalmoderne überholt und weicht neuen Finanzierungsmodellen. Die neuen Finanzierungsmodelle sehen vor, dass die Infrastrukturlieferanten zunehmend in Vorleistung gehen und über ausgefeilte Refinanzierungsmodelle die Investitionskosten überkompensieren können. Das wird aber nicht automatisch und von alleine passieren. Hierzu muss in den Stadtverwaltungen ein Mentalitätswechsel stattfinden. Die Stadtverwaltungen müssen eine dezidierte Kompetenz in den Bereichen „Open Data", Datenmanagement, den Aufbau von Apps-basierten Community-Plattformen, den Aufbau von Kooperationsmodellen mit kommerziellen Anbietern, die Entwicklung innovativer Umsatzverteilungsmechanismen etc. aufbauen. Erst dann kann die Stadt den Smart City-Lösungsanbietern gegenüber glaubwürdig und als ebenbürtiger Partner auftreten, zum Wohle seiner Bürgerinnen und Bürger.

3.3.3   Das Phänomen Google und die große Ohnmacht

Wir alle kennen die Suchmaschine „google.com" und nutzen diese wie selbstverständlich. Mittlerweile hat sich das Verb „googlen" (Suche über die Google-Suchmaschinenmaske) in den deutschen Sprachschatz eingeschlichen. Aber Google steht nicht nur für die weltweite Suche im Web. Das Geschäftsmodell scheint oberflächlich betrachtet ausschließlich auf der werbefinanzierten Suche zu basieren.

In dem Buch „Die Google Story" geht der Autor David Vise umfassend auf das von ihm benannte „Global Goooogling" ein [VIS]. Die Suchmaschine Google wird zu einem globalen Phänomen, das immer mehr über uns Nutzer weiß. Neben der Suchmaschine hat die Firma Google erfolgreich das Google Apps-Eco-System aufgebaut, in dem sich Apps wie Gmail, Google Kalender, Google Drive, Google Docs, Google Hang-Outs etc. befinden- und das für den Nutzer weitgehend kostenfrei. Im Gegenzug weiß der Konzern, welche Webseiten wir besuchen und an welchen Themen wir interessiert sind. Damit aber nicht genug. Mit den Smartphones auf der Basis des von Google entwickelten mobilen Betriebssystems Android kann Google in Erfahrung bringen, wo wir uns befinden. Das Betriebssystem Android ist auch deshalb so erfolgreich in der Marktdurchdringung, da es den Handy-Herstellern kostenfrei zur Verfügung gestellt wird. Dazu kommt, dass diese Dienste von Google auf allen Geräten mit diesem Betriebssystem voreingestellt sind. Damit ist die Entwicklung von Google bei Weitem nicht abgeschlossen. Die Durchdringung aller Lebensbereiche der Bürger verfolgt Google auch mit dem Kauf des Online-Thermostat-Herstellers „Nest Labs" für $ 3,2 Mio. So beginnt die Expansion in die Welt des Internets der vernetzten Alltagsgeräte [FUEST]. Zukünftig sollen die in die smarten Thermostate und Rauchmelder eingebauten Temperatur- und Bewegungssensoren messen, wer sich wann und wo im Raum befindet. Die angesammelten Daten erlauben es, die Angewohnheiten und den Alltagsrhythmus der Nutzer zu messen, um den Haushalt auf der Basis dieser Daten dem Nutzer anzupassen.

Ein weiteres Experimentierfeld von Google droht eine ganze Industrie zu revolutionieren und darin agierende Unternehmen mit einem strategischen Wendepunkt zu konfrontieren. Seit Jahren experimentiert Google mit selbstfahrenden Autos und bedroht mit dem neuen Ansatz etablierte Automobilhersteller. Der Konzern verfolgt hierbei einen Ansatz wie bei Android. Die Automobilhersteller sollen mit einer Umsonst-Software zur Steuerung und Darstellung von Navigation, Multimedia und Internet-Inhalten im Fahrzeug in die Google Automotive Alliance eingebunden werden. Dabei denkt Google sogar darüber nach, selbst Automobile zu fertigen. Dazu hat Google mit dem deutschen Automobilzulieferer Continental AG und dem Auftragsfertiger Magna gesprochen. Der Suchmaschinen-Konzern testet zudem seit Jahren selbstfahrende Autos in den USA. Zuletzt wurde die Google-Technik in das Modell Prius von Toyota eingebaut [FAZN][VIS]. Die Konsequenz aus diesem Ansatz liegt auf der Hand: In Zukunft entscheidet die Software über eine neuartige, autonome Fahrmöglichkeit. Das ist eine echte Revolution in der Art zu fahren. Die Hardware, also das Auto, wird dann zum beliebigen Austauschobjekt.

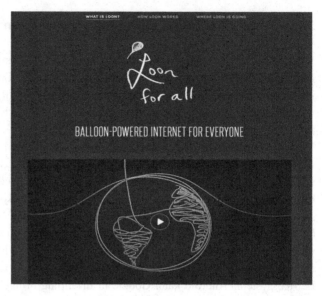

Noch näher rückt Google dem Nutzer und seiner Lebensrealität mit der Datenbrille
„Google Glass". Mit dieser Datenbrille haben die Nutzer das Internet vor Augen und zahlreiche andere Google-Dienste. Dann lässt sich über die eingebaute Kamera, Maps und
andere Funktionen genau ermitteln, wo sich der Nutzer augenblicklich befindet, und was
er sieht [FUEST] [VISE]. Damit noch nicht genug. Der Konzern arbeitet auch mit Hoch-
druck an den Themen smarte Kontaktlinsen zur Messung des Blutzuckerspiegels von Dia-
betes-Patienten [KUN], der Smart Watch, dem smarten Kühlschrank und dem „Balloon
Internet". Das Projekt „Balloon Internet" läuft unter dem Projektnamen „Loon" (siehe
Abb. 3.12). Damit will Google Ballons in die Luft schicken, die überall ein drahtloses
Internet aufbauen. Damit wäre Google unabhängig von Telekommunikationsanbietern
und könnte sein eigenes, schnelles Netz betreiben:

Diese Entwicklungen des Internet-Giganten Google lassen nur einen Schluss zu: Bald
ist Google überall. Damit ist aber nicht gemeint, dass diese Technologien zum Nachteil
des Nutzers eingeführt werden. Mit den Diensten sind viele Vorteile verbunden, die das
Leben einer Vielzahl von Bürgern erleichtern werden. Besorgniserregend daran ist aber
die Datenfülle über unser Leben. Der Konzern etabliert sich zu dem Daten-Management-
Unternehmen schlechthin. Und wie hat es Andy Grove in seinem Buch „Nur die Paranoiden überleben" auf den Punkt gebracht: "In Technology, whatever can be done will
be done" [GROVE]. Dies scheint sich angesichts der skizzierten Entwicklungen zu be-
stätigen.

Im Zuge dieser Entwicklung wird Google zahlreiche Handlungsfelder einer Smart City
mit innovativen Lösungen vernetzen und womöglich dominieren. Auch andere, vor allem
US-amerikanische Unternehmen wie IBM, Apple, Amazon drängen in die Entwicklung
innovativer Smart City Apps. Dieser herausragenden Position von Google haben die europäischen Anbieter, außer meist nur mündlichen Ankündigungen, wenig entgegenzusetzen.

Bei allen diesen Entwicklungen gewinnt ein weiterer Aspekt zunehmend an Bedeutung. Dieser Aspekt ergibt sich nicht erst seit dem NSA-Skandal, der durch Edward Snowden aufgedeckt wurde. Die **Datensicherheit** wird im Umfeld dieser neuen Smart City-Dienste immer wichtiger [PEL]. Die Anforderungen an die Datensicherheit ergeben sich aus dem Open-Data-Zugriff auf offene Daten der Stadt und die Weiterverwertung von Nutzerdaten durch kommerzielle Anbieter wie Google etc. Es müssen zur effektiven Steuerung der Datennutzung unterschiedliche Schutzkategorien von Daten gebildet werden. Hinzu kommen geeignete Access- und Identity-Management-Mechanismen wie Authentisierung, Datenzugriffsauthorisierung und -verschlüsselung der Daten. Die Verwertung von privaten und halboffenen Daten beim Daten-Management kann und darf nur unter der Voraussetzung der ausdrücklichen Genehmigung durch den Nutzer erfolgen. Es müssen bei der Verwertung und Weitergabe von Daten transparente rechtliche Regelungen zur Anwendung kommen [SCHIEFER]. Dies gilt insbesondere für höherwertige Daten, die aus der Kombination, Integration und Filterung von vorhandenen Daten im Rahmen eines Kontext-Brokerings erzeugt werden. Der Datenschutz hat zahlreiche Facetten. Insbesondere im europäischen Kontext ist der Aspekt des Datenschutzes ein mittlerweile hochsensibles, gesellschaftliches Thema geworden. Hier könnten europäische Smart City-Lösungsanbieter wie Siemens, SAP, ATOS, Fraunhofer Institut etc. weltweit führende Sicherheitslösungen entwickeln und anbieten.

Ein in der Sicherheitsdebatte bezüglich Smart City Apps-Plattformen und Diensten gerne vernachlässigter Aspekt ist die vom Nutzer der Dienste bewusst hingenommene Einschränkung der Datensicherheit beziehungsweise die Akzeptanz eingeschränkten Datenschutzes. Der Nutzer nimmt bei der Steigerung der Lebensqualität bewusst in Kauf, dass Daten über Lebensgewohnheiten transparent gemacht werden. Nicht nur bei dem Beispiel T-City Friedrichshafen haben ältere Bürger bei der Entwicklung von sogenannten eHealth Smart City-Lösungen die Bereitschaft erklärt, Überwachungsdaten transparent zu machen. Dabei wurden im Rahmen des „Smart Home" die Wohnungen älterer Bürger mit Sensoren ausgestattet. Diese Sensoren zeichneten die Lebensgewohnheiten auf und überwachten Lebenssituationen. In Notsituationen wurden Alarme mit entsprechenden Notfallreaktionen ausgelöst [HATEZLHOFFER01][JA01][TOWN]. Die Begründung für die Datenfreigabe ergab sich aus einer gesteigerten Lebensqualität durch selbstbestimmtes, überwachtes Leben in der vertrauten Umgebung. Die vertraute Umgebung umfasst dabei die unmittelbare Wohnstätte und das soziale Umfeld.

In der Zukunft wird es kaum möglich oder wünschenswert sein, sich den neuen digitalen Smart City-Diensten zu entziehen. Der sinnvolle, nutzerorientierte Einsatz dieser Dienste und der datenschutzrechtliche Umgang mit den Nutzerdaten wird über den Erfolg oder Misserfolg der neu aufkommenden Smart City-Services entscheiden. Hier stehen wir am Anfang einer noch unbekannten Entwicklung, die sich nur in Umrissen abzeichnet. Das letztendliche Ziel der Smart City ist die Steigerung der Lebensqualität der Bürgerinnen und Bürger und damit die Wettbewerbsfähigkeit der Stadt. Möglich scheint dies durch den umfassenden Einsatz neuartiger, vernetzender digitaler Technologien, die alle

Handlungsfelder einer Smart City über das Internet miteinander vernetzen. Dies bietet eine Fülle von Möglichkeiten, aber auch Risiken, die nicht vernachlässigt werden dürfen.

So soll es nicht werden wie Andrew Brown, der Präsident der British Computer Society – Young Professional Group, es auf den Punkt brachte: „Das Internet ist mächtig und so sinnlos – für manche ist es ein kompletter Ersatz für das Leben."

3.3.4 Die digitale Gesundheitsplattform als Basis des Smart Senior-Ökosystems

Mit der fortschreitenden Emanzipation des Bürgers in der Smart City und damit auch im Gesundheitswesen verändert sich die Rolle des Bürgers als Patienten. Die vormals herrschende Informations- und Wissenshoheit beispielsweise der Ärzteschaft über den Patienten wird aufgeweicht. Die treibende Kraft ist der Zugang der Patienten zum weltweiten Internet und vor allem den dort verankerten sozialen Medien wie Facebook, Twitter etc., die einen Informationsaustausch bis dato unbekannten Ausmaßes zulassen. Mit der weltweiten Verbreitung von Tablets und Smartphones wird die Idee vom „Always-On" weiter vorangetrieben. Mit dem Konzept des „Always-On" ist gemeint, dass man mit den mobilen Endgeräten über Hotspots oder das gegenseitige Teilen von Netzzugängen (Stichwort: „sharing") immer mit dem Internet verbunden sein kann. An jedem Ort und zu jeder Zeit – eben „always-on". Relevant in unserem Zusammenhang ist dies, da der Patient so über mehr Möglichkeiten verfügt, sich über Krankheitsbilder, Therapiemöglichkeiten, Medikationen etc. zu informieren (obgleich hier das Problem der Informationsgüte bleibt). Die Informationsmöglichkeiten werden durch das Spektrum der sozialen Medien erweitert, mit dem sich Patienten mit anderen Betroffenen vor weiteren medizinischen Behandlungen austauschen können.

Diese Entwicklung führt dazu, dass sich der „informierte Patient" herausbildet, der aktiv in die Prozesse des Gesundheitswesens eingreifen kann [JA01]. Die Bürger haben die Möglichkeit, sich schnell und umfassend über die Arztpraxis und die Menschen, die dort tätig sind, zu informieren und danach zu bewerten, ob diese zu ihren eigenen Bedürfnissen und Vorstellungen passen. Zudem steigt durch die neue Informationsqualität das Interesse der Bürger an gezielten problemlösungsorientierten Präventionsmaßnahmen und Methoden zur wirkungsvollen Verbesserung der allgemeinen Befindlichkeit und körperlich-geistigen Fitness. So verwundert es kaum, dass die Bereiche Wellness, Fitness, Lifestyle, Schönheit und Sicherheit als Bestandteil eines umfassenden Gesundheitswesens betrachtet werden und sich entsprechende Märkte mit passenden Leistungen etablieren. Dieser Trend verstärkt die Bereitschaft der Patienten, für diese, über die notwendige medizinische Versorgung hinausgehende Gesundheitsleistungen selbst zu bezahlen.

Damit greift der Patient, ob jung oder alt, direkt in das Gefüge des Gesundheitswesens ein und verändert die Leistungsfähigkeit und -bereitschaft unterschiedlichster medizinischer Bereiche. Es zeichnet sich bereits ab, dass medizinische Komfort- und Zusatzleistungen zunehmend mit anderen Gütern des täglichen Lebens wie Urlaub, Auto oder

Wohnung konkurrieren. So konstatierte Schachinger in seinem Vortrag „Was ist Health 2.0?" bereits im Jahre 2011 zu Recht, dass obige Tendenzen erste Anzeichen für die Entwicklung eines analogen hierarchischen Systems in ein modernes, digitalbasiertes Gesundheits-Ökosystem darstellen [SCHACH01]. Bezogen auf das smarte Leben im Alter bedeutet dies, dass durch die steigende Lebenserwartung der Anteil an Wellness-, Fitness- und Präventionsmaßnahmen zunehmen wird. Der Wunsch, im Alter weitgehend beschwerdefrei und selbstbestimmt zu leben, wird einer der Treiber für tiefgreifende Veränderungen im Gesundheitswesen hochentwickelter Volkswirtschaften sein. Die demografischen Veränderungen und die veränderte Rolle des Patienten werden tief in die Prozesse, Behandlungsmethoden und Institutionen des Gesundheitswesens hineinwirken. Damit nimmt ein zunehmend bürgerzentriertes und digitales Gesundheitsmanagement Gestalt an.

Die Vision des smarten Lebens nicht nur im Alter lautet: Diese IT-Gesundheitsplattform mit ihrem Ökosystem begleitet den Bürger als Informations- und Leistungsdrehscheibe von Geburt an bei seiner individuellen Gesundheits- und Wellnessversorgung. Dabei bleibt die Kontrolle über die verwalteten Informationen immer bei dem Bürger und unterliegt strengsten Datenschutzvorschriften hinsichtlich des Zugangs und der Verarbeitung beziehungsweise Weiterverwertung. Insbesondere im Gesundheitsbereich wird die Diskussion um Datensicherheit extrem sensibel und verantwortungsvoll zu führen sein. Damit wird die Basis für eine personalisierte Medizin geschaffen, mit dem Ziel einer aktiven, über digitale Technologien gesteuerten Prävention.

Für die technologischen Grundlagen zur Ausgestaltung der digitalen Gesundheitsplattform sowie den datenschutzrechtlichen Aspekten im Umgang mit Patienteninformationen verweise ich auf den ersten Band „Die digitale Evolution moderner Großstädte" [JA01].

Die digitale Gesundheitsplattform mit ihrem Ökosystem umfasst alle technologischen Möglichkeiten für ein komfortables und sicheres bürgerzentriertes Gesundheitsmanagement. Der Mehrwert für den Bürger ergibt sich vor allem dann, wenn möglichst viele Anbieter von Gesundheitsdienstleistungen wie Krankenhäuser, Pflegeeinrichtungen, Altenbetreuung, Apotheken, Krankenversicherungen, Fitness- und Wellnesseinrichtungen ihre Dienste koordiniert und vernetzt über die Plattform anbieten. Dem behandelnden Hausarzt kommt in diesem Modell eine zentrale Rolle zu. Sofern der behandelnde Hausarzt als Ausgangspunkt zahlreicher medizinischer Behandlungen eine Aufgeschlossenheit für den Dienstleistungsansatz zeigt, der auf die Kundensouveränität setzt, profitiert der informierte Patient. Wenn die Ärzte selbst bereit sind, die Leistungen der digitalen Gesundheitsplattform zu nutzen, steigt damit auch die Akzeptanz der Patienten bei der Nutzung der eigenen persönlichen Daten. Es bildet sich ein digitales Gesundheitsuniversum heraus, siehe Abb. 3.13.

Die folgenden Elemente bilden die Grundlage für ein bürger- und patientenzentriertes, digitales Gesundheitsplattform-Ökosystem:

• eine individuelle, digitale Patientenakte,
• einfache Kommunikations- und Zugriffssteuerungsfunktionen, die automatisch über die IT-Gesundheitsplattform bereitgestellt werden,

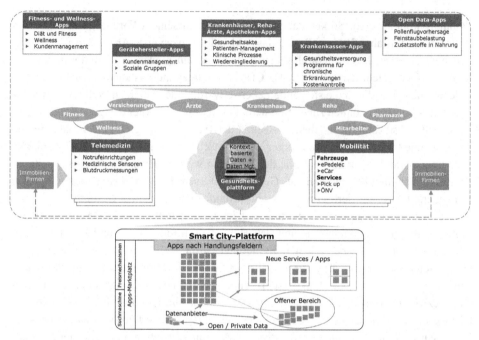

Abb. 3.13 Das digitale Smart Senior-Gesundheitsuniversum

- eine Vielzahl an Gesundheits- und Betreuungsanwendungen in Form von Apps,
- ein stetig wachsendes Ökosystem angeschlossener Akteure des Gesundheitswesens sowie
- umfassende Datenschutz- und Sicherungsfunktionen für alle Ebenen der zugrunde liegenden IT-Architektur [DIERS][JA01].

Beim Aufbau dieses patientenzentrierten, digitalen Gesundheitsplattform-Ökosystems spielt die öffentliche Hand, repräsentiert durch Stadtverwaltungen und betroffene Ministerien (Gesundheitsministerium und/oder Ministerium für Bildung und Forschung), eine zentrale Rolle. Im Bereich der Datensicherheit übernimmt die öffentliche Hand die Rolle der zentralen Datenqualitätssicherung und des Datenschutzes über eine Art „Trustcenter-Funktionalität". Die Stadt würde dabei alle sicherheitsrelevanten Funktionen und Verfahren hoheitlich selbst ausführen. Weiter gilt es zu bedenken, dass das Thema „Open Data" hier zunehmend von Bedeutung sein wird. Die öffentliche Hand ist im Besitz von öffentlich relevanten, gesundheitsbezogenen Daten, die auf der Plattform angeboten werden können. Hierzu zählen u. a. Werte über Feinstaubbelastungen in den Städten, Pollenflugvorhersagen, Übersicht über Zusatzstoffe in Lebensmitteln, Verkehrsübersichten und Stauprognosen. Diese Daten können als Open Data der Allgemeinheit zur Verfügung gestellt werden. Damit könnten dann von Unternehmen, Forschungseinrichtungen, privaten Entwicklern usw. neue Gesundheits-Apps entwickelt werden. Oder die öffentliche Hand nutzt die Daten selbst, um eigene Gesundheits-Apps über die digitale Gesundheitsplattform anzubieten.

Die für das Geschäftsmodell relevanten Aspekte dieser Smart Senior IT-Plattformen mit Ökosystemen wurden bereits im Kap. 3.3.2 ausführlich beleuchtet. Für den interessierten Leser finden sich weiterführende Informationen zu den Wertströmen im Zusammenhang mit digitalen Gesundheitsplattformen und dazugehörigen Ökosystemen in dem ersten Band „Die digitale Evolution moderne Großstädte" [JA01].

Aus der obigen Abb. 3.13 wird deutlich, dass auf der digitalen Gesundheitsplattform über kontextbasierte Datenverknüpfung Evolutionsstufen von Gesundheits-Apps möglich sind. Zu diesen Entwicklungsstufen zählen isolierte, gebündelte Apps in Anwendungsszenarien und komplette Apps-Anwendungswelten. Darüber hinaus sind die Themenkomplexe „Smart Senior Living" und „Smart Senior Mobility" von Bedeutung.

Zur Kernanwendung einer digitalen Gesundheitsplattform zählt die digitale Patientenakte. Der Bürger kann über Apps auf die Inhalte der digitalen Patientenakte zugreifen und Daten ändern beziehungsweise eintragen. Es handelt sich dabei um ein geschlossenes System, in dem ausschließlich der Bürger über den Zugang und die Weiterverwertung seiner Daten entscheidet. Die bürgergeführte Patientenakte soll aber auch mit einer Patientenakte von dritten Leistungserbringern wie Rehabilitationszentren oder mobilen Pflegediensten verknüpft werden. Über die Verknüpfung entscheidet der Bürger aber immer selbst. Zudem muss sichergestellt sein, dass der Bürger zu jedem Zeitpunkt die Daten bei dem Anbieter von Gesundheitsdienstleistungen einsehen und löschen kann. Der Bürger hat so die Möglichkeit, seine Gesundheitsdaten in einem sinnvollen medizinischen Kontext zu erhalten und den Zugang zu Anbietern von Gesundheitsdienstleistern zu erweitern und zu individualisieren.

Zudem können Hausärzte, Krankenhäuser, mobile Pflegedienste usw. über die digitale Gesundheitsplattform ihre Aktivitäten zur aktiven Patientensteuerung und -unterstützung verstärken und individualisieren. Die Gesundheits-Apps unterstützen unterschiedliche Anwendungsfälle und setzen auf der gleichen Datenbasis auf der Plattform auf [JA01]. So entsteht eine zentrale Plattform mit einem sich erweiternden Universum an Gesundheitsdienstleistungen. Dieses Universum bildet sich, da die unterschiedlichen Gesundheits-Apps die Daten anderer Gesundheits-Apps miteinander verknüpfen und so weiterverwerten können. So entstehen völlig neue Gesundheits-Apps mit neuartigen Dienstleistungen.

In der ersten Entwicklungsstufe finden sich zahlreiche isolierte Gesundheits-Apps, die auf eine kontinuierliche Selbstbeobachtung des Nutzers abstellen. Im Prinzip geht es um das Selbstmanagement der individuellen Gesundheit. Im Vordergrund steht die Überprüfung und mögliche Optimierung des eigenen Lebensstils – aber nicht nur. Die Überwachung wichtiger vitaler Funktionen wie Insulinspiegel oder Blutdruck sind mit den isolierten Apps möglich.

Viele gesundheitliche Schwierigkeiten werden beispielsweise durch Übergewicht und Bewegungsmangel verursacht. Einen ersten Schritt zur Reduzierung des Körpergewichts könnte eine Schrittzähler-App (beispielsweise die iPhone App „Move") [KLÄS] sein. Mit dieser App auf dem Smartphone werden das individuelle Bewegungsschema und die

Auswirkungen von Änderungen des Bewegungsschemas auf das jeweilige Körpergewicht transparent gemacht. An Diabetes erkrankte Patienten richtet sich die iBGStar von Sanofi [KLÄS]. Mit diesem Aufsatz für das Smartphone können die individuellen Insulin-Werte mobil angezeigt werden. Sämtliche Werte können als Diagramm oder als klassisches Blutzucker-Tagebuch dargestellt werden. Die rechtzeitige Erkennung von Krankheiten ist durch die kontinuierliche Überwachung des Blutdrucks möglich. Mit dem Smartphone-Blutdruckmessgerät von beispielsweise „Withings Blutdruckmessgerät" [KLÄS] lässt sich der Blutdruck messen, per App dokumentieren und auswerten. Der Markt für isolierte Apps expandiert unaufhörlich. Der Branchenverband BITKOM in Berlin hat bis dato mindestens 70.000 Smartphone-Gesundheits-Apps gezählt, die Vitaldaten des Körpers sammeln und auswerten [MÜ03]. Die gesammelten Daten werden in die individuellen Patientenakten auf der Gesundheitsplattform eingespielt und können dann mit freigegebenen Daten anderer Gesundheits-Dienstleistern kombiniert werden. So etabliert sich die zweite Evolutionsstufe von Gesundheits-Apps.

In der nächsten Entwicklungsstufe entstehen gebündelte Apps. So lassen sich beispielsweise die Daten der Gewichtsmessung, des Blutdrucks und der Herzfrequenz in Verbindung mit den Ernährungsgewohnheiten miteinander kombinieren und in der Folge ein Fitness-Szenario aufbauen. Einer dieser Anbieter ist die Firma Dacadoo.com (siehe Abb. 3.14).

Diese Daten werden wieder in die individuelle Patientenakte auf der Plattform eingetragen und beispielsweise mit Krankenversicherungen geteilt. Der Bürger könnte bei verändertem Lebensstil höhere Beitragsrückerstattungen erhalten [JA01]. Für die Entwicklung gebündelter Apps eignen sich Krankenhistorien, Laborberichte, Diagnosen, Pflege- und Verwaltungsdokumente, Medikamenteneinnahmen, Operationsberichte, Krankenverläufe usw. Werden nun Massen an solchen Daten zur Auswertung in anonymisierter Form verfügbar, dann können über das bereits erwähnte Big Data-Management die Diagnose von Krankheiten optimiert oder auch Therapieformen verfeinert werden. Mit einer genügend großen Anzahl von anonymen Patientendaten sind inkrementelle Verbesserungen, aber auch ganz neue Therapieformen möglich [GOOGLE].

In der finalen Entwicklungsstufe der digitalen Gesundheitsplattform mit zugehörigem Ökosystem entstehen hoch vernetzte Anwendungswelten. Hierzu werden isolierte Apps und gebündelte Apps mit Smart (Senior) Living sowie Smart (Senior-) Mobilität-Dienstleistungsangeboten vernetzt. Der Bereich Smart Senior Living geht über die reine Vernetzung des eigenen Zuhauses mit Sensoren weit hinaus. Die schematische Architektur dieser Anwendungswelt geht aus der Abb. 3.13 hervor.

Im Folgenden betrachte ich das konkrete Beispiel eines 70-jährigen Rentners, der noch eigenständig in seinem eigenen Zuhause lebt. Der Rentner hat Übergewicht, relativ hohe Blutdruckwerte und nimmt eine Vielzahl an Medikamenten in Folge eines Herzinfarktes ein. Der Herzinfarkt hat auch seine Mobilität eingeschränkt. In der Vergangenheit musste der Patient ein Taxi rufen oder war auf Angehörige angewiesen, um seinen Hausarzt zu besuchen. Die Messwerte zahlreicher Vitalfunktionen wurden vor Ort beim Arzt punktuell aufgezeichnet und interpretiert. Nach der Behandlung ist der Patient wieder per Taxi

dacadoo health score

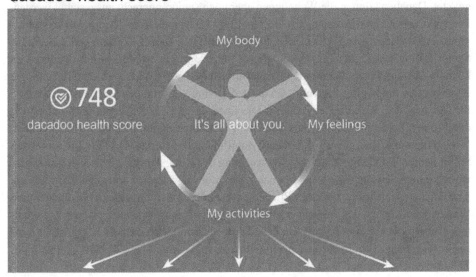

Abb. 3.14 Was ist ihr Healthscore? – Dacadoo [www.dacadoo.com]

oder mit Hilfe des Angehörigen nach Hause gefahren. Zwischen den Arztbesuchen ist der Patient auf sich gestellt.

Die in dem bewusst verkürzt dargestellten Fall angefallenen Kosten sind beträchtlich. Hinzu kommt die relativ passive Rolle des Patienten in dem Szenario. Mit dem Aufbau eines digitalen Gesundheits-Ökosystems könnte sich die Situation deutlich verbessern. Die Vitaldaten kann der Patient mittels Smartphone-Apps kontinuierlich messen, protokollieren und an den Arzt beziehungsweise das Krankenhaus übermitteln. Das Stichwort ist hier „Telemedizin".

Bei der Initiative T-City Friedrichshafen wurde die sogenannte „Mobile Visite" getestet, bei der die Vitaldaten via Mobilfunk an den behandelnden Arzt beziehungsweise das zuständige Krankenhaus übermittelt wurden. Über individuelle Rückmeldungen und damit einhergehender Anleitungen zum Umgang mit Krankheitssymptomen konnten die Therapien noch besser individualisiert und Krankenhausaufenthalte reduziert werden. Zu den beteiligten Akteuren zählten das städtische Klinikum Friedrichshafen, Krankenkassen sowie die Unternehmen Philips und T-Systems. Die Motivation der Krankenkassen bestand darin, die Gesamtkosten der Behandlungskette zu reduzieren. Die Patienten fühlten sich in einem positiven Sinne überwacht und bestätigten eine Steigerung der Lebensqualität. Hinzu kam, dass die Patienten die gleichzeitige Betreuung durch ein Klinikum auch über eine große Distanz als sehr positiv empfunden haben. Hinzu kam, dass sich bei den Patienten durch die Messung wichtiger Vitaldaten und anschließende Darstellung und Auswertung der Daten das Sicherheitsgefühl erhöht hat. Damit werden die Patienten auch darin unterstützt, mit Krankheiten zu leben und ihren individuellen Lebensstil an diese anzupassen [HATZELHOFFER1].

Die gesamten Vitaldaten werden innerhalb der eigenen Wohnung gemessen und weitergeleitet. Daneben können die Wohnungen aber noch seniorengerecht ausgestattet werden. Die seniorengerechten Wohnungen der Zukunft sind Bestandteil des „Ambient Asissted Living" (AAL)-Konzeptes [HATZELHOFFER1] [GRÜL]. Dieses Konzept soll das „Smart Senior Living" ermöglichen, also möglichst lange ein selbstständiges Leben führen zu können. Mit der Unterstützung des Bundesministeriums für Wirtschaft und Technologie erforscht das Innovationszentrum „Connected Living e.V." unterschiedlichste Konzepte für das vernetzte Wohnen der Zukunft. Die Entwicklung der Konzepte wird unterstützt durch einen Zusammenschluss aus Forschungsinstituten, Krankenkassen, Universitäten, IT-Unternehmen, Energieversorgern und Mobilfunkunternehmen [GAFF]. Zur vernetzten Smart Senior-Wohnung gehört die Überwachung des Alltags mittels Sensoren. Beispielsweise können Sensoren in einem Teppich einen Sturz registrieren und gegebenenfalls ein Notsignal an Angehörige oder den Pflegedienst senden. Oder vergessene Herdplatten und Wasserhähne können den Bewohner mittels Sensor und akustischem Signal ans Ausschalten erinnern oder sich autark abschalten. Es ist auch möglich, mittels körpernaher Sensorik Herzschlag, Blutdruck oder Insulinwerte zu messen und per GPS am Armband des Trägers weiterzuleiten.

Die Firma Future Shape arbeitet an einem Fußboden, der mittels Sensoren das Licht aktiviert, sobald nachts jemand aufsteht [KEM]. Unweigerlich möchte man sagen „Big Wohnung is watching you". Oder wie es der Star Architekt Rem Koolhaas als Kurator der Biennale mit dem Titel „Fundamentals" ausdrückte: „Bald wird unser Haus uns verraten." Rem Koolhaas meint damit, dass wir immer mehr mit Systemen verbunden sind, die uns verfolgen und kontrollieren. Auf die Frage wie Rem Koolhaas auf die neue Digitalmoderne auch in der Architektur reagieren wird, hat er momentan keine Antwort. Aber er wird dazu forschen! [TIM] Darauf werde ich im Kap. 8 nochmals kurz zurückkommen. Wie ich bereits weiter oben aufgezeigt habe, fühlen sich die überwachten Senioren eher positiv überwacht [HATZELHOFFER1][NEUH]. Das Spektrum an Möglichkeiten des „Smart Senior Living" ist bei Weitem noch nicht ausgeschöpft. Man denke beispielsweise nur an stimmenorientierte „Monitoring-Sensorik".

Nun wende ich mich der Smart Senior-Mobilität zu, die darauf abzielt, ältere Menschen mit eingeschränkter Mobilität wieder zu mobilisieren. Beispielsweise können notwendige Arzt- oder Krankenhausbesuche über klinikverbundeigene ePick-Up Services durchgeführt werden. Darüber hinaus ist auch denkbar, dass älteren Menschen bevorzugt angepasste ePedelcs (Elektrofahrräder) zur Verfügung gestellt werden. Weitere Mobilitätsdienstleistungen (wie Wassergymnastik, allgemeine Sport-Mobilisierung etc.) können von Rehabilitationszentren oder Fitnesszentren in betreuten Wohnanlagen angeboten und von den Senioren über die digitale Gesundheitsplattform gebucht werden. Oder Nachbarn können den Transport zum Arzt, Supermarkt oder zum Museum über sogenannte „Communities" auf der digitalen Gesundheitsplattform übernehmen. Die Entwicklung befindet sich hier noch im Anfangsstadium.

An dieser Stelle muss noch kurz auf die Frage der Finanzierung von Smart Senior-Ökosystem-Programmen eingegangen werden. Wie im Kap. 3.3.2 bereits ausgeführt, können die Gesundheitsanbieter, die Stadt, die Investoren von „betreuten Wohnanlagen" usw. aus den Werbeeinnahmen der digitalen Gesundheitsplattform und durch die App-Einnahmen einen Teil in den Aufbau einer Smart Senior Mobilitäts- und Living-Infrastruktur investieren. Ein anderer Faktor sind die Kosten bei stationärer Unterbringung der Senioren. Diese sind in der Regel deutlich teurer als Investitionen in Smart Senior-Mobilitäts- und Living-Lösungen. Wohnungsbaugesellschaften können langfristig mit dem entsprechenden Ausbau der Wohnungen den Wert der Immobilien steigern. Angesichts der demografischen Entwicklung eröffnet sich ein enormes Potenzial [GRÜL].

Eine große Herausforderung für ein Smart Senior-Ökosystem auf der Basis einer digitalen Gesundheitsplattform bleibt bisher ungelöst. Die Zusammenführung aller Gesundheitsanwendungen erfordert einen einheitlichen Standard zur Vernetzung. Diesen einheitlichen Standard gibt es momentan nicht. Vielmehr existiert ein Flickenteppich an unterschiedlichsten Anwendungen und IT-Architekturen. Damit AAL erfolgreich umgesetzt werden kann, arbeitet u. a. die Fraunhofer Allianz Ambient Assisted Living an der Entwicklung einer globalen und semantischen Plattform mit dem Namen „universAAL". Und „universALL" wird „... einen Online-Shop für Plug-and-Play Anwendungen und Dienste bereitstellen, die einfach auf vorhandene Geräte und Nutzer angepasst werden können" [FRAUN12]. Auch der Internet-Gigant Google Inc. unternimmt Anstrengungen, um in diesen Bereichen entsprechende Lösungen anbieten zu können, so zum Beispiel mit dem Kauf von „Nest Lab", einem Hersteller intelligenter Hausgeräte, dem Kauf der Firma Boston Dynamics, die bionische Roboter anfertigt und der Gründung von „Calico", spezialisiert auf Big Data-Management im Gesundheitswesen.

Nachdem ich das Grundkonzept des Smart Senior-Ökosystems schematisch aufgezeigt habe, betrachte ich die ersten Umrisse des Entstehens eines Smart Senior-Ökosystems in der Praxis. Außerdem beleuchte ich, warum Smart City Reifegrad- und Transformationsmodelle für die Fortentwicklung dieser Ökosysteme notwendig sind.

3.4   Erste Umrisse der Entstehung praktischer Smart Senior-Ökosystem-Ansätze

Schon bei der Betrachtung der Vision und Ziele eines Smart Senior-Ökosystems als Teil des Smart City Health im Handlungsfeld „Smart Living" gibt es in der Praxis kaum ein einheitliches Bild. Vielmehr entstehen Initiativen, die Teilbereiche des Konzeptes „Smart

Senior-Ökosystem" umfassen. Im Beispiel der T-City Friedrichshafen wurden die Projekte „Mobile Visite", „Tumorkonferenz" und „Selbstbestimmtes Leben" als Teil des Projektfeldes „Gesundheit und Betreuung" definiert. Bei der „Mobilen Visite" und der „Tumorkonferenz" handelt es sich um Anwendungen im Bereich „Telemedizin". Bei dem Projekt „Selbstbestimmtes Leben" wurde eine Serviceplattform aufgebaut, mit der Senioren beziehungsweise weniger mobile Menschen etwa einen Apotheke-Lieferservice, einen Hausmeister-Service oder einen Bringdienst für Lebensmittel und Mahlzeiten in Anspruch nehmen konnten. Es handelt sich um ein Projekt des bereits weiter oben erwähnten „Ambient Assisted Living (AAL)" [HATZELHOFFER1]. Besonders interessant an diesem AAL-Projekt ist die Integration externer Partner in die Gesundheitsplattform. So wurden lokale Apotheken mit Apps in die Gesundheitsplattform integriert. Die Bewohner der umgebauten Wohnungen konnten über die App auf ihrem Smartphone oder Tablet die Dienste der Apotheke in Anspruch nehmen. Hier zeigen sich erste Ansätze für den Aufbau eines Smart Senior-Ökosystems um die eigentliche digitale Gesundheitsplattform herum. Implizit in den Projekten sind der „Smart Citizen" und damit auch der Smart Senior angelegt. Gemeint ist die aktive Partizipation der Senioren beim Ausbau der Smart Senior-Gesundheitsökosysteme.

Bei dem Programm „Smart Senior" des Bundesministeriums für Bildung und Forschung wiederum bestand das Ziel darin, den Senioren ein längeres selbstbestimmtes Leben in den eigenen vier Wänden zu ermöglichen. Konkret wurden intelligente Assistenzsysteme entwickelt, die eine hohe Lebensqualität zu Hause, sichere Mobilität und die Erhaltung der Gesundheit unterstützen [SMASE01]. Dabei entstanden vier Prototypen, die weiter unten im Kap. 3.4.2 kurz beleuchtet werden.

Auffällig bei beiden Smart Senior-Ökosystem-Programmen als Teil eines Smart City-Vorhabens ist die praktische Begrenzung des Konzeptes Smart Senior und die nur rudimentär angelegte Entwicklung eines Ökosystems um die eigentliche(n) digitale(n) Gesundheitsplattform(en). Diese Begrenzung ist sicher u. a darauf zurückzuführen, dass die zur Verfügung stehenden Mittel nur für einen abgegrenzten Teilbereich ausreichend waren. Bis dato gibt es in der Praxis kein ganzheitlich und umfassend ausgebildetes Smart Senior-Ökosystem-Programm. So entstehen weltweit Smart Senior-Ökosystem-Programme mit unterschiedlichen Visionen und Zielen in unterschiedlichster Ausprägung und Reife.

Wie schwierig ein umfassendes Smart Senior-Ökosystem-Programm sein kann, zeigt sich bei dem bereits erwähnten Beispiel APOTTI. Bei der umfassenden Initiative soll das gesamte Gesundheits- und Sozialwesen über eine digitale Gesundheitsplattform, eingebettet in ein Ökosystem (wie im Kap. 3.3.4 beschrieben), abgebildet werden. Es ist das erste Programm dieser Größenordnung weltweit und die Schwierigkeiten, eine übergreifende Vision, Konzeption und Lösung für eine alle Bereiche umfassende Architektur zu finden, sind erheblich [Apotti02]. Neben politischen Einflüssen auf die Natur der Initiative und der Abgrenzungsproblematik von Gesundheits- und Sozialpflegewesen ist es die schiere Komplexität der zugrundeliegenden digitalen Architektur, die mit der Weiterentwicklung dieses umfassenden Programms einhergeht. Dennoch wird die Umsetzung dieses Programms wegweisend für weitere holistische Smart Senior Ökosystem-Programme weltweit sein. Im weiteren Verlauf versuche ich die ersten Umrisse eines umfassenden Programms weiter zu greifen.

3.4.1   Hitachi's Methodik zur Entstehung von Smart Life in der Smart City

Das vorherrschende Element dieser Methodik ist darin begründet, die gesamte Infrastruktur sämtlicher alltäglicher Dienste zu zerlegen, dann die individuellen Elemente zu optimieren und die Elemente sodann wieder neu zusammen zu setzen [HITA].

Die Dienstleistungsinfrastruktur alltäglicher Dienste
Die als alltäglich bezeichneten Dienste können grob vereinfacht in zwei Gruppen kategorisiert werden. So enthält die erste Gruppe diejenigen Services, die von Ausrüstungsgegenständen oder Gebäuden abhängig sind, wie beispielsweise die Radiographie in Krankenhäusern. Die andere Gruppe enthält Services, die von überall und zu jeder Zeit über digitale Kommunikationsservices zugänglich sind. Die schematische Struktur der Infrastrukturebene alltäglicher Dienste ergibt sich aus Abb. 3.15.

Paradigmenwechsel durch die Zerlegung und Neugruppierung der Infrastruktur alltäglicher Dienstleistungen
Der Prozess „Zerlegung" umfasst die Zerlegung der Services in spezifische Funktionen und die Identifikation der Ziele von Services und Funktionen. Beispielsweise beinhalten Krankenhausdienste Funktionen wie Diagnose, Patientenaufnahme, Verwaltung, Mahlzei-

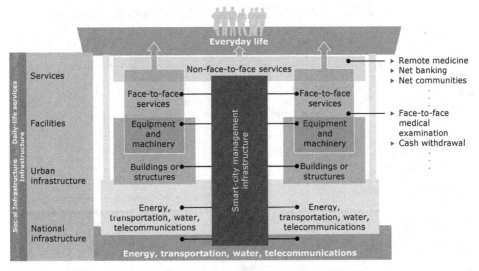

Abb. 3.15 Die Struktur der Infrastrukturebene alltäglicher Dienste [HITA]

ten, Chirurgie und Rezeptausstellungen. Primär wollen Patienten, die ein Krankenhaus besuchen, geheilt beziehungsweise behandelt werden. Die Aktionen wie der Krankenhausbesuch, Aufnahme als Patient oder ein chirurgischer Eingriff sind nur Schritte hin zu diesem Ziel der Heilung beziehungsweise der Therapierung. Sobald die Ziele und Funktionen verstanden werden, können die Services optimiert werden. Nehmen Sie zum Beispiel den Aufbau einer multifunktionalen Einrichtung zur medizinischen Betreuung in einem Nachbarschaftszentrum. Dies kann zu einer Steigerung der Gesundheit der betroffenen Bürger zumeist zu niedrigeren Kosten führen. Ein Paradigmenwechsel bei der Entwicklung von Smart Cities kann herbeigeführt werden, indem City Services von der herkömmlichen Idee befreit werden, dass diese innerhalb einer speziellen Einrichtung in einem dafür geschaffenen Gebäude erbracht werden müssen. Der Paradigmenwechsel erfolgt über die Neugruppierung der Services auf der Basis fundamentaler Ziele und Anforderungen. Die betroffenen Bürger können so einen „One-Stop"-Zugang zu unterschiedlichsten Services zu angemessenen Preisen erhalten [HITA].

In der Abb. 3.16 werden das Prinzip der Zerlegung der Healthcare-Infrastruktur und ihrer alltäglichen Services, die anschließende Verbesserung individueller Elemente und die abschließende Neugruppierung der Elemente nochmals deutlich. Mit dieser grundlegenden Methodik kann sicherlich das Verständnis für ein umfassendes Smart Senior-Konzept weiter geschärft werden. Das ist aber nicht ausreichend. Neben dieser analytisch strukturierten Vorgehensweise zur Abbildung eines Smart Senior-Ökosystems gab es bereits ein vom Bundesministerium für Bildung und Forschung initiiertes Großprojekt „Smart Senior: Intelligente Dienste und Dienstleistungen für Senioren". Dieses praktische Programm werde ich im Folgenden näher betrachten und weitere Bausteine für ein ganzheitliches Smart Senior-Ökosystem-Programm in der Praxis ableiten.

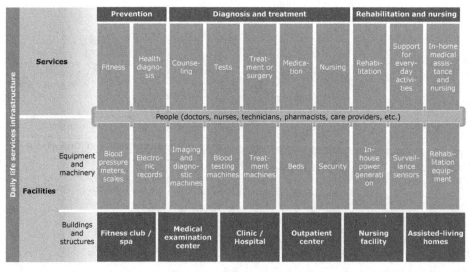

Abb. 3.16 Beispiel einer Zerlegung der Dienstleistungs-Infrastruktur alltäglicher Dienste [HITA]

3.4.2   Das deutsche Forschungsprogramm Smart Senior

Das bis dato in Deutschland größte Programm im Bereich „Altersgerechte Assistenzsysteme" lief von April 2009 bis September 2012. Das Ziel des Programms bestand darin, der wachsenden Zahl von Seniorinnen und Senioren ein möglichst langes selbstbestimmtes Leben mit bestmöglicher Versorgung zu ermöglichen [SMASE01]. An diesem Programm haben sich 28 Partner aus Industrie und Forschung beteiligt. Gefördert wurde das Projekt durch das Bundesministerium für Bildung und Forschung (BMBF) im Rahmen der High-Tech-Strategie für Deutschland. Das gesamte Programmvolumen umfasste 41 Mio. (zum Vergleich APOTTI: 335–410 Mio. €). Davon kamen 25 Mio. € vom BMBF [SMASE02]. Mit dem Programm wurden drei Lebensbereiche adressiert: 1) länger selbstbestimmt im häuslichen Umfeld leben, 2) sichere Mobilität und 3) Erhaltung und Wiedererlangung der Gesundheit.

Länger selbstständig im häuslichen Umfeld leben
Im Fokus dieses Forschungsbereiches stehen Lösungen für die Erhöhung der Sicherheit und besserer Komfort im Wohnumfeld. Hinzu kommt die Bereitstellung einfach zu nutzender Kommunikationsmöglichkeiten mit hochaufgelöstem Videobild über den Fernseher. So wurden über den Fernseher verschiedene themenbezogene Portale mit entsprechenden Dienstleistungen visualisiert und angeboten [SMASE01]. Ergänzt wurde das Fernsehgerät um Elemente wie Touchpad, Smartphone, Sensoren, Kamera, medizinische Geräte und eine intelligente Armbanduhr [KRÜBA]. Sensorbasierte Dienste für die Steuerung und Überwachung der Haustechnik und zur intelligenten Situationserkennung tragen darüber hinaus zum Komfort und zur Sicherheit der Bewohner bei.

Sicher unterwegs sein
Zur Aufrechterhaltung der individuellen Mobilität wurden intelligente Notfallerkennungs- und Assistenzsysteme zur sicheren Fortbewegung entwickelt. Im Mittelpunkt standen dabei ein Notfallmanagementsystem mit sehr genauen Lokalisierungsmöglichkeiten und die automatische Übertragung von Vitaldaten. Hinzu kommt die Installation eines Nothalteassistenten im Fahrzeug.

Gesund werden und bleiben
Für diesen Lebensbereich wurden neue Dienstleistungen für die Bereiche Prävention, Behandlung und Rehabilitation entwickelt. Die konkreten Anwendungsfälle betreffen die Sturzprävention, Schlaganfallrehabilitation, Schmerztherapie und telemedizinisch assistierte Peritonealdialyse (TAPD). Zudem wurden ein lebensbereichsübergreifendes Vitalparameter-Monitoring und -Management zur Notfallerkennung und -vermeidung realisiert. Zur Etablierung eines digitalen Gesundheitsplattform-Ökosystems wurden in einem ersten Schritt über eine telemedizinische Dienste-Plattform verschiedene Leistungserbringer im Gesundheitsnetzwerk miteinander verknüpft [SMASE01][KRÜBA].

Für die drei Lebensbereiche wurden intelligente Assistenzsysteme in Form von vier Prototypen entwickelt. Diese Prototypen wurden unter realen Bedingungen von Senioren in der Praxis hinsichtlich Funktion, Akzeptanz und Benutzerfreundlichkeit getestet [SMASE01][KRÜBA]:

In der klinischen Studie **SmartSenior@home (Prototyp 1)** unter der Leitung der Forschungsgruppe Geriatrie der Charité – Universitätsmedizin Berlin testeten Seniorenhaushalte in Potsdam sechs Wochen lang Angebote rund um die Themen Zuhause und Gesundheit. Kommunikatives Zentrum aller Smart Senior-Anwendungen ist der Fernseher, ergänzt durch Touchpad, Smartphone, Raumsensoren, Kamera, medizinische Messgeräte und eine intelligente Armbanduhr. Über die installierten Sensoren wird registriert, ob die Senioren vergessen hatten, die Wohnungstüre oder Fenster zu schließen. Der Sensor registriert die Situation und handelt selbstständig, falls Wohnungstür und Fenster digital vernetzt sind oder das angeschlossene Assistenzzentrum wird informiert, um Hilfe zu organisieren. Die Senioren konnten ihre Vitaldaten wie Blutdruck, Gewicht und EKG über eine sichere Datenverbindung zur Auswertung an das Telemedizinzentrum der Charité übertragen. Ein weiteres Element war die telemedizinische Visite. Außerdem unterstützte das System die Bildung sozialer Netzwerke, indem sich die Senioren per Videokonferenz austauschen konnten.

Der **Prototyp 2** befasste sich mit dem Einsatz eines interaktiven Trainingsprogramms zur Unterstützung der Balancefähigkeit und zur telemedizinisch unterstützten Rehabilitation. Konkret wurde untersucht, wie durch therapeutisch begleitetes Training zu Hause einem Sturz vorgebeugt werden kann. Bei der telemedizinischen Rehabilitation wurde untersucht, wie sich das System bei der Rehabilitation nach einem Schlaganfall bewährt.

Bei dem **Prototyp 3** wurde im Rahmen der Schmerztherapie untersucht, wie die Therapie für Patientinnen und Patienten mit chronischen Schmerzen optimiert werden kann. Als Grundlage diente ein auf dem Smartphone geführtes Schmerztagebuch. Weiter wurden die Messergebnisse der regelmäßig durchgeführten Messung von Sauerstoffsättigung und Herzfrequenz an die behandelnden Ärzte digital übertragen. Die Ärzte konnten so tagesaktuell und kontinuierlich den Zustand der Patienten überwachen. Durchgeführt wurden die Studien am Klinikum Rostock und am Schmerzzentrum Berlin.

Beim **Prototyp 4** wurde ein Dialyse-Patient des Vivantes Klinikums Friedrichshain in Berlin einen Monat lang bei der Durchführung der Peritonealdialyse durch Telemedizin unterstützt und überwacht. Diese spezielle Art der Blutwäsche, bei der das Bauchfell des Patienten als Filtermembran eingesetzt wird, kann von Betroffenen selbstständig zu Hause durchgeführt werden. In diesem konkreten Fall wurden die Möglichkeiten des Einsatzes von Telemedizin zur Optimierung der Betreuung der Blutwäsche zu Hause getestet.

Die funktionale und physikalische Smart Senior-Gesamtsystemarchitektur ergeben sich aus den Abb. 3.17 und 3.18. Für eine umfassende Darstellung des Programms und Beschreibung der Smart Senior-Lösungen – Dienste und Elemente/Leistungsmerkmale verweise ich auf den Projektreport: „Smart Senior: Intelligente Dienste und Dienstleistungen für Senioren" [SMASE01].

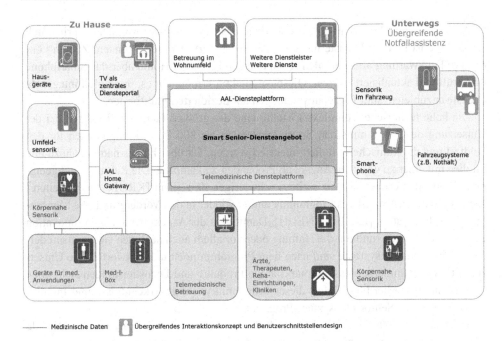

Abb. 3.17 Funktionale Abbildung der Smart Senior-Gesamtsystem-Architektur [SMASE01]

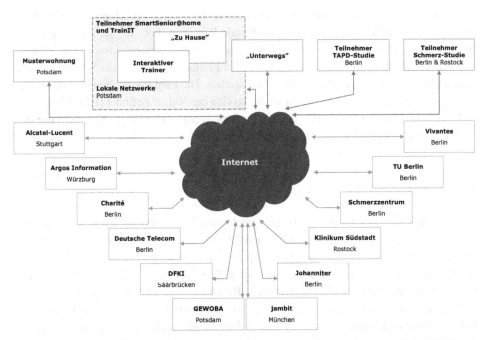

Abb. 3.18 Physikalische Abbildung der Smart Senior-Gesamtsystem-Architektur [SMASE01]

Aus den obigen Abbildungen wird deutlich, dass die modulare Architektur prinzipiell erweiterbar ist und die Dienste mehrerer Partner integriert werden können. Zudem können per Funkwartung alle zentralen Komponenten im Smart Home über das Smartphone überprüft und aktualisiert werden. Diese Architektur ermöglicht es, prinzipiell integrierte Dienste anzubieten, statt Einzelanwendungen auf dezidierten Plattformen.

Die hohe technische Komplexität stellte eine der größten Herausforderungen bei der Umsetzung des Programms dar. So mussten mehr als 300 Einzelkomponenten für den Feldtest und die klinischen Studien integriert werden. Darüber hinaus hatten nahezu alle Studien mit einer zu geringen Anzahl an Probanden zu kämpfen. Die Rekrutierung geeigneter Probanden erwies sich als weitaus schwieriger als geplant [KRÜBA]. Ein weiterer Aspekt rückte im Verlauf des Programms immer wieder in den Vordergrund: die Mensch-Maschine-Interkation [KRÜBA][NEUH]. Damit geht der Aspekt der sozialen Innovation einher. Auch Fragen rund um die Haftung oder vor allem auch nach den Geschäftsmodellen für die Assistenzsysteme sind nach dem Programm noch unbeantwortet. Die Umsetzung der Programmergebnisse in marktfähige Produkte und Dienstleistungen steht noch weitgehend aus. Allerdings liefert dieses Programm wichtige Erkenntnisse und Impulse für weitere Smart Senior-Ökosystem-Programme.

Trotz aller Einschränkungen können beide Ansätze, Hitachis analytisch-funktionale Zerlegung von Infrastrukturkomponenten und das Smart Senior-Programm, kein ganzheitliches Bild eines Smart Senior-Ökosystems abbilden. Zumindest aber zeigen sich erste Umrisse der Entstehung von Methoden, Studien und Modellen zur Entwicklung eins digitalen Smart Senior-Ökosystems.

Auch der High-Tech-Gigant Apple Inc. könnte die Weiterentwicklung vorantreiben. Hierzu entwickelt Apple momentan eine digitale Plattform, über die sich die heimische Beleuchtung, Hausgeräte, Fenster und Sicherheitsanlagen steuern lassen. Das iPhone übernimmt dabei die Funktion einer universellen Fernbedienung. Dieses Szenario wurde von Apple bereits in einem Patentantrag beschrieben. Die Funktionalitäten sind alle möglich, da das Smartphone zu jeder Zeit weiß, wo sich der Nutzer befindet [HEUZ].

Die Entwicklungen stehen hier erst am Anfang, werden aber das Leben nicht nur der Senioren in der Zukunft wesentlich beeinflussen.

3.5 Fazit

In einem pointiert geschriebenen Artikel, erschienen in der Süddeutschen Zeitung vom 30./31. Dezember 2013, schreibt der Autor BGR über „Ideen, die uns bleiben". Eine dieser Ideen betrifft die sogenannte „Self-Appifizierung". Dahinter verbirgt sich die Idee der Vermessung des Selbst nach rein messbaren Kenngrößen wie Gewicht, Bewegungsprofile, Schlafrhythmen, Kalorienverbrauch, Blutdruck und so fort. Spitzfindig fährt er fort mit den Worten, dass man mit der hochindividualisierten Apps-basierten Technik der Natur in die Parade fahren will. Die Natur soll durch ein Regime systematisierter Selbstdisziplin ersetzt werden. Aber die Appifizierung der selbstreflexiven Bio-Macht fokussiert und minimiert den kontrollierten Körper lediglich auf das Persönliche der Defizite und des Mangels [BGR]. Mit dieser Self-Appifizierung kombiniert mit der Betrachtung des Körpers als Objekt der Instandhaltung und als Vehikel der Optimierung verkürzt er den Smart-Health-Gedanken auf das Mantra der spaßorientierten Fitness-Fetischisten. Aber wie der Titel des Artikels schon sagt, bleibt auch die Idee der „Self-Appifizierung". Doch die Smart Health Apps sind nur der Anfang einer großen Idee, die vor allem auch die soziale Innovation und die Interaktion Mensch und Maschine im Auge behält. Verlässt man den Kokon der simplen Apps-Orientierung und richtet den Blick auf ein voll entwickeltes, digitales Gesundheits-Ökosystem, wird ein enormes Potenzial deutlich. Das Potenzial, ein möglichst langes, selbstbestimmtes und partizipatives Leben auch im Alter führen zu können.

Bei der bisherigen Betrachtung von Smart City-Initiativen und konkreten Smart Senior-Programmen wurde deutlich, dass das Plateau der Produktivität bei weitem noch nicht erreicht ist. Nach Gartner's Hype-Zyklus (siehe Abb. 3.19) befinden wir uns momentan noch im Tal der Enttäuschungen. Aus diesem Tal bewegen sich zahlreiche Akteure von Smart City-Initiativen inkrementell zum Pfad der Erleuchtung.

Beide im Kap. 3.4 beschriebenen Ansätze, Hitachis analytisch-funktionale Zerlegung von Infrastrukturkomponenten und das große Smart Senior-Programm, sind nicht in der Lage, ein ganzheitliches Bild eines Smart Senior-Ökosystem-Programms zu erzeugen. Die Ansätze sind gleichwohl wichtige Bausteine eines entstehenden Universums.

In der Praxis fehlt es an Klassifikationsschemata zur Beurteilung des Reifegrades einer jeweiligen Smart City-Initiative. Die Grundlage dafür bildet eine schematische Smart City-Architektur, mit deren Hilfe sämtliche Strukturen einer Smart City formalisiert abgebildet werden. Damit kann das schematische Gebilde einer Smart City transparent gemacht

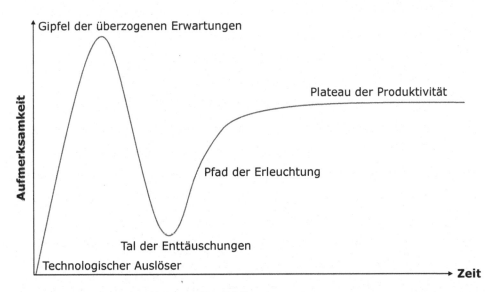

Abb. 3.19 Hype-Zyklus nach Gartner [WIKI 23]

werden. Dieses formalisierte Architekturmodell ist die Grundlage, um den Reifegrad einer Smart City-Initiative beurteilen zu können. Mit einem darauf aufbauenden, schematischen Reifegradmodell lässt sich dann der Reifegrad der eigenen Smart City-Initiative abgleichen und möglicher Handlungsbedarf ableiten. Neben dem Reifegradmodell bedarf es eines anschließenden Transformationsmodells für ganzheitliche Smart City-Initiativen. Das Transformationsmodell bildet die Leitplanken für zielgerichtete und umfassende Smart City-Initiativen. In den Kap. 5 und 6 werde ich ausführlich die schematischen Smart City-Modelle in Form des Architekturmodells, des Reifegrad- und Transformationsmodells auffächern und nachvollziehbar am Beispiel des Smart Senior-Ökosystem- Programms plastisch darstellen. Im anschließenden Kap. 7 analysiere ich die fortgeschrittene Barcelona Smart City-Initiative als Case Study auf der Basis des schematischen Smart City-Reifegrad- und Transformationsmodells.

Zuvor aber widme ich mich dem Themenkomplex des „Big Data-Managements" im nun folgenden Kap. 4. Das Thema Big Data-Management wird bei den neuen Urbanitäten in der Digitalmoderne eine herausragende Rolle spielen. Zugegebenermaßen wird dies eine schwierige Reise in oftmals unbekanntem Terrain sein. Aber wie hat es bereits Hugo von Hofmannsthal geistreich formuliert: „Nur wer sich auf den Weg macht, wird neues Land entdecken."

Die digitale 360 Grad-Optik und der Smart City-Wandel

4

> *Transparenz ist das Schlagwort der zweiten Aufklärung. Der*
> *Imperativ der zweiten Aufklärung lautet: Alles muss Daten und*
> *Informationen werden.*
> (Byung-Chul Han)

Wir schreiben den 22 Januar 1984. Nahezu 100 Mio. Zuschauer in den USA verfolgen im Fernseher den Super Bowl XVIII auf dem Fernsehkanal CBS. In einer Pause des Spiels taucht plötzlich auf den Fernsehbildschirmen in einem Werbespot eine athletische junge Frau auf, die vor düster wirkenden Sicherheitskräften mit Helmen und Schlagstöcken flieht. In den Händen einen Vorschlaghammer haltend rennt die junge Frau vorbei an Reihen mit kahl geschorenen Menschen. Die wie Zwangsarbeiter gekleideten Menschen verfolgen apathisch auf einem überdimensionierten Videobildschirm den Vortrag von „Big Brother" nach dem Vorbild des Romans „1984" von George Orwell [WIKI31].

Die Heldin, eine kurze rote Sporthose und ein Macintosh-T-Shirt tragend, schleudert in spektakulären Bildern den Vorschlaghammer in Richtung von „Big Brother" und zertrümmert den Videobildschirm. Aus dem Off ertönt eine Stimme mit der Nachricht: „Am 24. Januar wird Apple Macintosh einführen. Dann werden Sie sehen, warum 1984 nicht wie „1984" sein wird [Apple05]." In dem Werbespot wurde der Macintosh-Computer selbst nicht gezeigt. Aber die Botschaft war eindeutig. Die Firma Apple wurde als letzte Bastion gegen die Vorherrschaft von IBM in der Computerindustrie betrachtet. Den Big Brother in dem Werbefilm verkörperte IBM.

Kurz zuvor hatte der legendäre Steve Jobs auf der stattfindenden Aktionärsversammlung am 24. Januar 1984 im Flint Center unweit des Apple Campus den Macintosh-Computer als „Insanely great" – „Wahnsinnig toll" vorgestellt. Steve Jobs hat die Bedrohung der gesamten Computerindustrie durch die Firma IBM zugespitzt: „Wird Big Blue die gesamte Computerindustrie beherrschen? Das gesamte Informationszeitalter? Hatte Geor-

© Springer Fachmedien Wiesbaden 2015
M. Jaekel, *Smart City wird Realität*, DOI 10.1007/978-3-658-04455-8_4

ge Orwell mit 1984 recht behalten?" [WIKI31]. Die im Flint Center versammelte Menge, darunter das komplette Macintosh-Entwicklerteam, schrie zurück: „Noooooooo!" [Apple05]. Tatsächlich konnte die Firma Apple mit dem Macintosh die Computer-Industrie revolutionieren. Mit dem Macintosh wurde die **Humanisierung der Technologie** ausgerufen. Denn Computer waren bis zu diesem Zeitpunkt fast ausschließlich von Experten sinnvoll bedienbar. Das sollte sich fortan mit dem Macintosh ändern. Mit den in den letzten Jahren entwickelten Produkten von Apple wie iPhone, iPad, iMac etc. ist diese Humanisierung und Vereinfachung der Nutzbarkeit von Technologie vorangeschritten. Ja, es geht um das Verschmelzen von physischer und digitaler Welt, die zudem eine Welle der Vernetzung über das Internet ins Rollen gebracht hat.

Der damalige Leiter des Palo-Alto-Forschungszentrums der Firma Xerox, Mark Weiser, hat im Jahre 1991 seine Vision „The Computer for the 21st Century" in einem Aufsatz formuliert: „Die folgenreichsten Technologien sind jene, die man schließlich so gut wie nicht mehr wahrnimmt. Sie haben sich so stark mit dem täglichen Leben verwoben, dass man sie nicht mehr von der übrigen gewohnten Umgebung zu unterscheiden vermag [WEIS]." Zu diesen Technologien zählen auch vielfältige Sensoren wie Smartphones. Denn jedes Smartphone fungiert im eingeschalteten Zustand als „Umweltsensor" und sammelt Daten über die Umwelt.

Diesen neuen Typus von Technologie macht neben der zunehmenden Unsichtbarkeit der Technologie vor allem auch die Autonomie und Selbstregulation sowie die technische Interaktivität über die Vernetzung aus [WEY]. Die **Merkmale der neuen Technologie in der Digitalmoderne** – Humanisierung und zunehmende Unsichtbarkeit der Technologie, Autonomie, Selbstregulation und Interaktivität über vernetzte Netze – kennzeichnen die technologische Vernetzung der Handlungsfelder einer Smart City.

So schreibt Weiser weiter: „Die enorme Leistungsfähigkeit des Konzeptes entsteht über die totale Durchdringung der realen Welt und der umfassenden Vernetzung aller Komponenten [WEIS]." Die über Sensoren generierten Daten können über ein Netz solcher Sensoren ein lückenloses Bewegungsprofil vieler Personen erzeugen. Dies ermöglicht neuartige Formen der Steuerung komplexer Systeme wie einer Smart City. Dabei hat die Implementierung von vernetzten digitalen Technologien in das Stadt- und Beziehungsgefüge einer Stadt weitreichende Auswirkungen auf das urbane Leben der Zukunft.

Die Smart City ist aber kein Technologie-Konzept der beispielhaft im Kap. 2.1.3 kurz skizzierten Ansätze von Tech-Konzernen. Der in London lebende Autor, Urbanist und Informationsarchitekt Adam Greenfield brachte es in seinem Aufsatz „Against the Smart City" und bei der in Wien stattgefundenen Konferenz im Juni 2014 „Digitale Wolken und urbane Räume: Die Stadt als Informationssystem" so auf den Punkt: Die Smart City ist bis dato eine technokratische Vision von Tech-Konzernen. Die Konzerne wollen ein umfassendes Wissen über die Gewohnheiten der Nutzer bereitstellen und die städtischen Dienste optimieren. Die Partizipation der Bürger bei Smart City-Vorhaben und demokratische Rechte werden ausgeblendet [DAX01]. Und wie sieht es mit den Daten aus, die Bürger in der Smart City generieren? Wer hat die Kontrolle über die Daten? Dieser Aspekt ist für Europa sicher von herausragender Bedeutung. Weiter sagt Adam Greenfield in einem

Interview auf der Konferenz in Wien: „In Asien interessiert der Datenschutz niemanden. Das sollte uns Sorgen machen. Denn diese Technologien werden nicht in Europa, sondern im Silicon Valley, in Seoul und Tokio entwickelt [DAX02]."

Der 81-jährige Wirtschaftsnobelpreisträger Edmund Phelps unterstreicht in einem Interview in der Frankfurter Allgemeinen Zeitung (FAZ), dass der Kontinent Europa nicht länger in der Lage oder willens sei, Neues zu entdecken, unbekannte Territorien zu erobern oder innovative Dinge zu kreieren [ZSCHÄ]. Der von der spanischen Tageszeitung „El Pais" als neuer Stern der deutschen Philosophie [ARRO] geadelte, in Berlin lebende Philosoph Byung-Chul Han, thematisiert in seinem geschliffen geschriebenen Buch „Psychopolitik – Neoliberalismus und die neuen Machttechniken" [HAN01] die digitale Kontrollgesellschaft und damit auch die digitale Kontrollgesellschaft in den aufkommenden Smart Cities. Pointiert formuliert er: „Das Smartphone ist nicht nur ein effektiver Überwachungsapparat, sondern auch ein mobiler Beichtstuhl. Facebook ist die Kirche, die globale Synagoge (wörtlich: Versammlung des Digitalen) [HAN01]." Das Fatale ist, dass wir alle freiwillig unzählige Daten und Informationen über uns ins Netz stellen, ohne kontrollieren zu können „wer was wann und bei welcher Gelegenheit über uns weiß" [HAN01]. Weiter heißt es: „Der digitale Big Brother lagert seine Arbeit gleichsam an seine Insassen aus. So erfolgt die Preisgabe von Daten nicht auf Zwang, sondern aus innerem Bedürfnis heraus. Darin besteht die Effizienz des digitalen Panoptikums [HAN01]." Dem Leser wird hier bereits deutlich, dass die Botschaft von Apple im Jahre 1984 nicht das Ende des Überwachungsstaates markierte, sondern auch den Keim einer neuartigen Kontrollgesellschaft in sich trug.

Die bisherigen Ausführungen über den **„Data-ismus"** enthalten wichtige Aspekte bei der weiteren Betrachtung des Komplexes Smart City, insbesondere über das interaktive Wirken der Bürger untereinander in dem komplexen Stadtgefüge, das dynamisch ist und nicht linear verläuft. An dieser Stelle sei gesagt, dass die neue Technologie keineswegs neutral ist. Nach meinem Verständnis gewinnen die digitalen Technologien erst einen Sinn in der sozialen Innovation für die Bürger in der Smart City.

Bevor ich das schematische Reifegradmodell einer Smart City entwickle, lohnt es sich, sich die Themenkomplexe „Big Data-Management" und „Reality Mining" genauer anzusehen. Beide Themen sind schon kurz im Buch angeschnitten worden (siehe Kap. 3.3). Mein Ziel besteht darin, den Leser für diese wichtigen Themenkomplexe zu sensibilisieren. Diese neuen Technologien haben das Potenzial, die Lebensqualität in unseren Städten der Zukunft deutlich zu verbessern. Auf der anderen Seite stehen dem auch Risiken gegenüber, die jedem Smart City-Interessierten klar sein sollten. Denn genau darum geht es: ein vertieftes Verständnis über die Prinzipien der dominanten digitalen Technologien zu entwickeln. Nur so kann das enorme Potenzial zur Steigerung der Lebensqualität von Smart Citizens realisiert werden.

Dazu werde ich einen vertiefenden Blick auf die Anatomie des „Big Data-Managements" und des „Reality Minings" werfen. Mit dem Big Data-Management und dem „Reality Mining" ist die Vision verbunden, dass die in der vernetzten Smart City anfallenden Daten uns dazu befähigen, Vorlieben und menschliches Verhalten in der Smart City voraussagen zu können – mithin die Smart City-Zukunft. Ein vertieftes Verständnis von der Anatomie des Big Data-Managements und den Auswirkungen des Data Mining bilden die Ausgangsbasis für die Emanzipierung des Bürgers in der Smart City. Die nächsten beiden Kapitel dienen dazu, die Methoden der beabsichtigten Steuerung menschlichen Verhaltens in der Smart City transparent zu machen. Denn hier liegt der schon zitierte Wirtschaftsnobelpreisträger Edmund Phelps eindeutig falsch: „Ich sehe in dieser App-Industrie keinen wirklichen Quantensprung bei der Innovation [ZSCHÄ]." Im Folgenden wird das innovative Potenzial der neuen digitalen Technologien aus einer kritischeren Perspektive beleuchtet. Es geht um eine Sensibilisierung für die möglichen Risiken einer entfesselten digitalen Transparenz, der kontrolliert ein enormes Potenzial zur Steigerung der Lebensqualität von Bürgern in der Smart City gegenübersteht.

4.1   Big Data und das Ende aller Theorie

Auf den Internetgiganten Google und seine Produktpläne bin ich bereits im Kap. 3.5.3 eingegangen. Welche langfristige Strategie verfolgt Google mit den neuen Produkten und Services? Die Mission von Google besteht darin, die Informationen der Welt zu organisieren, um sie für jedermann zugänglich zu machen. So jedenfalls formulierte es Hal Varian, Chefökonom des Internetkonzerns in einem Interview mit der Frankfurter Allgemeinen Sonntagszeitung [BUB]. Das von Larry Page und Sergey Brin geprägte Motto von Google „Don`t be evil" („Sei nicht böse") rundete das in der Öffentlichkeit gepflegte positive Bild über Google lange Zeit ab. Dieses Bild erhielt aber spätestens 2010 tiefe Risse als Googles Ex-CEO Eric Schmidt offen drohte: „Wir wissen, wo du bist. Wir wissen, wo du warst. Wir können mehr oder weniger wissen, was du gerade denkst [SCHMI]." In dieser Formulierung wird eine völlig neue Sicht auf den Menschen deutlich. Durch die massenhafte Auswertung von Suchanfragen über die Google Suchmaschine wird eine nahezu 360 Grad-Rundumsicht über den Nutzer möglich. Der bereits zitierte Philosoph Byung-Chul spricht in diesem Zusammenhang von einer digitalen Optik: „Die digitale Optik macht die Überwachung von jedem Blickwinkel her möglich. So beseitigt sie den toten Winkel. Im Gegensatz zur analogen, perspektivischen Optik kann sie bis in die Psyche hineinschauen [HAN01]."

Dies ist eine Revolution in der Betrachtung und Auswertung menschlichen Verhaltens und Denkens. Diese Revolution kündigte David Brooks in der New York Times unter dem Schlagwort **Data-ism** an. Nach Brooks haben wir nun die Möglichkeit, große Mengen an Daten zu sammeln. Diese Fähigkeit scheint eine gewisse kulturelle Annahme mit sich zu bringen, dass alles, was gemessen werden kann, auch gemessen werden soll. „Weiter sind Daten eine transparente und zuverlässige Linse, die uns erlaubt, emotionale oder ideologische Voreingenommenheit herauszufiltern. Wenn dies so ist, dann befähigen uns Daten zu bemerkenswerten Dingen, wie z. B. die Zukunft vorauszusagen [BROO]." So stellt uns die Datenrevolution erstaunliche Möglichkeiten zur Verfügung, die Gegenwart und die Zukunft besser zu verstehen.

Bemerkenswerterweise vollzieht sich diese Datenrevolution als „Stille Revolution". Die Algorithmen bei Google, Amazon, Facebook, IBM, Forschungseinrichtungen usw. agieren im Verborgenen. Oder wissen Sie, welche Daten von Ihnen von wem, wie, wozu und wann analysiert werden? Wir als Nutzer von Apps, Social Media wie Facebook oder Twitter und anderer Internet-Applikationen liefern bereitwillig die notwendigen Daten für die Datenrevolution. All dies vollzieht sich still und leise. Wie genau die Möglichkeiten der aufkommenden Datenrevolution aussehen, beleuchte ich kurz in den folgenden Kapiteln.

Ein weiterer wichtiger Aspekt schwingt bei diesem Komplex des Data-ism mit, der unter dem Begriff „Quantified-Self" Einzug in die Literatur gefunden hat. Es geht um die Vermessung und Quantifizierbarkeit des menschlichen Lebens. Dazu werden zahlreiche Vitaldaten über den Menschen gesammelt, wie zum Beispiel Pulsdaten, Schrittfrequenzen, Schlafverhalten, Bewegungsverhalten, Kommunikationsmuster, soziale Verbindungen, Essverhalten, Körpertemperatur oder Kalorienzufuhr. Als Messsensoren dienen Apps auf Smartphones sowie digitalen Fitness-Armbändern oder Pulsmessuhren. In der Folge werden zahlreiche Aspekte des menschlichen Lebens zur Selbstoptimierung protokolliert. Die Selbstoptimierung zielt darauf ab, die körperliche und geistige Leistungsfähigkeit des Menschen zu steigern. Dem unbestreitbaren Potenzial dieser digitalen Errungenschaften steht das Problem der Kontrolle menschlichen Verhaltens und Denkens durch digitale Analyse riesiger Datenmengen gegenüber. Auf dieses besondere Spannungsfeld gehe ich im Kap. 4.2 näher ein. Hierzu skizziere ich im Kap. 4.2 die Vision des Alex Pentland, der mit „Social Physics" das menschliche Verhalten auch in Smart Cities transparent und prognostizierbar machen will.

Diese Auswertung menschlichen Verhaltens durch die Analyse enormer Datenmengen ist durch den **„Computational Turn"** möglich geworden. Darunter versteht man die Anwendung von computergestützten Verfahren in den Geistes- und Kulturwissenschaften. Es zeichnet sich eine Revolution in der Betrachtung dieser Wissenschaftsbereiche ab. Man spricht auch von den **„Digital Humanities"** („Digitale Geisteswissenschaften"). Dieser Forschungsbereich beschäftigt sich mit der Schnittstelle zwischen dem Computer und den Humanwissenschaften. Die digitalen Geisteswissenschaften verwenden systematisch digitalisierte und nativ erzeugte digitale Daten. Die digitalen Ressourcen werden nun in Kombination mit den Methoden der traditionellen Humanwissenschaften wie Geschichte, Philosophie, Sprachwissenschaften, Kunst oder Musik sowie der Sozialwissenschaften und den computerbasierten Werkzeugen wie Data Mining, Text Mining, Statistik oder Datenvisualisierung [WIKI32] verarbeitet. Diese Anwendung neuer Technologien verändert die in den traditionellen Wissenschaftsbereichen der Geistes- und Kulturwissenschaften vormals gültigen Konzepte und Theorien [BERRY]. Als Beispiel sei das „Distant Reading" angeführt, bei der Tausende von Texten statistisch ausgewertet werden. Geprägt wurde der Begriff „Distant Reading" von dem englischen Literaturwissenschaftler Franco Moretti. Es geht beim Distant Reading nicht darum, Literatur durch Studieren bestimmter Texte zu verstehen, sondern vielmehr durch die Analyse großer Textmengen. So ermöglicht es Distant Reading, einen Text zu analysieren, ohne ihn komplett gelesen zu haben

[TUD]. Es werden Millionen von Büchern analysiert, und zwar so, dass sie dabei etwas entdecken können, was wir Menschen beim „dichten Lesen" (aufmerksames Lesen und Verstehen einer begrenzten Anzahl an Büchern zu einem Thema) so nicht erkennen können. Dazu zählen Regelmäßigkeiten in der Entwicklung von Erzählweisen, beispielsweise die Entwicklung der Innendarstellung von Figuren, wenn man dazu Abertausende von englischen mit deutschen und schwedischen Texten vergleicht und die dort aufgefundenen Muster wiederum mit den ganz anderen Literaturen Chinas, Argentiniens oder Japans übereinanderlegt und dann erst erkennt, ob es gemeinsame Regularitäten gibt. Es erfolgt so teilweise die Umstellung der Literaturwissenschaft vom Lesen auf das Zählen. Das dichte Lesen wird erweitert um das analysierende distanzierte Lesen, das nicht im Gegensatz zum dichten Lesen steht. Der Kosmos der Geistes- und Kulturwissenschaften erfährt so eine bis dato unbekannte Ausdehnung.

So lautet denn das Versprechen des Computational Turn für die Geisteswissenschaften auch: „Neue Qualität durch mehr Quantität [SIMAN]". Denn durch automatisierte Prozesse lassen sich unweit mehr Daten verarbeiten als durch den Menschen und die Datenverarbeitung ohne Theoriebildung. Damit bewirken belastbare Daten jenseits subjektiver Theorien die Rehabilitierung der Wissenschaft [SIMAN]. Überspitzt formuliert folgt das Verständnis kultureller Dynamiken zunehmend der Computer-Logik [HUI]. Es erscheint so, als ob das digitale Zeitalter das Additive totalisiert, das Zählen und das Zählbare [HAN02]. Dieses Zählen fokussiert sich auf Korrelationen, die Mustererkennung und nicht auf Kausalität. Die Auswertung enormer Datenmengen lässt Einsichten in menschliches Verhalten zu, die mit den herkömmlichen Methoden der Geisteswissenschaften nicht möglich waren. Das funktioniert auch ohne Modelle oder Theorien. Die Muster werden in den Datenmengen über statistische Korrelationen extrahiert. Im Kern geht es also auch darum, dass in der postmodernen Informationsgesellschaft alle Daten theoriefrei verarbeitet werden. Dies birgt die Gefahr, dass Wissenschaftler diese neuen Technologien der Datenanwendung und -verarbeitung als „Black Box" betrachten. Die Wissenschaftler verstehen die Algorithmen und Wirkmechanismen dieser digitalen Technologien nicht. Es reicht, wenn die Ergebnisse des Computational Turn vernünftig erscheinen [BRU]. Im Zuge dieser Theorielosigkeit, nur gestützt auf statistischen Korrelationen, kommt der damalige Chefredakteur des Wired-Magazins zu dem Schluss: „Das Ende aller Theorie: Die Datenflut macht die wissenschaftliche Methode überflüssig [ANDERSON]." Aber ist das Ende der Theorie schon so nah?

4.1.1 Chris Anderson proklamiert das Ende aller Theorie

Im Juni 2008 veröffentlichte Chris Anderson vom Wired Magazin einen Artikel, der das Ende aller Theorie ausrief. Nach Anderson zwingt das Petabyte-Zeitalter uns dazu, Daten zunächst aus einer mathematischen Perspektive zu betrachten und erst im zweiten Schritt in einen Kontext zu setzen. Dadurch werden seiner Auffassung nach Theoriemodelle durch unvorstellbar große Datenmengen überflüssig. Es reichen Korrelationen von Daten.

Praktisch bedeutet dies, dass wir Daten in riesige Cloud Computing-Serverfarmen des Internets einspielen und die Algorithmen in diesen Daten dann Muster aufspüren, die der theoriegeleiteten Wissenschaft verborgen blieben.

So ersetzt die Korrelation in der Konsequenz die Kausalität [HAN02]. Anderson ruft geradezu hinaus in die Welt – Petabytes an Daten bedeutet: „Korrelation ist genug" [AN-DERSON]. Als Beispiel aus der Forschungspraxis führt Anderson das von Craig Venter entwickelte Schrotschussverfahren zur Sequenzierung des Genoms an. Ultraschnelle Sequenziermaschinen generieren Unmengen an Daten, die mittels Supercomputer statistisch analysiert werden. Dies versetzte Venter in die Lage, das Genom einzelner Organismen zu sequenzieren bis hin zu ganzen Ökosystemen. Im Jahre 2003 startete er mit der Sequenzierung der Ozeane und 2005 mit der Sequenzierung der Luft. Als Ergebnis entdeckte er Tausende bislang unbekannter Arten von Bakterien und anderer Lebensformen [ANDER-SON].

Allerdings kann Vetter uns über die vielen Arten, die er gefunden hat, so gut wie nichts erzählen. Er weiß nicht, wie sie aussehen und wie sie leben, und er hat auch keine Kenntnisse über ihre Morphologie. Er kennt nicht einmal ihr gesamtes Genom. Das Einzige, was er hat, ist ein winziges Fitzelchen statistischer Information, eine einzigartige Sequenz, die, da sie sich von allen anderen Sequenzen in der Datenbank unterscheidet, zu einer neuen Art gehören muss. Vielleicht ist diese Sequenz mit anderen Sequenzen korreliert, die denen von Arten ähneln, über die wir mehr wissen. Alles, was Venter zur Verfügung hat, sind Daten. Anderson kommt zu dem Schluss, dass Venter mit der Google-Computertechnologie die Biologie weiter gebracht hat als irgendjemand sonst in seiner Generation. Als Credo formuliert Anderson, dass die Fülle an riesigen Datenmengen in Verbindung mit den statistischen Methoden zur Analyse dieser Datenmengen zu einem neuen Verständnis unserer Welt führt. Seinen Artikel beendet Anderson mit der vielsagenden Frage: „Was kann die Wissenschaft von Google lernen?" [ANDERSON]. Gemeint ist damit vor allem, dass die statistische Analyse enormer Datenmengen verborgene menschliche Verhaltensmuster aufdeckt und Prognosen zukünftigen Verhaltens ermöglicht. Dies wurde in dem Zitat von Eric Schmidt (siehe Anfang Kap. 4.1) schonungslos direkt formuliert.

Dem Autor Anderson schlug viel Kritik für seine Behauptung entgegen [PIGLIU] [GRA][ARROLL] [...]. Hauptsächlich wurde argumentiert, dass die Wissenschaft nicht primär damit beschäftigt ist, Muster in Unmengen von Daten zu finden, sondern eher damit, Erklärungen für die Muster zu finden. Weiter wird ins Feld geführt, dass Daten ohne Modelle (mathematischer oder konzeptioneller Natur), egal wie umfangreich die Daten auch sein mögen, nur ein „Rauschen" darstellen. Anders ausgedrückt: Es ist manchmal sehr schwer oder nahezu unmöglich, selbst einfache Modelle für eine umfangreiche Ansammlung strukturierter und unstrukturierter Daten aus einem nicht-linearen Datenrauschen zu finden. Denn die Theorie besteht nun mal im Verstehen der Welt. Dennoch können mit der Datenanalyse enormer Datenmengen zahlreiche statistische Korrelationen entdeckt werden, die man vorher angesichts einer mangelhaften Qualität und Quantität von Untersuchungsdaten nicht sehen konnte. Diese statistischen Korrelationen offenbaren menschliche Verhaltensmuster und lassen Prognosen über zukünftiges Verhalten zu.

Chris Anderson ist mit seinem Artikel über das Ziel hinausgeschossen. Die statistische Analyse enormer Datenmengen ist nicht das Ende aller Theorie, eröffnet aber einen völlig neuen Zugang zu einer bis dato unbekannten Qualität und Quantität an vielfältigen Daten. Der damalige Forschungsdirektor von Google, Peter Norvig, wurde in dem Artikel von Chris Anderson zitiert mit den Worten: „Alle Modelle sind falsch, und man kann immer häufiger auch ohne sie Erfolg haben [ANDERSON]." Interessanterweise widerspricht Peter Norvig vehement diesem Zitat in seinem Blog-Beitrag „All we want are the facts, ma'am."; „Es ist eine törichte Aussage, der ich widerspreche [NORVIG]." Weiter kommt in dem Blog-Beitrag ein pikantes Detail zu Chris Andersons Artikel ans Licht. Im Spätsommer 2008 traf Chris Anderson auf dem Google-Campus wieder auf Peter Norvig und angesprochen auf den Artikel meinte Chris Anderson, dass er nur nach medialer Aufmerksamkeit für sein Magazin aus gewesen sei, wohl wissend, dass seine Idee des Endes aller Theorie falsch ist [NORVIG].

Im nächsten Schritt untersuche ich das große Versprechen des Big-Data-Managements, das über die rein statistische, auf Korrelationen ausgelegte Analyse großer Datenmengen hinausgeht. Das Ende aller Theorie ist es sicher nicht.

4.1.2   Der Big-Data-Algorithmus und das große Versprechen

Das digitale Universum dehnt sich mit einer unvorstellbaren Geschwindigkeit aus. Die Firma EMC hat im April 2014 die siebte Ausgabe ihrer Studie „EMC Digital Universe" veröffentlicht. In dieser Studie geht es um das massive Datenwachstum im digitalen Universum und deren wesentliche Treiber. Das primäre Studienergebnis ist das prognostizierte Datenwachstum von aktuell 4,4 auf 44 Billionen Gigabyte. Bezogen auf Deutschland soll die Menge digitaler Daten von derzeit 230 auf 1100 Mrd. Gigabyte steigen. Diese Zahlen sind abstrakte Größen. Würde man die Daten des digitalen Universums in Tablets (Speicherkapazität 128 GB; Bauhöhe 0,8 cm) abspeichern, dann könnte man einen Turm mit der Höhe von 13.000 km bauen. Im Jahre 2020 wäre der Turm nach den Prognosen von EMC dann 63.000 km hoch. Dies entspräche 1/6 der Entfernung von der Erde zum Mond. Bezogen auf die Zahlen für Deutschland produziert ein Durchschnittshaushalt aktuell genug Zahlen, um 65 Smartphones mit einem Speicher von 32 GB zu befüllen. Diese Zahl soll sich bis zum Jahre 2020 auf 318 Smartphones pro Haushalt erhöhen.

Diese Zahlen vermitteln einen plastischen Eindruck von dem stattfindenden Datenwachstum. Die wesentlichen Treiber für dieses Datenwachstum sind laut der EMC-Studie die kontinuierlich steigende Nutzung von Internet, Smartphones sowie sozialen Netzwerken und insbesondere das Internet der Dinge. Eine Besonderheit ist die Cloud Computing-basierte Speicherung von Daten, die im Jahre 2020 auf 40 % aller Daten anwachsen soll. Und 2/3 aller Daten werden von uns, also von Endnutzern und Angestellten, erzeugt [EMC03].

Über das Internet der Dinge werden mit Sensoren ausgestattete Geräte miteinander vernetzt. Es sind Alltagsgegenstände in allen Handlungsfeldern einer Smart City wie Brücken, die die Verkehrsdichte messen oder Laufschuhe mit Schrittzählern oder vernetzte Computer-Tomographen in Krankenhäusern. Diese Entwicklungen stehen noch am Anfang. Allerdings sollen im Jahr 2020 weltweit rund 32 Mrd. Objekte mit dem Internet verbunden sein. Und dies ist erst der Beginn einer digitalen Revolution. Bezogen auf die tatsächlich nutzbaren Daten wird der Anteil laut EMC bis zum Jahr 2020 auf 35 % ansteigen. Mit dieser Datenexplosion müssen sich alle Akteure einer Smart City auseinandersetzen. Es sind vor allem Unternehmen und städtische Verwaltungen, die einem großen Transformationsdruck ausgesetzt sein werden. Dieser Transformationsdruck führt zu einer erhöhten Agilität und Effizienz städtischer Verwaltungen, indem städtische Strukturen und Prozesse transformiert werden. Für weitere Ausführungen zu dem Transformationsdruck und dem Internet der Dinge verweise ich auf meinen ersten Band „Die digitale Evolution moderner Großstädte [JA01]."

Es geht mir in diesem Abschnitt besonders darum, die Anatomie des Big Data-Managements verständlich zu vermitteln. Nur so können alle Akteure einer Smart City die Herausforderungen und Chancen der ablaufenden Datenrevolution verstehen und bewältigen. Dazu nähere ich mich dem Komplex Big Data-Management über einen Definitionsversuch. Als Ausgangspunkt dient der Begriff „Big Data", der Datenmengen bezeichnet, die zu groß und/oder zu komplex sind oder sich zu schnell ändern, um sie mit etablierten Methoden der Datenverarbeitung zu sammeln und auszuwerten. Ergänzend wird mit Big Data der Komplex der Technologien beschrieben, die zum Sammeln und Auswerten der Datenmengen verwendet werden [WIKI35].

Die gesammelten Daten stammen aus nahezu allen verfügbaren Datenquellen, in strukturierter und unstrukturierter Form. Damit unstrukturierte Daten (E-Mail- und Messaging-Systeme, PDFs, Office-Daten und Audio- und Video-Dateien) ausgewertet werden können, müssen diese erst aufbereitet werden, um interpretiert, verglichen oder analysiert werden zu können. Und diese vielfältigen Daten entstehen in allen Handlungsfeldern einer Smart City.

In seinem lesenswerten Buch „Sie kennen dich! Sie haben dich! Sie steuern dich!" definiert Markus Morgenroth den Komplex Big Data über vier Begriffe: 1) **Volume** (explodierende Datenmenge), 2) **Velocity** (Geschwindigkeit, mit der neue Daten entstehen), 3) **Variety** (Vielfältigkeit der Daten) und 4) **Veracity** (Sinnhaftigkeit, Vertrauenswürdigkeit und Qualität der Daten und daraus resultierender Ergebnisse). Für den Begriff „Veracity" sind bis dato keine belastbaren Lösungsansätze gefunden [MORGEN]. Diese Begriffsdefinition wird von anderen Autoren erweitert. Beispielsweise definieren Danah Boyd und Kate Crawford Big Data als kulturelles, technologisches und wissenschaftliches Phänomen, das auf dem Zusammenspiel von drei Faktoren beruht: 1) Über der Maximierung von Rechenleistung und der Präzisierung der Algorithmen steht eine **Technologie** zur Verfügung, um große Datenmengen zu sammeln, analysieren, miteinander zu verbinden und zu vergleichen. 2) Bei der **Datenanalyse** werden große Datensätze zur Musterkennung herangezogen. Über diese Muster können dann Aussagen über wissenschaftliche, soziale oder technologische Sachverhalte getroffen werden. 3) Mit Big Data geht eine **Vorstellung („Mythologie")** einher, dass uns große Datensätze Zugang zu einer höheren Form der Intelligenz verschaffen, die zu neuen Einsichten führt, die auf Wahrheit, Genauigkeit und Objektivität basieren [GEISE].

Mit dieser Annäherung an eine Definition des Big Data-Managements ist ein Versprechen verbunden. Dieses Versprechen lautet: Wir stehen auf der Schwelle zu einer völlig neuen Forschungswelt. Der an der Harvard University Medizin lehrende Sozialwissenschaftler Nicholas Christakis sagt, dass das exponentielle Wachstum digitaler Daten die Informatik, Sozialwissenschaften und Biologie in einer Weise miteinander verbinde, die es uns erlaubt, Fragen zu beantworten, die wir sonst gar nicht stellen könnten. Beispielhaft nennt er die Allgegenwärtigkeit von Mobiltelefonen, die umfangreiche Informationen darüber liefern, wie sich Individuen bewegen oder was diese einkaufen und Hinweise darauf geben, was diese denken. Werden diese Informationen nun mit weiteren Datensätzen aus der Genforschung, der Wirtschaft, der Politik oder der Kultur verknüpft, sind völlig neue Erkenntnisse möglich [GEISE].

Ein besonders ambitioniertes Beispiel für Big Data ist das von Dirk Helbing, einem Physiker an der Eidgenössischen Technischen Hochschule in Zürich (ETH), vorgeschlagene Projekt „Living Earth Simulator". Der „Living Earth Simulator" sollte ganze Systeme – Volkswirtschaften, Regierungen, kulturelle Trends, Epidemien, Finanzmärkte, technologische Entwicklungen usw. – im globalen Maßstab modellieren. Hierzu sollten enorme Datenströme und ausgeklügelte Algorithmen in Verbindung mit modernster technologischer Hardware zum Einsatz kommen. Um im Rahmen des Projektes zu untersuchen, wie bis zu zehn Milliarden Menschen miteinander interagieren, wird der Living Earth Simulator mit frei oder kommerziell verfügbaren Echtzeit-Daten gefüttert. Der Vorschlag von Helbing wurde von der Europäischen Kommission im Rahmen eines Forschungswettbewerbs favorisiert. Letztendlich wurden aber zwei andere Forschungsprojekte unterstützt. Dennoch lebt die prinzipielle Idee weiter.

Die Firma IBM hat am 7. Oktober 2014 für die bereits genannte (siehe Kap. 3.3.2) „WATSON"-Technologie ein neues Headquarter in New York City's Silicon Valley eröffnet. Die Watson-Technologie stellt eine Plattform dar, die in der Lage ist, in natürlicher Sprache zu interagieren und enorme Datenmengen zu verarbeiten, um Muster und Erkenntnisse aus dem Datenstrom zu extrahieren und von jeder Transaktion selbst zu lernen [IBM05]. Dazu implementiert Watson Algorithmen der natürlichen Sprachverarbeitung und des „Information Retrieval" (Informationswiedergewinnung), aufbauend auf Methoden des maschinellen Lernens und der Wissensrepräsentation. Für die Firma IBM ist Watson der große Hoffnungsträger. Hervorzuheben ist, dass Watson prinzipiell für alle Handlungsfelder einer Smart City zum Einsatz kommen soll. Im Rahmen des Smart City-Portfolios der Firma IBM wird es in Zukunft sicher zu interessanten Anwendungen kommen. Die Watson-Technologie ist auch ein Beispiel für die Herausbildung von künstlicher Intelligenz.

Mit diesen Überlegungen haben wir uns dem Komplex Big Data-Management genähert. In der folgenden Abb. 4.1 werden diese Überlegungen erweitert und die schematische Anatomie des Big Data skizziert.

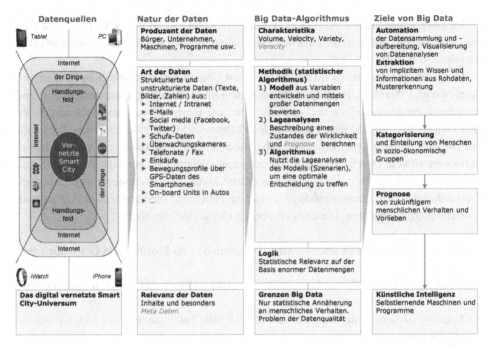

Abb. 4.1 Die schematische Big Data-Anatomie (erweitert nach [Hof] [MORGEN] [WIKI35])

Die Daten (in strukturierter und unstrukturierter Form) entstehen in allen Handlungsfeldern einer Smart City. Die Daten werden über das Internet miteinander vernetzt und
verteilt. Aus der Abbildung wird deutlich, wie groß das Spektrum der Art der Daten ist.
Neben den aufgezählten Datenarten zählen auch dazu: Verbindungsdaten, Zugriffsstatisti-
ken auf Webseiten, Logistikdaten über RFID-Sensoren, Verbrauchsdaten (Energieversorger, Stadtwerke etc.), Überweisungsdaten (Banken), Verschreibungsdaten (Gesundheits-
wirtschaft), Simulationsdaten (Unternehmen) sowie wissenschaftliche Daten. So erzeugt
der Datenhändler Acxiom Daten über 500 Mio. Konsumentenprofile, darunter 44 Mio. aus
Deutschland. Dazu kategorisiert Acxiom in Deutschland die Bevölkerung in 14 Haupt-
gruppen. Beispiele: Alleinerziehend & statusarm, Midlife-Single & gut situiert, Goldener
Ruhestand & aktiv und so weiter. Die Kategorisierung wird weitergetrieben und es entstehen so bis zu 214 Untergruppierungen. Neben dem Namen und den aktuellen kompletten
Adressen werden auch die vorherige Adresse, E-Mail-Adresse, Geburtstag, Geschlecht,
Anzahl der Kinder, beruflicher Status, finanzielle Situation, Bonität, Haushaltseinkom-
men sowie weitere Merkmale von über 44 Mio. Konsumentenprofilen in Deutschland zu-
sammengetragen und ausgewertet. Fehlende Daten werden über statistische Algorithmen
näherungsweise ermittelt [MORGEN]. Für vertiefende Informationen zu den Praktiken
von Acxiom und Big Data-Anwendungen in der Praxis verweise ich auf die feinen und
erhellenden Abhandlungen von Markus Morgenroth [MORGEN] und Yvonne Hofstetter
[Hof].

Im Zusammenhang mit unserem praktischen Beispiel „Smart Senior" sei noch die Firma „IMS Health" genannt, die mit Pharmaherstellern in über 50 Ländern zusammenarbeitet (siehe Abb. 4.2).

Das Produktspektrum von IMS Health umfasst Lösungen in den Bereichen Healthcare-Analysen und -Services, Healthcare Measurement und Consulting. Dazu wendet das Unternehmen Prognosemodelle und -techniken auf die eigenen Informationsressourcen an und verfolgt über eine Million Produkte des Pharma- und Gesundheitsbereichs. Dies entspricht nach eigenen Unternehmensangaben über 80 % aller Arzneimittel-Verkaufstransaktionen weltweit. Durch die Integration der anonymisierten Patientendaten, die IMS zusammen mit anderen grundlegenden Daten erfasst, können die Interessengruppen aus dem Gesundheitsbereich Zusammenhänge zwischen Patienten, verschreibenden Ärzten und Kostenträgern analysieren. Die dazu erhobenen Daten sind erheblich:

- IMS verarbeitet jährlich über 40 Mrd. Transaktionen im Pharma- und Gesundheitsbereich.
- IMS verfolgt über 80 % des Arzneimittelumsatzes weltweit, das sind über 1,4 Mio. Produkte.
- Anonymisierte Informationen zu mehr als 260 Mio. Patienten weltweit bieten Einblick in Behandlungen.
- Über 99.000 Informationsquellen und 768.000 separate Datenquellen weltweit sind verfügbar.
- 5000 Datenbanken für 16.000 Healthcare-Kunden, dazu zählen Pharma-Unternehmen, Biotechnologiefirmen, Kostenträger, Ärzte und Krankenhäuser zählen dazu.

Abb. 4.2 IMS Health (http://www.imshealth.com/portal/site/imshealth?CURRENT_LOCALE=de_de)

- Ferner Referenzdaten zu 4,4 Mio. im Gesundheitsbereich tätigen Personen, mit Verknüpfungen zu 500.000 Einrichtungen/Unternehmen und 2,4 Mio. Partnerschaften sowie
- tausende geschützte Verfahren, darunter patentierte Systeme für Analysen, Datenverschlüsselung und Prognosen [IMS01].

Damit nicht genug. Denken Sie nur daran, dass Sie als Leser Ihre Daten an Datenanalyseunternehmen verkaufen können. Dazu hat der Amerikaner Matt Hogan ein Start-Up mit dem Namen „Datacoup" gegründet [HOG]. Im Prinzip sollen persönliche Daten gegen Geld getauscht werden. Auf der Homepage heißt es dazu treffend „Datacoup is the only company that helps you sell your anonymous data for real, cold hard cash. It's simple [HOG]." Das Geschäftsmodell von Datacoup basiert darauf, dass der Nutzer ein Profil anlegt und Datacoup sodann Zugriff auf seine Netzwerke wie Facebook, Twitter, Instagram, Kreditkartentransaktionen, Google+ und so weiter gewährt. Die Daten werden über Algorithmen analysiert und der Wert der preisgegebenen Daten erscheint am Bildschirm. Die Firma Datacoup verkauft keine Rohdaten, sondern Analysen von verarbeiteten Daten. Beispielsweise analysiert Datacoup, wie oft bestimmte Altersgruppen mit bestimmten Kreditkarten in bestimmten Online-Kaufhäusern einkaufen und für welche Artikel sie sich entscheiden sowie bezahlen. Diese Kombinationen von Informationen stellen wieder darauf ab, zukünftiges Kaufverhalten prognostizieren zu können. So heißt es auch auf der Homepage von Datagroup treffend „Discover what your data says about you [HOG]." Die Firma, gegründet von einem ehemaligen Lehman Brothers-Investmentbanker, tritt mit seinem Geschäftsmodell in direkte Konkurrenz zu großen Datenanbietern wie Acxiom oder Epsilon (www.epsilon.com). Das britische Unternehmen „www.handshake.uk.com", das ähnlich wie Datacoup agiert, interpretiert die persönliche Hoheit über eigene Daten auf ganz eigene Weise: „Your data belongs to you. So when it is sold, you should be the one that benefits [HASH]." Hier gilt auch wieder das einfache Prinzip: Geld gegen Daten.

Bei diesen aufkommenden Daten kommt es für das Big Data-Management im Kern nicht so sehr auf Big Data an, sondern auf **Smart Data**. Am Anfang steht die Frage, was überhaupt untersucht werden soll (also ein Modell) und dann wird ergründet, welche Daten zur Beantwortung der Frage gesammelt und ausgewertet werden sollen [GEISE]. Dies steht im Kontrast zur reinen Bestimmung von Korrelationen wie im Beispiel von Andersons „Ende aller Theorie" (siehe Kap. 4.1.1). Im Internet sind mehr als 18.000 unterschiedliche Datenformate verbreitet. Diese steigende Anzahl unterschiedlicher Datenformate stellt die Wissenschaft und Unternehmen vor enorme Probleme, was die Speicherung und Analyse von beispielsweise Forschungsergebnissen angeht. So sagt Mattmann vom Jet Propulsion Laboratory (JPL) der Nasa in Pasadena im US-Staat Kalifornien zutreffend: „Wir brauchen intelligente Technologien, um sinnvoll mit dieser Vielfalt von Dateiformaten umzugehen" [DPA03]. Im nächsten Schritt werden die aggregierten Daten über einen Big Data-Algorithmus analysiert, bewertet und mit anderen Daten verglichen. Es findet so eine Datenfusion statt, die auf einem vorher formulierten Modell beruht.

Wie funktioniert dieser Big Data-Mechanismus im Prinzip? Das Modell formuliert prinzipielle Zusammenhänge von beobachtbaren und latenten Variablen. Nachdem das Modell mit enormen Datenmengen konfrontiert wird, erhält man als Ergebnis eine Lageanalyse, also die Beschreibung eines Zustands der Wirklichkeit. Der Algorithmus wiederum benutzt die Lageanalyse des Modells, um eine informierte Entscheidung zu treffen. Hierzu nutzt der Algorithmus das Modell, beurteilt die Variablen, berücksichtigt Unsicherheiten in der Schätzung von Variablen und optimiert auf der Basis der Lageanalyse mögliche Entscheidungen. Die Lageanalyse basiert auf Informationen der Vergangenheit. Diese statistische Ableitung der Entscheidung wird immer besser, je mehr Daten über die Welt und das Geschehen in der Welt verfügbar sind. Denn Modelle geben nur dann korrekt Auskunft über die Vergangenheit und lassen dann sinnvolle Prognosen zu, wenn sie mit enormen Datenmengen durchkalkuliert werden. Dies ist dadurch bedingt, dass wenige Daten keine statistische Relevanz besitzen. Je mehr Daten durchkalkuliert werden, desto präziser können die Modelle kalkuliert werden, bis zu einem Grad, an dem die Modelle immer besser in der Lage sind, uns zu verstehen und in der Folge auf dem Weg der Prognose „wissen", was wir demnächst tun oder wünschen werden. Damit sind Algorithmen Werkzeuge, auf die zur Lösung eines bestimmten Problems zurückgegriffen wird. Die Algorithmen werden zu konkreten Zwecken angepasst.

Ein praktisches Beispiel zur Illustration des bisher Gesagten ist das sogenannte „Autonome Fahren". In schätzungsweise 15–20 Jahren werden wir über selbstgesteuerte Autos verfügen. Die Fahrzeuge werden autonom auf der Straße unterwegs sein und zentral an Ampeln gesteuert. Der Leiter des Lehrstuhls für mobile Nachrichtensysteme an der TU Dresden prognostiziert, dass das Automobil an der Ampel zentral gesteuert und durch die Kreuzung geführt wird und dann autonom weiterfährt [DOLL]. Die verschiedenen Systeme, die zur Steuerung des Autos notwendig sind, werden miteinander vernetzt sein. Die Grundlage dafür, dass autonomes Fahren möglich wird, ist das „taktile Internet" (breitbandiges, mobiles Internet für Echtzeitanwendungen), das Übertragungsraten in Echtzeit ermöglicht. Jedes Steuerungssystem im autonom fahrenden Auto muss aus den Smart Data von Außentemperatur, Feuchtigkeit, Fahrbahnbeschaffenheit, Verkehrsdichte, Anzahl der Fußgänger und Fahrradfahrer, Radardatenauswertung, Navigationsanalyse sowie den Betriebsdaten der Fahrzeugsysteme die relevanten Daten analysieren – in Echtzeit. Daraus werden dann Prognosen beziehungsweise Prognoseszenarien ermittelt (also eine Lageanalyse) und über den Big Data-Algorithmus wird eine optimale Fahrentscheidung des autonomen Automobils getroffen. Wieder begegnet uns hier der Internetriese Google, der die etablierten Automobilhersteller unter Druck setzt. Die Innovationsschmiede von Google arbeitet beständig an der Weiterentwicklung des autonomen Fahrens. Das Fahrzeug fährt ausschließlich per Computersteuerung und ist hochvernetzt über Daten aus zahlreichen Sensoren. Zu diesen Sensoren zählen auch die Smartphones von Fußgängern, damit Fahrzeuge im Straßenverkehr das Verhalten von Fußgängern in Echtzeit mitverfolgen können.

Welche Ziele sind mit dem Big Data-Management verbunden? Im ersten Schritt ist es die Automation der Datensammlung enormer Datenmengen und automatisierter Extraktion von implizitem Wissen und Informationen aus Rohdaten. Die Mustererkennung (implizites Wissen) über statistische Datenkorrelationen soll mittels Auswertung riesiger Datenmengen zumeist auf der Basis vorher formulierter Modelle zu Prognosen menschlichen Verhaltens und Vorlieben führen. Die entscheidenden Daten für diese Prognosen sind die Metadaten, also Beziehungsdaten der Bürger untereinander, der soziale Kontext des Individuums und der von Gruppen [MORGEN]. Über diese Metadaten können zum einen Korrelationen menschlichen Verhaltens erkannt und abgeleitet werden. Mit diesen Korrelationen kann dann menschliches Verhalten prognostiziert werden. Zum anderen können damit Modelle menschlichen Verhaltens getestet werden, sodass menschliches Verhalten noch präziser vorhergesagt werden kann.

Gemäß Yvonne Hofstetter liegt das endgültige Ziel des Big Data-Managements in der Herausbildung von „künstlichen Intelligenz". Dies sind für Hofstetter lernende Maschinen und lernende Maschinen als Optimierer. Hierzu zählen selbstlernende Steuerungen für Heizungsanlagen, Roboter, die spezifische Aufgaben im Haushalt oder Altenheimen übernehmen oder selbstfüllende Kühlschränke.

4.1.3 Die Grenzen der Big Data-Mechanik oder die „Black Box"

Da ich hier grundsätzlich auf die Mustererkennungen über Datenkorrelationen abstelle, sind den statistischen Algorithmen inhärente Grenzen gesetzt. Es besteht auch die schon erwähnte Gefahr, dass der Algorithmus als Black Box betrachtet wird. Zudem werden Modelle für die Abbildung der Realität herangezogen, die notwendigerweise die Realität vereinfachen [HOLLER]. Allerdings muss gesagt werden, dass diese Unschärfe der Modelle durch die riesigen Datenmengen für Ausschnitte der Realität kleiner wird. Diese Entwicklung haben die Autoren Brynjolfsson und McAfee mit dem Begriff „The Second Machine Age" bezeichnet [BRY]. Sie betonen, dass der Vorteil des Menschen gegenüber der (lernenden) Maschine noch bei der Herausbildung eines „konzeptionellen Referenzrahmens" und „übergeordneten Orientierungssinns" besteht [BRY] [BROO02].

Bei dem Ziel der „künstlichen Intelligenz" des Big Data-Managements kommt noch hinzu, dass künstliche Intelligenz undeterministisches Verhalten aufzeigt. Außerdem ist künstliche Intelligenz schwierig zu testen, da diese auch ohne expliziten Anstoß des Programmierers in Ableitungen verlaufen kann, die nicht ex ante mitbedacht wurden [HOF] [WIKI34]. Die sozialen, politischen und ökonomischen Systeme einer Smart City sind nicht nur komplex, sondern chaotisch. So beschreibt Nassim Nicholas Taleb in seinem Buch „Schwarze Schwäne: „Die Macht höchst unwahrscheinlicher Ereignisse" das Phänomen der „Schwarzen Schwäne", wonach es immer etwas gibt, was wir nicht berücksichtigt haben oder berücksichtigen konnten [TALEB]. Denn die Welt ist immer komplexer als alle Modelle, so ausgeklügelt diese auch sein mögen. Und vergessen wir nicht, dass es beim Big Data-Management im Kern um eine in mathematische Wahrscheinlichkeitsberechnungen übersetzte Annäherung und damit drastische Vereinfachung menschlichen Verhaltens handelt. Hinzu kommt das Problem der Datenqualität – die sogenannte „Veracity". Es schleichen sich in jede Datenanalyse fehlerhafte, unvollständige und fehlinterpretierte Daten. Deshalb können die Ergebnisse nur Annäherungen an Zustände zulassen, ohne absolut korrekt zu sein [MORGEN] [WIKI35]. An dieser Stelle sollte klar werden, dass der Versuch, die Vergangenheit über die massenhafte Auswertung von Daten zu verstehen und daraus die Zukunft zu prognostizieren, nicht kausal ist.

Ein weiteres Phänomen ist die sogenannte Apophänie. Mithin die Tendenz, Muster wahrzunehmen, wo keine Muster existieren. Der Grund dafür liegt in der schlichten Tatsache, dass enorme Datenmengen Zusammenhänge (Korrelationen) nahelegen, die in sämtliche Richtungen abstrahlen [GEISE]. Oder man denke nur an Computermodelle, die mit Big Data arbeiten und so programmiert sind, dass diese auch Feedback berücksichtigen können. Diese selbstlernenden Modelle produzieren zuverlässige Ergebnisse. Aber die Modelle und die dahinter stehenden Prozesse sind für uns Menschen zu komplex. Dann würden wir etwas wissen, ohne es zu verstehen. Diese künstliche Intelligenz ist dann wieder eine Black Box für uns.

Das bedeutet für das Design von Smart Cities und Big Data-Management, dass wir die Grenzen der Datensätze im Hinterkopf behalten müssen und diese offenlegen. Zudem müssen wir darüber nachdenken, welche Fragen man sinnvollerweise mit diesen Datensätzen beantworten kann und welche Interpretationen zulässig sind. Aber wir sollten und müssen geradezu im Gegenzug anfangen, Daten als Material mit einer Vielzahl von Eigenschaften zu begreifen, „als Material, aus dem Modelle unterschiedlicher möglicher Zukünfte gebaut werden können [GEISE]."

Auf unserer Reise des Data-ism habe ich zahlreiche Aspekte des Big Data-Managements in seiner Anatomie beleuchtet. Von hier aus sollten Sie in der Lage sein, zukünftige Big Data-Entwicklungen konzeptionell zu verstehen und zu verfolgen. Im nächsten Abschnitt gehe ich einen Schritt weiter und zoome in den Bereich der Prognose von zukünftigem menschlichen Verhalten in Smart Cities. Insbesondere beleuchte ich das sogenannte „Reality Mining" und die damit zusammenhängende Anwendbarkeit von Big Data-Management und Data Mining in der Smart City.

4.2   Die Vision des Alex Pentland – Social Physics

Nach Alex Pentland, Autor des Buches „Social Physics", folgt das menschliche Kommunikationsverhalten den Regeln der Mathematik. Die neuen digitalen Technologien eröffnen völlig neue Möglichkeiten, menschliches Verhalten und Kommunikation zu studieren.

Mit diesen Komponenten des Big Data-Managements könnte dann das Problem der fehlenden empirischen Rigorosität bei den Sozialwissenschaften beseitigt werden, so Alex Pentland [AP]. In der Vergangenheit waren Sozialwissenschaftler auf Laborexperimente, unvollständige Datensätze und kleine Versuchsgruppen beschränkt. Aber mit den Technologien des Big Data-Managements wird dieser Mangel der Sozialwissenschaften aufgehoben, dies vor allem in Verbindung mit dem Zugang zu persönlichen Daten über die allgegenwärtigen Smartphones. Es geht dabei um die Metadaten, also das Beziehungsgeflecht zwischen den Smartphone-Nutzern. Gemeint sind der persönliche Austausch und die Vernetzung über das Smartphone. Ausgetauscht werden Informationen, Small Talk, Kredit-karteninformationen, GPS-Daten und so weiter. Bezeichnenderweise charakterisiert Alex Pentland die Technologie, die es erlaubt, die Gesellschaft in einer hohen Genauigkeit zu untersuchen als „neue Linse" [AP02]. Diese Linse ist uns als digitale Optik schon bei Byung-Chul begegnet, als 360-Grad-Blick auf menschliches Verhalten und Kommunikation. Mit der neuen Linse ist das Big Data-Management gemeint.

Mit den neuen digitalen Informationen lassen sich präzise Interaktionsmuster zwischen Personen oder zwischen Personen und Händlern erkennen. Zudem können Erfahrungs-muster von Personen beim Durchschreiten der Smart City visualisiert werden. Alex Pent-land schickt sich an, eine neue „Data Science" („Datenwissenschaft") auszurufen. Diese neue Wissenschaft geht einher mit unserer Möglichkeit, enorme Mengen an Verhaltens-daten zu sammeln (siehe Abb. 4.3). Aus der Analyse der Verhaltensdaten soll es mög-lich sein, eine Kausaltheorie der Sozialstruktur und eine mathematische Erklärung für das Verhalten der Gesellschaft zu entwickeln, also eine Erklärung dafür, warum eine Gesell-schaft reagiert, wie sie reagiert. Diese Wissenschaft bezeichnet Alex Pentland als „Social Physics" („Soziale Physik"). Der Begriff geht auf den französischen Mathematiker, Philo-sophen und Religionskritiker Auguste Comte zurück [WIKI36].

Prinzipiell geht Alex Pentland davon aus, dass die soziale Welt nach (mathematischen) Regeln funktioniert [CARR03]. Es gibt im menschlichen Verhalten und Kommunikation statistische Gesetzmäßigkeiten und sobald wir diese vollständig verstanden haben, werden wir die grundsätzliche Mechanik von sozialen Interaktionen entdecken. Davon ist diese

Abb. 4.3 Social Physics prognostiziert Gesetzmäßigkeiten in der sozialen Welt [http://www.istock-photo.com]

neue „Wissenschaft" noch ein ganzes Stück entfernt. Allerdings deuten erste Analyseergebnisse von Alex Pentland tendenziell in diese Richtung.

4.2.1   Die Komponenten und Mechanik der „Social Physics"

Die Praxis, Informationen von digitalen Sensoren wie Smartphones zu nutzen, um
menschliches Verhalten zu untersuchen, wird als Teil des „Reality Minings" bezeichnet.
Das „Reality Mining" umfasst aber zahlreiche andere Facetten. Alex Pentland konzentriert sich dabei auf die Facette des Studiums der Natur menschlicher Interaktionen und wie
Ideen und Verhaltensweisen sich von Mensch zu Mensch und durch Gruppen verbreiten.
Diese Facette des „Reality Minings" bezeichnet Alex Pentland als „Social Physics". Die
soziale Physik versucht zu verstehen, wie die Übertragung von Ideen und Informationen
von Mensch zu Mensch zu einer Verhaltensänderung führt.

   Die heutigen Smartphones sind technologisch genug ausgereift, um Daten über menschliches Verhalten zu sammeln und zu analysieren. Damit entwickeln Wissenschaftler Algorithmen, um die Informationen zu analysieren und Muster zu erkennen. Durch die „Social
Physics" werden menschliche Beziehungen und menschliches Verhalten abgeleitet, indem
Daten-Algorithmen auf Informationen angewendet werden, die von Smartphone-Senso-
ren gesammelt wurden. Zu diesen Daten zählen der Aufenthaltsort, körperliche Aktivitäten und vieles mehr. Durch die Datenanalyse von Individuen und Gruppen entstehen
Modelle, die zu smarten persönlichen Assistenten, automatisierten Sicherheitssystemen
und der Überwachung der persönlichen Gesundheit führen. Dies ist die Mechanik der
„Social Physics" [GREE].

   Damit man ein akkurates Modell eines personenbezogenen Netzwerkes entwickeln
kann, kombiniert Alex Pentlands Team die Smartphone-Anrufdaten mit Informationen
über die Nähe zu Smartphones anderer Nutzer im Netzwerk. Diese Entfernungsmessung
erfolgt kontinuierlich über Sensoren. Unter Verwendung der Faktor-Analyse identifiziert
das Team dann Muster in den Daten und überführt diese Muster in soziale Beziehungslandschaften. Diese Beziehungslandschaften könnten genutzt werden, um Sicherheitseinstellungen zu optimieren, indem beispielsweise nur Familienangehörige den persönlichen
Kalender einsehen können. In Verbindung mit „location data" (Aufenthaltsdaten) könnte
das Smartphone prognostizieren, wann sich jemand in der Nähe eines anderen Mitglieds
innerhalb des Netzwerkes befindet. So konnte Pentland mit Smartphone-Daten das soziale
Netzwerk von ungefähr 100 MIT-Studenten und Professoren präzise modellieren. Zudem
konnte präzise prognostiziert werden, wo sich Individuen des Netzwerkes an einem bestimmten Tag in der Woche treffen werden [AP01][AP02].

   Auch im Bereich „Smart Senior" sieht Alex Pentland Anwendungsmöglichkeiten von
‚Social Physics'-Techniken. Beispielsweise könnte die Analyse der Art und Weise, wie
jemand am Smartphone spricht, Hinweise auf eine heraufziehende Depression liefern. De-
pressive Menschen sprechen langsamer, eine Änderung, die eine Sprachanalyse-Software
auf einem Smartphone deutlich ungleich schneller registrieren kann als nahe Angehörige

oder Freunde. Über die Bewegungssensoren in den Smartphones könnten Änderungen im Gang eines Menschen wahrgenommen werden, die einen frühen Indikator für Krankheiten wie Parkinson darstellen, so Pentland.

Der entscheidende Faktor von „Social Physics" liegt darin, schreibt Alex Pentland, dass nahezu sämtliche alltäglichen menschlichen Aktionen gewohnheitsmäßig ablaufen und auf dem Lernen durch das Beobachten von Verhalten anderer Personen (Nachahmen) basieren [AP01]. Wenn man alle sozialen Einflussfaktoren einer Person misst und visualisiert, kann man ein statistisches Modell entwickeln, das das zukünftige menschliche Verhalten einer Person prognostizieren kann.

Das ist aber nur ein Ziel der „Social Physics". Alex Pentland zielt weiter darauf ab, durch die Anwendung von digitalen Technologien das menschliche Verhalten zu ändern und Gruppen und Individuen zu motivieren, produktiver und in verantwortlicher Weise zu handeln [CARR03].

In einem Interview [SPO] wird Alex Pentland noch deutlicher: „Wenn man eine bessere Gesellschaft entwickeln will, benötigt man ein vollständiges Bild der sozialen Interaktionen. Mit den Möglichkeiten des Big Data-Managements wissen wir präzise, wer mit wem, wann, wo interagiert". Das erinnert doch sehr an die Aussage von Eric Schmidt am Anfang von Kap. 4.1. Spätestens an dieser Stelle sollten alle Alarmglocken läuten. Diese Entwicklungen rufen den Datenschutz auf den Plan und den Schutz vor der kompletten Kontrolle menschlichen Verhaltens in den Smart Cities. Diesen Aspekt hat Alex Pentland klar vorhergesehen und antwortet mit einem „New Deal on Data". Das Thema Datenschutz in diesem Zusammenhang wird im Kap. 4.2.3 näher beleuchtet.

Aber nach Alex Pentland sind die gefundenen statistischen Zusammenhänge überwältigend: „Unsere Ideen, Verhaltensnormen, Modevorstellungen und sogar Gewichtszunahmen sind extrinsische Eigenschaften, die wesentlich davon bestimmt werden, wen wir täglich sehen. Und so können soziale Physiker das menschliche Verhalten in einem Netzwerk prognostizieren [AP01][AP02]." Aus diesen Erkenntnissen ergeben sich Möglichkeiten für das Design von Smart Cities. Denn, so die Sicht von Alex Pentland, wenn Engagement und Exploration gemessen werden können, dann können diese auch gemanagt werden. Auf diesen Aspekt komme ich in Kürze zu sprechen.

Selbst, wenn es möglich sein sollte, die Datenschutzproblematik zu lösen, bleibt dennoch Pentlands datengetriebene Gesellschaft sehr problematisch. Denn Pentland ignoriert den Umstand, dass Normen und Verhaltensmuster das Ergebnis von Geschichte, Politik und Ökonomie, Macht, Vorurteilen, Erfahrungen usw. sind. Hinzu kommt, dass die Menschen nicht komplett frei darin sind, sich die Peer-Gruppen auszuwählen. Vielmehr entscheiden der soziale Status, das Aussehen, Talente, Vermögensverhältnisse, Zugang zu sozialen Gruppen und so weiter über die Wahl der Peer-Gruppe. Ein statistisches Modell, das Klassenunterschiede ignoriert und Einflussmuster als gegeben und nicht historisch gewachsen und bedingt betrachtet, wird bestehende soziale Strukturen und Dynamiken eher verfestigen. Im Endeffekt wird der Status Quo optimiert und nicht in Frage gestellt [CARR03]. Zu demselben Schluss kommt auch Byung-Chul, indem er feststellt: „Die digitale Totalvernetzung und Totalkommunikation erhöht den Konformitätszwang erheblich. Die Gewalt des Konsens unterdrückt Idiotismen [HAN01]." Mit Idiotismus meint Han den Zugang des Menschen zum ganz anderen. Es geht also um das Andere, das Unbekannte, das Überraschende, das Chaotische. Es sind die Dinge, die Menschen in seiner Komplexität ausmachen. So schießt Alex Pentland über das Ziel hinaus.

An dieser Stelle sollte klar werden, dass mit Big Data-Management, Social Physics und Reality Mining in erster Linie Effizienzgewinne zu erzielen sind. Aus meiner Sicht erkennen wir Muster im menschlichen Verhalten und wollen dieses „normieren", damit Prozesse im Smart City-Gefüge effizienter ablaufen. Dies wird fraglos möglich werden. Dies kann sicher auch die Lebensqualität der Bürger in der Smart City erhöhen. Vieles, was gemessen werden kann, ist noch nicht in den Griff des mathematischen Algorithmus geraten. Doch gesteht auch Pentland ein, dass Big Data eines nicht erfassen kann: Es ist das nicht Vorhersagbare und das ist ein bedeutender Wesenszug des Menschen. Alle mathematischen Modelle mit noch so vielen Daten sind immer eine reduzierte Systemsicht der Realität. Die Entwicklungen der sozialen Physik in diesem Big Data-Zweig stehen noch ganz am Anfang, werden aber die Sozialwissenschaften in gewisser Hinsicht revolutionieren. Ich kann alle Leser nur dazu ermuntern, alle Entwicklungen in diesem Bereich aufmerksam zu verfolgen.

Ein weiterer Aspekt ist hier bemerkenswert: Die mit ‚Social Physics'-Anwendungen verbundenen Kosten sind als Eintrittsschwelle relativ niedrig. So haben beispielsweise zwei Doktoranden der Standford University, Jonathan Mayer und Patrick Mutchler, eine App entwickelt, die von 546 Probanden auf ihrem Smartphone installiert wurde. Mit der App gewährten die Probanden den beiden Studenten über mehrere Monate Zugriff auf die Verbindungsdaten (und damit auch Metadaten). In diesem Zeitraum wurden insgesamt 34.000 Telefonnummern gewählt. Zahlreiche der gewählten Nummern ließen sich über öffentliche Verzeichnisse wie Google einer bestimmten Einrichtung zuordnen (Arzt, Kaufhaus, Krankenhaus, Psychiater, Suchtberatung, Restaurant usw.).

Die Ergebnisse wurden zusätzlich durch eine kostenpflichtige Datenbank verifiziert und so konnten die Besitzer den Telefonnummern mit einer 90%-Wahrscheinlichkeit zugeordnet werden. In einigen Fällen führte die Studie zu eindeutigen Schlussfolgerungen (siehe Abb. 4.4). So führte ein Proband längere Gespräche mit Kardiologen in einem Krankenhaus. Zudem sprach er kurz mit einem medizinischen Labor, beantwortete Anrufe von Apotheken und rief öfters bei einem Hersteller an, der Geräte zur Überwachung von kardiologischen Störungen produziert [MAYER]. Dies ist nur eines von mehreren Beispielen, mit denen Lebensausschnitte von Menschen transparent gemacht werden können, und zwar mit einem geringen Budget und ohne Mitarbeiterstab im Hintergrund [MORGEN]. So kommen die Studienleiter auch zu dem aufschreckenden Ergebnis, dass die NSA Millionen von Telefonverbindungen überprüfen. Besonders beunruhigend ist dabei, dass Smartphone-Metadaten hoch sensibel sind.

In der Kriminalistik beispielsweise wird in Los Angeles (USA) seit 2010 mit computergestützten Verbrechensprognosen gearbeitet. In einigen Stadtteilen sank so die Kriminalitätsrate um nahezu 30%. Dazu werten Computer statistische Daten über Verbrechensschwerpunkte, Straftaten, Wetterdaten und vielem mehr algorithmisch aus und suchen

Category	Participants with ≥1Calls
Dentistry and Oral Health	18%
Mental Health and Family Services	8%
Ophthalmology and Optometry	6%
Sexual and Reproductive Health	6%
Pediatrics	5%
Orthopedics	4%
Chiropractic Care	3%
Rehabilitation and Physical Therapy	3%
Medical Laboratories	2%
Emergency or Urgent Care	2%
Cardiology	2%
Dermatology	1%
Ear, Nose and Throat	1%
Neurology	1%
Oncology	1%
Substance Abuse	1%
Cosmetic Surgery	1%

Abb. 4.4 Zuordnung von Telefonnummern zu medizinischen Diensten http://webpolicy.org/2014/03/12/metaphone-the-sensitivity-of-telephone-metadata/ [MAYER]

dann nach Mustern. Diese Methode führte zu einer bemerkenswerten Genauigkeit bei der Prognose von Tatzeit und -ort. Dies sogar in Bezug auf Einzelpersonen [CLA].

Abschließen möchte ich diesen Abschnitt mit dem Hinweis auf eigene Versionen einer Glass-Brille japanischer Konzerne auf der Elektronikmesse Ceatec [WELT06] als Konkurrenzprodukte zu der bereits erwähnten Google Glass-Brille (siehe Kap. 3.3.3). Angesichts dieser Entwicklung wird die Erfassung des sozialen Kosmos eines Menschen ganzheitlich. Oder wie Byung-Chul es aphoristisch formuliert: Die Glass-Brille „verwandelt das menschliche Auge selbst in eine Kamera. Das Auge selbst macht Bilder. So ist keine Privatsphäre mehr möglich [HAN02]." Wohin diese Entwicklung letztlich geht, ist noch nicht abzusehen. Dem interessierten Leser empfehle ich die Bücher von Markus Morgenroth [MORGEN] und Malte Spitz [SPITZ], die weitere erhellende Einsichten in die Praktiken des Reality Minings aufzeigen.

4.2.2 Social Physics und das Design von Smart Cities

Alex Pentland überträgt seine gewonnenen Erkenntnisse auch auf das Design von Smart Cities. Seiner Meinung nach können Daten-Ingenieure mittels ‚Social Physics' unsere Städte so modellieren, dass sie effizienter, kreativer und produktiver werden [AP01]. So formuliert Pentland drei Design-Kriterien für die entstehende, hochvernetzte Gesellschaft in der alle Handlungsfelder umfassenden Smart City:

1. Soziale Effizienz,
2. Operationale Effizienz,
3. Resilienz.

Durch die Kombination aus dem Zugang zu enormen Datenmengen und enormer Computerleistung konzentriert sich zunehmend Macht in den Händen der Politik und großer Unternehmen. Dies verstärkt vorhandene soziale Ineffizienzen. Um diese Tendenz zu unterbinden, plädiert Alex Pentland neben dem etablierten „Offenen Marktmodell" für ein „trust network" (Vertrauensnetzwerk) mit dem Schwerpunkt auf „Eins-zu-Eins"-Interaktionen und strenger persönlicher Kontrolle privater Daten in dem Netzwerk. Dies lässt sich im Smart City Healthcare-Bereich illustrieren. In den USA werden Krankenhäuser und die pharmazeutische Industrie zunehmend dazu aufgefordert, die Ergebnisse über die Effektivität von Therapien zu veröffentlichen [AP]. Diese Informationen könnte man mit den privaten Daten in unserer elektronischen Krankenakte kombinieren und so die Therapieergebnisse im Sinne einer sozialen Effizienz verbessern. Der Nutzer im Netzwerk entscheidet darüber, ob, wie und an wen seine Daten aus der Krankenakte weitergegeben werden. Alex Pentland geht es um die teilweise Freizügigkeit von Daten, um einerseits Transparenz in bisher verschlossene Bereiche zu gewinnen und andererseits die Informationsverteilung zu dezentralisieren. So sollen Informationsmonopole vermieden werden und soziale Effizienz entstehen.

Bei der operationalen Effizienz geht es um Effizienzsteigerungen im Betrieb der Smart City-Infrastruktur. Diese Effizienz soll wieder über einen gemeinsamen Datenpool erreicht werden. Dort werden Daten über das Funktionieren der Smart City-Infrastruktur der Allgemeinheit zur Verfügung gestellt. Gemeint ist hier beispielsweise die Analyse von GPS-Daten der Smartphone-Nutzer in Autos zur Verkehrssteuerung. Diese Sensoren stellen Minute-zu-Minute-Daten über den Verkehrsfluss zur Verfügung. Mit einer genügend großen Anzahl an vergangenen Datensätzen können Staumuster prognostiziert werden und so der Verkehrsfluss aktiv neu umgestaltet werden.

Das zentrale Element ist die Echtzeitüberwachung der Systemparameter einer Smart City, kombiniert mit der Erarbeitung der optimalen Entscheidung als Antwort auf veränderte Systembedingungen und dies unter Einbezug einer großen Anzahl an Akteuren einer Smart City. Entscheidend ist hier aber auch wieder, dass Open Data für die Allgemeinheit bereitgestellt wird. Vor allem müssen diese Systeme transparent gestaltet und für eine breite Bevölkerungsschicht zugänglich gemacht werden. Sonst entstehen wieder Top Down-Ansätze mit geschlossenen Informationszentralen, die nur für wenige Entscheidungsträger gestaltbar und zugänglich sind. Im Beispiel des Rio City Center (siehe Kap. 1.1.5) wurde ein Top Down-Ansatz mit einer starken Zentralisation und Datenkonzentration umgesetzt. Vielmehr muss eine Dezentralisation mit Netzwerken entstehen. Diese dezentralisierten Netzwerke basieren auf einer stärkeren Partizipation zahlreicher Akteure einer Smart City. Die Komplexität sozioökonomisch-technischer Systeme wie der Smart City fordert geeignete Prinzipien der Dezentralität und Selbstregulierung. Dazu braucht es mehr Flexibilität. Beispielsweise kann man jede Kreuzung autonom die Wartezeiten für die Verkehrsteilnehmer minimieren lassen. Das heißt jede Kreuzung würde separat durch ihre Ampelsteuerung den Verkehrsfluss optimieren. Dazu bedarf es der Koordination mit den Nachbarkreuzungen. Dieses Prinzip stößt an seine Grenzen, wenn die Verkehrsdichte sehr hoch ist. Sobald die Warteschlangenlänge in einer der Straßen eine kritische Länge überscheitet, wird auf ein anderes Prinzip umgeschaltet. Dann wird auf das Prinzip des Abbaus von Warteschlangen umgeschaltet, um ein Überlaufen zu vermeiden. Regulieren sich alle Kreuzungen auf diese dezentrale Weise selbst, dann erreicht man eine Ampelsteuerung, die sowohl besser als das Top Down- als auch besser als das eigennutzorientierte Bottom Up-Prinzip ist. Das Ergebnis ist ein neues dezentrales Steuerungsprinzip, das Rücksicht auf seinen Nachbarn nimmt.

Bei der Resilienz als drittem Design-Prinzip geht es um die langfristige Stabilität unserer Smart City-Systeme. Folglich sollen systemweite Zusammenbrüche vermieden werden. Der Schlüssel hierzu ist auch wieder das Prinzip der Dezentralisierung in Kombination mit einem hohen Vernetzungsgrad. Damit sollen Systemzusammenbrüche vermieden werden, die einen Dominoeffekt aufweisen. Zahlreiche Leser erinnern sich noch an den Crash der Finanzindustrie im Jahre 2007, der bis heute nachwirkt. Hier ist es zu einem Dominoeffekt gekommen, da keine dezentralisierten, teilautonomen Systeme mit Sicherheitsregularien operierten. Das System brach mangels Resilienz ein und die Krise ist bei Weitem noch nicht überwunden.

Dazu müssten Instrumente und offene Plattformen geschaffen werden, die es zahlreichen Akteuren einer Smart City erlaubt, sich untereinander zu vernetzen [GEISE] [JA01], so geschehen beispielsweise in Bremen mit der Online-Plattform www.bremen-bewegen. de. Damit wurde die Grundlage für den Stadtverkehr 2025 durch die Bürger geschaffen. Es wurden Vorschläge, Hinweise und Kritik in vier Stufen gesammelt. So wurden eine veränderte Ampelschaltung oder dynamischeres Parkraummanagement thematisiert und eingeführt. Oder in Saarbeck wurde von den Bürgern ein Bioenergiepark aufgebaut. So wird aus Biomasse, Sonne und Wind Strom produziert. Die Bürger beteiligen sich in Genossenschaften an den Windrädern. Zudem hat die Stadt den Vertrag mit RWE auslaufen lassen, eigene Stadtwerke gegründet und das technische Netz sowie die Konzession zur Stromdurchleitung erworben [KUL]. Nun ist Saarbeck eine relativ überschaubare Gemeinde mit weniger als 10.000 Einwohnern. Aber hier ist das Prinzip wichtig, wie eine Smart City zu betrachten ist, nämlich als dezentralisiertes System aus einem Verbund von Nachbarschaften. Folglich bilden die unterschiedlichen Stadtteile auch in großen Städten wie Berlin oder Paris oder Hong Kong prinzipiell dezentralisierte Nachbarschaften mit einem hohen Vernetzungsgrad der Bürger in den jeweiligen Nachbarschaften, obgleich mit einer ungleich höheren Anzahl an Menschen in den Stadtnachbarschaften (Communities).

Alex Pentland folgert aus den ‚Social Physics‘, dass eine prosperierende Smart City über vollständige, vernetzte Nachbarschaften verfügen muss. Sogar die optimale Größe dieser Smart Cities beziehungsweise Nachbarschaften in Mega-Städten kann nach Pentland berechnet werden. Die maximale Anzahl an Bürgern in einer Smart City oder vollständigen Nachbarschaft in Mega-Städten beträgt ungefähr 100.000 Bürger, damit Austausch und Engagement über Vernetzung noch gut möglich sind [AP01]. Am Beispiel von Zürich erläutert Pentland, wie das Redesign der Städte aussehen sollte. Wir erinnern uns, das vor allem in vielen großen deutschen Städten die Innenstädte zu „Business Improvement Districts" ausgebaut werden (siehe Kap. 1.1.3), die abends und am Wochenende nahezu völlig menschenleer sind. Demgegenüber postuliert Pentland, dass die Nachbarschaften der Stadtteile um das Zentrum von Zürich mit einer Bahnverbindung verbunden werden, die die Bürger schnell und kostengünstig ins Zentrum von Zürich transportieren.

Die Stadt Zürich hatte mit dem Problem des starken Bevölkerungswachstums zu kämpfen. So zogen immer mehr Menschen in das Umland der Stadt Zürich. Mit der neuen Bahnverbindung wurde so das Zentrum wirtschaftlich und kulturell wiederbelebt und ein kreatives Milieu geschaffen und gleichsam in den Nachbarschaften die enge Vernetzung und partizipative Bürgerbeteiligung erhöht. Dies ist in Zürich möglich gewesen, weil das Stadtzentrum traditionell das Zentrum wirtschaftlicher und kultureller Kreativität gewesen und geblieben ist. In Deutschland ist, wie wir im Kap. 1.1.3 gesehen haben, dieser Nukleus wirtschaftlicher, kultureller und technischer Kreativität zerfasert. Das Prinzip der Dezentralisierung in den Stadtteilen als Nachbarschaften bleibt intakt und so müssen eben dort Zentren wirtschaftlicher, kultureller und technischer Kreativität entstehen.

Die Reise in das digitale Universum neigt sich dem Ende zu, aber nicht ohne noch eine bedeutende Facette näher auszuleuchten. Die Facette ist im Kap. 4 schon an diversen Stellen aufgeblitzt. Es geht um den Schutz unserer Daten, die im Zuge des Dataismus gesammelt und ausgewertet werden.

4.2.3   Datenschutz oder die Forderung nach einem „New Deal on Data"

In einem Essay über Mythen der Smart City und Big Data [GEISE] thematisieren Offenhuber/Ratti die Informationsüberflutung. Die Informationsüberflutung, so der Mythos, ist das Ergebnis der zunehmenden Datenexplosion. Treffenderweise argumentieren sie, dass unsere physische Umwelt voll mit unendlich vielen Informationen ist, die nicht digitaler Natur sind. Die digitalen Informationen bilden aber nur einen kleinen Ausschnitt der komplexen Umwelt. Sie kommen zu dem Schluss, dass wir alle unser Verhältnis zu Informationen ändern und Big Data als integralen Bestandteil einer unendlich komplexen Umgebung akzeptieren müssen [GEISE].

Wir werden uns der digitalen Informationsflut nicht entziehen können. Es geht um die Art und Weise, wie wir auf die neuen Technologien zugreifen und wie wir diese konsumieren. Aber nicht durch digitale Enthaltsamkeit, wie es erst kürzlich Hans Magnus Enzensberger unter der Überschrift „Wehrt Euch" [FAZ06] empfohlen hat. Seine erste Forderung besteht darin, Mobiltelefone einfach wegzuwerfen. Das erinnert an den Ausspruch von Steve Wozniak, dem kongenialen Mitgründer von Apple Inc.: „Never trust a computer you can't throw out a window [WOZ]" („Trau keinem Computer, den Du nicht aus dem Fenster werfen kannst"). Weiter fordert Enzensberger dazu auf, Online-Banking und Online-Einkäufe zu vermeiden. Auch soziale Netzwerke wie Facebook sind nach seiner Auffassung alles andere als sozial zu seinen Nutzern. Noch deutlicher wird Enzensberger beim Thema „Internet der Dinge": „Dem Aberwitz, alle denkbaren Gebrauchsgegenstände, von der Zahnbürste bis zum Fernseher, vom Auto bis zum Kühlschrank über das Internet zu vernetzen ist nur mit einem totalen Boykott zu begegnen. An den Datenschutz den mindesten Gedanken zu wenden, fällt ihren Herstellern nicht im Traum ein. Der einzige Körperteil, an dem sie verwundbar sind, ist ihr Konto. Sie sind nur durch die Pleite zu belehren." Sein letztendliches Motto ist: Ergreift die Flucht.

Selbst der gutgemeinte Versuch, sich an die Regeln von Enzensberger zu halten, wäre zum Scheitern verurteilt. Wir würden uns dem gesellschaftlichen Leben entziehen und könnten Handlungen wie Bankgeschäfte, Einkäufe im Supermarkt, das Aufsuchen überwachter öffentlicher Plätze und so weiter nicht mehr vornehmen. An eine abhängige Beschäftigung mit Computerarbeitsplatz und Smartphone wäre gar nicht zu denken. Vielmehr kommt noch hinzu, dass viele Daten über uns auch bei digitaler Abstinenz gesammelt werden. Die Schufa-Daten oder die Konsumentenprofile der erwähnten Firma Acxiom sammeln zahlreiche, über uns verfügbaren Daten in unterschiedlicher Konzentration. Wie bereits erwähnt, sind dies Daten über unser Alter, sozialen Status, Einkommen, Kaufkraft, Familienstand, Wohnort und so weiter.

Wir Menschen sind aber zutiefst soziale Wesen, die in der Mehrheit nicht als Eremiten leben wollen. Denn nichts fasziniert den Menschen mehr als andere Menschen. Daraus resultiert auch die Intensität der sozialen Interaktion einer Vielzahl an Menschen. Das erklärt auch den Erfolg der sozialen Medien wie Facebook. Diesem Kreislauf wollen und können sich viele Menschen nicht entziehen. Es geht um die komplexen Wechselwirkungen zwischen den neuen Technologien und der Smart City-Gesellschaft.

So sind wir Nutzer der Internetanwendungen für den Großteil des digitalen Informationsaufkommens verantwortlich [EMC03]. Die bereits erwähnte Studie „EMC Digital Universe" schätzt, dass nur etwa 20 % aller schützenswerten Daten abgesichert werden. Und hier beginnt das Problem des Datenschutzes offenkundig zu werden. Wir Nutzer von Internetanwendungen sind die Produzenten und Konsumenten der digitalen Informationen. Wir sind die Prosumer des digitalen Universums und dazu produzieren wir freiwillig und unablässig neue digitale Daten. Ist die Problematik wirklich so gravierend, dass Marios Vargas Llosa zum dem Schluss kommt: „Technology is killing the very idea of culture [LLOSA]." („Die Technologie tötet die Idee von Kultur an sich")? Der Nobelpreisträger in Literatur sieht die natürliche Funktion der Kultur darin, kritische und unzufriedene Bürger zu entwickeln, die sich nicht manipulieren lassen. Die neuen digitalen Technologien verorten sich unter anderem in der Kultur.

Aber „die Topologie des Digitalen besteht aus flachen, glatten und offenen Räumen [HAN02]." Diese flachen, glatten und offenen Räume zwingen uns zu einer gesellschaftlichen Konformität, die sich der Freiheit bedient. Mario Vargas Llosa sieht bei den noch unbekannten Auswirkungen der technologischen Revolution einen Kollaps aller Werte und Vorstellungen auf uns zukommen. Weiter sieht er die menschliche Freiheit in Gefahr [Lloosa]. Denn „die digitale Kontrollgesellschaft macht intensiv Gebrauch von der Freiheit. Wir stellen freiwillig alle möglichen Daten über uns ins Netz, ohne zu wissen, wer, was, wann und bei welcher Gelegenheit über uns weiß. Diese Unkontrollierbarkeit stellt eine ernst zu nehmende Krise der Freiheit dar [HAN01]." Pointiert formuliert Byung-Chul, dass die Schlagworte der zweiten Aufklärung – Transparenz und die Forderung, dass „[a]lles […] Daten und Information werden [muss]" – von einer dritten Aufklärung begleitet werden müssen: „...eine dritte Aufklärung, die uns darüber aufklärt, dass die digitale Aufklärung in Knechtschaft umschlägt [HAN01].“

Wie bereits ausgeführt, wird die Konzentration von digitalen Daten in einer Zentrale, wie IBMs Operationszentrale Rio de Janeiro oder bei Internetriesen wie Facebook, Google, Amazon zu einer Macht- und Kontrollkonzentration führen. Die spannende Frage, die weit über das Schlagwort Datenschutz hinausgeht, ist: Wer kontrolliert den Umgang mit diesen Daten? Als Destillat unserer bisherigen Ausführungen kann die Antwort darauf nur aus einer Mischung von Dezentralisierung und Datensouveränität der Nutzer bestehen. Die Daten werden entweder nicht gespeichert oder dezentral in „trust networks“ gespeichert, sicher verschlüsselt (auch unzugänglich für die NSA und verwandten Organisationen) und sind unumkehrbar anonymisierbar. Das Selbstbestimmungsrecht des Bürgers über seine Daten ist notwendig und sollte ein Kernbestandteil des digitalen Zeitalters werden.

Dies hat offensichtlich Alex Pentland auch erkannt und fordert bereits auf Seite 17 seines 300 Seiten starken Buches einen „New Deal on Data“. Die Idee der datengesteuerten Gesellschaft geht davon aus, dass die digitalen Daten nicht missbraucht werden (sollten). Aber Pentland ist klar, dass wir es bei der Idee der datengesteuerten Gesellschaft seiner Auffassung nach mit einem prometheuschen Feuer zu tun haben. Der Datenmissbrauch und die daraus resultierende Kontrollgesellschaft sind in der Idee der Datensteuerung bereits inhärent angelegt. Seine Handlungsanweisung lautet: „workable guarantees that the data needed for public goods are readily available while at the same time protecting the citizenry. Mantaining protection of personal privacy and freedom is critical to the success of any society [AP].“ Konkret formuliert Pentland drei Säulen der Datenhoheit:

1. Jeder Nutzer hat das unbestreitbare Recht an seinen Daten.
2. Jeder Nutzer hat die volle Kontrolle über die Nutzung der Daten.
3. Jeder Nutzer hat das Recht, persönliche Daten zu löschen oder zu teilen.

Dazu müssten alle Nutzer wissen, wer, welche Daten über uns zu welchem Zweck speichert. Hier sind sicherlich der Gesetzgeber in Kooperation mit den Daten speichernden Unternehmen und Organisationen gefragt. Alex Pentland hat mit seinem Team als eigene Antwort die digitale Plattform **openPDS** (open Personal Data Store) entwickelt. Bei openPDS handelt es sich um einen zentralen Server, der zwischen dem Nutzer und den Entitäten steht, die Daten über den Nutzer sammeln, speichern, auswerten und weitergeben (also im „trust network“). So werden die Daten zuerst im persönlichen openPDS account gespeichert, bevor diese an andere Entitäten weitergeleitet werden. Dort kann jeder Nutzer die Daten einsehen und entscheiden, wer Zugriff auf die Daten bekommt. Denn die Nutzung aggregierter und vollständig anonymisierter Location Data kann die Lebensqualität in Smart Cities deutlich erhöhen. Dieses Konzept wird in Trentino, Italien, als „Living Lab Experiment“ praktisch getestet [AP][AP03]. Im Sinne einer Dezentralisierung der Datenspeicherung, -verarbeitung, -freigabe und vollständig anonymisierten Datenweitergabe ist dieses Konzept durchaus sinnvoll. Allerdings lebt das Konzept von der Kooperation aller Akteure einer Smart City, die Daten sammeln, verarbeiten und weiterleiten.

Hier sind noch zahlreiche Fragen rechtlicher, technischer und ökonomischer Natur nicht gelöst. Das Konzept steht aber prinzipiell durchaus im Einklang mit den Forderungen in diesem Buch nach Dezentralisierung, Datensouveränität der Nutzer und gleichzeitig auch Datenreduktion.

Die Autoren Stefan Aust und Thomas Ammann plädieren in ihrem Buch „Digitale Diktatur: Totalüberwachung Cyberkrieg Datenmissbrauch" dafür, in einem ersten Schritt die informationelle Selbstbestimmung europaweit festzuschreiben. Der geplante Einwilligungsvorbehalt zur Datenauswertung und -weitergabe in der EU-Datenschutzgrundverordnung ist quasi die Vorstufe des „New Deal on Data" [AUST]. Hier schwingt ein Aspekt mit, den ich an anderer Stelle des Buches schon mehrfach angesprochen habe. Zahlreiche Internetriesen entstehen primär in den USA und operieren zentral von dort aus. Bei dem Konzept des „New Deal on Data" handelt es sich um einen Referenzrahmen für den zukünftigen Umgang mit digitalen Daten, der weit über das Thema Datenschutz hinausgeht. Bevor dieser Referenzrahmen etabliert wird, muss sich jeder Nutzer digitaler Technologien mit den Bordmitteln des Datenschutzes behelfen, sei es die periodische Änderung sicherer Passwörter, der Einsatz ultraprivater Smartphones [TALB], anonym im Internet surfen, die Sicherheitseinstellungen im Internet Browser optimieren und die Spurenerkennung minimieren, die eigene Identität im Internet überwachen und so weiter. Für eine ausführliche Darstellung von persönlichen Datenschutzmaßnahmen verweise ich auf die sehr lesenswerten Bücher von Yvonne Hoftstetter [HOF] und Markus Morgenroth [MORGEN].

Die vorangegangenen Überlegungen zum Komplex Data-ism mit all seinen Facetten werden das Design von Smart Cities in der Zukunft zunehmend beeinflussen. Die Richtung, die diese Entwicklung nimmt, ist noch weitgehend offen. Alle Ansätze des Big Data-Managements stehen noch am Anfang. Die Möglichkeiten, die Lebensqualität der Bürger in den Smart Cities durch Big Data-Anwendungen zu erhöhen, sind vielfältig. Gleichsam entsteht die Gefahr der Herausbildung einer Kontrollgesellschaft in den Smart Cities und eines dazugehörigen Machtmissbrauchs.

Beim Design von Smart Cities ist dieses Spannungsfeld auszuhalten und kritisch zu diskutieren. Dazu bedarf es des Verständnisses aller Aspekte des Big Data-Managements in der Smart City. Betroffen davon sind alle Akteure einer Smart City. Nach den bisherigen Ausführungen haben Sie nun das Rüstzeug, sich mit dem Big Data-Phänomen weiter auseinanderzusetzen. Das sind wir alle, die zukünftig in den Smart Cities der Zukunft leben. Wir müssen aktiv in die Entwicklung von Smart Cities eingreifen und über alle politischen Parteien hinweg den offenen Diskurs suchen.

Bevor ich die schematischen Entwicklungsstufen des Smart City-Reifegradmodells skizzieren werde, beleuchte ich das grundsätzliche Transformationsprinzip von Smart Cities. Anschließend thematisiere ich kurz die im Buch angewandte Modellierung des sozioökonomisch-technischen Systems der Smart City.

4.3   Die Schumpeter-Dynamik und graduelle Smart City-Transformation

Die Idee der schöpferischen Zerstörung von Joseph Alois Schumpeter wurde im Kap. 3.3 bereits kurz gestreift. Der österreichisch-amerikanische Ökonom charakterisierte das Wachstum der kapitalistischen Wirtschaft als neue Kombinationen von Produktions- und Transportmethoden, neuen Märkten und neuen Formen der industriellen Organisation. Mit diesen Kombinationen sind Innovationen gemeint, wie Schumpeter es später in seinem Werk der „Theorie der wirtschaftlichen Entwicklung" genannt hat [WIKI37][SCHERER].

Den Wachstumsmotor für die Wirtschaft und damit auch die Gesellschaft bilden aus volkswirtschaftlicher Perspektive technologische Innovationen. Bei der Herausbildung einer Smart City sind technologische Innovationen für die Steigerung der Wettbewerbsfähigkeit der Städte und der Lebensqualität für die Bürger von herausragender Bedeutung.

4.3.1   Der Schumpeter-Ansatz im Smart City-Kontext

Eine Smart City ist nach meinem Verständnis als sozioökonomisch-technisches Gebilde zu verstehen, das sich den Dynamiken der Marktwirtschaft nicht entziehen kann. Vielmehr wirken diese Dynamiken in zahlreichen Handlungsfeldern einer Smart City und stecken den groben Rahmen, wie wir arbeiten, konsumieren und leben, ab. Hinzu kommen die technologischen Innovationen in vielfältiger Form, die für das Wachstum der Smart Cities verantwortlich sind. Dominant treten dabei die neuen digitalen Vernetzungstechnologien in den Vordergrund. Diese digitalen Vernetzungstechnologien zeigen in ihrem Wesen die Merkmale der Innovationen, wie sie Schumpeter charakterisiert hat. Besonders deutlich wird dies beim Aspekt der **Rekombination**.

Diese Rekombination von Produktionsfaktoren, Technologien, Konsumgütern und so weiter im klassischen Sinne erfährt in der digitalen Ära eine zunehmende Konzentration auf Daten beziehungsweise Informationen, somit die technologische Innovation im Schumpeterschen Sinne als Rekombination von digitalen Daten.

Das digitale Zeitalter ist von einem technologischen Wachstum charakterisiert, das folgende Aspekte umfasst: digitale Daten, exponentielles Datenwachstum und Kombination. So definieren es Brynjolsson und McAffee in ihrem Buch „The Second Machine Age" [BRY]. Überschwänglich schreiben die Autoren, dass die Weltwirtschaft durch echte Maschinenintelligenz und die Vernetzung aller Bürger über gemeinsame digitale Netzwerke transformiert wird. Ob dies so kommen wird, bleibt abzuwarten und die tatsächlichen Auswirkungen auf ein komplexes Gebilde wie der Smart City zeichnen sich bisher lediglich in Konturen ab. Die ersten beiden Aspekte – digitale Daten und exponentielles Datenwachstum – wurden bereits ausführlich thematisiert. Wie ist das Prinzip der (Re-) kombination als dritter Faktor im digitalen Zeitalter charakterisiert? Dazu eine These: **Die digitale Innovation stellt die rekombinatorische Innovation in ihrer reinsten Form dar.** Jede Entwicklung bildet ein Fundament für zukünftige Innovationen. Dabei greifen die Innovationen in die physische Welt ein, was zu selbstfahrenden Autos oder autonomen Flugzeugen führt, zu 3D-Printern, die autonome Teile fertigen und so weiter. Im selben Augenblick sinken die Kosten für Computer, Smartphones und andere Sensoren.

Dabei sind die Erzeugungskosten von Informationen im digitalen Zeitalter hoch, aber die Reproduktionskosten sehr niedrig [SHAP]. Zudem werden die Sensoren immer kleiner und verschmelzen mit der physischen Welt. Das digitale Universum expandiert unaufhörlich und erzeugt Daten für jede erdenkliche Situation in der Smart City. Die so entstehenden Informationen können prinzipiell unbegrenzt reproduziert und weiterverarbeitet beziehungsweise kombiniert werden. Aus diesen Kräften explodiert die Anzahl an möglichen (Re-) Kombinationsfaktoren. Dabei werden diese Kombinationsfaktoren im Innovationsprozess nicht verbraucht, sondern erweitern kontinuierlich das Spektrum an zukünftigen Rekombinationen. Dieses Rekombinationsprinzip ist uns schon im Kap. 3.3 des Buches begegnet. Aus der Kombination unterschiedlicher Apps zu einem bestimmten Thema in einem Smart City-Handlungsfeld entstehen App-Anwendungsfälle. Die (Re-) Kombination aus den Apps-Anwendungsfällen und dem Ökosystem aus externen Akteuren einer Stadt einschließlich der Sensordaten bildet ganze Apps-Anwendungswelten. Somit baut eine App auf der anderen App auf, ohne sich in diesem Prozess zu verbrauchen. Dabei verwenden die Apps gemeinsame Datenbestände und erweitern (rekombinieren) diese durch eigene Aktivitäten. Für eine umfassende Behandlung des Rekombinationsprinzips im digitalen Zeitalter verweise ich auf das erste Buch „Die digitale Evolution moderner Großstädte" [JA01]. Das Rekombinationsprinzip ist nicht nur auf digitale Daten beschränkt, sondern dehnt sich auch in die physikalische Welt aus. Gemeint ist das Internet der Dinge, bei dem die physikalische Welt untereinander hochvernetzt ist, in Echtzeit kommuniziert und selbststeuernde Elemente aufweist. Auch hier sind unzählige Rekombinationen denkbar.

Die Entwicklung einer Smart City als sozioökonomisch-technisches Gebilde im digitalen Zeitalter primär aus der digitalen Datenperspektive zu betrachten, wäre kurzsichtig und falsch. Es sind nicht die digitalen Technologien per se, die die Ausgestaltung und das Wachstum einer Smart City alleine determinieren. Es fehlt eine wesentliche Komponente. Diese Komponente stellt den Menschen in dem Gebilde der Smart City in den Vordergrund. Wenn die digitale Vernetzung der Handlungsfelder das äußere Konstrukt einer Smart City darstellt, dann sind die **sozialen Innovationen** das innere Gefüge. Das innere Gefüge einer Smart City hängt ab von der intensiven Interaktion der darin lebenden Menschen. Ohne intakte Interaktionsnetze von Bürgern entstünde erst einmal eine technologisch vernetzte Greenfield Smart City (siehe Kap. 2.1.2), der die menschlichen Interaktionsmuster und -netze erst einmal eingehaucht werden müssen.

Für die wirkungsvolle Entwicklung einer Smart City müssen aktive soziale Strukturen innerhalb einer Gemeinschaft interagierender Menschen und ihrer Umwelt vorhanden sein. Mithin müssen Formen der Kollaboration aller Akteure einer Smart City lebendig werden. Auf der Homepage von „SozialMarie" wird der Begriff sozialer Innovationen wie folgt definiert: „Soziale Innovationen sind neue Konzepte und Maßnahmen, die von betroffenen gesellschaftlichen Gruppen angenommen und zur Lösung sozialer Herausforderungen genutzt werden [SOMA]." Diese Begriffsdefinition hat Josef Hochgerner, der Wissenschaftliche Leiter des Zentrums für Soziale Innovationen in Österreich, erweitert: Unter sozialen Innovationen versteht man „neue Praktiken zur Bewältigung gesellschaftlicher Herausforderungen, die von betroffenen Personen, Gruppen und Organisationen angenommen und genutzt werden [HOCH02]."

Gemeint sind neue Kombinationen von sozialen Praktiken im Sinne Schumpeters. Die neuen Kombinationen sind entweder völlig neue Kombinationen oder Rekombinationen bestehender sozialer Innovationen. Dazu bedarf es eines spezifischen Smart City-Innovationsmilieus, das technische Innovationen immer im Konzert mit sozialen Praktiken versteht. Denn in lebendigen Smart Cities sind alle technischen Innovationen immer sozial relevant. Die Art und Weise, wie technologische Innovationen entwickelt, umgesetzt und angewandt werden, entscheidet darüber, ob eine Stadt zu einer Smart City wird oder nicht. Diese Art und Weise hängt von den wirkenden sozialen Praktiken in den Handlungsfeldern einer Smart City ab.

Die Kriterien für die Qualifikation einer sozialen Praxis als Innovation sind:

- Idee: Neuheit,
- Intervention: Beteiligung von zahlreichen Akteuren einer Smart City,
- Implementierung: Wirksamkeit (Akzeptanz und Effektivität) und
- Impact: Beispielsfunktion (Wiederholbar, Modell, Standard) [SOMA].

Bezogen auf die Smart City im Handlungsfeld Smart Mobility sind die sozialen Praktiken ein Ausdruck, wie man sich in der Stadt bewegt und in Zukunft bewegen will. Die Einführung eines „gratis"-Stadtrades (die erste Stunde der Nutzung ist gratis) wie in Wien ist eine soziale Innovation, die den Handlungsspielraum für die Mobilität erweitert. Es handelt sich um eine Rekombination bestehender Praktiken. An nahezu 120 Fahrradstationen in ganz Wien können die Fahrräder entliehen werden. Die Rückgabe ist an jeder beliebigen Station, unabhängig davon, wo die Fahrt begonnen wurde, möglich. Und das 24 h lang, 7 Tage die Woche [WIEN02].

Eine andere interessante Kombination aus technologischer Innovation und sozialer Innovation ist das Projekt **BEMobility 2.0** im Verbund der Hiriko Driving Mobility und der Fuhrparkgruppe der Deutschen Bahn. Bei diesem Projekt handelt es sich um die Erprobung und Pilotierung des Hiriko Citycar (baskisch für „Stadtauto"), einem innovativen Elektroauto als Bestandteil des vernetzten intermodalen Mobilitätsangebotes der Deutschen Bahn. Erprobt wird dieses Citycar in Berlin und stellt als völlig neues Mobility-On-Demand-System eine Ergänzung des öffentlichen Verkehrs dar. Es wurde speziell für flexible, verkehrsträgerübergreifende Mobilität (Intermodaler Verkehr) in Metropolen und die Integration mit dem Öffentlichen Personennahverkehr entwickelt (ÖPNV) [HIRIKO]. Mit diesem Beispiel sind die Kriterien für eine technologische und soziale Innovation gegeben. Das vollelektrische Faltauto ist in Modulbauweise entwickelt worden, leicht herzustellen und kann sich um 360 Grad auf der Stelle drehen (siehe Abb. 4.5). So kann der benötigte Parkraum in der Stadt minimiert werden. Die Parkraumbewirtschaftung stellt

Abb. 4.5 Hiriko Citycar
[http://www.bemobility.
de/bemobility-de/start/ser-
vice/meldungen/3010904/
pi_hiriko_db.html]

eine Rekombination der technologischen und sozialen Innovation des Citycars dar – eine
neue soziale Praktik.

Es sollte klar geworden sein, dass technologische Innovationen in einer Smart City
nicht von selbst wirken, um das volle implizite Potenzial zu entfalten. Erst in der Interaktion mit den Nutzern technologischer Innovationen kann sich die Smart City weiterentwickeln. Damit diese Verschmelzung von technologischer und sozialer Innovation stattfinden kann, bedarf es eines ausgeprägten Innovationsmilieus im städtischen Umfeld. Die
drei Komponenten im Verbund, technologische und soziale Innovationen in einem vernetzten Innovationsmilieu, beschleunigen das weitere Wachstum einer sich entwickelnden
Smart City (siehe Abb. 4.6).

Abb. 4.6 Der Verbund technologischer und sozialer Innovationen in einem vernetzten
Innovationsmilieu

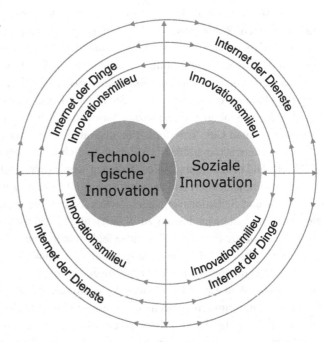

Nachdem ich die Wachstumskräfte der Smart City skizziert habe, wende ich mich der inneren Transformationsdynamik einer Stadt zur Smart City zu. Begleiten Sie mich weiter auf der Reise hin zum schematischen Reifegradmodell einer Smart City.

4.3.2   Die Smart City folgt einer graduellen Transformation

Im nächsten Schritt wird die prinzipielle innere Dynamik der Transformation einer Stadt zur Smart City betrachtet. Diese Transformationsdynamik charakterisiert die Form und Wandlungsgeschwindigkeit einer Stadt zu einer Smart City. Die Leitplanken für die Smart City-Transformation wurden im Kap. 2.2 bereits entwickelt. Jetzt gehe ich einen Schritt weiter und seziere die innere Smart City-Transformationsdynamik. Dieser inneren Transformationsdynamik werden wir im Kap. 6 wieder begegnen, wenn das schematische Transformationsmodell einer Smart City entwickelt wird.

Wie kann sich nun die dynamische, nicht lineare Transformation einer Stadt zur Smart City praktisch vollziehen? Es ist sicher nicht davon auszugehen, dass (mit Ausnahme der Greenfield Smart City-Ansätze) es zur Zertrümmerung, dem Zusammenbruch oder dem radikalen Austausch etablierter Technologien, Gesellschaftsstrukturen, Institutionen und Akteure einer Smart City kommen wird. Vielmehr wird die technikinduzierte Smart City-Transformation über ein bis drei Jahrzehnte anhaltende Phasen der Störung, Diskontinuität und Neuausrichtung ablaufen [DOLA]. So wird diese Transformation über eine Vielzahl dynamisch verlaufender Transformationen in den einzelnen Handlungsfeldern einer Stadt vollzogen. Wie dynamisch diese Transformationsprozesse dann ablaufen, ist auch von dem existierenden Innovationsmilieu und der Veränderungsbereitschaft aller Akteure einer Smart City abhängig. In diesem dynamischen Transformationsprozess bewegt sich die Smart City dann auf ein neues sozioökonomisch-technisches Design – ein neues Smart City-Regulationsmuster. Dieses neue Smart City-Regulationsmuster wird durch neu aufkommende, technologische und soziale Innovationen immer wieder in Frage gestellt.

Dass die Smart City-Transformation über anhaltende Phasen der Störung, Diskontinuität und Neuausrichtung abläuft, ist hauptsächlich durch folgende Gründe bedingt (nach [DOLA]): Die neuen digitalen Technologien werden nicht schlagartig in das Gefüge der Smart City implementiert und dann mit sozialen Innovationen kombiniert. Erst über zahllose Such- und Selektionsvorgänge entwickeln sich die digitalen Vernetzungstechnologien von Nischenanwendungen zu wirkmächtigen Alternativen, die dann das technologische und soziale Profil der Handlungsfelder einer Smart City verändern. So gewinnen die neuen digitalen Technologien langsam an Bedeutung, sind aber vereinbar mit den bestehenden Technologien. Im Verlauf dringen die digitalen Technologien zunehmend in die physische Welt ein und verändern die Dominanz des Physischen. Denken Sie nur an die Idee des **autonomen Fahrens** in der Smart City. Erst langsam werden Apps und das Internet Teil der etablierten Fahrzeuge und sozusagen ein „Add-On" ohne die bestehenden Technologien oder die etablierten sozioökonomischen Institutionen und Akteure zu verdrängen. Hier reicht die Eindringtiefe der digitalen Technologien nicht, um eine neues

Smart City-Design mit einem neuen Regulationsmuster in einem Handlungsfeld zu erzeugen.

Das Konzept des autonomen Fahrens besitzt aber eine viel größere Eindringtiefe in das Regulationsmuster der Smart Mobility in der Smart City. Der graduelle Transformationswandel kann durch neue Spieler im Markt, die sich nicht an die bestehenden Spielregeln halten, disruptiv verlaufen. Das Googlecar bricht nicht zwingend mit den physischen Technologien der etablierten Automobilhersteller. Aber das Konzept des autonomen Fahrens basiert auf den neuen digitalen Technologien, denen es egal ist, ob der Automotor elektrisch, hybrid oder über Verbrennungsmotoren angetrieben wird. Die Technologie von Google katapultiert das Autofahren in das Zeitalter der Kontext-Awareness, indem sich das Fahrzeug immer mehr seiner Umwelt und den Gegebenheiten der Situation bewusst wird [GEIG].

Die Art des Fahrens wird revolutioniert Dabei hat sich die Art zu fahren bis heute kaum von der Art von vor 100 Jahren verändert. Die physischen Automobiltechnologien führten zu technologischen Innovationen, die nicht die prinzipielle Art des Autofahrens veränderten, höchstens etwas mehr Komfort und Sicherheit für den Autofahrer zur Folge hatten. Jetzt aber wird die Wertschöpfungskette der Automobilhersteller drastisch verkürzt und die Margen werden über datenbasierte, autonom lernende Steuerungsprogramme erzielt. Die Wertigkeit und Wertschätzung der bisherigen physischen Technologie in den Automobilen wird sich drastisch reduzieren. Dieser Prozess ist auf viele Bereiche übertragbar, zum Beispiel bei Waschmaschinen, Smart Grids und Energieversorger, Kleidung und so weiter. Diese Entwicklungen erzwingen neue Smart City-Regulationsmuster in den Handlungsfeldern.

Der zweite Grund betrifft den sozialen Wandel und den sich verändernden Prozessen des sozioökonomischen und institutionellen Wandels. Signifikante Veränderungen in diesen Bereichen sind immer das Ergebnis länger anhaltender Interessenauseinandersetzungen und politischer Prozesse. Die politischen Prozesse erfordern die Suche nach passenden Rechts- und Regulationsrahmen. Dies erfordert Aushandlungsprozesse und Verhandlungen zum Interessenausgleich einer Vielzahl an Akteuren einer Smart City. Der Transformationsdruck durch das Aufkommen der neuen digitalen Technologien wird gewaltig zunehmen und die bestehenden Strukturen und Prozesse im städtischen Gebilde in Frage stellen. Durch die sich verstärkende Transparenz städtischer Verwaltungsprozesse wird sich das Selbstverständnis der Stadtverwaltungen ändern müssen [JA01].

Bezogen auf unser Beispiel des autonomen Fahrens zeichnen sich Veränderungen auf den Stadtverkehr der Zukunft wie folgt ab: Änderung der Verkehrsflussteuerung durch Big Data-Management (zentral und dezentral), Verstärkung der Intermodalität von Verkehrssystemen ohne Systembrüche, Änderung des Ampelmanagements an Kreuzungen (Wechsel zwischen zentralisierten Steuerungen und dezentralisierter autonomer Steuerung der Ampel im Echtzeitverbund mit Nachbarampeln, hohe Vernetzung aller Autos untereinander und Echtzeit bi-direktionaler Kommunikation und Steuerung, weitgehend autonomer Verkehr ohne Intervention des Menschen (spannend ist hier sicherlich die Frage, in welcher Situation der Mensch bei autonomem Fahren die Kontrolle übernimmt, übernehmen sollte?)) und so weiter. Das Konzept des autonomen Fahrens geht weit über das reine fahrerlose Autofahren hinaus. Das autonome Fahren setzt die Vernetzung zahlreicher Komponenten voraus, um stabil funktionieren zu können. Dazu zählen Ampeln, Fahrzeuge, Sensoren in Bürgersteigen, Informationen zur Verkehrslage, Sensoren in Fahrrädern, in der Kleidung von Menschen, Sensoren in der Fahrbahn zur Messung der Fahrbahnbeschaffenheit, Witterungsbedingungen usw. Die dabei entstehenden Herausforderungen werden einen intensiven Aushandlungsprozess zahlreicher Akteure einer Smart City nach sich ziehen. Diese Entwicklungen werden eben auch Auswirkungen auf die sozioökonomischen Strukturen und Institutionen haben. Welche Natur diese Veränderungen genau haben werden, ist noch nicht genau abzusehen.

Der Professor für Organisations- und Innovationssoziologie an der Universität Stuttgart, Ulrich Dolata, hat ein interessantes analytisches Konzept entwickelt, um den oben beschriebenen Transformationsprozess beschreiben zu können. Diesen Transformationsprozess bezeichnet Dolata als „graduelle Transformation." Das Modell der „graduellen Transformation" lässt sich auf die Smart City-Transformation übertragen.

Ulrich Dolata unterscheidet zwischen Formen graduellen Wandels und Varianten gradueller Transformation (siehe Abb. 4.7).

Die graduelle Transformation ist dadurch charakterisiert, dass neue Regulationsmuster (struktureller, organisatorischer und institutioneller Art) sukzessive als Ergebnis zahlreicher Ereignisse entstehen. Erst über einen längeren Zeitraum entwickelt das neue Regulationsmuster eine relative Stabilität [DOLA]. Für die Smart City bedeutet dies, dass es **keine ideale, fertige Smart City geben kann**, sondern einen temporär stabilen Entwicklungsstand mit neuem Regulationsmuster in der Zukunft. Denn neu aufkommende Technologien stellen dieses neue Regulationsmuster immer wieder in Frage und sorgen

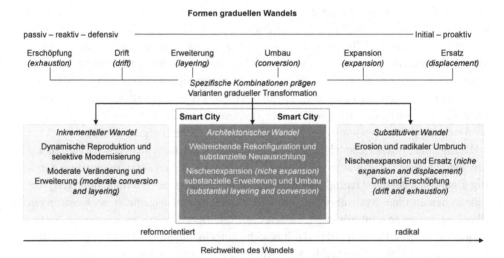

Abb. 4.7 Formen und Varianten gradueller Transformation [DOLA]

für neue soziale Realitäten. Die neuen digitalen Technologien bilden für die Städte den Ausgangspunkt einer Umbruchperiode, in der zahlreiche Such-, Selektions- und Neujustierungsvorgänge ablaufen, die diese Periode der Transformation begleiten.

In der Abb. 4.7 sind an erster Stelle Modi graduellen Wandels aufgeführt. Von diesen Modi wurden fünf von Wolfgang Streek und Kathleen Thelen in die Diskussion eingeführt [STREEK]. Der Modus „Expansion" wurde von Ulrich Dolata ergänzt. Über diese Modi graduellen Wandels können sich über einen Zeitablauf substanzielle institutionelle, organisatorische und strukturelle Veränderungen durchsetzen. Dies gilt im Besonderen für die Herausbildung einer Smart City.

Beim Modus der Expansion werden die neuen technologischen Möglichkeiten proaktiv aufgenommen und entwickelt. In der Folge bilden sich neue, auf die Technologien bezogene Akteurmilieus mit eigenen Interessen, Strategien, Institutionen und Strukturen. In der Diskussion hat Dolata im Gegensatz zu Streek/Thelen zusätzlich festgestellt, dass die Modi kombiniert auftreten, sich wechselseitig verstärken und/oder miteinander konkurrieren können. Hinzu kommt, dass sich das Bedeutungs- und Beziehungsgeflecht dieser Modi im Zeitablauf signifikant verändern kann [DOLA].

Die Transformation einer Stadt zu einer Smart City ist immer eine Kombination unterschiedlicher Formen graduellen Wandels. Da die Ausgangssituationen der Städte oftmals sehr unterschiedlich sind, wird jede Stadt die Kombination der Modi des graduellen Wandels selbst wählen, die Modi gewichten und die Modi dynamisch im Zeitablauf aufeinander beziehen. Das Zusammenspiel dieser Modi ergibt sich aus der Eindringtiefe der neuen digitalen Vernetzungstechnologien und den soziotechnischen Rahmen sowie den Adaptionsbedingungen der Städte.

Die Überlegungen von Dolata lassen sich auf die Smart City-Transformation sehr gut übertragen. Die Kernphase der Transformation wird durch den Modus – „conversion: die sukzessive Neudefinition organisationaler Handlungsorientierungen, kollektiver Regeln und sektoraler Leitorientierungen, durch signifikante Verschiebungen in den Akteurfigurationen, Konkurrenz- und Kooperationsmustern, Macht- und Einflussverhältnissen, die den Sektor (Handlungsfeld – Einlass Autor) bis dahin geprägt haben (displacement) und /oder durch Neujustierung bestehender Strukturen, Institutionen und Organisationen im Sinne ihrer Erweiterung um neue Bestandteile (layering) geprägt." Hinzu kommt mal mehr, mal weniger, der Untergang bestehender Strukturelemente, Institutionen und Organisationen, die obsolet geworden sind beziehungsweise verschwinden [exhaustion] [DOLA].

Bei der Transformation einer Stadt zu einer Smart City handelt es sich um eine soziotechnischen Umbruch, der als Periode gradueller Transformation rekonstruiert und abgebildet werden kann. Diese Transformation vollzieht sich auch nicht linear und reibungsfrei, sondern ist umstritten und provoziert kontroverse gesellschaftliche Diskussionen. Die Konkretisierung der Smart City-Transformation erfolgt in schwierigen und konfliktträchtigen Aushandlungs- beziehungsweise Konkurrenzprozessen zwischen heterogenen Akteuren einer Smart City.

Die Varianten der graduellen Transformation ergeben sich aus Kombinationen der erwähnten Formen graduellen Wandels [DOLA]. In unserem Kontext ist die Variante „Architektonischer Wandel" mit einer weitreichenden Rekonfiguration und substanziellen Neuausrichtung des soziotechnischen Stadtgefüges relevant, also der Organisationsstrukturen, der institutionellen Rahmenbedingungen und des Beziehungsgeflechts der Smart City. Kennzeichnend für diese Variante des graduellen Wandels ist, dass die etablierten Technologien wesentlich mit den neuen digitalen Technologien angereichert werden können und nicht vollständig abgelöst werden. Außerdem wird das soziotechnische Gefüge der Stadt bei der Transformation zur Smart City nicht abgelöst, sondern nachhaltig erweitert und mit zahlreichen neuen Elementen (re-)kombiniert. So werden die neu entstehenden soziotechnischen Konstellationen den etablierten Kern an Akteuren einer Smart City wesentlich herausfordern, ohne aber die wesentlichen Akteure, Institutionen und Strukturen vollständig zu ersetzen oder zu zertrümmern.

Die von Dolata entwickelte Theorie soziotechnischer Transformation ist ein äußerst interessanter Ansatz, der sich auf die Smart City-Transformation anwenden lässt. Die digitalen Vernetzungstechnologien werden beispielsweise die städtischen Prozesse stark verändern, zum Beispiel in der Art, wie die städtischen Institutionen mit den Bürgern interagieren. Die Einführung vielfältiger E-Government-Services setzt eine angepasste Ablauf- und Aufbauorganisation in den Verwaltungen voraus. Eine vor allem prozessorientierte Sichtweise wird sich etablieren müssen. Hinzu kommt die behördenübergreifende Integration von Leistungen, unabhängig davon, welche Behörde die Leistung erbringt. Dabei sind die rechtlichen Rahmenbedingungen zu schaffen, die heutige Regulationsmuster in den Verwaltungen in Frage stellen. Viele weitere Aspekte werden das soziotechnische Design der Stadtverwaltungen nachhaltig verändern, ohne es vollständig zu zerstören.

Die Diskussion der graduellen Transformation einer Smart City kann an dieser Stelle nicht weiter verfolgt werden, da dies den Rahmen des Buches sprengen würde. Ich hoffe aber, dass die Kombination der Formen graduellen Wandels und daraus resultierender Varianten gradueller Transformation Einzug in die Diskussion über Smart City-Transformationen finden wird. Der Ansatz von Dolata bildet eine fruchtbare Grundlage für weitere Ausdifferenzierungen der Smart City-Transformationsdynamik.

Nachdem ich die Smart City-Transformationsdynamik herausgearbeitet habe, wende ich mich der Art der Modellierung des Smart City-Systems zu, die diesem Buch zugrunde liegt.

4.3.3   Die Modellierung des Smart City-Systems

Die Smart City ist nicht als rein systemtheoretischer Ansatz zu verstehen oder abzubilden. Vielmehr ist die Smart City ein komplexes sozioökonomisch-technisches Gebilde mit Prinzipien der Dezentralität (Partizipation – Bottom-Up Prinzipien) und Selbstorganisation. In den Sozialwissenschaften existieren unterschiedliche Modelle zur Abbildung von Komplexität. Der Konflikt besteht, stark vereinfacht ausgedrückt, zwischen den mathematisch orientierten, den narrativen Modellen und den einfachen Modellen mit begrenzter Anzahl an Parametern. Die Smart City besteht aus zahlreichen Modellen der Technologie,

Ökonomie, Gesellschaft mit Untermodellen, Interdependenzen der Modelle, Inputs und Outputs und Feedback-Schleifen weiterer Modelle.

Man denke nur an die von Taleb bezeichneten „Schwarzen Schwäne“: „Black Swans and tail events run the socioeconomic world – and these events cannot be predicted“ [TALEB02]. Das sind die unvorhersehbaren Ereignisse in der sozioökonomischen Welt. Man könnte auch sagen: Irgendetwas gibt es immer. Und dieses „Irgendetwas“ ist mit mathematischen Modellen nicht vollständig zu erfassen. Zudem verfügen wir laut Gary King, dem Direktor des Institute for Quantitative Social Science in Harvard, über keine überzeugende Theorie des sozialen Verhaltens [GEISE]. Nichtsdestotrotz gilt, was George Box so ausdrückt: „Essentially, all models are wrong, but some are useful“ [WIKIQ01]. So ist es bei der Modellierung der Smart City wie mit der graduellen Smart City-Transformation: Ein Experimentieren, Suchen, Vergleichen, Falsifizieren und wieder verwerfen von Modellen, bis sich Modelle herauskristallisieren, die die Smart City zumindest in Teilen erklären können.

Es muss darum gehen, einen pluralistischen, also multiperspektivischen Ansatz zu entwickeln [HELB]. Hier wird das Gebilde Smart City aus den unterschiedlichsten Perspektiven beleuchtet und analysiert: Biologie, Mathematik, Physik, Soziologie, Informationstechnologie, Ökonomie und so weiter. Es muss folglich mehrere Weltsichten der Smart City geben, um das Kaleidoskop der sozioökonomisch-technischen Smart City-Realität abbilden und analysieren zu können. Hier stehen wir noch am Anfang. Das hat sicherlich damit zu tun, dass es noch keine weit entwickelte Smart City in der Praxis gibt. Bis heute existieren vereinzelte Smart City-Projekte und -Programme in unterschiedlicher Reife und die weit entwickelte Smart City ist weitgehend ein Konzept oder ein schematisches Modell.

Deshalb betrachte ich den Komplex Smart City in einem noch sehr frühen Stadium. Es geht immer noch darum, das Gebilde Smart City besser greifen, beschreiben und schließlich verstehen zu können. Es bleibt insbesondere der wissenschaftlichen Welt vorbehalten, gemäß dem pluralistischen Modellansatz [HELB] mit anderen Modellansätzen die Komplexität der Smart City perspektivisch zu erweitern. Dieses Buch zielt darauf ab, dem Leser ein besseres Verständnis über die Smart City zu vermitteln und praktische Orientierung bei der Smart City-Transformation zu bieten. Dazu werde ich die Smart City narrativ, deskriptiv und moderat detailliert modellieren. Die Grundlage des Smart City-Reifegradmodells bildet die schematische Smart City-Architektur, die im Kap. 1.2.3 skizziert wurde.

4.4   Fazit

Die immer tiefer in unseren Lebensalltag eingreifenden digitalen Technologien führen zu einer Digitalisierung zahlreicher Lebensbereiche mit einer zunehmenden Humanisierung der Technologie. Damit rückt die Vision von Mark Weiser, in der er die Hoffnung ausdrückt, dass Computer eines Tages „zu einem integralen, unsichtbaren Bestandteil des Alltags werden“ [WEIS] (siehe Anfang Kap. 4), in immer greifbarere Nähe. Im idealen

Fall verschmelzen die digitalen Technologien mit dem Hintergrund. Die Sensoren messen, vergleichen und optimieren die Umgebung, in der wir uns bewegen. Das Spezifikum dieser Technologien sind die technische Autonomie, Selbstregulation und technische Interaktivität über die Vernetzung. Mit dieser Digitalisierung sind erst einmal Effizienzgewinne in den städtischen Prozessen verbunden, weil die Prozesse transparent werden. Darüber hinaus werden aber auch völlig neue Geschäfts-, Arbeits- oder Produktionsmodelle aus diesen Technologien entstehen.

Die Vision des Mark Weiser manifestiert sich im Smart City-Kontext in den einzelnen Handlungsfeldern mit Lösungen für Smart Home, Smart Health, Smart Grid und so weiter. Dabei fallen Unmengen an Daten an, die mit Big Data-Management nutzbar gemacht werden. Das geht hin bis zur Prognose zukünftigen menschlichen Verhaltens und Vorlieben. Wenn menschliches Verhalten so umfassend transparent gemacht wird, steigt das Risiko der Totalüberwachung ganzer Gesellschaften. So spricht Stefan Aust von einer digitalen Diktatur [AUST].

Es muss einen umfassenden gesellschaftlichen Diskurs über die mit unzähligen Sensoren ausgestattete Smart City stattfinden. Was kann, soll, darf und was darf nicht gemessen, ausgewertet und weitergereicht werden. Diese Diskussion geht weit über den reinen Datenschutz hinaus. Es geht vielmehr um unser Selbstverständnis von Privatheit und Schutz der individuellen Privatheit. Ein plastisches Beispiel für den allgemeinen Datenschatten, den wir über alle neuen Medien hinterlassen, lässt sich bei dem Politiker Malte Spitz (Bündnis 90/ Die Grünen) einsehen. Der Politiker hat bei Firmen und Behörden nach seinen Daten ausdrücklich nachgefragt (siehe Abb. 4.8). Es ergab sich ein riesiger Datenschatten, der mehr als ein Jahrzehnt in die Vergangenheit reicht [SPITZ] [ORE]. Erstaunlicherweise hat auch die „US Homeland Security" gespeicherte Daten über Malte Spitz herausgegeben. Damit ist der Datenschatten aber noch lange nicht vollständig. Über welche Daten verfügen Mobilfunk- oder Internetbetreiber? Welche Daten haben Unternehmen über Malte Spitz, die diese nicht herausgeben wollten?

Im Kern ist unsere menschliche Freiheit betroffen, die in Unfreiheit umschlagen kann. Ob dies tatsächlich so kommt, hängt insbesondere von einer intensiven gesellschaftlichen

Abb. 4.8 Malte Spitz und der Datenschatten [ORE]

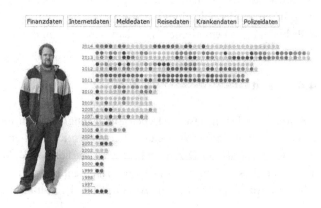

Auseinandersetzung mit dem Komplex der digitalen Transparenz in allen seinen Schattierungen ab. Ein erster Schritt dazu ist die Mechanik des Big Data-Managements und Reality Minings zu verstehen, aufmerksam zu verfolgen und sich in die Diskussion einzumischen. Dazu wollte ich mit dem Kap. 4 einen Beitrag leisten. Ein weiterer Schritt besteht darin, beim soziotechnischen Design von Smart Cities die Prinzipien der Dezentralisation (Partizipationsmöglichkeiten der Bürger über offene Plattformbereiche mit Datensouveränität des Bürgers) und Selbstorganisation (dezentrale Steuerung der Stadtteile und nicht Steuerungszentrale mit alleiniger Datenhoheit) anzuwenden. Weiter gilt, das eine Smart City-Innovation immer eine Vernetzung einer technischen und einer sozialen Innovation darstellt. Nur so erarbeitet urbane Praxis die Smart City!

Im nächsten Schritt wird zum weiteren Verständnis des Komplexes Smart City auf der Basis eines deskriptiven Ansatzes das schematische Reifegradmodell hergeleitet. Die Entwicklungsstufen des Reifegradmodells erlauben eine Klassifikation von Smart Cities und bieten Orientierung im Smart City-Kontext. Den Ausgangspunkt des Reifegradmodells bildet die schematische Smart City-Architektur.

Der Kompass für Smart Cities – das Reifegradmodell

5

Für einen, der nicht weiß, welchen Hafen er ansteuert, ist jeder Wind der richtige Wind.
(Lucius Annaeus Seneca)

Bevor ich die schematischen Entwicklungsstufen einer Smart City skizziere, wird das Verhältnis von Smart City, Smart City-Programm und Smart City-Projekt ausgeleuchtet. Aus der Abb. 5.1 wird das Verhältnis deutlich. Danach sind Smart City-Programme auf einzelne Handlungsfelder einer Smart City begrenzt. Dies ist heute bei den meisten Smart City-Vorhaben der Fall. Dies hat einerseits mit den begrenzten Haushaltsmitteln der Städte zu tun. Außerdem testen die Städte erst einmal in einem Handlungsfeld verschiedene Smart City-Pilot-Programme und -Projekte auf ihre Durchführbarkeit hin aus. In vielen Fällen kann auch nicht von einem Smart City-Programm gesprochen werden, sondern eher von „ad hoc"-Smart-City-Projekten als Teil von Smart City-Programmen in einem oder verschiedenen Handlungsfeldern einer Smart City. Insbesondere die unterschiedlichen Ausgangsbedingungen der Städte können dazu führen, dass man sich auf bestimmte Bereiche konzentriert. Oder die Europa-2020-Ziele des Klimaschutzes und der nachhaltigen Energiewirtschaft führen dazu, dass die transformierenden Städte in der Europäischen Union prioritär Smart City-Programme und -Projekte in diesen Handlungsfeldern pilotieren.

Die isolierten Smart City-Pilotprojekte (zum Beispiel Apps-basiertes Parkraummanagement in Wien) markieren in der Praxis oftmals den prinzipiellen Einstieg in die Entwicklung einer Smart City. Dieses Smart City-Initial erfolgt dann in Form des Ausprobierens, der Bewertung, des Verwerfens und Sortierens von Smart City-Komponenten. Eine ganzheitliche Smart City hingegen umfasst alle Handlungsfelder einer Smart City, eingebettet in ein Innovationsmilieu, das kontinuierliche Lernzyklen der Akteure einer Smart

© Springer Fachmedien Wiesbaden 2015
M. Jaekel, *Smart City wird Realität*, DOI 10.1007/978-3-658-04455-8_5

Abb. 5.1 Die Smart City ist
mehr als ein Projekt

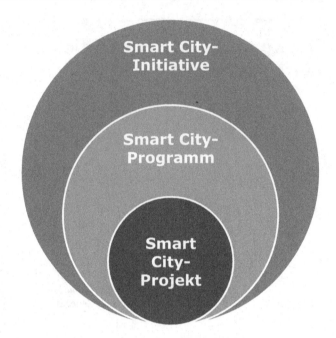

City zulässt. Zudem basiert eine ganzheitliche Smart City auf einer holistischen Vision,
klar formulierten Zielen und Netzwerkverbindungen zu anderen Smart Cities.

Von hier aus begebe ich mich auf die Suche nach dem Ausgangspunkt für die Entwicklung eines Smart City-Reifegradmodells. Im Prinzip steht jeder Stadtverantwortliche
am Beginn einer Smart City-Reise zuerst vor Fragen wie: Wo stehen wir im Kontext einer
Smart City? Oder: Was ist meine Absprungbasis? Womit fangen wir an? Eine Lagebestimmung der Stadt ist notwendig, um eine Verortung im Smart City-Kontext zu ermöglichen.
Mit dieser Verortung im Smart City-Kontext lassen sich der Startpunkt und die Richtung
der Herausbildung einer Smart City bestimmen. Für die Verortung wird im diesem Kap. 5
sukzessive der Kompass für Smart Cities – das Reifegradmodell – entwickelt. Dazu stelle
ich mir zunächst die Frage: Wo befindet sich der Ausgangspunkt des Reifegradmodells
einer Smart City? Dieser Frage gehe ich im folgenden Kap. 5.1 nach.

5.1   Boyd Cohen und die Suche nach der Smart City-Modellarchitektur

Den ersten Schritt bei der Entwicklung eines schematischen Smart City-Reifegradmodells bildet eine geeignete schematische Smart City-Modellarchitektur, die alle bisherigen
Überlegungen im Buch berücksichtigt und abbildet. Die Smart City-Modellarchitektur
skizziert den holistischen Meta-Rahmen, innerhalb dessen sich die Smart City-Entwicklung vollzieht. Den Nukleus einer Smart City-Modellarchitektur bilden die von Giffinger
et al. [GIFF01] entwickelten Handlungsfelder einer Smart City (siehe Kap. 1.3.2). Diese

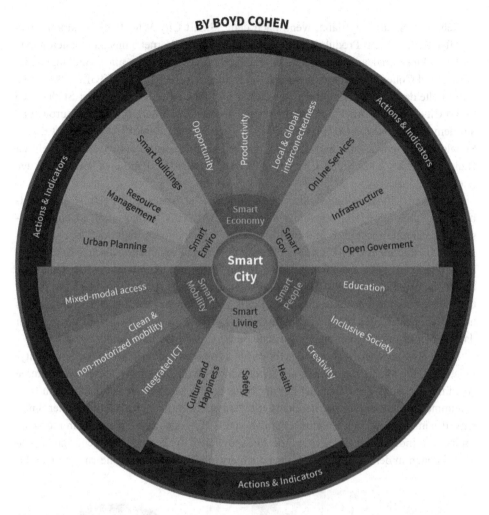

Abb. 5.2 Boyd Cohen – Das Smart City Wheel [BOYD]

Betrachtung einer Smart City basiert auf den traditionellen, regionalen und neoklassischen Theorien urbanen Wachstums [ADEG]. Letztendlich sollen die Smart City-Handlungsfelder Smart People, Smart Mobility, Smart Econonmy, Smart Governance, Smart Environment und Smart Living in der Smart City entwickelt und ausgestaltet werden, um die Lebensqualität aller Akteure einer Smart City zu erhöhen. Betrachten wir in diesem Zusammenhang das von dem Urbansiten und Klimastrategen Boyd Cohen entwickelte „Smart City Wheel" (siehe Abb. 5.2).

Sofort fällt auf, dass die Handlungsfelder von Giffinger et al. den Ausgangspunkt von Boyd Cohens „Smart City Wheel" darstellen. Damit die von Giffinger et al. entwickelten Handlungsfelder umgesetzt werden können, führte Cohen für jedes Handlungsfeld drei Haupttreiber ein, die jedes Handlungsfeld charakterisieren. Eine „Smart Economy" erreicht eine Smart City dann, wenn nach dem „Smart City Wheel" die Faktoren „Geschäftsmöglichkeiten, Produktivität, lokaler und globaler Vernetzungsgrad" einen hohen Zielerreichungsgrad aufweisen. Diesen Zielerreichungsgrad über alle Handlungsfelder misst Boyd Coher anhand von mehr als 100 Indikatoren [BOYD] [SUGGEE]. So lassen sich Städte dann bewerten und die Bewertung im Sinne einer Rangfolge der Städte nach Smart City-„Reife" vornehmen. So misst Boyd Cohen die „Smartest Cities in Europa und auf dem Planeten [BOYD02] [BOYD03]" im Sinne eines „Rankings" von Smart Cities. Sobald ich diesem „Smart City Wheel", das von Giffinger et al. entwickelte Modell der Handlungsfelder, einer Smart City gegenüberstelle, fallen die Parallelen sofort ins Auge (siehe Abb. 5.3).

Die Smart City-Handlungsfelder von Giffinger et al. sind uns ins Kap. 1.3.2 bereits begegnet. Über alle Handlungsfelder hinweg wurden von Giffinger et al. 31 charakterisierende Faktoren bestimmt und mit insgesamt 71 Indikatoren hinterlegt. So wurde im Jahre 2007 die Smart City-Leistungsfähigkeit von mittelgroßen europäischen Städten gemessen und die Städte anschließend in eine Rangfolge mit Luxemburg als dem damaligen Spitzenreiter gebracht [GIFFF01]. Für uns ist an dieser Stelle bedeutsam, dass das „Smart City Wheel" von Boyd Cohen derselben Logik von Giffinger et al. folgt. Allerdings muss hervorgehoben werden, dass das Smart City Wheel von Boyd Cohen wohl nicht primär dazu entwickelt wurde, um eine holistische Smart City-Modellarchitektur abzubilden.

Für den vorgegebenen Zweck der Bewertung von Städten hinsichtlich der Smart City-Leistungsfähigkeit ist der Ansatz als erster Schritt durchaus sinnvoll. Bei der weiteren Ausdifferenzierung der Parameter auf der Basis großer Mengen an Vergleichsdaten können immer bessere Ergebnisse bereitgestellt werden. Es ergibt sich ein Abbild einer Smart City, das im Kern auf den Handlungsfeldern von Giffinger et al. basiert und um messbare Treiber mit Indikatoren erweitert wurde. Die möglichen Treiber und dazugehörige Indikatoren können in der Anzahl nahezu unendlich erweitert werden und eine enorme Kombi-

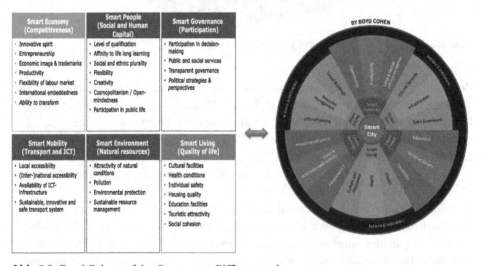

Abb. 5.3 Boyd Cohen auf den Spuren von Giffinger et al.

nationsvielfalt annehmen. Damit kann man versuchen, den inneren Kern einer Smart City zu analysieren. Dem aufmerksamen Leser wird sofort klar, dass hier die Mechanik des Big Data-Managements zum Tragen kommt. Dennoch bewegen sich diese Ansätze formal in den Grenzen der von Giffinger et al. entwickelten Handlungsfeldern einer Smart City.

5.1.1   Eine perspektivisch erweiterte Smart City-Ökosystem-Architektur

Diese Grenzen gilt es aufzubrechen und die Betrachtung der Smart City perspektivisch zu erweitern. Die perspektivische Erweiterung der Betrachtungsweise einer Smart City habe ich im Kap. 1.3.2 vorgenommen, in dem ich insbesondere die Wechselbeziehungen der Handlungsfelder einer Smart City nach Giffinger et al. neu interpretiert habe (siehe Abb. 5.4).

Diese Neuinterpretation bildet den Ausgangspunkt für die ganzheitliche Abbildung einer Smart City durch eine schematische Smart City-Modellarchitektur. Um die gesamte schematische Modellarchitektur einer Smart City mit ihrem Ökosystem abzubilden, sind weitere Komponenten notwendig. Auf der Basis der perspektivisch erweiterten Smart City-Handlungsfelder nach Giffinger et al. in Abb. 5.4 ergibt sich, basierend auf in der Literatur entwickelten Modellen und eigener Weiterentwicklungen, die ganzheitliche Abbildung einer schematischen Smart City- Modellarchitektur mit einem Ökosystem (siehe Abb. 5.5).

Den Nukleus bilden hier die neu interpretierten Handlungsfelder einer Smart City nach Giffinger et al. Dieser wichtige Nukleus wurde um zahlreiche Komponenten angereichert. Es sind sämtliche Komponenten wichtig, um eine holistische Smart City-Modellarchi-

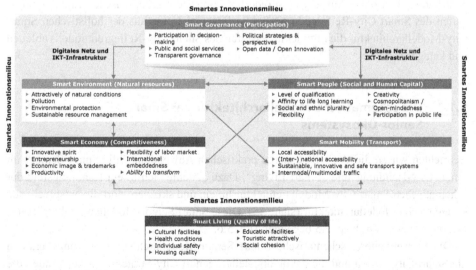

Abb. 5.4 Perspektivische Erweiterung der Handlungsfelder einer Smart City (in enger Anlehnung an [GIFF01])

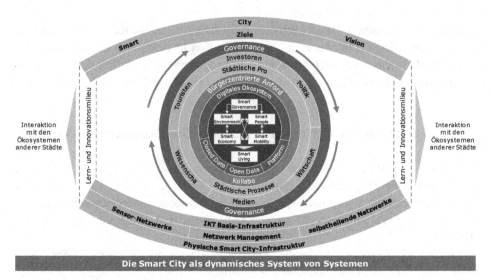

Abb. 5.5 Die perspektivisch erweiterte, holistische Architektur des Smart City-Ökosystems (abgeleitet und erweitert nach [GOV01][JA01][BOYD][BATA])

tektur abbilden zu können. Zu den Komponenten zählen: die Smart City Vision, Strategie, Governance, Stadtstrukturen und Prozesse, Technologien, Ressourcen finanzieller, organisatorischer oder materieller Art, Normen und Regularien und so weiter. Die Komponenten einer holistischen Smart City-Modellarchitektur bilden die Bausteinkomponenten des Smart City-Reifegradmodells. Im Kap. 5.4 beschreibe und charakterisiere ich die Bausteinkomponenten des Smart City-Reifegradmodells. Aus der Abb. 5.5 ergibt sich ein multidimensionaler Smart City-Ansatz, der die unterschiedlichsten Ausprägungen annehmen kann. Eben diese Ausprägungsgrade bestimmen die schematischen Entwicklungsstufen des Smart City-Reifegradmodells. So lassen sich nun aus der holistischen Smart City-Modellarchitektur die Entwicklungsstufen des Smart City-Reifegradmodells ableiten und kategorisieren.

5.1.2 Die schematische Modellarchitektur des Smart Senior-Ökosystems

Betrachten wir an dieser Stelle unseren praktischen Anwendungsfall „Smart Senior" im Smart City-Handlungsfeld „Smart Living". Dazu „zoome" ich in ein Handlungsfeld der schematischen Smart City-Modellarchitektur hinein und skizziere dort die entsprechende schematische Modellarchitektur (siehe 45). Diese Smart Senior-Modellarchitektur ist uns im Ansatz bereits im Kap. 3.5 begegnet Abb. 5.6.

Die hier erweiterte schematische Smart Senior-Modellarchitektur ist eingebettet in die Smart City-Vision und die davon abgeleitete Smart City-Strategie. Dabei können die Komponenten dieser schematischen Modellarchitektur unterschiedliche Ausprägungs-

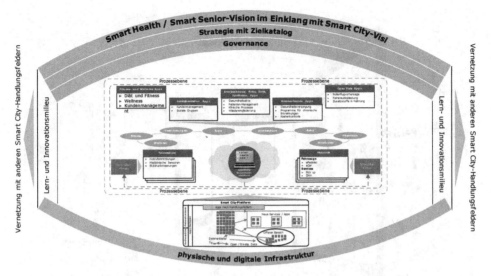

Abb. 5.6 Die schematische Smart Senior-Modellarchitektur (erweitert nach [JA01])

grade annehmen. Hier wird die Komplexität des sozioökonomisch-technischen Gebildes einer Smart City plastisch deutlich, da die möglichen Ausprägungsgrade für alle Smart City-Handlungsfelder gelten. Zudem ergeben sich im Verbund aller Smart City-Handlungsfelder und im Austausch mit anderen Smart Cities und deren Handlungsfeldern weitere Ausprägungsgrade.

Es kann hier nicht darum gehen, alle möglichen Ausprägungsgrade der Komponenten einer Smart City abzubilden. Die schiere Anzahl und Vielfalt dieser möglichen Ausprägungsgrade der Smart City-Komponenten ist bereits deutlich geworden. Vielmehr geht es darum, ein schematisches Reifegradmodell zu entwickeln, mit dem die Entwicklungsstufe einer Smart City identifiziert werden kann: die Verortung im Smart City-Kontext mit Hilfe eines Smart City-Kompasses in Form des Reifegradmodells. Den Ausprägungen der Bausteinkomponenten des Reifegradmodells sind prinzipiell kaum Grenzen gesetzt. Die Anzahl der Komponenten, die Bewertung und Ausprägung kann individuell für jede Smart City angepasst werden, aber im Rahmen der hier entwickelten schematischen Smart City-Modellarchitektur. Von hier aus können nun die schematischen Entwicklungsstufen des Smart City-Reifegradmodells abgeleitet werden.

5.2 Das schematische Reifegradmodell einer Smart City

Die schematische Smart City-Modellarchitektur skizziert die Smart City als holistischen und sozioökonomisch-technischen Komplex, der in verschiedenen Reifegraden in Erscheinung treten kann. Somit kann eine Stadt über zahlreiche Elemente einer Smart City

Abb. 5.7 Digitale Technologien und das reale Leben. (Quelle: iStockphoto.com)

verfügen, die Teile der holistischen Smart City-Architektur oder die ganzheitliche Smart City abbilden und in unterschiedlichen Ausprägungen auftreten.

Der Vollzug einer Stadt zur Smart City erfolgt immer in Stufen mit offenem Ende. Dies gilt auch für die sogenannten „Greenfield-Ansätze", die ich im Kap. 2.1 näher beleuchtet habe. Beim Greenfield-Ansatz versucht man gewissenmaßen einige der Stufen eines Reifegradmodells zu „überspringen". Die Besonderheit liegt ja darin, dass man die urbanen, gewachsenen Stadtgegebenheiten beiseitelassen kann und auf der grünen Wiese eine völlig neue Stadt, eine Smart City, aufbaut. Damit verbunden ist unter anderem die Schwierigkeit, das soziale Leben in eine „steril" empfundene Technikumgebung zu implementieren (siehe Abb.5.7).

Die digitalen Technologien lassen sich in wenigen Stufen einführen, aber die sozialen Innovationen und das reale Leben benötigen mehr Zeit, um Gestalt anzunehmen. Dies gilt vor allem auch für die Normen und Regularien, die in den Greenfield-Smart-Cities erst etabliert und im urbanen Leben verankert werden müssen. Somit durchlaufen Smart Cities, entworfen am Reißbrett, letztendlich auch unterschiedliche Entwicklungsstufen bis zu einem temporär gültigen Smart City-Regulationsmuster mit stabilen Normen und Regularien. So zeigt sich, dass auch beim Greenfiled-Ansatz alle Stufen eines schematischen Smart City-Reifegradmodells durchlaufen werden müssen und ein Überspringen von Reifegradstufen weder sinnvoll noch praktisch umsetzbar ist (siehe hierzu insbesondere Kap. 6.3). Im Kern sind die Startvoraussetzungen beim „Greenfield-Ansatz" und beim „Retrofitting-Ansatz" anders. Die Schwierigkeiten bei der weiteren Ausgestaltung der Smart City hingegen sind allerdings gleich, nur in unterschiedlichen Schattierungen.

Weiter gilt wie im Kap. 4.3.2 ausgeführt, dass es keine ideale Smart City mit einem definierten Endpunkt geben kann. Vielmehr wird es ein **stabiles Smart City-Design** geben, mit einem temporär stabilen Regulationsmuster, das für einen bestimmten Zeitablauf Bestand hat. In dieser Ausprägung spreche ich von einer „(selbst-)lernenden Stadt" (siehe Kap. 5.2.2).

Die unterschiedlichen Start-Smart-City-Reifegrade ergeben sich prinzipiell aus der Diversität der Städte (Größe, Lage, finanzielle Ressourcen etc.) und den daraus resultierenden, unterschiedlichen Smart City-Startvoraussetzungen der Städte. Damit sich nun die Städte in einem ersten Schritt im Smart City-Kontext verorten können, gilt es, ein praktikables Smart City-Reifegradmodell zu entwickeln, um gewissermaßen den Startpunt für die eigene Stadt auf dem Weg zur Smart City bestimmen zu können oder um bereits laufende Smart City-Vorhaben (mit isolierten Smart City-Projekten und/oder Smart City-Programmen) über das Reifegradmodell einordnen zu können. Das schematische Smart City-Reifegradmodell bildet den Orientierungspunkt auf dem unbekannten Terrain hin zur Smart City. Es ist der praktische Kompass zur Smart City-Orientierung. Im nächsten Schritt beleuchte ich erste praktische Smart City-Reifegradmodellansätze.

5.2.1   Erste Ansätze von Smart City-Reifegradmodellen in der Praxis

Bei der Betrachtung erster praktischer Ansätze von Smart City-Reifegradmodellen fällt besonders auf, dass isolierte Projekte in einzelnen Smart City-Handlungsfeldern den Startpunkt eines Smart City-Vorhabens markieren. Das legt den Verdacht nahe, dass die Projekte von einer übergeordneten Smart City-Vision und damit verbundener konkreter Ziele losgelöst sind. Aus der Nische sollen die Smart City-Projekte in alle Handlungsfelder einer Smart City ausstrahlen und sich dann zu einer wie auch immer gearteten Smart City formen.

Eine weitere Auffälligkeit dieser praktischen Ansätze betrifft die fehlende Standortbestimmung der Städte auf dem Weg zur Smart City. Es fehlt die Analyse der städtischen Voraussetzungen für die Herausbildung einer Smart City. Die praktischen Modelle gehen einfach davon aus, dass man losgelöst von städtischen Gegebenheiten mit isolierten Smart City-Projekten in einzelnen Smart City-Handlungsfeldern beginnt. Dies spiegelt oftmals die gelebte urbane Praxis bei der Entwicklung von Städten zu Smart Cities wider. Erst später wird dann gewissermaßen den Smart City-Projekten und -Programmen eine Smart City-Vision und -Strategie überstülpt. Das verleiht diesem Smart City-Vorgehen eine Beliebigkeit, die kaum einen langfristigen Erfolg verspricht.

Nachfolgend beleuchte ich nun vier praktische Smart City-Reifegradmodelle, die stellvertretend für die ersten praktischen Ansätze stehen. Die Modellierung dieser Ansätze basiert auf narrativen und einfachen Reifegradmodellen, die teilweise über ein Detailierungsspektrum verfügen. Die in Abb. 5.8 abgebildeten praktischen Ansätze zeigen drei bis fünf Smart City-Entwicklungsstufen in unterschiedlicher Ausprägung.

NEC Smart City [NEC]	EU – China Smart Cities Studie [EUCHI]
1. Growth Stage Quantitative Expansion der Stadt- Infrastruktur **2. Maturation Stage** Stabilisierung der Wachstumsphase Qualität der Services steht im Vordergrund **3. Reconstruction Stage** Entwickelte Smart Cities erneuern sich und vernetzen sich mit anderen Smart Cities	1. Basic 2. Average 3. More Advanced 4. State-of-the-Art
IBM Transport Maturity Model [IBM09]	**IDC Smart City Maturity Scape [IDC]**
1. Silo 2. Single mode integrated 3. Partially integrated 4. Multimodal integrated 5. Multimodal optimized	**1. Ad hoc – Siloed:** projects, department based **2. Opportunistic – Intentional:** opportunistic project deployments **3. Repeatable – Integrated:** recurring projects **4. Managed – Operationalized:** formal systems **5. Optimized – Sustainable:** sustainable city wide platform

Abb. 5.8 Praktische Ansätze von Smart City-Reifegradmodellen

Die Ansätze von IBM (im konkreten Handlungsfeld „Smart Mobility" – Öffentliche Verkehrsmittel) und IDC (allgemeines Smart City-Reifegradmodell) stellen erste ausdifferenziertere Ansätze von Smart City-Reifegradmodellen dar. Aber auch bei diesen Reifegradmodellen fehlen noch Aspekte, die ein holistisches Smart City-Reifegradmodell charakterisieren. Beispielsweise streben nahezu alle bisherigen praktischen Reifegradmodelle auf eine „optimierte oder ideale Smart City" in der letzten Entwicklungsstufe hin. Zudem findet sich in dieser Entwicklungsstufe dann der Innovationsaspekt, der zu einer kontinuierlichen Verbesserung der Smart City beitragen soll. Ein innovatives Milieu bildet eine wesentliche Grundlage für die Ausbildung von Smart Cities per se. Das innovative Milieu ist in allen Entwicklungsstufen einer Smart City in unterschiedlicher Ausprägung zu entfalten und nicht erst in der letzten Stufe einer „idealen" oder „optimierten" Smart City.

Diese Erfahrung haben die Akteure der „T-City Friedrichshafen" machen müssen: So ist die Mentalität der Bürger in Friedrichshafen eher so, dass man kaum von einem kreativen Innovationsmilieu sprechen kann, „das in urbanen Qualitäten und einer damit verbundenen Vielfältigkeit und Offenheit gegenüber dem Fremden in der Stadtgesellschaft wurzelt [HATZELHOFFE01]." Diese Offenheit gegenüber dem Fremden und neuen Technologien ist aber eine wichtige Voraussetzung, damit Smart City-Innovationen ihr Potenzial in der Stadtgesellschaft entfalten können. Im asiatischen Raum und hier insbesondere in Singapur oder Tokio existieren kreative Innovationsmilieus im unternehmerischen Bereich, verbunden mit einer grundsätzlich hohen Technik-Affinität der Bürger. Anders ausgedrückt: Hier trifft Spitzentechnologie auf eine offene („open-minded"), risikobereite und innovative urbane Gesellschaft.

Zu der Innovationsproblematik tritt der Umstand, dass es keine wie in den praktischen Ansätzen angeführte ideale oder optimale Smart City geben kann. Eine ideale Smart City wäre eine völlig ausgemessene Stadt. Diese „ausgemessene" Stadt wäre aber das Ende aller Entwicklung, weil alle Bereiche einer Stadt vollständig ausgeleuchtet und optimiert wären. Dieses Modell ist in Ansätzen beim Greenfield-Ansatz theoretisch denkbar und gleichzeitig in der Praxis kaum umsetzbar. Es entstünde eine Laborsituation, in der die Bürger in der Smart City zu Statisten degradiert würden. Der Mensch in der Stadt braucht aber das Unvorhersehbare, das Chaotische, das Überraschende, das nicht Ausgemessene. Das macht vor allem das urbane Leben in Städten aus! Im extremsten Fall würde dieses Unausgeleuchtete der Stadt im Verborgenen entstehen und so einer Überwachung entzogen. Hinzu kommt, dass Smart Cities im Zeitablauf immer wieder externen Einflüssen und Veränderungsdynamiken aus der Umwelt ausgesetzt sein werden, die zu neuen städtischen Räumen und Dimensionen führen. Wie wir im Kap. 4.3.2 bereits gesehen haben, gestalten sich Smart City-Vorhaben über lange Zeiträume von 20 und mehr Jahren. In dem Zeitraum von 20 und mehr Jahren kann sich ein temporär dominantes Smart City-Regulationsmuster bilden, das im weiteren Verlauf aber immer wieder durch das Aufkommen neuer Technologien und vielfältigen anderen Entwicklungen in Frage gestellt wird. Es entsteht keine optimale oder ideale Smart City, sondern eine lernende und adaptionsfähige Smart City mit einem offenen Ende. So kann eine Smart City nicht vollständig „vermessen" sein, da die Smart City als emergentes, komplexes System über ein offenes Ende verfügt.

Würde eine Stadt den in den praktischen Ansätzen von Reifegradmodellen optimierten Status erreichen, wäre ein Endpunkt erreicht, der zur Erstarrung aller Smart City-Aktivität führt. Das so entstandene „optimale Smart City-Regulationsmuster" würde die entstandenen Strukturen und Regularien verfestigen. Das Leben in der Smart City würde ein Übermaß an Konformität und Zustandserhaltung erzwingen. Die Smart City erstarrt im eigenen Konzept.

Verständlicherweise werden bei den Reifegradmodellansätzen in der Abb. 5.8 teilweise unterschiedliche Perspektiven eingenommen. Da überrascht es nicht, dass die Ansätze von Unternehmen wie NEC und IBM eher aus der High-Tech-Smart-City-Lösungsperspektive auf das Reifegradmodell von Städten schauen. Einen allgemeinen Blick auf das Smart City-Reifegradmodell findet sich bei IDC Government Insights [IDC].

Hinsichtlich des Ausgangspunktes von Smart City-Entwicklungen stehen meist in den praktischen Ansätzen isolierte Projekte in ausgesuchten Smart City-Handlungsfeldern im Vordergrund. Meiner Auffassung nach ist eine andere Absprungbasis notwendig. Diese Absprungbasis setzt voraus, dass a) die städtischen Smart City-Voraussetzungen analysiert wurden und b) ein theoretisches Verständnis des Komplexes Smart City etabliert ist. Der nächste Schritt besteht dann darin, dieses theoretische Smart City-Konzept in den jeweiligen Stadtkontext zu transferieren und dies in Form einer Smart City-Vision. Daran anschließend sind die Voraussetzungen für diese Smart City-Vision zu schaffen und die konkreten Ziele für die einzelnen Entwicklungsstufen zu definieren. Folglich ergeben sich aus der GAP-Analyse der städtischen Smart City-Voraussetzungen und der Smart City-Vision mit Strategie Transformationserfordernisse. So kann dann der Startpunkt des Smart City-Vorhabens und die weitere urbane Transformationsrichtung bestimmt werden.

Im nächsten Schritt wird der Versuch unternommen, die adressierten Aspekte in einem schematischen Smart City-Reifegradmodell zu berücksichtigen und die bestehenden Ansätze weiterzuentwickeln.

5.2.2   Die schematischen Entwicklungsstufen des Smart City-Reifegradmodells

Das „Smart City Team" der IDC Government Insights um Forschungsdirektorin Ruthbea Yesner Clarke aktualisiert jährlich ihre Prognosen für globale Smart Cities [ENBY]. Laut der neuesten Prognose befinden sich im Jahr 2014 ungefähr 15 % aller Städte in der Welt in der „opportunistic stage" des IDC Smart City-Reifegradmodells (siehe Kap. 5.2.1 – Abb. 5.8). Aus der Abbildung können wir erkennen, dass 15 % der Städte in der Stufe 2 des IDC Reifegradmodells Smart City-Projekte bewusst opportunistisch umsetzen. Das bedeutet aber auch, dass nahezu alle Smart City-Vorhaben nicht über die Stufe 2 hinausgekommen sind. Damit bewegt sich die Smart City-Umsetzung auf dem Niveau von Smart City-Pilotprojekten bis maximal Smart City-Pilotprogrammen in einzelnen Handlungsfeldern. Die Smart City-Praxis, isolierte Projekte opportunistisch in einzelnen Handlungsfeldern durchzuführen, trägt mit dazu bei, dass der Smart City-Komplex nicht greifbar ist. Damit stehen wir also noch am Anfang einer der spannendsten Entwicklungen unserer Tage.

Aus den bisherigen Überlegungen lässt sich ein schematisches Smart City-Reifegradmodell ableiten, das die bisherigen praktischen Reifegradansätze konsolidiert und substanziell erweitert (siehe Abb. 5.9). Das schematische Smart City-Reifegradmodell gilt prinzipiell sowohl für „Greenfield-Ansätze" als auch für „Retrofitting-Ansätze". Betrachten wir nun die einzelnen Reifegradniveaus beziehungsweise Entwicklungsstufen im Detail.

Wie sollte aber die Absprungbasis für eine Stadt hin zu einer Smart City aussehen? Entgegen der üblichen Praxis, mit isolierten Smart City-Pilotprojekten zu starten, müssen erst die städtischen Smart City-Voraussetzungen analysiert werden, bevor mit einem Smart City-Vorhaben begonnen werden kann. Dies ist keine Selbstverständlichkeit, was die bisherigen praktischen Reifegradmodellansätze gezeigt haben. Vielmehr wird vorgeschlagen, mit isolierten Pilotprojekten in spezifischen Handlungsfeldern einer Smart City zu beginnen. In der Europäischen Union (EU) fokussieren sich die meisten Smart City-Pilotprojekte auf die Smart City-Handlungsfelder „Smart Environment" und „Smart Mobility" [EPDG]. Der besondere Fokus auf das Handlungsfeld „Smart Environment" hängt untrennbar mit den damit verbundenen politischen Zielen auf europäischer Ebene zusammen. Betrachtet man die „Technology Roadmap" der Europäischen Kommission im Rahmen ihrer „European Initiative on Smart Cities" wird der Zusammenhang deutlich. Das strategische Ziel der EU Smart City-Initiative besteht primär darin, die gesteckten Klima- und Energieziele nachhaltig [SCHUS] auf lokaler Ebene zu erreichen. Damit sollen dann die Lebensqualität der Bürger und die Wettbewerbsfähigkeit der lokalen Wirt-

Reifegradniveau (Entwicklungsstufe)	Level 0	Level 1	Level 2	Level 3	Level 4	Level 5
Klassifikation	Keine Smart City	Absprungbasis Smart City	Minimum Smart City	Integrierte Smart City	Etablierte Smart City	Lernende Smart City
Ausprägung	Smart City-Konzept unbekannt	Analyse städtischer Smart City-Voraussetzungen Theoretisches Verständnis Smart City	Theoretische und praktische Grundlagen der Smart City	Integrierte Smart City-Programme über mehrere Handlungsfelder	Vernetzte Smart City über alle Handlungsfelder	Selbstlernende und adaptionsfähige Smart City mit endogenen und exogenen Netzwerken
Ziel	X	Bestimmung der Smart City-Voraussetzungen einer Stadt Entwicklung einer Smart City-Vision im Einklang mit der Vision einer Stadt	Smart City-Strategie mit Projektplan. Wichtigste Akteure (Stakeholder) des Smart City-Vorhabens identifiziert und eingebunden	Vernetzung der Programme in den Handlungsfeldern einer Smart City Benchmarking mit vernetzten Smart City-Programmen anderer Smart Cities	Bedarfsprognosen der Anforderungen von Akteuren einer Smart City und Entwicklung präventiver Services in den Smart City-Handlungsfeldern Benchmarking mit anderen Smart Cities	Hohe Adaptionsfähigkeit der Smart City auf technologische, wirtschaftliche, kulturelle, soziale... Herausforderungen Benchmarking mit anderen Regulationsmustern vernetzter Smart Cities
Ergebnis	X	Transparenz über städtische Strukturen, Ressourcen und Prozesse erzeugen Smart City-Vision ohne klare Strategie Kein Business Case	Smart City-Vision mit klarer Strategie und grundlegender Governance-Struktur. Pro-aktive Kollaboration der Akteure einer Smart City Isolierte Smart City-Pilotprojekte oder -Programme Business Case mit RIO-Analysen von Pilotprojekten / -Programmen in Smart City-Handlungsfeldern	Etablierung einer Smart City-Kultur. Effizienzsteigerung beim Ressourceneinsatz durch Vernetzung Erste Open Data Smart City Cloud Computing-Plattformen entstehen Business Case über n-Handlungsfelder einer Smart City	Stabiles Regulationsmuster einer über alle Handlungsfelder vernetzten Smart City Hochvernetzte Apps-Anwendungswelten über vernetzte Open Data Cloud Computing-Plattformen Business Case über alle Handlungsfelder einer Smart City	Neue Smart City-Regulationsmuster zur Erhaltung / Steigerung der Wettbewerbsfähigkeit und Attraktivität einer Smart City Holistische Smart City Cloud Computing-Plattform vernetzt mit Plattformen anderer Smart Cities Business Case für neue Smart City Regulationsmuster

Abb. 5.9 Das schematische Smart City-Reifegradmodell (erweitert nach [EPDG] [IDC] [EUCHI])

schaft erhöht werden [EUCO05]. Darüber hinaus stellen energiebezogene Ziele drei von insgesamt acht Zielen (bis 2030) auf nationaler und EU-Ebene dar [EPDG] [EUCO05]. Es existiert ein breiter politischer Wille und Konsens auf nationaler wie EU-Ebene, dass Klima- und Energieziele im Smart City-Handlungsfeld „Smart Environment" einen dominanten Charakter mit entsprechender Verteilung von Investitionsbudgets haben. Letztendlich bilden Fortschritte im Handlungsfeld „Smart Environment" den dominanten Treiber der europäischen Smart City-Politik [EUCOM03]. Dies erklärt, warum bei den bisherigen praktischen Reifegradmodellen in der EU isolierte Pilotprojekte in spezifischen Smart City-Handlungsfeldern das Smart City-Initial darstellen. Dies deckt sich nämlich mit dem gelebten „Urknall" urbaner Praxis einer Smart City.

Der Themenkomplex Smart City dringt immer tiefer in das Bewusstsein der Stadtverantwortlichen und bekommt bei der Weiterentwicklung einer Stadt einen höheren Stellenwert zugewiesen. Das ändert tendenziell die Herangehensweise der Stadtverantwortlichen an Smart City-Vorhaben und die entsprechende Planung, was sich primär in den aufkommenden Visionen zahlreicher Städte auf allen Kontinenten der Erde widerspiegelt. Betrachtet man beispielsweise die Stadtvisionen von Stockholm „Vision 2030 – A Guide to the Future [STOCK]" oder Philadelphia (USA) „City Wide Vision – Philadelphia 2035 [PHILA]" fällt auf, dass vor oder zumindest gleichzeitig mit der Smart City-Planung die städtischen Gegebenheiten umfassend analysiert, abgebildet und bewertet wurden. Erst nach diesem Schritt wurde die Smart City-Vision entwickelt, die einem holistischen Ansatz folgt und alle Smart City-Handlungsfelder (in unterschiedlicher Gewichtung) berücksichtigt. Auf der Plattform „Smart Cities Council" [SCC] werden in unregelmäßigen Abständen veröffentlichte Stadtvisionen aufgeführt und zum Download angeboten.

Auch im Fall der bereits genannten T-City Friedrichshafen wurden am Anfang des Smart City-Vorhabens die städtischen Gegebenheiten der am Bodensee gelegenen Stadt Friedrichshafen untersucht. Dabei sind, bedingt durch den ausgeschriebenen Stadtwettbewerb, die regionalen Gegebenheiten aber nicht ausreichend im Smart City-Vorhaben berücksichtigt worden. Das Vorhaben war auf eine einzelne Stadt zugeschnitten und hörte an den Stadtgrenzen auf. In der Region um Friedrichshafen ist das Leben der Bürger aber eher regional ausgerichtet. Dieser weiter gefasste Lebens- und Arbeitsraum der Bevölkerung und Wirtschaft wurde nicht zu einer Bezugsebene des Smart City-Vorhabens [HATZELHOFFER01]. Es gab noch andere Faktoren, die in der Analyse der städtischen Voraussetzungen von Friedrichshafen nicht ausreichend berücksichtigt wurden. Für eine ausführliche Behandlung des Smart City-Vorhabens T-City Friedrichshafen verweise ich auf das lesenswerte Buch „Smart City konkret" von Hatzelhoffer et al. [HATZELHOFFER01].

Die Absprungbasis eines Smart City-Vorhabens bildet folgerichtig nach Abb. 5.9 die Analyse städtischer Gegebenheiten. Dies soll auch dazu führen, zahlreiche städtische Aktivitäten, Prozesse und Strukturen transparenter zu machen. Die Analysemöglichkeit städtischer Smart City-Voraussetzungen wird durch die Bausteinkomponenten des Reifegradmodells (siehe Kap. 5.2.4) erweitert. Parallel zur Analyse der städtischen Smart City-Voraussetzungen erfolgt die theoretische Erarbeitung des Themenkomplexes Smart City. Aus beiden Aktivitäten wird eine Smart City-Vision im Einklang mit einer vorhandenen prinzipiellen Vision einer Stadt entwickelt. Aus der GAP-Analyse der städtischen Smart City-Voraussetzungen und der Smart City-Vision ergeben sich erste Transformationserfordernisse auf dem beginnenden Smart City-Weg. Das **Smart City Level 1** des Reifegradmodells bildet die „**Smart City-Absprungbasis**".

Auf der nächsten Ebene – **Smart City Level 2** – entwickelt sich die „**Minimum Smart City**". Auf diesem Reifegradniveau werden die theoretischen und praktischen Grundlagen einer Smart City geschaffen. Die Smart City-Vision wird um eine klare Smart City-Strategie mit Projektplan für die Smart City-Handlungsfelder erweitert. Die weitere GAP-Analyse zwischen städtischen Gegebenheiten und erarbeiteter Smart City-Strategie mit umfassendem Projektplan konkretisiert die notwendigen Transformationserfordernisse auf der Smart City-Reise.

Hinzu kommen Anstrengungen bezüglich der Kollaboration aller Akteure einer Smart City. Dokumentiert ist dies im Beispiel der Stadt Stockholm, die eine eigenständige Organisation für die Entwicklung einer Smart City Stockholm etabliert hat [STOCK]. So sind alle Akteure des Smart City-Vorhabens in der dezidierten Smart City-Organisation mit seinen Gremien vertreten. Dadurch soll die proaktive Kollaboration der Smart City-Akteure möglich werden. Zudem werden die grundlegenden Governance-Strukturen vereinbart.

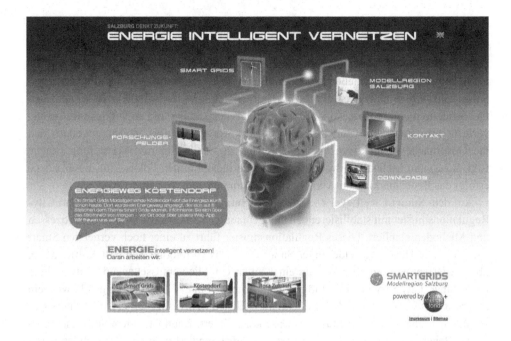

Abb. 5.10 Smart Grids – Modell Region Salzburg [ZUKU]

Erst auf diesem Smart City Level 2 werden ausgesuchte Pilotprojekte in nahezu allen Handlungsfeldern einer Smart City durchgeführt und durch einen Business Case bewertet.

Auf dem **Smart City Level 3 – Integrierte Smart City** werden Smart City-Programme über mehrere Handlungsfelder initiiert, koordiniert und miteinander vernetzt. So wird über Netzwerke eine Smart City-Innovationskultur gepflegt und zunehmend gelebt. Die Vernetzung stellt aber keine Option dar, sondern ergibt sich vielmehr aus den Interdependenzen der Smart City-Handlungsfelder. Als Beispiel kann hier das integrierte Smart Grid-Vorhaben der Modellstadt Salzburg in Österreich angeführt werden (siehe Abb. 5.10). Das integrierte Smart Grid-Vorhaben soll in Form nachhaltiger Stromproduktion und intelligenter Verteilung erfolgen. Dazu wird jeder zweite Haushalt mit Photovoltaik-Anlagen ausgestattet, die zudem auf Elektromobilität umsteigen. In dem Netz kommunizieren alle Smart Grid-Akteure (Netzkomponenten, Energieerzeuger, Energiespeicher, Energieverbraucher etc.) bi-direktional miteinander. In Salzburg errichten zudem ortsansässige Gewerbetreibende Photovoltaik-Anlagen und Home-Ladestationen. Über das sogenannte „Consumer to Grid" werden vernetzte Möglichkeiten erprobt, wie Smart Grids durch rasche Rückmeldungen über den aktuellen Stromverbrauch zu einem bewussten und sparsameren Umgang mit wertvoller Energie führen können [ZUKU].

Bei diesem Beispiel sollte mitbedacht werden, dass Smart Grids direkte Auswirkungen auf die Smart City-Programme in den Handlungsfeldern „Smart Mobility", „Smart Econonmy" und „Smart Living" haben. Das Smart Grid ist mit diesen Handlungsfeldern direkt vernetzt und es bestehen vielfältige Abhängigkeiten.

Die Smart City-Programme führen in einem ersten Schritt zu einer Effizienzsteigerung der städtischen Prozesse, Strukturen und des Ressourceneinsatzes. Für die einzelnen Smart City-Programme werden Business Cases entwickelt und analysiert. Diese Business Cases werden anschließend zu einem Business Case konsolidiert, der alle vernetzten Smart City-Programme über die dazu gehörigen Smart City-Handlungsfelder umfasst. Die Strukturen und Prozesse einer Smart City werden stabiler und anfängliche Reibungsverluste im bestehenden Transformationsprozess werden geringer. Zudem erweitern sich die Governance-Perspektiven einer Smart City zu einer „Smarten Verwaltung" (siehe Kap. 2.2.3) und nachhaltige Investitionsmodelle rücken in den Fokus. Auf dieser Ebene erfolgt das Benchmarking mit vernetzten Programmen anderer Smart Cities.

Auf dem **Smart City Level 4 – Etablierte Smart City** hat sich ein erstes Smart City-Regulationsmuster mit stabilisierenden und gemanagten Smart City-Strukturen, Prozessen und Methoden etabliert. Dieses Regulationsmuster führt zu einer hoch vernetzten Smart City über alle Handlungsfelder einer Smart City. Das vorrangige Ziel besteht hier darin, über Bedarfsprognosen aller Akteure einer Smart City die vorausschauende Entwicklung neuer Smart City Services zu ermöglichen. Für jedes Smart City-Handlungsfeld wird ein Business Case erarbeitet und analysiert. Im nächsten Schritt werden diese Business Cases in einen übergeordneten Business Case konsolidiert. Dann ist zudem auf dieser Ebene das Benchmarking mit anderen Smart Cities differenziert möglich. Ein stabiles Smart City-Regulationsmuster liegt dann vor, wenn die Organisations-, Interaktions- und Regelungsmuster zu verbindlichen und handlungsprägenden sozioökonomisch-technischen Rahmenbedingungen einer Smart City geworden sind. Dabei haben die digitalen Technologien einen prägenden Charakter auf die urbanen Zusammenhänge in einer Smart City.

In Anlehnung an das von Ulrich Dolata entwickelte Modell der „Graduellen Transformation" (siehe Kap. 4.3.2) hat sich zudem dann ein neues Smart City-Regulationsmuster etabliert, wenn

- sich neue Smart City-Kernakteure etabliert haben, die sich aus ihrem Nischendasein befreit haben und zu konstruktiven Bestandteilen des neu strukturierten organisationalen Smart City-Konstrukts geworden sind;
- sich kooperative Interaktionsbeziehungen zwischen allen Akteuren einer Smart City stabilisiert haben und konstitutiv geworden sind. Dies führt auch zu einer neuen Form der Smart City-Verwaltung, die smarte Kollaborationen aller Smart City-Akteure ermöglicht
- eine Institutionalisierung wesentlich anderer Regeln und Strukturen – Recht, Normen, Standards – erfolgt ist, die das Handeln in der urbanen Smart City-Praxis auf einer neuen Grundlage strukturiert;
- eine Festigung veränderter, an den neuen digitalen Technologien ausgerichteter Organisationsstrukturen und -prozessen bei den traditionellen Anbietern von Stadtdiensten stattgefunden hat [nach DOLA].

Damit ist die Entwicklung einer Stadt zu einer Smart City aber nicht abgeschlossen, sonst würde sich das neue Smart City-Regulationsmuster zunehmend verfestigen und die urbane Praxis in den Strukturen und Prozessen erstarren. Bei dem Smart City-Regulations- muster auf dem Smart City Level handelt es sich um eine relative Stabilisierung. Denn das „Smart City-Regulationsmuster" wird durch das Aufkommen neuer Technologien, sozialer Innovationen, politischer, kultureller und wirtschaftlicher Herausforderungen im Zeitablauf immer wieder in Frage gestellt. Über alle Smart City-Entwicklungsstufen hat sich nun eine vitale Smart City-Innovationskultur etabliert, die mit den vielfältigen He- rausforderungen konstruktiv und produktiv umgehen kann. Auf diesem Smart City-Le- vel erfolgt ein kontinuierliches Benchmarking mit anderen Smart Cities. Die Ergebnisse dieses Benchmarkings wirken auch auf das relativ stabile Smart City-Regulationsmuster ein und bewirken dynamische Veränderungen in der strukturellen Zusammensetzung der Smart City.

Auf dem **Smart City Level 5 – Lernende Smart City** reagiert die Smart City auf diese vielfältigen Herausforderungen und beweist eine hohe Adaptionsfähigkeit mit sich ändernden Smart City-Regulationsmustern. Die dynamische Adaptationsfähigkeit der hochvernetzten Smart City mit endogenen und exogenen Netzwerken ermöglicht die re- lative Stabilisierung neuer Smart City-Regulationsmuster. Die neuen Regulationsmuster steigern die Wettbewerbsfähigkeit und Attraktivität einer Smart City für Touristen, Inves- toren, Arbeitnehmer und so weiter. Der holistische Business Case erfolgt für alle neuen Smart City-Regulationsmuster und wird bis in die Smart City-Handlungsfelder ausdiffe- renziert. Eine lernende Smart City geht auch mit Maschinenintelligenz, Echtzeit-Daten und selbstregulierenden Netzwerken einher. Die Selbstregulierung von Smart City-Netz- werken wird durch das Internet der Dinge und Services möglich. Die lernende Smart City reagiert dynamisch auf endogene und exogene Herausforderungen und kann die notwen- digen Veränderungen der Smart City-Strukturen sowie ihre Prozesse und Handlungsmus- ter umsetzen. Das Benchmarking mit den Regulationsmustern anderer Smart Cities erfolgt auf der Basis des Austausches von Echtzeit-Daten.

Im nächsten Schritt übertrage ich das schematische Smart City-Reifegradmodell auf den Komplex eines Smart Senior-Ökosystems.

5.2.3   Das Reifegradmodell eines Smart Senior-Ökosystems

Das schematische Reifegradmodell einer Smart City lässt sich plastisch auf das Konzept des Smart Senior-Ökosystems übertragen. Die Entwicklungsstufen des schematischen Smart Senior-Ökosystem-Reifegradmodells ergeben sich aus der Abb. 5.11.

Das schematische Smart Senior-Reifegradmodell bezieht sich scheinbar primär auf ein Smart City-Handlungsfeld. Die Smart City-Handlungsfelder sind im schematischen Smart City-Reifegradmodell aber ab dem Level 3 miteinander vernetzt.

Auf dem **Level 5 – Lernendes Smart Senior-Ökosystem** etabliert sich eine holis- tische Smart Senior-Ökosystem-Plattform, die alle relevanten Akteure miteinander ver-

Reifegradniveau (Entwicklungsstufe)	Level 0	Level 1	Level 2	Level 3	Level 4	Level 5
Klassifikation	Kein Smart Senior-Ökosystem	Absprungbasis Smart Senior-Ökosystem	Minimum Smart Senior-Ökosystem	Integriertes Smart Senior-Ökosystem	Etabliertes Smart Senior-Ökosystem	Lernendes Smart Senior-Ökosystem
Ausprägung	Smart Senior-Ökosystem-Konzept unbekannt	Analyse städtischer Smart Senior-Voraussetzungen Theoretisches Verständnis Smart Senior-Ökosystem	Theoretische und praktische Grundlagen Smart Senior-Ökosystem	Integrierte Smart Senior Ökosystem-Projekte / -Programme	Hochvernetztes Smart Senior-Ökosystem	Selbstlernendes und adaptionsfähiges Smart Senior-Ökosystem mit endogenen und exogenen Netzwerken
Ziel	X	Bestimmung der Smart Senior-Ökosystem-Voraussetzungen Entwicklung einer Smart Senior-Vision im Einklang mit Smart City-Vision	Smart Senior-Ökosystem-Strategie mit Projektplan. Wichtigste Akteure (Stakeholder) identifiziert und eingebunden	Integration und Kombination von Smart Senior-Ökosystem-Anwendungen, Prozessen und Strukturen zu Smart Senior-Anwendungsfällen. Formale Gremien definieren Interaktionsstrategien und Technologie-Investitionen Benchmarking mit vernetzten Smart Senior-Ökosystem-Projekten/Programmen anderen Smart Senior-Ökosysteme	Smart Senior-Ökosystem-Bedarfsprognosen und Entwicklung neuer Dienste. Vernetzung des Smart Senior-Ökosystems mit den interdependenten Programmen in anderen Smart City-Handlungsfeldern Benchmarking mit anderen Smart Senior-Ökosystemen	Hohe Adaptionsfähigkeit des hochvernetzten Smart Senior-Ökosystems auf technologische, wirtschaftliche, kulturelle, soziale Herausforderungen und Veränderungen in anderen interdependenten Smart City-Handlungsfeldern. Smart Senior-Ökosystem-Vision und Strategie passt sich dynamisch der sich verändernden Smart City-Vision und -Strategie an Benchmarking mit anderen Regulationsmustern vernetzter Smart Senior-Ökosysteme
Ergebnis	X	Transparenz über städtische Strukturen, Ressourcen, Prozesse im Bereich Seninoren-Ökosysteme Smart Senior-Vision ohne klare Strategie Kein Business Case	Klare Smart Senior-Ökosystem-Strategie Pro-aktive Kollaboration von Smart Senior-Gesundheitsdienstleistern und anderer Akteure einer Smart City Grundlegende Governance-Strukturen etabliert Isolierte Smart Senior-Projekte bzw. -Programme Business Case mit ROI-Analysen von Pilotprojekten	Smart Senior-Ökosystem-Kultur und -Milieu entsteht Effizienzsteigerung beim Ressourceneinsatz durch (Re)Kombinationsprinzip: Kombination von Smart Senior-Apps zu Apps-Anwendungsfällen und durch Vernetzung Erste Open Data Smart Senior-Ökosystem Cloud Computing-Plattformen entstehen Business Case über mehrere Smart Senior-Ökosystem-Projekte bzw. Programme	Stabiles Smart Senior-Ökosystem-Regulationsmuster Optimierung der Ressourcen-Allokation über Smart Senior-Ökosystem-Programme hinaus. Hochvernetzte Smart Senior Apps-Anwendungswelten auf Open Data Cloud Computing-Plattformen Business Case über gesamtes Smart Senior-Ökosystem	Neue adaptionsfähige Smart Senior-Ökosystem-Regulationsmuster Differenzierung des Smart Senior-Ökosystems gegenüber anderen Smart Senior-Ökosystemen Steigerung der Wettbewerbsfähigkeit und Attraktivität des Smart Senior-Ökosystems Selbststeigernde und (Re)Kombination von Smart Senior-Ökosystem-Apps zu neuen Smart Senior-Anwendungswelten Holistische Open Data Smart Senior-Ökosystem-Plattform vernetzt mit Smart Senior Ökosystem Cloud Computing-Plattformen anderer Smart Cities Business Case des gesamten Smart Senior-Ökosystem in Relation zum Smart City Business Case und externer Smart Senior-Ökosystem Business Cases

Abb. 5.11 Die Entwicklungsstufen des Smart Senior-Ökosystems

netzt. Diese Plattform ermöglicht adaptierende und selbstlernende Smart Senior-Ökosystem-Netzwerke, die offen und flexibel sind. So entstehen wandlungsfähige Smart Senior-Ökosysteme, die über ein Regulationsmuster mit relativer Stabilisierung verfügen.

Betrachten wir nochmals die schematische Smart Senior-Modellarchitektur (siehe Abb. 5.12), so werden die Smart Senior-Ökosysteme „Level 4 und 5" anschaulich. Das zentrale Element des Smart Senior-Ökosystems ist die digitale Patientenakte, die den Bürger als Informationsdrehscheibe von Geburt an bei seiner privaten Gesundheitsversorgung begleitet. So wird die Basis für eine personalisierte Medizin geschaffen, mit dem Ziel einer aktiven, über Apps gesteuerten Prävention [JA01]. So kommt auch die Vision des Smart Senior-Ökosystems als einem bürgerzentrierten Gesundheitsmanagement zum Ausdruck. Die Plattform des Smart Senior-Ökosystems und ihre Umgebung sind zentraler Bestandteil des Smart Senior-Kooperationsgeflechts zahlreicher Anbieter von Gesundheitsleistungen. Das Ökosystem ist auf den Leveln 4 und 5 derart dynamisch, dass Anbieter von Gesundheitsleistungen relativ einfach in das Smart Senior-Ökosystem einer Smart City integriert werden und auch wieder austreten können oder sollen.

Möglich wird dies, weil sich auf den Leveln 4 und 5 des Smart Senior-Ökosystems Technologiestandards durchgesetzt haben, die eine Vernetzung der unterschiedlichen Gesundheitsanwendungen und -systeme erlauben. So wird es auf dem Level 5 ein Netz-

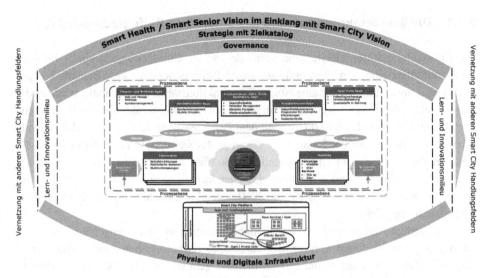

Abb. 5.12 Die schematische Smart Senior-Ökosystem-Modellarchitektur (erweitert nach [JA01])

werk dezentraler Smart Senior-Ökosystem-Plattformen unterschiedlicher Smart Cities mit wechselnden Regulationsmustern geben. Die Kooperationsformen werden innerhalb der Regulationsmuster komplexe Formen annehmen. Wichtig sind hier die Smart City-Designprinzipien, die ich bereits im Kap. 4 hervorgehoben habe. Über die letztlich dezentrale Vernetzung zahlreicher Smart Senior-Ökosystem-Plattformen mit Open Data werden die Smart City-Designprinzipen der Dezentralisierung und Selbstorganisation (Partizipationsmöglichkeiten der Bürger über offene Plattformbereiche mit Datensouveränität des Bürgers und lokaler Begrenzung der Smart Senior-Ökosysteme mit globaler Vernetzung ohne zentrale Instanz) umgesetzt. Beginnend mit Level 3 manifestieren sich auch die Zusammenhänge zwischen dem Smart Senior-Ökosystem im Handlungsfeld Smart Living und anderen Handlungsfeldern einer Smart City. Die Auswirkungen des Smart Senior-Ökosystems strahlen unmittelbar in alle anderen Handlungsfelder einer Smart City aus.

Mit diesen Ausführungen beende ich die Betrachtung des schematischen Smart Senior-Ökosystem-Reifegradmodells und beleuchte im nächsten Schritt die Bausteinkomponenten des Smart City-Reifegradmodells. Die schematischen Entwicklungsstufen des Smart City-Reifegradmodells erlauben eine erste Smart City-Klassifikation und Verortung eigener Smart City-Vorhaben. Zu den Entwicklungsstufen des Smart City-Reifegradmodells gehören Merkmale, die eine differenzierte Klassifikation von Smart City-Vorhaben erlauben. Des Weiteren ist mit der Ausdifferenzierung der Merkmale ein „Benchmarking" mit anderen Smart City-Vorhaben möglich und sinnvoll. Im folgenden Kap. 5.2.4 bestimme ich die Bausteinkomponenten des Reifegradmodells und skizziere die Ausprägungen in den Entwicklungsstufen.

5.2.4   Die Bausteinkomponenten des Smart City-Reifegradmodells

Die Entwicklungsstufen (Reifegradniveau) des Smart City-Reifegradmodells besitzen zur Ausdifferenzierung eine Anatomie aus Bausteinkomponenten. Diese Bausteinkomponenten sind notwendig, damit eine Smart City funktionsfähig und lebendig wird. In der Summe bildet das Smart City-Reifegradmodell mit den Bausteinkomponenten das neue „Betriebssystem" für eine Smart City. Mit dem Betriebssystem ist das sich stabilisierende neue Regulationsmuster der Smart City gemeint, das sich auf Level 4 etabliert und im weiteren Zeitablauf dynamischen Veränderungskräften ausgesetzt ist. Die innere Dynamik des Smart City-Designs wird durch das Transformationsmodell einer Smart City im Kap. 6 beschrieben. In der Abb. 5.13 sind die Bausteinkomponenten des Reifegradmodells schematisch abgebildet.

Die jeweilige Ausprägung der Bausteinkomponenten in den unterschiedlichen Entwicklungsstufen der Smart City erfolgt durch spezifische Attribute, wobei die Anzahl möglicher Attribute geradezu unbegrenzt ist. Hier geht es vor allem darum, die charakterisierenden Attribute für ein generisches Smart City-Reifegradmodell zu identifizieren, beschreiben und zu bewerten. Die Bausteinkomponenten sind nicht als monolithische Komponenten zu betrachten, die unabhängig voneinander sind. Alle Bausteinkomponenten sind in unterschiedlichem Ausmaß untereinander verbunden und interagieren auf vielfältige Weise miteinander. Das Reifegradmodell bildet so ein neues Ordnungs- beziehungsweise Regulationsmuster in einem emergenten Geflecht von Bausteinkomponenten. In den Attributen der Bausteinkomponenten kommt die Interdependenz der Bausteinkomponenten immer wieder zum Ausdruck.

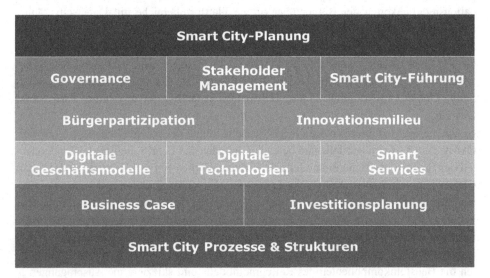

Abb. 5.13 Die schematischen Bausteinkomponenten des Smart City-Reifegradmodells

Da jede Stadt bei der Entwicklung zur Smart City über ein individuelles Profil verfügt, sind die Bausteinkomponenten mit Attributen individuell anzupassen. Das bedeutet aber nicht, dass Bausteinkomponenten oder Attribute vernachlässigt beziehungsweise fundamental verändert werden können. Alle Bausteinkomponenten mit Attributen des hier entwickelten generischen Smart City-Reifegradmodells sind bei der Betrachtung von Smart City-Entwicklungen notwendig. Die individuelle Anpassbarkeit bezieht sich im Wesentlichen auf die Auswahl, Erweiterung und Gewichtung von Attributen. Dies sind die Stellschrauben bei der Individualisierung der Bausteinkomponenten mit Attributen des schematischen Smart City-Reifegradmodells.

Das Ziel dieses Buches ist es, eine praktikable Smart City-Reifegradmodell-Schablone bereitzustellen. Diese Schablone bildet den Referenzrahmen für die individuelle Ausgestaltung des Reifegradmodells zur Bewertung von Smart Cities. Es ist der Versuch, die Orientierung im Smart City-Kontext zu ermöglichen und den weiteren Weg bei der Smart City-Entwicklung schematisch aufzuzeigen. Mit der fortschreitenden Entwicklung des Komplexes Smart City in Theorie und Praxis sollte dieses Modell erweitert und modifiziert werden. Nachfolgend skizziere ich die Bausteinkomponenten und bestimme anschließend die zugehörigen Attribute.

Dem aufmerksamen Leser wird aufgefallen sein, dass ich alle Bausteinkomponenten des Smart City-Reifegradmodells in den Kap. 1 bis 4 thematisch behandelt habe. So können an dieser Stelle alle Bausteinkomponenten zu einem konsistenten Reifegradmodell zusammenfügt, inhaltlich erweitert und charakterisiert werden. Den Bausteinkomponenten weise ich die zugehörigen Attribute mit den jeweiligen Ausprägungen in den Entwicklungsstufen des Reifegradmodells zu.

Für das **Smart Senior-Ökosystem** werden gegebenenfalls notwendige Ergänzungen abgesetzt aufgeführt.

Besondere Beachtung verdienen die Attributausprägungen initiiert, entwickelt, gemanagt, etabliert und dynamisch. Mit der Ausprägung **„initiiert"** ist gemeint, dass die Elemente der Bausteinkomponente vorhanden, definiert und grundsätzlich dokumentiert sind. Die Ausprägung **„entwickelt"** bedeutet, dass die Elemente der Bausteinkomponente umfassend dokumentiert beziehungsweise definiert sind und in Pilotprojekten/-Programmen Gestalt annehmen. Bei der Ausprägung **„gemanagt"** sind alle Elemente bewusst designt und im Stadium voller Ausgestaltung, ohne jedoch über eine dauerhafte Stabilität zu verfügen. Die wesentlichen Key Performance-Indikatoren sind definiert und die Zielerreichung wird gemessen. Erst wenn die Ausprägung **„etabliert"** erreicht wurde, sind alle Elemente der Bausteinkomponente in Design, Dokumentation, Betrieb und Performance im Normbereich sehr stabil und können aktiv gesteuert werden. Außerdem sind hier die Bausteinkomponenten untereinander vernetzt und interagieren miteinander. In der letzten Ausprägung **„dynamisch"** verfügen die Elemente der Bausteinkomponente über selbstregulierende und adaptionsfähige Dynamiken, die es der Smart City erlauben, sich an neue vielschichtige Herausforderungen aktiv anzupassen und über Re-Konfigurationen der Bausteinkomponenten neue stabile Smart City-Regulationsmuster auszubilden. Zu den vielschichtigen Herausforderungen zählen auch die Ergebnisse aus den internen Benchmarkings (innerhalb der vernetzten Smart City-Handlungsfelder) und externen Benchmarkings (mit anderen Smart Cities), die zu Veränderungen in der Konfiguration der Smart City-Bausteinkomponenten führen. Die treibende Kraft ist die Entwicklung künstlicher Intelligenz im Internet der Dinge und Services.

Die Bausteinkomponenten und die dazugehörigen Attribute, die bis dato in Literatur und Praxis vorzufinden sind, wurden von mir wesentlich weiterentwickelt (erweitert nach [EUCHI] [IDC] [LEE] [PHILA]). Zudem werden die zentralen Fragen für jede Bausteinkomponente angeführt.

Bevor mit der Smart City-Planung, bestehend aus der Smart City-Vision, Strategie und Projektplanung begonnen werden kann, muss die **Ausgangslage der jeweiligen Stadt** analysiert werden. Es geht vor allem um die Bestimmung der städtischen Voraussetzungen wie Technikaffinität der Bürger, Zustand der städtischen Infrastruktur, verfügbare Investitionsbudgets, politische Vorgaben und so weiter. Diese städtischen Voraussetzungen bilden gleichsam die **Randbedingungen einer Smart City**, die sich bei der Smart City-Transformation verändern. Die Randbedingungen der Smart City werden bei der Bausteinkomponente „Städtische Prozesse & Strukturen" explizit berücksichtigt. Die Analyse der Ausgangslage einer jeweiligen Stadt führt zu einer höheren Transparenz der vorhandenen städtischen Strukturen, Prozesse und Ressourcen für alle Akteure einer Smart City. Eine realistische und auf Transparenz basierende Stadtanalyse bildet das Fundament für die Entwicklung einer Smart City. In der Praxis ist diese Transparenz oftmals nicht aufzufinden oder politisch nicht gewollt. Dies wird sich angesichts der Herausforderungen, vor denen die Städte in der Zukunft stehen, sicher ändern. Dazu werden die neuen digitalen Technologien einen wesentlichen Beitrag liefern.

Bausteinkomponente Smart City-Planung
Basierend auf einer Analyse der städtischen Ausgangsbedingungen erfolgt die Planung der Smart City. Das Ziel dieser Bausteinkomponente besteht in der Beschreibung und Bewertung der holistischen Smart City-Planungsentwicklung (siehe Abb. 5.14). Die **Smart City-Planung** umfasst die Formulierung der jeweiligen Smart City-Vision durch alle Akteure einer Stadt und tiefer Verwurzelung im soziokulturellen Stadtumfeld (siehe Kap. 2.2). Denn die Erarbeitung einer Smart City-Vision öffnet den Raum zwischen der momentanen Stadtrealität und den Erwartungshaltungen der Akteure an die Smart City der Zukunft.

Die Stadt Philadelphia mit ihrer „City Wide Vision – Philadelphia 2035" definiert beispielsweise die Smart City-Vision als allumfassend und holistisch mit einem zeitlichen Rahmen von 25 Jahren. In diesem Zeitrahmen soll die „overall physical form of the city" transformiert werden [PHILA]. Bei der Entwicklung hin zur Smart City mit einem neuen Regulationsmuster will sich Philadelphia ganzheitlich transformieren. Zu der Smart City-Vision kommt die konkrete Smart City-Strategie. Dabei werden spezifische soziale, ökonomische und Umweltziele durch die Stadtverantwortlichen, basierend auf den Bedürfnissen der Bürger und (lokaler) Wirtschaft, formuliert. Die Ziele der Smart City-Planung werden mit der grundsätzlichen Vision und -Strategie einer Stadt in Einklang gebracht.

Reifegradnive au	Level 0	Level 1	Level 2	Level 3	Level 4	Level 5
Klassifikation	Keine Smart City	Absprungbasis Smart City	Minimum Smart City	Integrierte Smart City	Etablierte Smart City	Lernende Smart City
	► Keine Vision oder Strategie ► Keine formale Bürgerpartizipation	► Analyse der städtischen Smart City-Voraussetzungen -------------------- ► Definition der Smart City-Vision im Einklang mit der City-Vision ► Keine klare Smart City-Strategie ► Bottom-up – Definitionsansatz der Smart City-Vision mit Bürgerpartizipation (über Befragung und Feedback)	► Entwicklung einer Smart City-Strategie im Einklang mit Smart City-Vision. Entwicklung eines Projektplans ► Zentralisierte Smart City-Strategie über Bottom-Up-Ansatz mit Bürgerpartizipation und Open Data ► Formale Dokumentation der definierten Smart City-Ziele und erwarteter Ergebnisse ► Planung einer dezidierten Smart City-Organisation mit Unterstützung von „Think Tanks", die der Smart-Führung unterstellt sind ► Begrenzter Fokus auf digitale Technologien (IKT) ► Punktueller Einsatz von Simulationen und virtueller Realität bei der Smart City-Planung (inklusive Planung von Gebäuden und Anlagen) ► Punktuelles, unsystematisches Lernen von anderen Smart Cities	► Strategische Planung über mehrere Smart City - Handlungsfelder mit formalen Komitees und Bürgerpartizipation über aufkommende offene Cloud-Plattformen ► Top-Down Smart City-Strategie-Entwicklung über mehrere Smart City-Handlungsfelder ► Performance-Management der Ziele für Smart City-Handlungsfelder (Business Case) ► Etablierte IKT-Vision, erarbeitet von CTO (Chief Technology Officer) in dezidierter Smart City-Organisation ► Nachhaltige Investitionen in Smart City-Programme ► Einsatz von Simulationen und virtueller Realität bei der Smart City-Planung ► Ausbau des Lernens von anderen Smart Cities über „Knowledge Exchange" (Wissensaustausch-) Plattformen ► Konzeptionierung und Aufbau von Benchmarking Smart City-Planung	► Alle Handlungsfelder übergreifende Akzeptanz und Etablierung der Smart City-Planung ► Kombination aus Top-Down-Strategie-Ansatz und Bottom-Up über offene Community Plattformen in der Smart City-Planung ► Etablierung der dezidierten Smart City-Organisation und „Think Tanks" ► Einsatz von Simulationen und virtueller Realität bei der Smart City-Planung ► Jährliche (mehrjährige) Investitionsplanung und Budgetierung für Smart City-Programme ► IKT-Planung ist mit Smart City-Planung verzahnt ► Kontinuierliches Lernen von anderen Smart Cities über institutionalisierte „Knowledge Exchange"-Plattformen ► Benchmarking Smart City-Planung. Überprüfung der Smart City-Planung auf As-is-to-Be Situation	► Rollierende Smart City-Planung mit zunehmender Selbststeuerung. Unterstützung durch künstliche Intelligenz mit kontinuierlichen Feedback-Schleifen. Unterstützung durch dezidierte Smart City-Organisation und „ThinkTanks" ► Umfassender Einsatz von Simulationen und virtueller Realität auf der Basis von künstlicher Intelligenz bei der Smart City-Planung ► Allokation der Investitionsbudgets auf der Basis der größten Gesamteinflusses auf die Smart City ► IKT-Planung umfasst wesentlich neue Technologien und integriert diese mit der Smart City-Planung ► Einbindung aller Smart City-Akteure in die Smart City Planung über „Knowledge Exchange-Plattformen" ► Dynamisches Lernen von anderen Smart Cities über institutionalisierte „Knowledge Exchange"-Plattformen mit künstlicher Intelligenz ► Benchmarking Smart City-Planung mit Echtzeitdaten
Smart Senior Attribute Level	**Ökosystem** 0	**initiiert** 1	**entwickelt** 2	**gemanagt** 3	**etabliert** 4	**dynamisch** 5
	► Keine Smart Senior-Ökosystem-Vision oder -Strategie	► Analyse der städtischen Smart Senior-Ökosystem-Voraussetzungen -------------------- ► Smart Senior-Ökosystem-Vision im Einklang mit Smart City-Vision ► Die Vision fokussiert auf den Smart Senior aus einer holistischen Perspektive [APHSA]	► Smart Senior-Ökosystem-Strategie mit Projektplan ► Die Smart Senior-Ökosystem-Strategie entwickelt strategische Smart Senior-Ansätze außerhalb des Klinik – und Pflegebetriebes [PIAI] wie Smart Home	► Aufbau Bedarfsprognosen von Smart Senior-Anwendungen und Weiterentwicklung des Smart Cit -Ökosystems	► Planung eines stabilen Smart Senior-Ökosystem-Regulationsmusters ► Ausweitung von Bedarfsprognosen von Smart Senior-Anwendungen und Etablierung der Smart City-Ökosystems ► Benchmarking der Smart Cit-Planung mit anderen Smart Cities	► Dynamische Anpassung der Smart City Senior-Ökosystem-Planung an Smart City-Planung ► Echtzeit-Daten Benchmarking mit anderen Smart Senior-Ökosystemen
Attribute	X	initiiert	entwickelt	gemanagt	etabliert	dynamisch

Abb. 5.14 Bausteinkomponente Smart City-Planung

Aus dieser GAP-Analyse ergeben sich in der Folge erste Transformationserfordernisse auf dem Weg einer Smart City.

Die Smart City-Planung orientiert sich aber nicht an kurzfristigen städtischen Zielen, sondern umfasst einen Zeitraum von 20 und mehr Jahren. Dazu müssen auch Mittel bereitgestellt werden, damit auf lokaler und globaler Ebene nach den besten Smart City-Lösungen Ausschau gehalten werden kann. In der Folge soll dann eine systematische und zukunftsorientierte Vision der einzuführenden Smart City-Lösungen (Wahl der Technologiestandards) entwickelt werden. Zudem müssen andere lokale und globale Trends wie beispielsweise die Überalterung der Gesellschaft beobachtet und bei der Smart City-Planung mitberücksichtigt werden. Zu den Erfolgsfaktoren der Smart City-Planung zählen vor allem die Führung, die Governance, der Business Case, die Stakeholderpartizipation und die Etablierung eines Innovationsmilieus in der Smart City (siehe Kap. 2.2.1).

Hinzu kommt der Aufbau dezidierter und unabhängiger Smart City-Organisationen oder „Think Tanks" als eigenständiger Bestandteil der städtischen Planung. Der Business Case dient dazu, über KPI's (Key Performance Indicators) kontinuierlich die Zielerreichungsgrade der Smart City-Entwicklung bestimmen zu können. Außerdem können Smart Cities mit den Key Performance-Indikatoren ein Benchmarking mit internationalen Smart City-Standards durchführen.

Zur Smart City-Planung können auch Methoden wie „Urbane Simulationen", „Virtuelle Realitäten" und die Szenario-Planung zum Einsatz kommen [EUCHI].

Bei der Bausteinkomponente „Smart City-Planung" sollten folgende Fragen ins Kalkül gezogen werden (erweitert nach [PEL][CLAR][HATZELHOFFER01][EUCHI]):

1. Welche Ziele sind mit der Vision und Strategie einer Smart City verbunden?
2. Was ist das beste technisch-ökonomische Modell? Ist der Aufbau einer dezidierten Smart City-Organisation und unterstützender Smart City-„Think Tanks" geplant?
3. Verfügt die Stadt über eine Technologieagenda? Ist die Technologie-Vision in die Smart City-Vision eingebunden?
4. Wurden die städtischen Voraussetzungen zur Smart City-Transformation analysiert und transparent gemacht?
5. Gibt es eine klare Smart City-Führung mit dem Bürgermeister an der Spitze?
6. Mit welchen KPIs (Key Performance Indicators) soll die Zielerreichung der Smart City-Planung bewertet werden?
7. Wie agieren die Stadt und Stadtbevölkerung mit Themen wie Innovationen und neuen Ideen? Existiert ein kreatives Milieu, offen für neue Technologien und soziale Innovationen? Welche Haltung nehmen die Bürger und die Stadtentwicklung bezüglich der Smart City-Transformation ein?
8. In welchem Maß verbessern Smart City-Initiativen die lokale, regionale und globale Wettbewerbsfähigkeit der Stadt? Was sind die langfristigen Auswirkungen, wenn die Stadt die Transformation zur Smart City unterlässt?
9. Welches sind die wirtschaftlichen und sozialen Elemente der Smart City-Vision?
10. Wie bindet man die Bürger und andere Akteure einer Smart City in die Entwicklung und Umsetzung einer Smart City-Vision produktiv und nachhaltig ein?
11. Welches sind die kritischen sozialen und wirtschaftlichen Bedürfnisse verschiedener Bevölkerungsgruppen?
12. Was sind die kritischen lokalen und regionalen strategischen Themen und Wettbewerbsbenchmarks?
13. Wie formt man die Partnerschaften mit unterschiedlichen Akteuren einer Smart City, um zu einem produktiven Smart City-Ökosystem zu gelangen?
14. Mit welchem Handlungsfeld einer Smart City fängt man an? Welche Bürgerdienste sollte man zuerst entwickeln?
15. ...

Spezifische Smart Senior-Ökosystem-Fragen:

1. Welches sind die kritischen sozialen und wirtschaftlichen Bedürfnisse der Bevölkerungsgruppe 60+?
2. Gibt es eine städtische Vision vom smarten urbanen Leben im Alter mit innovativen Wohnkonzepten?

3. Sind die Smart Senior-Ökosystem-Vision und -Strategie integrale Bestandteile der Smart City-Planung?
4. Konnten bereits Communities der Personen im Alter 60+ in den verdichteten Stadtbezirken etabliert werden?
5. Wie formt man die Partnerschaften mit unterschiedlichen Akteuren einer Smart City, um zu einem produktiven Smart Senior-Ökosystem zu gelangen?
6. Wurden für ein zu bildendes Smart Senior-Ökosystem die wichtigsten KPI's (Key Performance Indicators) definiert? Sind derartige KPI's bekannt?
7. ...

Bausteinkomponente: **Governance**

Zu den Erfolgsfaktoren einer Smart City-Planung zählt die **Governance** einer Smart City. Bei dieser Bausteinkomponente besteht das Ziel in der Beschreibung und Bewertung der Entwicklung des Managements einer Smart City (siehe Abb. 5.15).

Im Kap. 2.2.3 wurde der Aspekt der Governance einer Smart City thematisiert. Dort wurden die unterschiedlichen Perspektiven der Smart City Governance aufgezeigt. In einem ersten Schritt wurde zwischen einer **smarten = guten Governance** unterschieden, bei der es lediglich um die gute Verwaltung einer Stadt geht, ohne die Notwendigkeit für die Transformation staatlicher Strukturen und Prozesse. Einen Schritt weiter geht die

Reifegradniveau	Level 0	Level 1	Level 2	Level 3	Level 4	Level 5
Klassifikation	**Keine Smart City**	**Absprungbasis Smart City**	**Minimum Smart City**	**Integrierte Smart City**	**Etablierte Smart City**	**Lernende Smart City**
	▸ Traditionelle Governance einer Stadt	▸ Traditioneller Modus Operandi ohne Smart City-Bezug	▸ Überwiegend noch traditioneller Modus Operandi, aber mit guten Regeln, Prozessen und Strukturen ▸ Governance in Teilbereichen von Smart City-Handlungsfeldern ▸ Definition der Führungsrolle einer Smart City ▸ Weitgehend dezentrale Entscheidungsfindung	▸ Einführung von Smart City Governance-Strukturen in systematischer Weise in mehreren Smart City-Handlungsfeldern ▸ Unterstützung durch dedizierte Smart City-Organisation ▸ Definition der Rollen, Verantwortlichkeiten, Beziehungsstrukturen der wichtigsten Stakeholder ▸ Innovationen bei der Entscheidungsfindung. Gemeinsames Komitees von Smart City-Verantwortlichen zur Entscheidungsfindung ▸ Gemeinsame Performanceziele über mehrere Smart City-Handlungsfelder (Business Case) ▸ Konzeptionierung und Aufbau Benchmarking Smart City „Governance"	▸ Etablierung stabiler Governance-Strukturen in allen Handlungsfeldern mit Unterstützung durch dedizierte Smart City-Organisation ▸ Smarte Governance durch Innovationen in der Verwaltung ▸ IKT zur Optimierung der Governance durch optimierte Entscheidungsprozesse ▸ Transparenz der Stakeholder-Verantwortlichkeiten ▸ Konsistente Smart City Performance-Ziele (Business Case) ▸ Kontinuierliches Benchmarking der Governance mit anderen Smart Cities	▸ Smarte Governance-Kollaboration mit neuen, innovativen Formen der Smart City-Verwaltung durch Einsatz von IKT und künstlicher Intelligenz ▸ Einbindung aller Smart City-Akteure über Open Data-Portale und Open Government-Portale mit Unterstützung durch dedizierte Smart City-Organisation ▸ Pro-aktive Stakeholder-Partizipation bei der Smart City-Entscheidungsfindung und der Ausgestaltung neuer Regulationsmuster ▸ Echtzeit-Daten-Benchmarking der Governance mit anderen Smart Cities
Attribute	**X**	**initiiert**	**entwickelt**	**gemanagt**	**etabliert**	**dynamisch**

Smart Senior Öko-System

Level	0	1	2	3	4	5
	▸ Keine Smart Senior-Ökosystem-Governance	▸ Keine Smart Senior-Ökosystem-Governance	▸ Grundlegende Smart Senior-Ökosystem-Governance-Strukturen	▸ Formale Gremien definieren Interaktionsmuster, Workflow Management [APHSA] und Technologieinvestitionen ▸ Integration der Smart Senior-Ökosystem-Governance-Planung mit der Smart City Governance Planung ▸ Konzeptionierung und Aufbau Benchmarking Smart Senior-Ökosystem	▸ Ausgestaltung eines weitgehend geschlossenen Smart Senior-Ökosystems mit etablierten Governance-Strukturen von Partner-Netzwerken bestehend aus Apotheken, Krankenhäusern, Mobility Dienstleistern, Fitnessstudios und so weiter ▸ Benchmarking mit anderen Smart Senior-Ökosystemen	▸ Dynamisch adaptierende Smart Senior-Ökosysteme mit offenen Partner-Netzwerken und Selbststeuerungsmechanismen auf Basis künstlicher Intelligenz in Netzwerken ▸ Echtzeit-Daten-Benchmarking mit anderen Smart Senior-Ökosystemen
Attribute	**X**	**initiiert**	**entwickelt**	**gemanagt**	**etabliert**	**dynamisch**

Abb. 5.15 Bausteinkomponente Governance und das Management einer Smart City

„Smarte Entscheidungsfindung", bei der die Notwendigkeit von Innovationen in den Entscheidungsprozessen und die Umsetzung dieser Entscheidungen betont werden. In der nächsten Stufe der **„Smarten Verwaltung"** geht es um neue Formen der elektronischen Verwaltung. Diese Art der Governance verlangt die Umstrukturierung der internen Organisation der Stadtverwaltung. Die Neuordnung der Position der Stadtverwaltung im urbanen Smart City-System erfolgt bei der **„Smarten Kollaboration"** über interne und externe Grenzen hinweg. Dies geht mir einer Transformation staatlicher Strukturen und Prozesse zu neuen relativ stabilen Regulationsmuster einher.

Die Governance als Verwaltung einer Smart City ist von der Smart City-Führung und dem Stakeholder-Management abzugrenzen. Zwar bilden beide Aspekte einen Teilbereich einer holistischen Smart City Governance ab, sind aber deutlich herauszustellen und separat zu behandeln. Durch die Führung einer Smart City soll die Entwicklung der Smart City zielgerichtet vorangetrieben werden. Dabei sind die Rollen und Verantwortlichkeiten klar zu definieren. Beim Stakeholder-Management wiederrum geht es um die Einbindung aller Stakeholder in die Planung und Umsetzung einer Smart City, verbunden mit einer Investitionsplanung und Performance-Management.

Mit der Bausteinkomponente „Governance" sind unter anderem folgende Fragen verbunden:

1. Wie sieht die Rollenverteilung und Struktur der Governance aus?
2. Wie ist der Prozess der Einbindung von Stakeholdern einer Smart City bei der Entscheidungsfindung ausgestaltet?
3. Ist der Governance-Prozess so ausgestaltet, dass das Agieren und die Verantwortlichkeiten der Smart City-Akteure transparent sind [EUCHI]?
4. Welche neuen digitalen Technologien kommen bei der Weiterentwicklung der Governance zum Einsatz?
5. Ermöglicht das gewählte Governance-Modell die Entwicklung neuer, innovativer Formen der Verwaltung?
6. Erlaubt das Governance-Modell die Einführung moderner Matrix-Organisationen, orientiert an der Privatwirtschaft, die zur Modernisierung der Smart City Governance beitragen könnte?

Spezifische Smart Senior-Ökosystem-Fragen:

1. Gibt es eine Smart Senior-Ökosystem-Governance-Planung?
2. Ist die notwendige Smart Senior-Ökosystem-Governance-Planung integraler Bestandteil der Smart City-Governance-Planung?
3. Wie werden die Smart Senior in die Smart Senior-Ökosystem-Governance-Planung einbezogen?
4. Welche Partner-Netzwerke im Zusammenhang mit dem Smart Senior-Konzept existieren bereits in der Stadt?

5. Könnte man bestehende Smart Senior-Partner-Netzwerke mit entsprechenden Governance-Strukturen weiterentwickeln?

6. ...

Bausteinkomponente **Stakeholder-Management**

Das Stakeholder-Management ist als Bestandteil der Governance einer Smart City zu betrachten. Die Bedeutung der pro-aktiven Kollaboration aller Akteure einer Smart City ist aber von so großer Bedeutung, dass eine separate Berücksichtigung angebracht ist. Mit der Bausteinkomponente Stakeholder-Management wird das Ziel verfolgt, den Grad der Einbindung von Smart City-Stakeholdern in der Smart City-Entwicklung zu bestimmen (siehe Abb. 5.16). Wesentliche Aspekte des Smart City-Stakeholder-Managements wurden in dem Kap. 2.2.3 behandelt.

Für die Smart City-Entwicklung ist die Herausbildung der „Smarten Kollaboration" von entscheidender Bedeutung. Diese Form des Stakeholder-Managements bildet ein integriertes System der Stakeholder-Kollaboration, das alle Smart City-Akteure und -funktionen umfasst. Insbesondere geht es darum, möglichst alle Meinungen der beteiligten Akteure bei der Smart City-Entscheidungsfindung zu berücksichtigen. Die Ausbildung eines Smart City-Regulationsmusters erfordert zahlreiche und zeitintensive Aushand-

Reifegradniveau	Level 0	Level 1	Level 2	Level 3	Level 4	Level 5
Klassifikation	Keine Smart City	Absprungbasis Smart City	Minimum Smart City	Integrierte Smart City	Etablierte Smart City	Lernende Smart City
	▸ Traditioneller Modus Operandi	▸ Traditioneller Modus Operandi ▸ Rollen und Formen der Stakeholder-Kollaboration sind nicht definiert	▸ Konzeptionierung des Stakeholder Managements von Multi-Stakeholder-Partnerschaften in Smart City-Ökosystemen (Industrie, Wissenschaft, Bürger...) ▸ Identifikation und Definition der wichtigsten Stakeholder-Rollen, durch Smart City-Führung und dezidierte Smart City-Organisation	▸ Formale Ausgestaltung der Kollaborationsmuster und -rollen durch Smart City-Führung und dezidierte Smart City-Organisation ▸ Institutionalisierung des Stakeholder Managements über Gremien, Komitees und Smart City-Führung ▸ Konzeptionierung und Aufbau-Benchmarking Smart City „Stakeholder Management"	▸ Pro-aktive Stakeholder-Kollaboration mit neuen Formen der Kollaboration, koordiniert durch Smart City-Führung, dezidierte Smart City-Organisation und zentrale Smart City Stakeholder ▸ Veröffentlichung von Smart City-Entwicklungsmeilensteinen für alle Smart City-Akteure ▸ Kontinuierliches Benchmarking des Stakeholder Managements mit anderen Smart Cities	▸ Etablierung dynamisch adaptierbarer Smart City-Stakeholder-Öko-systeme, die mittels künstlicher Intelligenz selbstregulierend auf interne und externe Einflüsse reagieren ▸ Koordination und aktive Unterstützung der Smart City-Führung, dezidierte Smart City-Organisation und andere Smart City-Stakeholder ▸ Echtzeit-Daten Benchmarking des Stakeholder Managements mit anderen Smart Cities
Attribute	X	initiiert	entwickelt	gemanagt	etabliert	dynamisch

Smart Senior Öko-System

Level	0	1	2	3	4	5
	▸ Kein spezifisches Smart Senior-Stakeholder-Management	▸ Kein spezifisches Smart Senior-Stakeholder-Management	▸ Die wichtigsten Stakeholder im Gesundheitsmanagement, Politik und Gesellschaft sind identifiziert und alle Rollen definiert ▸ Konzeptionierung und Aufbau-Benchmarking Smart Senior-Ökosystem Stakeholder-Managment	▸ Wichtigste Smart Senior-Ökosystem-Akteure formal in Kollaborationsnetzwerke eingebunden und Kollaborationsmuster sind ausgestaltet ▸ Smart Senior-Ökosystem-Stakeholder-Netzwerk ist integraler Bestandteil der Smart City-Stakeholder-Netzwerke	▸ Pro-aktive Kollaboration der Smart Senior-Ökosystem-Akteure ▸ Benchmarking mit anderen Smart Senior-Ökosystemen	▸ Echtzeit-Daten Benchmarking mit anderen Smart Senior-Ökosystemen
Attribute	X	initiiert	entwickelt	gemanagt	etabliert	dynamisch

Abb. 5.16 Bausteinkomponente Stakeholder-Management

lungsprozesse und Interessenausgleiche der Stakeholder (Industrie, Wissenschaft, Bürger etc.) einer Smart City. Die Komplexität des Stakeholder-Managements nimmt mit jeder Entwicklungsstufe des Reifegradmodells zu.

In Bezug auf das Smart City-Stakeholder-Management sind mindestens folgende Fragen zu berücksichtigen:

1. Wie sehen die Rollen, Verantwortlichkeiten und das Beziehungsgeflecht der Smart City-Kernakteure aus?
2. Wird das Stakeholder-Management von einer dezidierten Smart City-Organisation koordiniert und ausgestaltet?
3. Verfügt die Smart City-Führung über die notwendige Kompetenz, um aktiv unterschiedliche Stakeholder-Konstellationen in einem Ökosystem aufzubauen und zu koordinieren?
4. Welche Stakeholder-Management-Strukturen existieren bereits in der Stadt, die zu Smart City Stakeholder-Management-Strukturen weiterentwickelt werden könnten?
5. Ermöglicht das Governance-Modell eine möglichst reibungsfreie Kollaboration der Smart City-Akteure über den gesamten Smart City Planungs- und Entwicklungsprozess? [EUCHI]
6. Wie ist der Prozess der Einbindung von Akteuren einer Smart City bei der Entscheidungsfindung ausgestaltet?
7. ...

Spezifische Smart Senior-Ökosystem-Fragen:

1. Gibt es eine Smart Senior-Ökosystem-Stakeholder-Management-Planung?
2. Verfügt die Stadt über alle notwendigen Stakeholder, um ein Smart Senior-Ökosystem aufbauen zu können?
3. Wird das Smart Senior-Ökosystem-Stakeholder-Management von einer dezidierten Smart Senior-Ökosystem-Organisation koordiniert?
4. Wie interagieren die Stakeholder im Bereich der Senioren 60+ im traditionellen Modus Operandi?
5. ...

Bausteinkomponente: **Smart City-Führung**

Die Führung eines Smart City-Vorhabens ist immer Chefsache und nicht delegierbar. So ist es meistens der Bürgermeister, der die Führung eines Smart City-Vorhabens übernehmen muss – so geschehen in Wien durch den Oberbürgermeister Dr. Michael Häupl oder Eduardo Paes, den Bürgermeister von Rio de Janeiro. Die Führung einer Smart City verfolgt das Ziel, eine Smart City sukzessive über einen langen Zeitraum mit einem stabilen Regulationsmuster entstehen zu lassen. Dazu misst die Bausteinkomponente „Smart City-Führung" die Expansion des Führungsumfangs bei Smart City-Entwicklungen (siehe

Reifegradniveau	Level 0	Level 1	Level 2	Level 3	Level 4	Level 5
Klassifikation	Keine Smart City	Absprungbasis Smart City	Minimum Smart City	Integrierte Smart City	Etablierte Smart City	Lernende Smart City
	▸ Keine Smart City-Führung etabliert. Kein Interesse.	▸ Ad hoc, opportunistisch ▸ Dezentrale Fall-zu-Fall-Smart-City-Führungsübernahme (Zuständigkeit verteilt in der Stadtverwaltung) ▸ Keine dezidierte Smart City-Organisationseinheit	▸ Rollen und Verantwortlichkeiten der Smart City-Führung werden definiert ▸ Bürgermeister übernimmt die Gesamtführung ▸ Planung und Konzeptionierung einer autonomen, direkt dem Bürgermeister unterstellten dezidierten Smart City-Organisation (mit geringer Anzahl an Mitarbeitern) ▸ Entwicklung von Smart City-Prinzipien aus der Smart City-Vision und -Strategie ▸ Die Smart City-Führung initiiert die Interaktionen mit Smart City-Akteuren	▸ Bürgermeister mit Exekutiv-Komitee koordiniert die Integration der mehrere Handlungsfelder übergreifenden Smart City-Programme ▸ Zentralisierte Smart City-Führung durch Bürgermeister und CTO in dezidierter Smart City-Organisation mit spezialisiertem Personal ▸ Aufbau der dezidierten Smart City-Organisation, die fest verankert in der Stadtverwaltung ist und ausgestattet mit umfassendem Mandat (siehe Beispiel PCPC - Philadelphia City Planning Commission [PHILA]) ▸ Etablierung von Smart City-Prinzipien ▸ Die Smart City-Führung und wichtigste Stakeholder verabschieden Investitionsbudgets und ermitteln den Business Case über PMS (Performance Management System) ▸ Konzeptionierung und Aufbau Benchmarking Smart City-„Führung"	▸ Zentralisierte Smart City-Führung (inklusive Investitionsplanung und konsolidiertem Business Case) über Smart City Council (Bürgermeister, CTO, wichtigste Stakeholder der Handlungsfelder und Bürgervertreter) ▸ Handlungsfelder übergreifende Smart City-Führung ▸ Dezidierte Smart City-Organisation ist stark engagiert in der holistischen Transformation von Smart City-Prozessen und -Strukturen ▸ Etablierte und voll funktionsfähige, dezidierte Smart City-Organisation als Inkubator ▸ Smart City-Prinzipien werden über gesamte Smart City angewendet ▸ Kontinuierliches Benchmarking der Smart City-Führung mit anderen Smart Cities	▸ Zentralisierte Führung mit Bürgermeister, CT, Smart City-Vertreter anderer Smart Cities, Bürgervertreter, in Holding-Struktur ▸ Rollierend dezentralisierte Führung in Smart City-**Handlungsfeldern** mit umfassender Bürgerpartizipation und in Koordination mit Smart City-Führung ▸ Führung wechselnder Smart City-Akteur-Netzwerke ▸ Smart City-Prinzipien ändern sich dynamisch an neue Smart City-Regulationsmuster über künstliche Intelligenz an ▸ Differenzierung der Smart City durch Alleinstellungsmerkmale gegenüber konkurrierenden Smart Cities ▸ Echtzeit-Daten-Benchmarking mit anderen Smart Senior-Ökosystemen
Attribute	X	initiiert	entwickelt	gemanagt	etabliert	dynamisch

Smart Senior Öko-System

Level	0	1	2	3	4	5
	▸ Keine Smart Senior-Ökosystem-Führung	▸ Keine Smart Senior-Ökosystem-Führung	▸ Rollen und Verantwortlichkeiten der Smart Senior-Ökosystem-Führung werden definiert. Das hierarchische Verhältnis zur Smart City-Führung wird bestimmt ▸ Planung und Konzeptionierung einer autonomen, dezidierten Smart Senior-Ökosystem-Organisation als Teilbereich der dezidierten Smart City-Organisation (mit geringer Anzahl an Mitarbeitern) ▸ Entwicklung von Smart Senior-Ökosystem-Prinzipien aus der Smart Senior-Ökosystem-Vision und Strategie	▸ Integration und Vernetzung des Smart Senior-Ökosystems mit anderen Smart City-Handlungsfeldern ▸ Zentralisierte Smart Senior-Ökosystem-Führung im Handlungsfeld Smart Health über Smart Senior-Öko-system Council (wichtigste Stakeholder des Handlungsfeldes) ▸ Benennung eines CTO in dezidierter Smart Senior-Öko-system-Organisation mit spezialisiertem Personal als Teilbereich der dezidierten Smart City-Organisation ▸ Ausgestaltung von Smart Senior-Ökosystem-Prinzipien ▸ Aufbau und Konzeptionierung Benchmarking Smart Senior Ökosystem-Führung	▸ Etablierung eines Smart Senior-Ökosystems mit stabilem Regulationsmuster ▸ Zentralisierte Smart Senior-Ökosystem-Führung im Handlungsfeld Smart Health über Smart Senior-Ökosystem Council ▸ Etablierung einer dezidierter Smart Senior-Ökosystem-Organisation mit spezialisiertem Personal ▸ Etablierung von Smart Senior-Ökosystem-Prinzipien ▸ Benchmarking der Smart Senior-Ökosystem-Führung	▸ Differenzierung des Smart Senior-Ökosystems gegenüber externen Smart Senior-Öko-systemen ▸ Smart Senior-Ökosystem-Prinzipien ändern sich dynamisch an neue Smart Senior-Ökosystem und Smart City-Regulationsmuster über künstliche Intelligenz an ▸ Echtzeit-Daten-Benchmarking der Smart Senior-Ökosystem-Führung
Attribute	X	Initiiert	entwickelt	gemanagt	etabliert	dynamisch

Abb. 5.17 Bausteinkomponente Führung von Smart Cities

Abb. 5.17). Einige Aspekte der Smart City-Führung wurden in den Kap. 1.1.5, 2.2 und 2.3 beleuchtet.

Für die Führung eines Smart City-Vorhabens ist es zudem bedeutsam, ob eine eigens dafür geschaffene Organisation etabliert wird. Eine Smart City aus den bestehenden Stadtstrukturen heraus zu entwickeln, ist mit unzähligen Schwierigkeiten verbunden. Daher empfiehlt es sich, eine eigene Organisation zu schaffen, ausgestattet mit geeignetem Personal mit unterschiedlicher Expertise und Budget unter der Führung des Bürgermeisters im Sinne eines Smart City-Inkubators. Zu dem Smart City-Inkubator kommen externe Smart City-„Think-Tank-Institutionen", die bei der Ausgestaltung einer Smart City kompetente Unterstützung leisten.

Diese Gruppen haben in der Regel ein ganzheitliches Verständnis für die strategische Rolle, die Technologien bei der Lösung städtischer Herausforderungen spielen können. Typische Aufgaben der Mitglieder einer Inkubator-Gruppe sind: Mitentwicklung der smarten Strategie/Vision einer Stadt; Coach und Vermittler von Akteursinteressen einer Stadt oder die Förderung der Zusammenarbeit mit Smart City-Technologieanbietern wie IBM, Siemens oder General Electric, um mit den Technologien im Stadtumfeld als Testfall experimentieren zu können und wertvolle Erfahrungen bei der Weiterentwicklung der Städte zu sammeln [GOV01] (siehe auch Kap. 2.3.2). Momentan ist die Führung urbaner Praxis immer noch aktiv um die Aufrechterhaltung der Exklusivität ihrer Dienste bemüht und auch darum, dass alle Bürger auf neue Stadtdienste in geschlossenen Systemen zugreifen können [GOV01]. Die Städte müssen aber vielmehr zu aktiven Gestaltern von Smart City-Vorhaben werden und nicht zu Statisten moderner Technologiekonzerne, die Smart City-Strategien, -Programme und -Projekte definieren und vorgeben. Dazu muss sich das Selbstverständnis der Stadtverwaltungen grundlegend ändern. Es müssen „Verwaltungsangestellte oder -beamte eingestellt werden, die über eine ausgewiesene Medienkompetenz verfügen und offen für die digitalen Entwicklungen beziehungsweise Technologien sind [JA01]."

Die Führung eines Smart City-Vorhabens ist mit den folgenden Fragen verbunden:

1. Wie sieht die Führungsstruktur einer Smart City aus? Übernimmt der Bürgermeister die Verantwortung?
2. Steht die Smart City-Führung langfristig aktiv hinter der aktiven Entwicklung und Umsetzung einer Smart City-Vision und -Strategie?
3. Schafft es die Smart City-Führung, eine möglichst große Anzahl an Bürgern für das Smart City-Vorhaben dauerhaft zu mobilisieren? Welche Maßnahmen werden favorisiert?
4. Ist das Team um den Bürgermeister herum in der Lage, als gleichwertiger Partner in Smart City-Diskussionen mit Smart City-Technologiekonzernen aufzutreten?
5. Wurde eine dedizierte Smart City-Organisation geschaffen, die außerhalb der etablierten Stadtstrukturen im Sinne eines Inkubators agieren kann?
6. Werden durch die Smart City-Führung die gemeinsamen und unterschiedlichen Ziele der mitwirkenden Smart City-Akteure herausgearbeitet und kommuniziert [HATZELHOFFER01]?
7. ...

Spezifische Smart Senior-Ökosystem-Fragen:

1. Wer übernimmt bei der Entwicklung eines Smart Senior-Ökosystems die Führung?
2. In welchem Verhältnis steht die Smart City-Führung zur Smart Senior-Ökosystem-Führung?
3. Welche Ziele verfolgt die Smart Senior-Ökosystem-Führung mit dem Aufbau des Smart Senior-Ökosystems?
4. ...

Bausteinkomponente **Bürgerpartizipation**

Die Bürgerpartizipation in der Smart City ist mit der Governance einer Smart City verbunden. In dem ersten Band „Die digitale Evolution moderner Großstädte" bildet die Bürgerpartizipation und -emanzipation über „offene Smart City Cloud Computing-Plattformbereiche" eine Kernkomponente bei der Entwicklung von Smart Cities [JA01]. Dies gilt selbstredend auch für hier vorliegenden zweiten Band. Nur durch die aktive Bürgerbeteiligung können die teilweise umwälzenden Veränderungen der Stadtstrukturen überhaupt ins Kalkül gezogen und umgesetzt werden. Es ist die Rede vom „Smart Citizen". Die Kernaspekte der Bürgerpartizipation wurden im Kap. 2.3.1 thematisiert. Das Ziel der Bausteinkomponente „Bürgerpartizipation" besteht in der Beschreibung und Bewertung des Umfangs und der Intensität der Bürgerpartizipation bei der Smart City-Entwicklung (siehe Abb. 5.18).

Bei Fragen wie der Modernisierung des Müllmanagements oder des Verkehrsmanagements ist es notwendig, die betroffenen Bürger einer Smart City zu konsultieren und aktiv einzubinden. Dies kann durch „Open Data-Portale" erfolgen, über die eine möglichst große Anzahl an „Smart Citizen" in die Entscheidungsfindung miteingebunden wird (Befragungen, Bewertungen, Analysen und so weiter). Dabei fungieren die Smart Citizen aber nicht einfach nur als Informationslieferanten oder Feedbackgeber. Der smarte Bürger sollte vielmehr in die Lage versetzt werden, aktiv eigene Smart City Apps auf der Basis von „Open Data" zu entwickeln und so das Smart City-Antlitz mitzugestalten. Für eine ausführliche Behandlung des Themas „Smart Citizen" verweise ich auf den ersten Band [JA01].

Die Bürgerpartizipation im Smart City-Kontext konzentriert sich auf die Lebensrealität der Bürger und setzt folglich auf ein bürgerzentriertes Betriebssystem einer Stadt. Dieses Betriebssystem als dezentrales Netz urbaner Interaktionen erhöht das soziale Gefüge, das Städte ausmacht und antreibt. Eine zentrale Steuerung des Netzes ist weder zwingend erforderlich noch wünschenswert. Vielmehr werden Netze kleinerer Communities entstehen, die sich untereinander vernetzen und dezentral organisiert sind. So werden die bereits mehrfach genannten Prinzipien der Dezentralisation und Selbstregulation einer Smart City eingehalten.

Reifegradniveau	Level 0	Level 1	Level 2	Level 3	Level 4	Level 5
Klassifikation	Keine Smart City	Absprungbasis Smart City	Minimum Smart City	Integrierte Smart City	Etablierte Smart City	Lernende Smart City
	► Keine Bürgerbeteiligung	► Keine formalen Prozesse für die Bürgerbeteiligung ► Risikoaverse Kultur ► Bottom-Up-Planungselemente einer Smart City	► Bürgerbeteiligung über eGovernment-Apps und Social Media (Befragung von Bürgern; Bürger als Informationslieferanten und Feedbackgeber). Koordiniert durch dezidierte Smart City-Organisation ► Bottom-Up-Planung einer Smart City ► Planung eines dezidierten Planungsinstituts für die Bürgerpartizipation (siehe „Citizens Planning Institute CPI der Stadt Philadelphia [PHILA])	► Open Data und Open Data-Plattformen für Bürger in Smart City Communities, koordiniert und unterstützt durch dezidierte Smart City-Organisation ► Smart City agiert pro-aktiv und etabliert Interaktionsstrukturen mit entsprechenden Prozessen ► Bürger entwickeln neue Smart City-Apps mit Open Data. Aktive Einbindung von Bürgern in Smart City-Entscheidungsfindung ► Personalisierte direkte bi-direktionale Kommunikation mit Bürgern ► Integration der Bottom-Up und Top-Down Smart City-Planung ► Aufbau eines dezidierten Planungsinstituts für die Bürgerpartizipation ► Konzeptionierung und Aufbau-Benchmarking Smart City-„Bürgerpartizipation"	► Etablierter interaktiver Austausch über alle Handlungsfelder der Smart City mit Bürgern über offene Smart City-Community-Plattformen und weitere Kanäle; aktiv unterstützt durch dezidierte Smart City-Organisation ► Innovationen von Bürgern, Institutionen werden institutionalisiert und umgesetzt ► Holistische Bottom-Up und Top-Down Smart City-Planung ► Innovatives Lernmilieu entwickelt sich mit dem Aspekt der Inklusion ► Etablierung des dezidierten Planungsinstituts für die Bürgerpartizipation ► Benchmarking der Bürgerpartizipation mit anderen Smart Cities	► Smart City kultiviert ein innovatives Lernmilieu, das die Bürger aktiv in die systematische Weiterentwicklung der Smart City einbindet (Vision, Strategie, Projekte), aktiv unterstützt durch dezidierte Smart City-Organisation, „Knowledge Exchange-Plattformen" und künstlicher Intelligenz ► Institutionalisierung der Innovationen (soziale und technische Innovationen) in einer Smart City ► Multidirektionaler Austausch mit anderen Smart Cities über Open Data, Knowledge Exchange-Plattformen und künstliche Intelligenz ► Dynamische Kollaborationen über Netzwerke von Smart Cities ► Echtzeit-Daten Benchmarking mit anderen Smart Cities
Attribute	X	initiiert	entwickelt	gemanagt	etabliert	dynamisch

Smart Senior Öko-System

Level	0	1	2	3	4	5
	► Keine Bürgerbeteiligung	► Kein spezifisches Smart Senior Stakeholder Management	► Isolierte Smart Senior-Anwendungen zu Pilotprojektzwecken werden zusammen mit Senioren entwickelt, getestet und umgesetzt. Das Smart Senior-Ökosystem-Vorhaben wird als „Mitmach-Projekt" erlebt	► Die Smart Senior-Bürgerpartizipation wird in die Bürgerpartizipation anderer Smart City-Handlungsfelder integriert und vernetzt	► Die Partikularinteressen der Smart Senior werden mit den Smart City-Interessen harmonisiert	► Die Smart Senior-Bürgerpartizipation ist eng verzahnt mit allen Handlungsfeldern einer Smart City und adaptiert sich dynamisch
Attribute	X	initiiert	entwickelt	gemanagt	etabliert	dynamisch

Abb. 5.18 Bausteinkomponente Bürgerpartizipation in der Smart City

Folgende Fragen sind bei der Ausgestaltung einer möglichst umfassenden Smart City-Bürgerpartizipation bedeutsam:

1. Wie können möglichst viele Bürger Teil der aktiven Smart City-Entwicklung werden (auch solche Bürger, die prinzipiell eine skeptische Grundhaltung gegenüber staatlichen Vorhaben haben oder Bürger, die im Umgang mit modernen Technologien Berührungsängste haben beziehungsweise nicht versiert genug sind)?
2. Mit welcher Kommunikationsstrategie lassen sich viele Bürger eines Smart City-Vorhabens ansprechen und „aktivieren" (Radiosendungen, Facebook-Auftritte, Projektzeitschriften, Werbebeilagen in lokalen Zeitungen)?
3. Warum haben die Anwender einer Smart City Schwierigkeiten mit der Akzeptanz der Lösungen?
4. Wie kann das Smart City-Vorhaben als erlebbares Mitmach-Projekt für die Bürger gestaltet werden (Smart City-Tag)?
5. Mit welchen Maßnahmen kann eine umfassende Identifikation mit dem Smart City-Vorhaben bei den Bürgern erreicht werden?
6. Wie kann sichergestellt werden, dass der Bürger eine uneingeschränkte Hoheit über seine Daten hat?

7. Können dem Bürger für die Überlassung anonymisierter Daten zur Entwicklung von Smart City Services monetäre Anreize geboten werden?
8. Wie kann eine regelmäßige Reflexion der Ziele, Strukturen und Prozesse eines Smart City-Vorhabens offen im Bürgerdialog erfolgen [HATZELHOFFER01]?
9. ...

Spezifische Smart Senior-Ökosystem-Fragen:

1. Wie können die Senioren das Smart Senior-Ökosystem-Vorhaben als „Mitmach-Projekt" erleben?
2. Welche Partner des Smart City-Ökosystem-Vorhabens können aktiv die Smart Senior-Partizipation unterstützen? Mit welchen konkreten Maßnahmen?
3. Wie werden die Interessen der Smart Senior bei der Ausgestaltung der Smart Senior-Ökosysteme berücksichtigt?
4. Wie werden die Interessen, die mit dem Smart Senior-Ökosystem verbunden sind, mit den ganzheitlichen Smart City-Interessen in Einklang gebracht?
5. Welche Rolle (aktiv oder passiv) spielen Smart Senior bei der Entwicklung und Umsetzung der digitalen Patientenakte?
6. ...

Innovationsmilieu

Im Kap. 2.3.3 habe ich die Besonderheiten des „Silicon Valley" in den USA als Beispiel eines entwickelten und produktiven Innovationsmilieus beleuchtet. Das Silicon Valley als illustrierendes (Smart City)-Innovationsbeispiel kennzeichnet ein kreatives Milieu, in dem eine kritische Masse an Unternehmern, Intellektuellen, Sozialaktivisten, Künstlern, Verwaltern, Power-Brokern oder Studenten in einem kosmopolitischen Kontext interagiert und wo direkte Interaktionen zu neuen Ideen, Artefakten, Produkten, Lösungen, Diensten und Institutionen führen und in der Konsequenz zur wirtschaftlichen Prosperität der Stadt beitragen. Das Ziel der Bausteinkomponente „Innovationsmilieu" ist die Beschreibung und Ausgestaltung des Innovationsmilieus einer Smart City (siehe Abb. 5.19).

Zu den harten Faktoren des Innovationsmilieus zählen Gebäude, Straßen und Institutionen wie Forschungs-, Bildungs- und Kultureinrichtungen und andere unterstützende Dienste wie Transport- und Gesundheitswesen sowie Freizeiteinrichtungen. Die weiche Infrastruktur setzt sich aus sozialen Netzwerken und menschlichen Interaktionen zusammen, die den Fluss von Ideen zwischen Individuen und Institutionen befördern. Dies geschieht entweder direkt oder über digitale Vernetzungstechnologien, die zu weiteren Kommunikationsnetzwerken führen. Die Netzwerkfähigkeit ist das Kernstück des innovativen, kreativen Milieus, denn die Smart City vernetzt Netze.

Diese Bausteinkomponente bewertet die Innovationsfähigkeit einer Stadt und wie die Stadtgesellschaft experimentierfreudiger im Umgang mit neuen Technologien werden kann. Zur Lösung lang anhaltender Probleme in der Stadt ist eine höhere Risikobereit-

Reifegradniveau	Level 0	Level 1	Level 2	Level 3	Level 4	Level 5
Klassifikation	Keine Smart City	Absprungbasis Smart City	Minimum Smart City	Integrierte Smart City	Etablierte Smart City	Lernende Smart City
	‣ Traditioneller Modus Operandi des bestehenden Innovations-milieus	‣ Die Herausbildung eines smarten Innovationsmilieus wird Bestandteil der Smart City-Vision ‣ Noch weitgehend Risikoaverse Kultur mit punktuellen Innovationsclustern ‣ Keine Open Data-Politik und -Programme ‣ Keine Start-Up-Cluster und -Kultur vorhanden	‣ Das Konzept des smarten Innovationsmilieus findet Einzug in die Smart City-Strategie ‣ Explizite, punktuelle und vor allem harte Innovationsfaktoren betreffende Maßnahmen werden definiert ‣ Innovationen werden opportunistisch und isoliert von einzelnen Smart City-Akteuren vorangetrieben ‣ Erste Open Data-Ansätze, teilweise mit Veröffentlichung von Stadtdaten ‣ Vereinzelte Start-Up-Unternehmen entstehen im Smart City-Kontext ‣ Punktuelles, unsystematisches Lernen von anderen Smart Cities	‣ Systematische Entwicklung eines Innovationsmilieus durch Clusterbildung (Unternehmen, Wissenschaft, Anwälte, Business Angels usw.) mit harten und weichen Innovationsfaktoren ‣ Bereitstellung gesonderter Investitionsmittel zur Clusterbildung ‣ Innovationskultur wird gefördert durch dezidierte Smart City-Organisation und Prozesse, die Risiko-bereitschaft explizit berücksichtigen ‣ Das Open Data-Konzept wird in der Smart City strategisch entwickelt ‣ Entwicklung von Start-Up-Unternehmenscluster. Bereitstellung gesetzlicher Fördermittel und von privatem Risikokapital ‣ Ausbau des Lernens von anderen Smart Cities über „Knowledge Exchange"-Plattform ‣ Konzeptionierung und Aufbau Benchmarking Smart City „Innovationsmilieu"	‣ Etabliertes Innovationsmilieu mit zahlreichen Innovationsclustern und ausgereiftem Crowd Sourcing von Smart City-Ideen und Informationen ‣ Verstetigung der Innovationskultur unter Verwertung von internen und extern Ideen, Produkten und Unterstützung durch dezidierte Smart City-Organisation ‣ Verstetigung der Investitionsmittel zur Etablierung eines Innovationsmilieus ‣ Systematische Open Data und Crowd Sourcing-Initiativen ‣ Start-Up-Unternehmenscluster mit Risikokultur. Hoher Vernetzungsgrad der unterschiedlichen Start-Up-Unternehmenscluster ‣ Kontinuierliches Lernen von anderen Smart City über institutionalisierte „Knowledge Exchange"-Plattform ‣ Aktives Benchmarking des Innovationsmilieus anderer Smart Cities	‣ Dynamisches Innovationsmilieu mit hochvernetzten Innovationsclustern und Start-up-Milieus in Verbindung mit Selbststeuerungsele menten (künstliche Intelligenz) und hoher Adaptionsfähigkeit auf interne und externe Einflüsse ‣ Die Investitionsmittel werden dynamisch an die Veränderungen des Innovationsmilieus angepasst ‣ Dynamische Open Data, Crowd Sourcing-Initiativen auf der Basis künstlicher Intelligenz ‣ Weiterentwicklung des Innovationsmilieus durch den Einsatz künstlicher Intelligenz und Robotik ‣ Dynamisches Lernen von anderen Smart Cities über institutionalisierte „Knowledge Exchange"-Plattformen mit künstlicher Intelligenz ‣ Echtzeit-Daten Benchmarking
Attribute	X	initiiert	entwickelt	gemanagt	etabliert	dynamisch

Smart Senior Öko-System

Level	0	1	2	3	4	5
	‣ Traditioneller Modus Operandi des bestehenden Innovations-milieus	‣ Die Herausbildung eines spezifischen Smart Senior-Innovationsmilieus wird Bestandteil der Smart Senior-Ökosystem-Vision ‣ Noch weitgehend risikoaverse Kultur mit starren Regularien, Strukturen und Prozessen	‣ Das Konzept des Smart Senior-Innovationsmilieus findet Einzug in die Smart Senior-Ökosystem-Strategie	‣ Spezifisches Smart Senior Ökosystem-Milieu mit Smart Senior-Innovationsclustern (Smart City Innovationscluster und spezifische Cluster aus Akteuren des Smart Senior-Gesundheits-wesens) entsteht ‣ Herausbildung von Smart Senior-Ökosystem Best Practices in dedizierter Smart Senior-Organisation ‣ Konzeptionierung und Aufbau Benchmarking Smart Senior-Ökosystem	‣ Integration des spezifischen Smart Senior-Ökosystem-Innovationsmilieus in die Smart City-Innovationsmilieus der anderen Smart City-Handlungsfelder ‣ Harmonisierung der unterschiedlichen Smart City-Innovationsmilieus in den Smart City-Handlungsfeldern mit Unterstützung dedizierter Smart City und Smart Senior-Organisation. ‣ Benchmarking des Smart Senior-Ökosystem-Innovationsmilieus mit anderen Smart Senior-Ökosystem-Innovationsmilieus	‣ Weiterentwicklung der Smart Senior-Ökosystem Best Practices mittels künstlicher Intelligenz und Unterstützung durch dedizierte Smart Senior-Ökosystem-Organisation ‣ Echtzeit-Daten-Benchmarking mit anderen Smart Senior-Ökosystem-Innovationsmilieus
Attribute	X	initiiert	entwickelt	gemanagt	etabliert	dynamisch

Abb. 5.19 Bausteinkomponente Innovationsmilieu in der Smart City

schaft der Akteure einer Stadt erforderlich, als dies gemeinhin der Fall ist. Das Netzwerk aus Smart City-Akteuren ist prinzipiell ein unvorstellbar großes Reservoir an Ideen, die über das Crowdsourcing von Ideen und Informationen erschlossen werden sollten [JA01]. Die Ausprägung des kreativen Innovationsmilieus ist zudem entscheidend für die Entwicklung neuer Smart City-Geschäftsmodelle.

Um ein für Smart Cities notwendiges kreatives Milieu zu begünstigen, steht man vor folgenden Fragen:

1. Ist die Smart City der Zukunft in allen Handlungsfeldern und verbindenden Komponenten kreativ, innovativ, intellektuell, kulturell, technologisch und organisatorisch?
2. Gibt es in der Smart City Innovationscluster aus Hochschulen, Unternehmen, Business Angels und einer aktiven Start-Up-Szene?
3. Wird die Kreativität und Innovationsfähigkeit im urbanen Kontext holistisch betrachtet, und zwar als ein integrativer Prozess, der sämtliche Aspekte des urbanen Lebens umfasst: ökonomisch, politisch, kulturell, umweltbezogen samt sozialer Innovation?
4. Welche Open Data-Politik und Open Data-Programme existieren in der Stadt?
5. Welche Maßnahmen zur Aktivierung des Crowdsourcing werden geplant und eingeführt?
6. Bilden weichere Infrastrukturkomponenten der Kreativität und Innovation einen Schwerpunkt bei der Betrachtung eines Smart City-Vorhabens? Die Lösung von Fragen des sozialen Zusammenhalts, der sozialen Fragmentierung und des interkulturellen Verständnisses sind dabei von zentraler Natur.
7. Die neue Reihe von kreativen und innovativen Städten wie Portland, Zürich oder Freiburg versuchen, Aspekte wirtschaftlicher Stimulierung mit dem Gedanken der Nachhaltigkeit und Stärkung der partizipativen Bürgerbeteiligung zu verbinden – dies in Verbindung mit Benchmarking-Programmen, um die urbane Entwicklung zu beschleunigen. Welche dieser Aspekte wurden bei der Entwicklung eines kreativen Smart City-Milieus berücksichtigt?
8. Welche Risikokultur existiert in der Stadt? Gibt es eine Kultur der Fehlertoleranz?
9. Wie ist die Affinität zu neuen Technologien und neuen Verfahren prinzipiell in der Stadtgesellschaft ausgestaltet?
10. Wie ist die Stadtgesellschaft prinzipiell dem Anderen und Neuen gegenüber eingestellt?
11. Wer sind die bedeutenden Innovatoren in der Stadt: Unternehmer, Bürger, wissenschaftliche Institutionen und so weiter?
12. ...

Spezifische Smart Senior-Ökosystem-Fragen:

1. Wie sehen die städtischen Voraussetzungen aus, um ein innovatives Smart Senior-Ökosystem aufbauen und erhalten zu können (Budget, Hochschulkooperationen, Wissenschaft, Forschungskooperationen, Start-Up-Szene und so weiter)?
2. Wie wird die Integration des spezifischen Smart Senior-Ökosystem-Milieus mit den Smart City-Milieus der anderen Handlungsfelder in Einklang gebracht?
3. Gibt es bereits Innovationscluster, die einen starken Bezug zu Smart Senior-Ökosystem-Innovationsmilieus haben? Welche Partner sind in diesem Innovationsmilieu eingebunden?

4. Werden die Interessen der Smart Senior bei der Einführung von Innovationen dezidiert berücksichtigt?
5. Wie starr sind die Regularien und Prozesse im städtischen Gesundheitswesen und in der prinzipiellen Altenbetreuung?
6. ...

Bausteinkomponente Digitale Geschäftsmodelle

Im Kap. 3.3 wurden die aufkommenden Geschäftsmodelle in der Smart City beleuchtet. Die digitale Durchdringung sämtlicher Lebensbereiche in der Smart City bildet die Kernkomponente von Smart City-Geschäftsmodellen. Durch die Bausteinkomponente „Digitale Geschäftsmodelle" werden die für die Smart City-Transformation notwendigen Entwicklungen digitaler Smart City-Geschäftsmodelle beschrieben und bewertet (siehe Abb. 5.19).

Die digitale Smart City-Transformation mit ihren Vernetzungstechnologien zeigt in ihrem Wesen die Merkmale der Innovationen wie sie Schumpeter charakterisiert hat (siehe Kap. 4.3.1). Besonders deutlich wird dies beim Prinzip der **Rekombination**. Die Rekombination von Produktionsfaktoren, Daten, Technologien oder Konsumgütern im klassischen Sinne erfährt in der digitalen Ära eine zunehmende Konzentration auf Daten beziehungsweise Informationen. Die Rekombination von digitalen Daten zu neuen Geschäftsmodellen in der Smart City charakterisiert technologische Innovationen im Schumpeterschen Sinne. Das digitale Zeitalter ist von einem technologischen Wachstum charakterisiert, das folgende Aspekte umfasst: digitale Daten, exponentielles Datenwachstum und (Re-) Kombination digitaler Daten. Es handelt sich um den Komplex des Datenmanagements, der im Kap. 4 eingehend beleuchtet wurde.

In diesem Zusammenhang kommt dem Datenschutz eine herausragende Bedeutung zu. Der Nutzer und Produzent von Daten muss die Souveränität über seine Daten erhalten und behalten. Das Thema Datenschutz wird in Zukunft sicher an Bedeutung gewinnen (siehe Kap. 4.2.3). Hervorzuheben ist hierbei die Dateneigentümerschaft. Die Differenzierung besteht zwischen privaten und öffentlichen Daten. Die privaten Daten gehören einer Privatperson und die Privatperson benötigt die uneingeschränkte Datenhoheit über ihre Daten. Somit entscheidet die Privatperson direkt, wer welche Daten über die Person sammelt, analysiert und weitergibt. Öffentliche Daten (Open Data) hingegen sind Daten, die nicht der Datenhoheit einer Privatperson unterliegen. Hier steht der sich aus dem Management der Daten ergebende Nutzen für die breite Öffentlichkeit im Vordergrund. Diese „Open Data" wie die Auslastung öffentlicher Verkehrswege oder die Wartezeiten in Einwohnermeldeämtern werden der breiten Öffentlichkeit zur Weiternutzung zur Verfügung gestellt, so wie kürzlich von der Regierung in Hong Kong geschehen.

Der Deputy Chief Information Officer, Joey Lam, teilte kürzlich mit, dass die Regierung weitere öffentlichen Daten freigibt, damit Bürger Apps im Bereich Verkehrsmittelinformationen oder Parkraummanagement entwickeln können. Dazu werden die öffentlichen Rohdaten aufbereitet und in computerlesbarer Form zur Verfügung gestellt [CHAM]. Das Thema „Open Data" bedarf noch zahlreicher Aushandlungsprozesse einer Vielzahl von Smart City-Akteuren. Damit verbunden ist die systematische Entwicklung von Datenmanagement-Regularien.

Beim Big Data-Management kommt die Verwertung von unterschiedlichsten Massendaten deutlich zum Ausdruck. Durch „Social Physics"-Methoden werden die Prognose zukünftigen menschlichen Verhaltens, der Investitionsmittelverteilung und der Entwicklung neuartiger, präventiver Dienste in Smart Cities möglich. So können die Smart City-Geschäftsmodelle neben der reinen Service-Erbringung auch andere Charakteristika aufweisen. Beispielsweise kann mit den Geschäftsmodellen auch eine Verhaltensänderung bei den Akteuren einer Smart City motiviert werden oder Erstanwender von Online-Steuererklärungen können Steuererleichterungen erhalten.

Als Konsequenz beeinflusst die digitale Smart City-Transformation die entstehenden Geschäftsmodelle im öffentlichen und privatwirtschaftlichen Sektor einer Smart City. Dabei zu unterscheiden sind im öffentlichen Sektor E-Government-Services wie Online-Steuererklärungen oder IT-Prozesse im Meldewesen, die über städtische Cloud Computing Apps-Plattformen angeboten werden [KUK]. Demgegenüber steht die Entwicklung von Apps-Ökosystemen, die von privatwirtschaftlichen Unternehmen wie Google, Amazon, Apple, Facebook etc. vorangetrieben werden. Das wirtschaftliche Potenzial der von privatwirtschaftlichen Unternehmen entwickelten Cloud Computing plattformbasierten Apps-Welten trägt entscheidend zur wirtschaftlichen Überlebenslogik von Smart Cities bei [JA01].

Entscheidend für die Stadtverwaltungen wird es sein, zu verstehen, welche Vorteile durch die neuartigen Geschäftsmodelle für die betroffenen Smart City-Akteure in den Handlungsfeldern einer Smart City entstehen. Dies betrifft insbesondere die ökonomische Logik der Smart City-Geschäftsmodelle und die sich daraus ergebenden Umsatzströme und Investitionsbedarfe. Die dazu notwendige Kompetenz ist in den Stadtverwaltungen erst zu entwickeln. Neben der Auswahl digitaler Technologien, die Teil von Stadtinfrastrukturleistungen werden, gehört zum Business-Modell-Design auch die Festlegung der Ziel-Handlungsfelder einer Stadt. Weiter sind der Nutzen dieser Apps-Dienste und das wirtschaftliche Potenzial für die Akteure der Smart City-Dienste zu bestimmen. Darauf aufbauend sind Design-Mechanismen zu entwickeln, die den Wert stiftenden Charakter der digitalen Smart City-Dienste aufweisen [TEECE][BMC]. Diese Kernelemente des Smart City-Geschäftsmodell-Designs spiegeln sich im Smart City Apps-Ökosystem und insbesondere der darin enthaltenen Smart City Apps-Community-Plattform wider [JA01].

Im Kap. 4.3 wurde zudem deutlich, dass technologische Innovationen in einer Smart City nicht von selbst wirken, um das volle implizite Potenzial zu entfalten. Erst in der Interaktion mit den Nutzern technologischer Innovationen kann sich die Smart City weiterentwickeln. Damit diese Verschmelzung von technologischer und sozialer Innovation stattfinden kann, bedarf es eines ausgeprägten Innovationsmilieus im städtischen Umfeld (siehe Kap. 2.3.3.). So sind es drei Komponenten -technologische und soziale Innovationen in einem vernetzten Innovationsmilieu – die im Verbund das weitere Wachstum einer sich entwickelnden Smart City beschleunigen siehe Abb. 5.20.

Reifegradniveau	Level 0	Level 1	Level 2	Level 3	Level 4	Level 5
Klassifikation	Keine Smart City	Absprungbasis Smart City	Minimum Smart City	Integrierte Smart City	Etablierte Smart City	Lernende Smart City
	▸ Keine Smart City-Geschäfts-modelle	▸ Traditionelle Anbieter-Nachfrager-Beziehungen und Geschäftsmodelle ▸ Zugang zu Daten ist auf wenige öffentlich zugängliche Daten (Social Medi, GPS Daten usw.) limitiert. Smart City-Daten noch unzureichend genutzt und verstreut vorgehalten ▸ Datenzugang ist limitiert auf einzelne Unternehmen, Behörden aus Gründen der Datensicherheit und Datenintegrität ▸ Keine Open Data-Politik und -Programme ▸ Rudimentäre Datenschutzmethoden auf gesetzlicher Basis	▸ Big Data Analytics-Prozesse von Projekten ▸ Private Unternehmen, Institutionen entwickeln erste daten-basierte Geschäftsmodelle ▸ Geschäftsmodelle sind auf isolierte Apps bzw. Pilotprojekte beschränkt ▸ Erste 3rd Party-Plattformen entstehen, koordiniert durch dezidierte Smart City-Organisation ▸ Erste Open Data-Ansätze, teilweise mit öffentlichen Stadtdaten ▸ Erhöhung der Datenintegrität, da Daten für Big Data-Management genutzt werden (Analytics Konzept) ▸ Datenzugang wird erweitert. Der Smart City-Konsument wird zum Prosumer, der vorwiegend Daten liefert über Smartphone, Sensoren, Kameras und so weiter ▸ Stadt testet neue Formen der Bürgerpartizipation über Test Open Data-Plattformen ▸ Das Konzept des Datenschutzes wird integraler Bestandteil der Smart City-Vision und -Strategie	▸ Digitale Smart City-Geschäftsmodelle mit Bündelung von Apps-zu-Apps-Anwendungsfällen entstehen (Rekombinationsprinzip). ▸ Apps- basierte Plattformen mit Open Data zur Bürgerpartizipation entstehen. Kreative Daten „Mash-Ups" auf einer gemeinsamen Plattform ▸ Auswaitung von auf Big Data-Management basierter Geschäftsmodellen mit Prognose-Methoden. Datennutzung fokussiert auf Datenqualität über standardisierte Anwenderschnittstellen für Big Data Analytics-Anwendungsfälle. Fortschritte bei Konsistenz der Datensemantik ▸ Expansion der digitalen Geschäftsmodelle über Pilotprojekte hinaus ▸ Partnerschaftsmodelle beinhalten Gain Sharing und Co-Entwicklung, koordiniert durch dezidierte Smart City-Organisation ▸ Der Smart City-Konsument wird zum Prosumer, der Daten liefert und abruft ▸ Open Data wird strategisch, um Ideen Crowd Sourcing voranzutreiben (Community Groups) ▸ Datenschutzmodelle, -methoden und Anwendungen werden rechtlich zwischen allen Smart City-Akteuren vereinbart ▸ Konzeptionierung und Aufbau Benchmarking Smart City „Digitale Geschäftsmodelle"	▸ Appsbasierte Geschäftsmodelle mit Partner-Ökosystemen führen zu Apps-Anwendungswelten mit etabliertem Open Data-Konzept, koordiniert durch dezidierte Smart City-Organisation und Partner ▸ Partner-Ökosystem-Geschäftsmodelle mit gemeinsamen Zielen. Smart City Partner-Ökosysteme setzen sich aus: Data Analytics-Anbietern, Industrie-Spezialisten, Lösungsanbietern, Hardware und OEM-Geräteanbieter, Mobilfunkanbieter, Software/Plattform 3rd Party-Anbieter, Systemintegratoren und Professional Services-Anbieter, Stadtverwaltungen und so weiter zusammen ▸ Partnerschaften im Geschäftsmodell sind an langfristiger Smart City-Planung ausgerichtet ▸ Ausgereifte Big Data-Prognosemethoden-Modelle zur Effizienzsteigerung der Service-Bereitstellung in der Smart City ▸ Auswahl an Best Practices digitaler Smart City-Geschäftsmodelle vorhanden und etabliert ▸ Der Smart City-Konsument wird zum Prosumer, der Daten liefert, abruft und weiterverarbeitet ▸ Systematische Open Data und Crowd Sourcing-Initiativen ▸ Ausgereiftes Datenschutzkonzept mit Methoden und Anwendungen wird praktisch umgesetzt, institutionalisiert und überwacht ▸ Kontinuierliches Benchmarking der digitalen Geschäftsmodelle in anderen Smart Cities	▸ Künstliche Intelligenz mit ausgereiften Big Data Management-Prognose-Methoden führt zur selbststeuernden und dynamisch adaptierenden neuen Smart City-Regulationsmustern ▸ Dynamische Partner-Ökosystem-Geschäftsmodelle mit wechselnden Partnern und Zielen entstehen durch das Rekombinationsprinzip und künstliche Intelligenz für neue Smart City-Regulationsmuster ▸ Neue Kombinationen von Geschäftsmodellen, mitbegleitet durch dezidierte Smart City-Organisation ▸ Dynamische Open Data, Crowd Sourcing-Initiativen auf der Basis künstlicher Intelligenz ▸ Daten stehen in Echtzeit im Internet der Dinge und Services zur Verfügung ▸ Hochsichere, automatisierte und dynamische Datenschutzkonzepte, Methoden und Anwendungen. Die Datenschutzkonzepte gelten über Smart City-Grenzen hinaus und werden sanktioniert ▸ Echtzeit-Daten-Benchmarking der digitalen Geschäftsmodelle in anderen Smart Cities
Attribute	X	initiiert	entwickelt	gemanagt	etabliert	dynamisch

Smart Senior Öko-System

Level	0	1	2	3	4	5
	▸ Keine Smart Senior-Ökosystem –Geschäfts-modelle	▸ Datenzugang und -nutzung ist stark reglementiert ▸ Keine digitale Patientenakte umgesetzt als Basis neuer Geschäftsmodelle	▸ Erste Smart Senior-Öko-system-Plattformen entstehen mit möglicher Integration von Partnern wie Fitnessstudios, Krankenhäuser, Reha-zentren und so weiter ▸ Politisch motivierte Kooperationen von Gesundheitsanbietern über eine Ökosystem-Plattform. Digitale Patientenakte ist politisch beschlossen. Konzeptionierung der technischen Umsetzung ▸ Anwendungen der Telemedizin werden entwickelt und erprobt	▸ Digitale Patientenakte als Grundlage neuer digitaler Smart Senior-Öko-system-Geschäftsmodelle ist technisch umgesetzt und weitgehend in der Bevölkerung und der Ärzteschaft akzeptiert ▸ Vernetzung der Daten der digitalen Patientenakte mit Partnerdaten in anderen Smart Senior-Ökosystem-Programmen und -Projekten ▸ Installation von Sensoren und Kameras im betreuten häuslichen Umfeld von Smart Senior ▸ Anwendungen der Telemedizin und des „Desease-Managements" (chronische Krankheiten) werden ausgeweitet	▸ Entwicklung zahlreicher neuer digitaler Smart Senior-Ökosystem-Geschäftsmodelle, die über das Handlungsfeld „Smart Health" hinausreichen ▸ Umfassende Installation von Sensoren und Kameras im betreuten häuslichen Umfeld von Smart Senior ▸ Ausgereifte Anwendungen im Bereich der Telemedizin und des „Desease Managements" (chronische Krankheiten) im Einsatz	▸ Einsatz von Robotik im häuslichen Alltag und in der Pflege von Smart Senior ▸ Ubiquitäre Sensoren im häuslichen Umfeld von Senioren in Verbindung mit künstlicher Datenintelligenz und darauf basierender digitaler Geschäftsmodelle ermöglicht ein längeres selbstbestimmtes Leben im eigenen sozialen Kosmos
Attribute	X	initiiert	entwickelt	gemanagt	etabliert	dynamisch

Abb. 5.20 Bausteinkomponente Smart City-Geschäftsmodelle

Die Entwicklung von Smart City-Geschäftsmodellen ist für alle Akteure einer Smart City von herausragender Bedeutung. Dabei sind folgende Fragen von Relevanz:

1. Wie weit ist die Digitalisierung von Smart City-Geschäftsmodellen bereits vorangeschritten?
2. Gibt es eine Smart City-Geschäftsmodellplanung der Stadt, und zwar in allen Smart City-Handlungsfeldern?
3. Welche Rolle will die Stadtverwaltung und Smart City-Führung bei der Entwicklung und Ausgestaltung der Geschäftsmodelle einnehmen?
4. Investiert die Stadt in die Entwicklung einer Smart City-Cloud-Computing-Plattform mit offenem Plattformbereich?
5. Kooperiert die Stadt mit Technologieanbietern bei der Entwicklung und Ausgestaltung von Smart City-Plattformen?
6. Wie sehen die Umsatzmodelle der Smart City-Geschäftsmodelle aus?
7. Wie ist die „Open Data"-Politik in der Stadt ausgebildet? Wer entscheidet, welche Stadtdaten wie an wen weitergegeben werden?
8. Welche Datenschutzregularien existieren bereits und können für die neuen Smart City-Geschäftsmodelle weiterentwickelt werden?
9. Welche Smart City-Geschäftsmodelle ermöglichen eine Rekompensation von Investments (Revenue Sharing-Modelle)?
10. Besitzen wir das notwendige Know-how in der Stadtverwaltung, um digitale Smart City-Geschäftsmodelle zu verstehen und gemeinsam mit anderen Smart City-Akteuren zu entwickeln?
11. Wie formt man die Partnerschaften mit unterschiedlichen Akteuren einer Smart City, um zu einem produktiven Ökosystem zu gelangen?
12. Wird es eine dezidierte Smart City-Organisation mit einem CTO (Chief Technology Officer) an der Spitze geben, der über eine ausgewiesene Kompetenz über nahezu alle Aspekte der neuen Smart City-Geschäftsmodelle verfügt?
13. ...

Spezifische Smart Senior-Ökosystem-Fragen:

1. Wie weit ist das Konzept der digitalen Patientenakte bereits ausgereift und gesetzlich geregelt? Sind vor allem behandelnde Ärzte, Krankenkassen und Versicherungen bereit, die vielfältigen Daten über die Smart Senior in der digitalen Patientenakte transparent zu machen?
2. Gibt es Pläne für Open Data im Gesundheitsbereich? Welche Daten sollten anonymisiert an wen weitergegeben werden?
3. Gibt es spezifische Datenschutzregeln für hochsensible Gesundheitsdaten?
4. Verfügt der Smart Senior, bezogen auf seine Daten in der digitalen Patientenakte, über eine Datenhoheit?

5. Existieren bereits rudimentäre Smart Senior-Ökosystem-Partnernetzwerke?

6. Wurden bereits digitale Geschäftsmodelle und Pilotprojekte mit Krankenhäusern, Hausärzten und Smart Senior im Bereich Telemedizin durchgeführt? Oder im Bereich „Dease Management", also im Bereich der chronischen Krankheiten oder im Schmerzmanagement?

7. Wie hoch ist die Bereitschaft der Senioren, in der Stadt an Smart Senior-Ökosystem-Geschäftsmodellen mitzuwirken? Wie hoch ist die prinzipielle Akzeptanz?

8. Wie hoch ist die Bereitschaft von anderen Akteuren, im Smart Senior-Gesundheitswesen an Smart Senior-Ökosystem-Geschäftsmodellen mitzuwirken?

9. ...

Bausteinkomponente: **Digitale Technologien**

Die wesentlichen technologischen Aspekte von Smart Cities wurden in den Kap. 3 und 4 skizziert. Für eine ausführliche Diskussion der technologischen Komponenten einer Smart City verweise ich auf den ersten Band „Die digitale Evolution moderner Großstädte" [JA01]. Die Bausteinkomponente „Digitale Technologien" bestimmt den Grad der Durchdringung und Adaption von digitalen Technologien in der Smart City (siehe Abb. 5.21). Mit der Bausteinkomponente „Digitale Technologien" werden die Einführung und Durchdringung neuer digitaler Technologien und Breitbandkommunikationsinfrastrukturen in den urbanen Kontext der Smart City abgebildet. Die bei den Smart City-Geschäftsmodellen gemachten Ausführungen zum Datenmanagement und Datenschutz gelten auch für die Bausteinkomponente „Digitale Technologien".

Bedeutsam ist hier, dass der Aufbau einer Smart City-Technologieinfrastruktur funktionaler Natur sein sollte und nicht ausgerichtet auf bestimmte Technologien. Das bedeutet, dass die Breitbandinfrastruktur, offene Cloud Computing-Plattformen, Apps-Entwicklung, Datenmanagement und so weiter über funktionale Parameter wie Netzwerkgeschwindigkeit, Service-Qualitäten, standardisierte Daten, Leistungsumfang etc. konzeptioniert und entwickelt werden sollten.

Zur Herausbildung einer Smart City werden zudem Sensoren aller Art benötigt, um eine „Machine-to-Machine"-Kommunikation (Internet der Dinge) zu ermöglichen und als Datenquelle für Big Data-Management und Social Physics zu dienen. Im Zusammenhang mit „Open Data" und offenen Cloud Computingbasierten Plattformen sollten möglichst offene und einheitliche Standards bei den Applikationsprogrammschnittstellen (API's) etabliert werden. So erst kann eine Vielzahl von Smart City-Akteuren die Daten weiterverarbeiten und zu neuen Diensten rekombinieren. Momentan sind die meisten Stadtdaten aber nicht aufbereitet und unstrukturiert. Das Potenzial der Verknüpfung einer Vielzahl von Daten und Informationen aus unterschiedlichen Quellen zur Lösung drängender Smart City-Herausforderungen ist enorm und erfordert offene Standards.

Eine häufige Problematik bei der Einführung von neuen Smart City-Technologien ist die unzureichende Kompetenz in der Beurteilung neuester Technologien bei den Stadtverantwortlichen. Das liegt oftmals auch an der enormen Veränderungsgeschwindigkeit neuer digitaler Technologien. Es empfiehlt sich, eine dedizierte Smart City-Organisation

Reifegradniveau	Level 0	Level 1	Level 2	Level 3	Level 4	Level 5
Klassifikation	Keine Smart City	Absprungbasis Smart City	Minimum Smart City	Integrierte Smart City	Etablierte Smart City	Lernende Smart City
	‣ Grundlegende, nicht flächendeckende Breitband / Wireless-Technologien vorhanden	‣ Inkonsistente Breitband/Wireless-Infrastruktur ‣ Entwicklung einer Smart City-Vision digitaler Technologien ‣ Erste Analyse digitaler Technologien auf der Basis von Pilotprojekten ‣ Sondierungsgespräche mit strategischen Smart City-Technologiepartnern	‣ Inkonsistente Breitband/Wireless-Infrastruktur ‣ Grundlegende IKT-Infrastruktur für Smart City-Pilotprojekte vorhanden ‣ Dezentrale Systemarchitekturen. Beginn der Harmonisierung von IT-Systemlandschaften in der Stadtverwaltung ‣ Lose Verankerung der Strategie digitaler Technologien in der Smart City-Strategie ‣ Start der Planung strategischer Partnerschaften mit Smart City-Technologiepartnern ‣ Aufkommen von Sensoren, Kameras, Smart Glass und Robotik-Technologien ‣ Investition in Weiterentwicklung von Breitband-Netzwerktechnologien (LTE, Sensoren ...) ‣ Hoher Trainingsbedarf für den Smart Senior für den Umgang mit den neuen digitalen Technologien vorhanden. Rudimentäre Trainingsangebote entstehen	‣ Konsistente (100%) Breitband/Wireless-Infrastruktur. IKT-Infrastruktur gemanagt und „shared" über mehrere Smart City-Handlungsfelder ‣ Entwicklung offener digitaler Plattformen auf SOA (Service Oriented Architecture) und Cloud Computing-Basis ‣ Effizienzsteigerung bei der Bereitstellung von Smart City Services durch Anwendung von Big Data Management-Anwendungen ‣ CTO (Chief Technology Officer) für dezidierte Smart City-Organisation. Koordination der strategischen Partnerschaft mit Smart City-Technologiepartnern ‣ Einführung von Smart City Technology-Kompetenzzentren in den Smart City-Handlungsfeldern, neben der dezidierten Smart City-Organisation ‣ Enge Verzahnung der IKT-Planung mit der Smart City-Planung ‣ Neue Technologien, Apps, Services, Sensoren,-Programme werden unterstützt, die auf 3rd Party-Plattformen entwickelt wurden ‣ Sensor und Kamera-Netzwerke in der Smart City entstehen ‣ Ausbau des Trainingsangebote (öffentliche und private Angebote) ‣ Konzeptionierung und Aufbau Benchmarking Smart City „Digitale Technologien"	‣ Ubiquitäre Breitband/Wireless-Abdeckung ‣ IKT-Infrastruktur gemanagt oder shared für gesamte Smart City ‣ Agile, Open Data, interoperable und Event-basierte digitale Technologiearchitekturen in der Cloud sind ausgereift ‣ Technologiestandards und API's etabliert, die sämtliche Technologien (Apps, Services, Sensoren usw.) unterstützen ob auf City-Plattformen oder 3rd Party-Plattformen entwickelt. Koordination durch dezidierte Smart City-Organisation ‣ Echtzeit-Daten-Austausch im Internet der Dinge und Services ‣ Ausgereifte Big Data-Prognose-Lösungen optimieren Smart City-Abläufe ‣ Etablierte und vernetzte Smart City Technology-Kompetenzzentren in den Smart City-Handlungsfeldern, vernetzt mit dezidierter Smart City-Organisation ‣ IKT-Planung und -Vernetzung wird von CTO in dezidierter Smart City-Organisation koordiniert. ‣ Sicherstellung der Zukunftsfähigkeit der Investitionen in IKT ‣ Hochvernetzte Sensor-Netzwerke in der Smart City ‣ Umfassendes, alle Handlungsfelder umfassendes, Trainingsprogramm, das kontinuierlich weiterentwickelt wird ‣ Kontinuierliches Benchmarking digitaler Technologien in anderen Smart Cities	‣ Selbststeuernde IKT-Infrastruktur im Internet der Dinge und Services mit künstlicher Intelligenz und wechselnden strategischen Smart City-Technologiepartnern ‣ Apps-basierte Community Cloud-Plattformen mit weit entwickelten App-Ökosystemen auf der Basis des Internets der Dinge und Services. Koordination durch dezidierte Smart City-Organisation und Partnerschaft mit Smart City-Technologieanbietern ‣ Künstliche Intelligenz zur Selbststeuerung von dynamisch adaptierbaren Smart Cities ‣ Dynamische Optimierung der in Echtzeit ablaufenden Smart City-Operationen ‣ Dynamische Weiterentwicklung der IKT-Planung durch CTO und aller Smart City-Akteure ‣ Hochvernetzte und weit entwickelte „Knowledge Exchange"-Plattform über die Smart City-Grenzen hinaus ‣ Hochvernetzte, selbststeuernde und lernende Sensor-Netzwerke in der Smart City und zur Vernetzung mit anderen Smart Cities. ‣ Dynamische Prognosen zukünftigen menschlichen Verhaltens durch Big Data Management und künstlicher Intelligenz ‣ Selbstlernende Roboter in der Smart City ‣ Echtzeit-Daten-Benchmarking digitaler Technologien in anderen Smart Cities
Attribute	X	initiiert	entwickelt	gemanagt	etabliert	dynamisch

Smart Senior Ökosystem

Level	0	1	2	3	4	5
	‣ Ad hoc, isoliert	‣ Entwicklung einer Smart Senior-Ökosystem-Vision digitaler Technologien	‣ Lose Verankerung der Strategie digitaler Technologien in der Smart Senior Ökosystem-Strategie ‣ Smart Senior haben ersten Zugang zu digitalen Smart Senior-Technologien	‣ Enge Verzahnung der Smart Senior-Ökosystem-Planung digitaler Technologien mit der übergeordneten Smart City-Planung digitaler Technologien ‣ Technische Umsetzung der digitalen Patientenakte ‣ CTO (Chief Technology Officer) für Smart Senior-Ökosystem-Aufbau. ‣ Smart Senior haben erweiterten Zugang zu digitalen Smart Senior-Technologien. Smart Senior beginnen Smart Senior Ökosystem-Lösungen mit Open Data zu entwickeln. ‣ Ausbau des Trainingsangebots für Smart Senior für den Umgang mit den neuen digitalen Technologien ‣ Vernetzung der Daten der digitalen Patientenakte mit anderen Smart Senior-Ökosystem-Programmen und Projekten ‣ Konzeptionierung und Aufbau-Benchmarking digitaler Technologien	‣ Holistische hochvernetzte Smart Senior-Ökosystem-Plattform, die Anwendungsfälle aus mehreren Smart City-Handlungsfällen umfasst ‣ Smart Senior Ökosystem CTO koordiniert die Vernetzung des Smart Senior-Ökosystems mit allen Smart City-Handlungsfeldern ‣ Smart Senior haben umfassenden Zugang zu den digitalen Smart Senior-Technologien und sind versiert im Umgang mit den Smart Senior-Anwendungen ‣ Smart Senior entwickeln im Smart City-Netzwerk personalisierte Smart Senior-Ökosystem-Lösungen mit Open Data ‣ Benchmarking digitaler Technologien in anderen Smart Senior-Ökosystemen	‣ Netzwerke interner und externer holistischer Smart Senior-Ökosystem-Plattformen ‣ Smart Senior entwickeln im Netzwerk personalisierte Smart Senior-Lösungen über eigenes Smart Senior Ökosystem hinaus mit Open Data und Echtzeit-Daten ‣ Echtzeit-Daten-Benchmarking digitaler Technologien in anderen Smart Senior-Ökosystemen
Attribute	X	initiiert	entwickelt	gemanagt	etabliert	dynamisch

Abb. 5.21 Bausteinkomponente Digitale Technologien

aufzubauen, in der ein Chief Technology Officer (CTO) über die notwendige Kompetenz im Umgang mit neuesten IKT-Technologien verfügt und der darüber hinaus in der Lage ist, die Anforderungen der unterschiedlichen Smart City-Akteure mit den technologischen Möglichkeiten in Einklang zu bringen. Das Ziel ist die Humanisierung der Technologie und die Erreichung einer breiten Akzeptanz bei der Smart City-Bevölkerung.

Bei der Einführung neuer Technologien werden oftmals Kooperationen mit Technologie-anbietern notwendig. Denkbar sind Public-private-Partnerships (PPP) zur Co-Finanzierung der notwendigen technologischen Smart City-Infrastruktur. Die Rollen, Verantwortlichkeiten und Leistungsspektren sind dabei strikt zu dokumentieren und vertraglich zu vereinbaren. Dabei müssen auch die Interessen anderer Smart City-Akteure genügend mitberücksichtigt werden, insbesondere hinsichtlich des Daten- und des Konsumentenschutzes. Der Techno-logiepartner kann wertvolle Hilfe bei der Steigerung der Akzeptanz neuer technologischer Smart City-Dienste leisten. Die Stadt ist gefordert, bei der Einführung neuer Smart City-Technologien die Führung zu übernehmen, um ein hohes Maß an Flexibilität zu behalten, beispielsweise bei der raschen Einführung von Smart Metering-Lösungen als Teil von inno-vativen Public Services. Innerhalb einer Smart City werden zahlreiche neue Technologien miteinander integriert und die Dienste werden meist in einem „shared-Modus" betrieben.

Die Einführung neuer Smart City-Technologien ist mit vielfältigen Fragestellungen verbunden:

1. Gibt es für die Smart City eine Technologie-Roadmap? Eine Technologie-Vision?
2. Ist die Technologie-Vision integraler Teil der Smart City-Vision und -Strategie?
3. Wurde eine separate Smart City-Organisationseinheit gegründet? Übernehmen der Bürgermeister und der CTO (Chief Technology Officer) die Führung dieser Einheit?
4. Wurde ein CTO benannt, der eine ausgewiesene Kompetenz in Bezug auf neueste digitale Technologien verfügt?
5. Steht für die Evaluierung und Einführung neuer digitaler Technologien ein dedi-ziertes Investitionsbudget für die nächsten 5 Jahre zur Verfügung? Wer hat die Investitionsbudgethoheit?
6. Wer sind die wichtigsten System-Integratoren und Technologie-Partner, die Leistun-gen für den Aufbau und Betrieb der Smart City-Infrastruktur erbringen können?
7. Gibt es Konzepte für die strategischen Partnerschaften mit Smart City-Technologieanbietern?
8. Wie sieht die momentane Smart City-Technologie-Infrastrukturlandschaft aus: Broad-band-Infrastruktur-Leistungsspektrum, Rechenzentrumskapazität, Cloud Computing-Plattformen (Private und Public Cloud), Sensoren, Kameraüberwachungssysteme?
9. Welches Budget wird momentan für Smart City-Technologien jährlich bereitgestellt?
10. Welche Daten werden als „Open Data" behandelt? Wurden die „Stadtdaten" aufberei-tet zur Weiterverwendung durch andere Smart City-Akteure?
11. ...

Spezifische Smart Senior-Ökosystem-Fragen:

1. Welche Technologien werden für die Umsetzung der digitalen Patientenakte ins Kalkül gezogen?
2. Gibt es eine Technologie-Planung und -Roadmap für die Entwicklung des Smart Senior-Ökosystems?

3. Wurden die strategischen Smart Senior-Technologiepartner identifiziert?
4. Welche Partner aus dem Gesundheitswesen sollen am Anfang der Smart Senior-Öko-system-Entwicklung eingebunden werden?
5. Gibt es Konzepte für die strategischen Partnerschaften mit Smart Senior-Ökosystem-Technologieanbietern?
6. Wurde eine separate Smart Senior-Ökosystem-Koordinationseinheit mit eigenem CTO gegründet?
7. Welche Pilotprojekte wurden bereits im Umfeld von Smart Senior-Ökosystem-Kon-zepten durchgeführt?
8. ...

Bausteinkomponente: Smart Services

Letztendlich werden in der Smart City den Smart City-Akteuren über digitale Dienste-Plattformen innovative Smart City-Dienste in allen Handlungsfeldern einer Stadt ange-boten (siehe Kap. 3.3). Dabei wächst die physische mit der digitalen Welt im Internet der Dinge und Dienste immer weiter zusammen. So verschmelzen physische Smart City-Dienste wie die Müllentsorgung mit digitalen Datendiensten zur „Smarten Müllentsor-gung" (digitale Mülleimer verbunden über das Internet der Dinge und Services). Oder private Autos verschmelzen mit Daten-Apps über das Smartphone und bilden so den Smart Service „Uber" mit weitreichenden Folgen für den herkömmlichen Taxitransport. Daneben etablieren sich zunehmend Smart Services als reine Datenmanagement-Services wie beispielsweise die Smart Service App „MyTaxi".

Durch die Bausteinkomponente „Smart Services" wird die Entwicklung von Smart Services in der Smart City bis hin zu Best Practices mit offenem Entwicklungspotenzial beschrieben und bewertet.

Damit die Smart Services Realität werden, braucht es Standards hinsichtlich des Daten-austausches und der bi-direktionalen Kommunikation im Internet der Dinge und Services. Diese Standards befinden sich gegenwärtig in der Entwicklung. Zu den zentralen Anfor-derungen zählen die Interoperabilität (gegebenes Zusammenspiel), physische Sicherheit, Datenschutz, funktionale Sicherheit, Zuverlässigkeit und Robustheit, Skalierbarkeit (ins-besondere wegen der enormen Mengen zu installierender Sensoren und des damit verbun-denen Datenaufkommens).

Als weiteres zentrales Element der innovativen Smart Services etabliert sich die Integ-ration von Bürgeranforderungen in die Leistungserstellung und Bereitstellung. Zu unter-scheiden ist zwischen öffentlichen und privatwirtschaftlichen Smart City Services. Unter den Smart Services versteht man laut Glen Allmendinger und Ralph Lombreglia „Dienst-leistungen, die nicht nur um das Produkt herum entwickelt werden, sondern integraler Bestandteil des Produktes sind und Daten über die Nutzung liefern" [ALLMEN].

Helmut Aschenbach bietet folgende Smart Service-Arbeitsdefinition an: „Smart Servi-ces sind technische Systeme, die bewusst in Produkten oder Dienstleistungen zum Zwecke der Erfüllung spezifischer Aufgaben, speziell im Umfeld von IT-basierten Dienstleistun-gen, implementiert werden. Sie sind gekennzeichnet durch eine Verbindungsmöglichkeit (synchron, asynchron) zu einer technisch geeigneten Serviceinfrastruktur, welche ein agiles Verhalten im Sinne von Proaktivität, Lernfähigkeit und Effektivität ermöglichen kann. Sie können als technisches Dienstleistungssystem in einer Ausprägungsbandbreite bis hin zum intelligenten autonomen System entweder beim Endkunden direkt oder indirekt mit Hilfe des Dienstleistungsanbieters wirksam werden" [ASCHEN].

Bei den öffentlichen Smart City Services finden sich E-Government-Services wie Online-Steuererklärungen oder IT-Prozesse im Meldewesen, angeboten über städtische Apps-Plattformen [KUK]. Demgegenüber steht die Entwicklung von Apps-Ökosystemen, die von privatwirtschaftlichen Unternehmen wie Google, Amazon, Apple, Facebook etc. vorangetrieben werden. Neben den Apps-Ökosystemen entstehen auch auf digitale Technologien bezogene Dienste von Energieerzeugern, Anbietern des Wassermanagements oder Verkehrsmanagement-Betreibern. Dies gilt für unzählige Smart Service-Anbieter in allen Handlungsfeldern einer Smart City.

Viele neue Smart Services sind auf der Basis von Stadtdaten möglich, die zunehmend der Öffentlichkeit zugänglich gemacht werden. Das Stichwort ist hier „Open Data". Die eGovernemnet Services können von der Stadt an privatwirtschaftliche Unternehmen outgesourct werden oder in einem sogenannten „Revenue Sharing"-Ansatz (Umsatzaufteilung zwischen Stadt und privatwirtschaftlichen Unternehmen) entwickelt und betrieben werden. Beim Outsourcing von Smart City Services sind die Rollen, die Verantwortlichkeiten, der Leistungsumfang und das Risiko klar zu definieren und vertraglich sauber zu vereinbaren.

In der Smart City sind digitale Smart Services in Form von Apps auf der Basis von Community-Cloud-Apps-Plattformen realisierbar. Die Smart City Cloud Computing-Plattform bildet die Ausgangsbasis, um letztendlich ein Smart City Services-Ökosystem zu entwickeln. In diesem Ökosystem können Services relativ einfach getestet, freigeschaltet und wieder abgeschaltet werden. Innerhalb der EU haben sich offene Plattformen (www.appsforeurope.eu oder www.citysdk.eu) etabliert, die Methoden und Werkzeuge zur Entwicklung von Smart City Services bereitstellen. Die so entwickelten Services (Apps) sind für alle Smart Cities in Europa zugänglich und ermöglichen so eine europaweite Kollaboration [EUCHI]. Die offenen oder teiloffenen Plattformen benötigen eine leistungsfähige Breitbandinformationskommunikationsstruktur.

Die Entwicklung der digitalen Smart City Services folgt einer bestimmten Logik – der Rekombinationslogik. Den Beginn markieren singuläre Apps auf geschlossenen und offenen IT-Plattformen für eine spezielle Nutzgruppe. Beispielsweise wird das Blutdruckmessen per Mobile App angeboten, bei der die Blutdruckdaten des Patienten gemessen, archiviert und ausgewertet werden. Im nächsten Schritt werden Apps zu konkreten Anwendungsfällen gebündelt. In unserem Beispiel könnten die Blutdruckmessergebnisse mit den Pulsdaten, Temperaturdaten und Insulinwerten, die ebenso das Smartphone erfasst, kombiniert werden. Diese Kombination unterschiedlicher Daten ist für Patienten mit einer Zuckererkrankung sinnvoll, um die Zufuhr von Insulin bedarfsgerecht steuern zu können

[JA01]. In der nächsten Entwicklungsstufe entstehen komplexe Anwendungswelten: gebündelte Anwendungsfälle und Stand-alone-Applikationen werden zu komplexen Anwendungswelten zusammengeführt. Die in der Smart City anfallenden Daten und das damit verbundene Datenmanagement sind das Rohmaterial der Smart City Service-Entwicklung. Auf allen Entwicklungsstufen der Services (Apps)-Entwicklung setzen alle Akteure weitgehend auf derselben Datenbasis auf und rekombinieren Daten zu neuen Services (Apps). Da sich Smart Services von den Smart City-Geschäftsmodellen ableiten, gelten die dort gemachten Ausführungen zum Datenmanagement und Datenschutz auch hier.

Die möglichen Smart City Services umspannen ein weites Spektrum:

- Mobilität (autonomes Fahren, eMobilität, Car Sharing-Modelle, Services für Fußgänger und Fahrradfahrer),
- Bildungswesen,
- Industrieservices in der Produktion und der Lieferkette (Factory 4.0 – Internet der Dinge und Robotereinsatz),
- Präventionsdienste (Kriminalitätsbekämpfung, Naturkatastrophen),
- Müllentsorgungsdienste,
- Open Data-Dienste,
- Intelligentes Gebäudemanagement,
- Nahrungsmittelsicherheitsdienste,
- Gesundheitswesen (Smart Home, Telemedizin, Big Data-Management),
- Social Physics-Dienste,
- Entwicklung smarter Stadtnachbarschaften,
- Umweltschutzdienste,
- Klimaschutz-Dienste,
- Wassermanagement,
- ...

Die Liste lässt sich beliebig erweitern und erstreckt sich auf alle Handlungsfelder einer Smart City. An dieser Stelle verweise ich auf das „Smart City Wheel" von Boyd Cohen [BOYD], der für alle bedeutsamen Smart Services-Klassen in den Handlungsfeldern einer Smart City einen umfangreichen Servicekatalog mit Indikatoren erarbeitet hat. Dieser Katalog wird kontinuierlich erweitert und in der Praxis mit Smart Cities wie Buenos Aires oder Barcelona zum Smart City Benchmarking weiterentwickelt. Da das Spektrum an möglichen und verfügbaren Smart City Services sehr breit ist, müssen Stadtverantwortliche im Kontext des eigenen Smart City-Vorhabens die geeigneten Smart City Services nach einer umfassenden Analyse auswählen. Die Entwicklung von Smart Services im Kontext einer Smart City ergibt sich schematisch aus Abb. 5.22.

Reifegrad-niveau	Level 0	Level 1	Level 2	Level 3	Level 4	Level 5
Klassifikation	Keine Smart City	Absprung-basis Smart City	Minimum Smart City	Integrierte Smart City	Etablierte Smart City	Lernende Smart City
	► Keine Smart Services vorhanden	► Keine Smart Services vorhanden	► Isolierte Smart Services-Pilotprojekte wie Smart Parking Management ► Keine Bürgerpartizipation beim Smart Service Design ► < 10 Smart Services, davon 5 Smart Service-Pilotprojekte	► Integration von Smart City Services in spezifischen Smart City-Handlungsfeldern und handlungsfeldübergreifend durch dezidierte Smart City-Organisation. ► CTO (Chief Technology Officer) für dezidierte Smart City-Organisation ► Smart Services werden auf städtischen und 3rd Party-Plattformen mit Open Data entwickelt und betrieben ► Effizienzsteigerung der Service-Bereitstellung durch Big Data Prognose-Methoden ► Begrenzte Bürgerpartizipation beim Smart Service Design ► Einige Smart Services befinden sich noch im Pilotprojekt-Stadium ► Aufbau Trainingsangebote für Bürgerbeteiligung beim Smart Service Design (private und öffentliche Träger) ► Konzeptionierung und Aufbau Benchmarking Smart City „Smart Services"	► Smart Service-Anwendungsfälle und -welten für alle Smart City-Handlungsfelder umgesetzt und integriert. ► Entwicklung der Smart Services durch alle Smart City-Akteure mit Unterstützung der dezidierten Smart City-Organisation ► IKT-Planung und Vernetzung aller Smart City-Handlungsfelder wird von CTO in dezidierter Smart City-Organisation koordiniert. ► Smart City Open Data-Plattform zur Entwicklung, Test und Ausrollen von Smart Services in der Smart City ► Etablierte Big Data-basierte Prognose der Entwicklung und Bereitstellung von Smart Services in allen Handlungsfeldern einer Smart City ► Umfassende Bürgerpartizipation beim Smart Service Design über Open Data-Plattformen ► Ausbau der Trainingsangebote für Bürgerbeteiligung beim Smart Service Design ► Kontinuierliches Benchmarking der Smart Service-Anwendungsfälle und -welten	► Dynamische und agile Rekombination von Services zu neuen Servicewelten auf der Basis künstlicher Intelligenz ► Agile und offene, vernetzte Plattformen mit Werkzeugen ermöglichen die Smart City-übergreifende Smart Service-Entwicklung ► Dynamische Weiterentwicklung der IKT-Planung durch CTO und aller Smart City-Akteure ► Smart Services werden über Open Data-Plattformen und Crowd Sourcing entwickelt und umgesetzt ► Smart Services sind „Best Practice" mit offenem Entwicklungspotenzial ► Trainingsangebote von öffentlichen und privaten Anbietern zur Adaption von Smart Services durch Smart Citizens ► Umfassende öffentliche und private Trainingsangebote zur Weiterentwicklung der Bürgerpartizipation beim Smart Service Design ► Echtzeit-Daten-Benchmarking der Smart Servicewelten
Attribute	X	X	Startpunkt	Entwicklungsphase	Reifephase	Künstliche Intelligenz

Smart Senior Ökosystem

Level	0	1	2	3	4	5
	X	X	► Ad hoc, isolierte Smart Senior-Ökosystem-Apps und Services wie telemedizinische Übertragung von Vitaldaten (Blutdruck, Temperatur, Glukosewerte und so weiter) über Smartphone oder Tablet an angeschlossene Krankenhäuser, Reha-Zentren ► Planung und Konzeptionierung der digitalen Patientenakte	► (Re-)kombination von Smart Senior Ökosystem-Services, Apps-zu-Apps-Anwendungsfällen ► CTO (Chief Technology Officer) in dezidierter Organisation für Smart Senior-Ökosystem-Aufbau ► Smart Senior haben erweiterten Zugang zu Smart Senior Services. Ausbau des Trainingsangebots für Smart Senior für den Umgang mit den neuen Smart Services ► Technologische Umsetzung der digitalen Patientenakte ► Vernetzung der Daten der digitalen Patientenakte mit anderen Smart Senior-Ökosystem-Programmen und -Projekten	► Hochvernetzte Smart Senior-Öko-Systemanwendungswelten im Handlungsfeld Smart Health und Vernetzung mit anderen Smart City-Handlungsfeldern ► IKT Smart Senior-Ökosystem-Planung und Vernetzung mit anderen Smart City-Handlungs-feldern von CTO koordiniert ► Smart Senior haben umfassenden Zugang zu den Smart Senior Services und sind versiert im Umgang mit den Smart Senior-Anwendungen	► Dynamische (Re-)kombination von Smart Senior-Ökosystem-Services zu neuen Anwendungswelten in neuen Smart City-Regulationsmustern ► Dynamische Weiterentwicklung der IKT-Planung und -Vernetzung durch CTO und aller Smart City-Akteure ► Smart Senior entwickeln im Netzwerk personalisierte Smart Senior Services über eigenes Smart Senior-Ökosystem hinaus ► Künstliche Intelligenz und Robotik transformieren die Ordnungsmuster von Smart Senior-Ökosystemen
Attribute	X	X	Startpunkt	Entwicklungsphase	Reifephase	Künstliche Intelligenz

Abb. 5.22 Bausteinkomponente Smart Services

Im Zusammenhang mit Smart City Services stellen sich folgende Fragen:

1. Wurden die Rollen, Verantwortlichkeiten, der Leistungsumfang und die Risiken beim Outsourcing von Smart City Services klar definiert und vertraglich vereinbart?
2. Wann wurden die Smart Services ausgerollt und live geschaltet?
3. Ist der Service ein isolierter Service oder kann dieser für die Rekombination von Smart Services weiterentwickelt werden?
4. Können die Smart Services innerhalb der Smart Cities ausgeweitet werden oder sind die Services über die Smart City-Grenze hinaus auch für andere Smart Cities nutzbar?

5. Wie werden die Services erbracht (über die Cloud, skalierbar, über offene Programmschnittstellen – API)?
6. Ist die Smart City Teil einer Smart City-Technologie-Modellregion? Oder eingebunden in Smart City-Technologie-Initiativen der Europäischen Kommission?
7. Erreichen manche Smart Services den Status von „Best Practices"?
8. Ist das Internet der Dinge und Dienste ein wesentlicher Bestandteil der Smart City Services?
9. Werden Open Data bei der Entwicklung und Bereitstellung von Smart Service verwendet und mit anderen Daten rekombiniert?
10. Welche Vorteile (ökonomisch, sozial) entstehen durch die Smart City Services?
11. Welche Pläne werden von der Stadt zur Weiterentwicklung der Smart City Services entwickelt?
12. Welches Datenschutzmodell wurde entwickelt? Wie behalten die Bürger ihre Datensouveränität?
13. Welche Big Data-Management-Entwicklungen kommen zum Einsatz?
14. In welchen Bereichen der Smart City soll „Social Physics"-Technologie eine Rolle spielen?
15. Mit welchen Maßnahmen wird der „Digital Divide" überwunden?
16. Wie verteilen sich die Smart City Services auf die Handlungsfelder einer Smart City und wer sind die Adressaten: Unternehmen, Arbeitslose, Gesundheitsdienstleister und so weiter?
17. ...

Spezifische Smart Senior-Ökosystem-Fragen:

1. Welche Smart City Services adressieren Senioren in der Smart City, die älter als 60 Jahre alt sind?
2. Gibt es eine dezidierte Smart Senior-Ökosystem-Planung für Smart Services?
3. Gehen die Smart Services über das Pilot-Projektstadium hinaus?
4. Werden die Daten der digitalen Patientenakte für die Entwicklung von Smart Services herangezogen?
5. Wer sind die wichtigsten Akteure im Smart Senior-Ökosystem zur Entwicklung von Smart Services?
6. ...

Bausteinkomponente Business Case

Im Kap. 2.3.1 wurde bereits darauf hingewiesen, dass es bis dato bei den Stadtverantwortlichen als zentraler Stelle zur Führung einer Smart City-Initiative an adäquaten und praktikablen Monitoring-Systemen fehlt, mit denen sich die Zielerreichung von Smart City-Maßnahmen sinnvoll überprüfen und mit Entwicklungen anderer Smart Cities vergleichen ließen. So zielt die Bausteinkomponente „Business Case" auf die Performancemessung der Smart City-Zielerreichung und das Benchmarking mit anderen Smart Cities ab (siehe Abb. 5.23). Nur mit zuverlässigen quantitativen und qualitativen Indikatoren,

Reifegradniveau	Level 0	Level 1	Level 2	Level 3	Level 4	Level 5
Klassifikation	Keine Smart City	Absprungbasis Smart City	Minimum Smart City	Integrierte Smart City	Etablierte Smart City	Lernende Smart City
	▸ Kein Smart City Business Case	▸ Kein Smart City Business Case	▸ Initiierung eines rudimentären Smart City Business Case-Konzeptes in dezidierter Smart City-Organisation mit quantitativen Kenngrößen ▸ Geringe Anzahl an Smart City Key Performance-Indikatoren (KPI's) ▸ Lose Verankerung des Business Case in der Smart City-Planung ▸ Business Case-Modell auf der Basis von RIO-Analysen ausgewählter Smart City-Pilotprojekte	▸ Business Case umfasst quantitative und qualitative Kennzahlen für Smart City-Programme in einzelnen Handlungsfeldern einer Smart City ▸ Definierte und messbare KPI's ▸ Business Case wird integrativer Bestandteil der Smart City-Planung ▸ Aufbau eines Performance Management Systems (PMS) in dezidierter Smart City-Organisation zur Prognose und unterstützenden Steuerung der Smart City-Planung ▸ Konzeptionierung und Aufbau Benchmarking Smart City „Business Case"	▸ Konsistenter, alle Handlungsfelder umfassender Smart City Business Case mit ausdifferenzierten quantitativen und qualitativen Kennzahlen. ▸ Auswertung der Auswirkung aller Smart City-Projekte/Programme auf den sich ändernden übergeordneten Smart City Business Case ▸ Definierte und messbare KPI's für den gesamten Smart City Business Case ▸ Etablierung eines Smart City Evaluation Framework (PMS) zur Prognose, Evaluierung und unterstützenden Steuerung der Smart City-Planung durch Smart City-Führung. PMS für Investitionsentscheidungen ▸ Kontinuierliches Benchmarking des Business Case mit Business Case anderer Smart Cities	▸ Dynamisch an neue Smart City-Regulationsmuster anpassbarer Business Case auf der Basis künstlicher Intelligenz ▸ Dynamische Smart City Evaluations-Framework mit Echtzeit-Aktualisierung und Visualisierung über Smart City Dash-Board ▸ Kontinuierliche Weiterentwicklung der Smart City KPI's zur Messung der Smart City-Missionserreichung ▸ Benchmarking der Smart City KPI's mit internationalen Smart City KPI-Standards (www.gucp.org/en - Global urban competitiveness index oder www.cityindicators.org / - Global City Indicators Facility (GCIF) ▸ Smart City PMS wird in Echtzeit aktualisiert und normalisiert für das Benchmarking mit Business Case anderer Smart Cities
Attribute	X	initiiert	entwickelt	gemanagt	etabliert	dynamisch

Smart Senior Ökosystem

Level	0	1	2	3	4	5
	▸ Kein Business Case	▸ Kein Business Case	▸ Business Case mit RIO-Analysen von Smart Senior-Pilotprojekten und überwiegend quantitativen KPI's	▸ Business Case mit quantitativen und qualitativen KPI's über mehrere Smart Senior-Ökosystem-Programme ▸ Konzeptionierung und Aufbau Benchmarking Smart Senior-Ökosystem Business Case"	▸ Konsistenter Business Case über gesamtes Smart Senior-Ökosystem mit spezifischen KPI's ▸ Smart Senior-Ökosystem Business Case ist in ganzheitlichen Smart City Business Case integriert ▸ Kontinuierliches Benchmarking des Smart Senior-Ökosystem Business Cases	▸ Dynamischer Business Case des gesamten Smart Senior-Ökosystems in Relation zum Smart City Business Case und externer Smart Senior Business Case Echtzeit-Daten-Benchmarking der Smart Senior-Ökosystem Business Case mit künstlicher Intelligenz
Attribute	X	initiiert	entwickelt	gemanagt	etabliert	dynamisch

Abb. 5.23 Bausteinkomponente Business Case

die alle wesentlichen Aspekte einer effizienten Smart City-Umsetzung und den Zielerreichungsgrad angemessen abbilden, lassen sich die Fortschritte und Ergebnisse ganzheitlicher Konzepte bestimmbar machen. Erst so können Projekte sowie Prozesse und Systeme besser gesteuert und angepasst werden.

Zu den qualitativen Zielen, die schwieriger zu messen sind, zählen beispielsweise „die Attraktivität der Smart City für Investoren" oder „das Sicherheitsempfinden der Bürger einer Smart City". Der Smart City Business Case bildet den Bewertungsrahmen für ein Smart City-Vorhaben. Damit kann der Fortschritt einer Smart City qualitativ und quantitativ bewertet werden. Zudem dient der Business Case als unterstützendes Instrument zur Steuerung der Smart City-Akteure und als Investitionskontrolle. Beim Smart City Business Case handelt es sich um einen ganzheitlicher Business Case, der alle Business Cases in den Smart City-Handlungsfeldern umfasst und das Benchmarking mit anderen Smart Cities differenziert zulässt.

Bei der Ausgestaltung des Smart Business Case kann man auf externe Unterstützung zugreifen. Dies kann ein spezialisiertes Beratungsunternehmen sein, das über eine ausgewiesene Expertise im Bereich Wertanalysemethoden verfügt. Denkbar ist auch, im Rahmen eines Public-private-Partnership (PPP) mit dem Partner aus der Privatwirtschaft ein entsprechendes Smart City-Bewertungssystem zu entwickeln [EUCHI]. In beiden Fällen sind vorher die zu messenden quantitativen und qualitativen Smart City-Ziele zu vereinbaren. Die Ausprägung der Anwendung des Business Case ergibt sich aus Attributen der Bausteinkomponenten.

Der Business Case ist ein wichtiges Steuerungselement einer Smart City. Bei der Bewertung einer Smart City ergeben sich folgende Fragen (erweitert nach [EUCHI]):

1. Welche ökonomischen, sozialen, kulturellen und umweltbezogenen Ergebnisse/Einflüsse ergeben sich aus der Smart City-Entwicklung? Wie viele neue Arbeitsplätze wurden geschaffen? Welche Reduzierungen wurden erreicht: Verkehrsstaus, CO2-Emissionen, Kriminalitäts-, Armutsrate, Wasserverschmutzung?
2. Welche finanziellen Vorteile ergaben sich durch die Smart City-Entwicklung?
3. Verwendet die Stadt Methoden oder Analysewerkzeuge, um die „soziale Rentabilität" der Smart City zu bestimmen?
4. Gibt es Pläne für eine PMS-System (Performance Management-System)? Gibt es bereits ein PMS-System, das weiterentwickelt werden kann?
5. Wird ein PMS-System aufgebaut, das alle Handlungsfelder-Business-Cases konsolidiert?
6. Welche technologischen Business Case-Lösungen werden diskutiert?
7. Wurden quantitative und qualitative Key Performance Indicators (KPI's) definiert?
8. Werden die Ergebnisse des Business Case für alle Smart City-Akteure transparent gemacht?
9. Gibt es eine Planung für die Weiterentwicklung des Smart Case Business Case je nach Erreichung des Smart City-Reifegrades?
10. ...

Spezifische Smart Senior-Ökosystem-Fragen:

1. Wird ein Smart Senior-Ökosystem-Business-Case mit spezifischen KPI's entwickelt?
2. Wie werden die Partnerdaten im Smart Senior-Ökosystem (von Krankenhäusern, Fitnessstudios, Reha-Zentren und so weiter) eingespielt und weiterverarbeitet?
3. Können die Daten der digitalen Patientenakte anonymisiert für den Business Case herangezogen werden?
4. ...

Bausteinkomponente: Smart City-Investitionsplanung
Die Umsetzung von Smart Cities erfordert umfangreiche finanzielle Mittel, die die Städte nicht allein aufbringen können. Dies gilt für die flächendeckende Umsetzung der Konzepte, als auch bereits die Entwicklung von Smart City-Demonstrationsprojekten und -programmen. So muss die öffentliche Hand neue Kooperationsmodelle zur Finanzierung von Smart Cities entwickeln. Wie ich in den Kap. 2.3.2 und 3.3.2 dargestellt habe, sollten diese innovativen Finanzierungskonzepte folgende Aspekte umfassen (erweitert um [KAUF][GOV01] [FER]):

• **Bürgerbeteiligungsmodelle** (Crowd Sourcing, Beteiligungen an beispielsweise Kraftwerke, gebundene Spareinlagen des Bürgers etc.).

- **PPP: Public-private-Partnerships** – auf privater Seite stehen in der Regel Konzerne, Unternehmen oder Vermögensgesamtheiten wie Fonds.
- **Europäische Finanzierungs- und Förderungsinstrumente** (ELENA – European Local Energy Assistance, JESSICA – Joint European Support for Sustainable Investment in City Areas, EIB – Mittel der Europäischen Investitionsbank, European Smart Cities & Communities Initiative der EU Kommission, URBACT – europäisches Austausch- und Lernprogramm zur Förderung nachhaltiger Stadtentwicklung etc.).
- **Beschaffung von Mitteln über den Kapitalmarkt** in Form von Anleihen, Darlehen, Versteigerung von Emissionsrechten, Auflegung von Fonds etc.
- **Erschließungsbeiträge:** vom Grundstückseigentümer zu bezahlende Kommunalabgaben, insbesondere im Rahmen der Erschließung eines Baugrundstücks.
- **Energy Performance Contracting for Energy Efficiency** – ein Geschäftsmodell, bei dem die Errichtung einer neuen Anlage beziehungsweise bei Bestandsobjekten die Sanierung aus den Energieeinsparungen finanziert wird, die sich aus der Errichtung beziehungsweise der Sanierung ergibt.
- **Spread Shareholding** – im Gegensatz zu Bonds kaufen die Anteilsnehmer einen Anteil an der zu finanzierenden Infrastrukturkomponente. Das damit verbundene Risiko ist höher als bei Bonds, aber auch der mögliche Gewinn.
- **Revenue Sharing**: Aus den digitalen Geschäftsmodellen ergeben sich Umsatzströme, die zum Teil der Smart City-Verwaltung zufließen und so Investitionsmittel generieren.
- **Alternative Investitionsmittel:** Statt Kapitalinvestitionen können Smart City-Technologieanbieter auch Sachmittel zur Verfügung stellen (Personal, Infrastrukturkomponenten und so weiter).

Die Bausteinkomponente „Smart City-Investitionen" beschreibt die stufenweise Ausgestaltung der Smart City-Investitionsplanung (siehe Abb. 5.24).

Bei der Smart City-Investitionsplanung ergibt sich ein breites Spektrum an Fragen (erweitert nach [KAUF][GOV01] [EUCHI]):

1. Wie viel Kapital wurde für die Smart City-Entwicklung bisher investiert?
2. Aus welchen Finanzierungsquellen stammen die Investitionsmittel: Fördergelder der EU, Bundesmittel, private Investoren, über Banken emittierte Smart City Bonds und so weiter?
3. Wie ist das Verhältnis von öffentlichen zu privaten Investitionsquellen?
4. Welche spezifischen Kooperationsstrukturen wurden etabliert: PPP, Joint Venture und so weiter?
5. Welche Probleme ergaben sich bei der Finanzierung der Smart City: Budgetüberschreitungen, unzureichende Finanzierungsmittel, schwieriger Zugang zum Kapitalmarkt?
6. Wie wurde der Finanzierungsprozess ausgestaltet und von wem? Wurde externe Unterstützung hinzugezogen: Banken, Wirtschaftsprüfer, Unternehmensberatung und so weiter?

Reifegradniveau	Level 0	Level 1	Level 2	Level 3	Level 4	Level 5
Klassifikation	Keine Smart City	Absprungbasis Smart City	Minimum Smart City	Integrierte Smart City	Etablierte Smart City	Lernende Smart City
	▶ Keine Smart City-Investitions-modelle	▶ Limitiertes Investment in Smart City-Konzeptanalyse und Analyse der städtischen Voraussetzungen	▶ Opportunistische Investitionen in einzelne Smart City-Projekte und Breitband/Wireless-Infrastruktur ▶ Start der strategischen Smart City-Investitionsplanung in dezidierter Smart City-Organisation und Smart City-Führung ▶ Lose Verankerung der strategischen Investitionsplanung in der Smart City-Planung ▶ Monitoring opportunistischer Smart City-Pilotprojekte	▶ Verankerung der strategischen Investitionsplanung in der Smart City-Planung ▶ Entwicklung eines Smart City-Investitions-Management-Systems in der dezidierten Smart City-Organisation zur unterstützenden Steuerung der Smart City-Planung ▶ Aufbauprognose der Smart City-Investitionsbedarfe mit Big Data-Prognosemethoden ▶ Entwicklung einer Budget-Allokationsplanung über mehrere Smart City-Handlungsfelder ▶ Auswahl definierter Finanzierungsinstrumente wie PPT, Crowd Funding, Beschaffung über Kapitalmarkt und so weiter ▶ Expansion der Smart City-Pilotprojekte über mehrere Smart City-Handlungsfelder und Verstetigung der Investitionen ▶ Konzeptionierung und Aufbau Benchmarking Smart City „Investitionsplanung"	▶ Jährliche Budgetplanung und Investitionsallokation durch Smart City-Führung für Smart City-Programme in allen Smart City-Handlungsfeldern ▶ Etablierung eines Smart City Investitions-Management Systems zur unterstützenden Steuerung der Smart City-Planung ▶ Ausgereifte Investitionsprognose-Methoden über alle Handlungsfelder mit Big Data-Prognose ▶ Ausgereiftes Monitoring-System zur Überwachung der Investitionsausgaben ▶ Kontinuierliches Benchmarking der Smart City-Investitionsplanung mit anderen Smart City-Investitionsplanungen	▶ Dynamische Investitionsallokation in der gesamten Smart City.-Priorisierung der Investitionsvergabe nach Einfluss auf Smart City-Zielerreichung ▶ Keine Investitionsstaus oder Investitionsrestriktionen vorhanden. Investitionsmittel erlauben die Erreichung aller Smart City-Ziele ▶ Einsatz von künstlicher Intelligenz zur Dynamisierung der Investitionsplanung und Budgetallokationen ▶ Echtzeit-Daten-Benchmarking mit anderen Smart City Investitionsmanagement-Systemen
Attribute	X	initiiert	entwickelt	gemanagt	etabliert	dynamisch

Smart Senior-Ökosystem

Level	0	1	2	3	4	5
		▶ Limitiertes Investment in Smart Senior-Ökosystem-Konzeptanalyse und Analyse der städtischen Voraussetzungen	▶ Start der strategischen Smart Senior-Ökosystem-Investitionsplanung ▶ Gesetzliche Grundlagen für die Beteiligung gesetzlicher und privater Krankenversicherungen an Smart Senior-Ökosystem-Investitionen	▶ Smart Senior-Ökosystem erhält die notwendigen Investitionsmittel zum Aufbau ▶ Smart Senior-Ökosystem-Investitionsplanung ist in Smart City-Investitionsplanung verankert ▶ Konzeptionierung und Aufbau Benchmarking Smart Senior-Ökosystem „Investitions-planung"	▶ Benchmarking der Smart Senior-Ökosystem-Investitionsplanung mit anderen Smart Senior-Ökosystem-Investitions-planungen	▶ Echtzeit-Daten-Benchmarking mit anderen Smart Senior-Ökosystem-Investitions-Managementsystemen
Attribute	X	initiiert	entwickelt	gemanagt	etabliert	dynamisch

Abb. 5.24 Bausteinkomponente Smart City-Investitionsplanung

7. Wie lange dauerte es im Durchschnitt, bis die vereinbarten Finanzmittel zur Verfügung standen?
8. Werden Umsatzströme aus digitalen Smart City-Geschäftsmodellen explizit für die Smart City-Investitionsplanung berücksichtigt?
9. Wurden mit privaten Smart City-Technologieanbietern Partnerschaften eingegangen, bei denen die privaten Anbieter explizit Sachmittel oder Kapitalmittel zur Verfügung gestellt haben?
10. ...

Spezifische Smart Senior-Ökosystem-Fragen:

1. Wurden die gesetzlichen Grundlagen für die Beteiligung gesetzlicher und privater Krankenversicherungen an Smart Senior-Ökosystem-Investitionen geschaffen?
2. Welche Priorität genießt der Aufbau des Smart Senior-Ökosystems im Handlungsfeld „Smart Living"?
3. Welche Priorität genießt der Aufbau des Smart Senior-Ökosystems beim Aufbau der Smart City?
4. Steht die Smart City-Führung hinter der Investition in ein Smart Senior-Ökosystem?

5. Ist die strategische Smart Senior-Ökosystem-Investitionsplanung in der Smart City-Investitionsplanung verankert?
6. Stehen ausreichende Investitionsmittel zum Aufbau des Smart Senior-Ökosystems zur Verfügung?
7. Gibt es Smart Senior-Ökosystem-Partnerschaftsmodelle, bei denen die Partner (Krankenkassen, Fitnessstudios etc.) Teile der notwendigen Investitionen übernehmen?
8. ...

Bausteinkomponente: Smart City-Prozesse und -Strukturen

Das holistische Gefüge einer Smart City stellt ein emergentes System mit unzähligen Interaktionen der im System existierenden Elemente dar. Innerhalb des holistischen Smart City-Gefüges existiert ein Skelett aus städtischen Prozessen, Strukturen und Kollaborationsmodellen (siehe Kap. 1.2). Die Entwicklung von einer Smart City-Reifegradstufe zur nächsten Stufe erfordert einen begleitenden Prozess. Der Prozess und die Transformationsprinzipien beschreiben die innere Dynamik der Bausteinkomponenten. Zu unterscheiden ist zwischen Strategieprozessen, Daten-Analyse-, Innovations-, Change Management-Prozessen und operativen Prozessen zur Aufrechterhaltung des städtischen Betriebs. Hinzu kommen die zur Verfügung stehenden städtischen IT-Ressourcen auf dem Weg zur Smart City. Durch die Bausteinkomponente „Smart City-Prozesse und -Strukturen" wird die Transformation städtischer Prozesse zu neuen Smart City-Regulationsmustern beschrieben und abgestuft. Diese Bausteinkomponente kann unzählige Attributausprägungen annehmen. Deshalb habe ich in der Abb. 5.25 nur einen begrenzten Ausschnitt möglicher Attributausprägungen abgebildet. Eine erweiterte Version der Bausteinkomponente „Smart City-Prozesse und -Strukturen" findet sich im Anhang des Buches (siehe Anhang: Erweiterte Bausteinkomponente „Smart City-Prozesse und -Strukturen").

Das Ziel der Strategieprozesse besteht darin, die Smart City-Vision in ein umsetzbares Smart City-Programm zu überführen und daraus einen konkreten Programm- beziehungsweise Projektplan zu entwickeln. Somit fließen die Smart City-Vision und die Analyseergebnisse der Ausgangslage einer Stadt in die Strategieprozesse ein. Die Ausführung des Strategieprozesses obliegt der Führung einer Smart City und weiteren zentralen Smart City-Akteuren. Aus dem Strategieprozess ergeben sich die Identität einer Smart City, das Stärken- und Schwächeprofil, die notwendigen Ressourcen für die Smart City-Entwicklung, die Grundlage für den Programm- beziehungsweise Projektplan aller Smart City-Handlungsfelder, konkrete Smart City-Ziele, differenzierte Smart City-Szenarien und eine grobe Finanz-, Technologie- und Investitionsplanung.

Mit den Innovationsprozessen eingebettet in ein Innovationsmilieu sollen neue Technologien, Ideen und Lösungen analysiert, entwickelt und umgesetzt werden. Diese Aufgabe fällt nicht nur der Führung einer Smart City zu. Vielmehr bedarf es einer lebendigen und dynamischen „Start Up"-Szene mit einem vielschichtigen Partner-Ökosystem, in Umrissen ähnlich dem Silicon Valley in den USA. In die Innovationsprozesse fließen die Smart City-Vision und -Strategie, Ziele, Ausgangslage der Stadt, neue Denkmuster, Risikobereitschaft und ein „vorwärts gerichtetes" Handeln. Die Innovationsprozesse tragen ent-

Reifegradniveau	Level 0	Level 1	Level 2	Level 3	Level 4	Level 5
Klassifikation	Keine Smart City	Absprungbasis Smart City	Minimum Smart City	Integrierte Smart City	Etablierte Smart City	Lernende Smart City
	▸ Traditioneller Modus Operandi	▸ Traditioneller Modus Operandi ▸ Analyse der städtischen Prozesse und Strukturen auf Smart City-Voraussetzungen ▸ Kein standardisierten Smart City-Prozesse und -Strukturen ▸ Dezentralisierte Ansätze der Organisationseinheiten	▸ Wenige formale Smart City-Prozesse ohne detaillierte Dokumentation ▸ Beginn der Transformation städtischer Prozesse und Strukturen mit Open Data (für Transparenz und Effizienzsteigerungen) ▸ Smart City-Prozesse und -Strukturen sind konventionell und zentral ausgerichtet ▸ Konzeptionierung von Partner-Ökosystemen für Prozesse und Strukturen innerhalb und außerhalb städtischer Zuständigkeiten ▸ Konzeptionierung dezidierter Smart City-Organisation zur Unterstützung bei der Transformation städtischer Prozesse und Strukturen	▸ Formalisierte Prozesse und Strukturen im detaillierten Aufbau ▸ Noch nicht etablierte Smart City-Projekte und -Strukturen ▸ Ausbau der Transformation städtischer Prozesse und Strukturen zu wiederholbaren, standardisierten Prozessen mit Open Data ▸ Aufbau von Partner-Ökosystemen für Prozesse und Strukturen innerhalb und außerhalb städtischer Zuständigkeiten ▸ Aufbau dezidierter Smart City-Organisation zur Unterstützung bei der Transformation städtischer Prozesse und Strukturen ▸ Konzeptionierung und Aufbau-Benchmarking Smart City „Prozesse und Strukturen"	▸ Gemanagte und vernetzte Smart City-Prozesse und -Strukturen in allen Smart City-Handlungsfeldern ▸ Definierte formalisierte Smart City-Prozesse und -Strukturen auf allen Handlungsfelder in der Smart City etabliert mit Open Data ▸ Etablierung von Partner-Ökosystemen für Prozesse und Strukturen innerhalb und außerhalb städtischer Zuständigkeiten ▸ Etablierung dezidierter Smart City-Organisation ▸ Kontinuierliches Benchmarking der Governance mit anderen Smart Cities.	▸ Emergente Smart City-Regulationsmuster mit künstlicher Intelligenz ▸ Dynamische Transformation von Smart City-Prozessen und -Strukturen auf sich ändernde Smart City-Regulationsmuster mit Unterstützung durch dezidierte Organisation und Open Data ▸ Dynamische Weiterentwicklung von Partner-Ökosystemen für Prozesse und Strukturen innerhalb und außerhalb städtischer Zuständigkeiten ▸ Echtzeit-Daten-Benchmarking mit anderen Smart City-Innovationsmilieus
Prozesse ▸ Strategieprozesse	X	initiiert	entwickelt	gemanagt	etabliert	dynamisch
▸ Innovationsprozesse	X	initiiert	entwickelt	gemanagt	etabliert	dynamisch
▸ Change Management-Prozesse	X	initiiert	entwickelt	gemanagt	etabliert	dynamisch
▸ Datenanalyseprozesse	X	initiiert	entwickelt	gemanagt	etabliert	dynamisch
▸ Operative Prozesse	X	initiiert	entwickelt	gemanagt	etabliert	dynamisch
Struktur mit Randbedingungen ▸ Zufriedenheit der Bürger mit der Lebensqualität in der Stadt in %	n/a	n/a	n/a	>80	>90	100
▸ Bruttosozialprodukt per Einwohner	tbm	tbm	tbm	tbm	tbm	tbm
▸ Stadtstruktur mit sozialen Elementen wie garantiertem Grundeinkommen (JA/NEIN) ▸ ...	NEIN	JA	JA	JA	JA	JA
Attribute	X	initiiert	entwickelt	gemanagt	etabliert	dynamisch

tbm: to be measured

Smart Senior Öko-System

Level	0	1	2	3	4	5
			▸ Transparenz über städtische Smart Senior Öko-System Prozesse und Strukturen erzeugen	▸ Vernetzung der Smart Senior Öko-System Prozesse und Strukturen mit den Prozessen und Strukturen im Smart City Handlungsfeld „Smart Health" (Standardisierung)	▸ Smart Senior Öko-System Prozesse und Strukturen ordnen sich zu neuen Smart Service Öko-Systemen mit stabilem Regulationsmuster ▸ Vernetzung der Smart Senior Öko-System Prozesse und Strukturen mit den Prozessen und Strukturen in allen anderen Smart City Handlungsfeldern (Standardisierung)	▸ Neue adaptionsfähige Smart Senior Öko-System Regulationsmuster
Struktur mit Randbedingungen ▸ Anteil Smart Senior an Gesamtbevölkerung in %	tbm	tbm	tbm	tbm	tbm	tbm
Attribute	X	initiiert	entwickelt	gemanagt	etabliert	dynamisch

tbm: to be measured

Abb. 5.25 Bausteinkomponente Smart City-Prozesse und -Strukturen

scheidend dazu bei, neue Regulationsmuster für eine Smart City anzustoßen. Es werden neue Stadtstrukturen, -prozesse, Geschäftsmodelle, Smart Services, Infrastrukturen und so weiter entwickelt. Es sind alle Bausteinkomponenten des Smart City-Reifegradmodells von Veränderungen betroffen.

Im Bereich der Prozesse der Datenanalyse spielt das Big Data-Management (siehe insbesondere Kap. 4) eine wesentliche Rolle. Es werden hierbei umfangreiche Datenmengen aus den unterschiedlichsten Quellen (Smart City-Infrastruktur, Smart Services, Smart City-Prozesse) gesammelt, aufbereitet, ausgewertet und weiterverarbeitet. Die Ergebnisse dieser Datenanalyseprozesse werden zur Prognose menschlichen Verhaltens sowie der Effizienzsteigerung und der Steuerung städtischer Abläufe genutzt. Das Thema „Datenschutz" spielt hier eine bedeutsame Rolle und ist nicht zu vernachlässigen. Die Akteure der Datenanalyseprozesse sind privatwirtschaftliche Unternehmen, öffentliche Einrichtungen und Smart Citizen über offene Cloud Computing-Plattformbereiche. Zudem sollten die Daten-Analyseprozesse nicht zentralisiert ablaufen und wie eine Linse in einer „Superzentrale" landen. Die damit verbundenen Problematiken wie Daten- und damit Machtkonzentration und möglicher Datenmissbrauch wurden bereits an zahlreichen Stellen im Buch hervorgehoben.

Mit den Change Management-Prozessen sollen die städtischen Organisationen, Strukturen und Prozesse gemäß der Smart City-Vision, Strategie und Innovationen angepasst werden. Das Change-Management unterstützt aktiv die Entwicklung neuer Smart City-Regulationsmuster. Als Ergebnis wird eine „Change Management Raodmap" mit angepassten Prozessen, Strukturen, Governance, Ressourcen und Regularien erarbeitet. Das Change Management betrifft alle Akteure einer Smart City, die der nicht-linearen Smart City-Dynamik ausgesetzt sind und diese aktiv mitgestalten.

Die operativen Prozesse betreffen das Funktionieren des momentanen Status Quo einer Stadt innerhalb eines relativ stabilen städtischen Regulationsmusters. Den operativen Prozessen sind hierbei Steuerungs- und Unterstützungsprozesse zugeordnet, die für die inneren stabilen Funktionen des Smart City-Betriebssystems zuständig sind. Diese Steuerungs- und Unterstützungsprozesse greifen bei Bedarf regelnd und steuernd in das Smart City-Betriebssystem ein, um das reibungslose Funktionieren zu gewährleisten. Dazu zählen auch Performanceprozesse, die die Smart City-Entwicklung überwachen, bewerten und Rückschlüsse für einen veränderten Steuerungsbedarf ableiten, der sich auf zahlreiche Bausteinkomponenten auswirken kann. Für das Funktionieren des Smart City-Betriebssystems sind alle Akteure einer Smart City verantwortlich und eingebunden.

Neben den städtischen Prozessen treten individuelle Stadtstrukturen hinzu, die zahlreiche Parameter umfassen. Beispielsweise zählen dazu die Start up-Quote, der Anteil an Hochschulabsolventen der Stadtgesellschaft, der Anteil der kreativ tätigen Arbeitnehmer, das prozentuale Verhältnis von Profit und Non-Profit zu öffentlichen Unternehmen etc. Bei der Erwähnung von Innovationsprozessen wurde das Innovationsmilieu einer Smart City angesprochen (siehe auch Kap. 2.3.3.). Ein Wesensbestandteil des kreativen Milieus einer Smart City ist die Kollaboration unterschiedlichster Akteure (IT-Technologie-Partner, Hochschulen, staatliche Institutionen, Privatwirtschaft, smarte Stadtnachbarschaften) einer Smart City. Diese vernetzten Kollaborationen sind nicht nur bei der erfolgreichen Einführung und Verankerung innovativer Smart City Services in das urbane Leben von Bedeutung, erst durch diese vernetzten Kollaborationen können sich kreative Innovationsmilieus entwickeln, die die Akzeptanz und Nutzung aufkommender Technologien bei möglichst allen Akteuren einer Smart City ermöglichen und beschleunigen.

Für die Ausgestaltung der Smart City-Prozesse und -Strukturen sieht man sich mit folgenden Fragen konfrontiert:

1. Über welche städtischen IT-Ressourcen verfügt die sich entwickelnde Smart City?
2. Gibt es einen Masterplan für die Weiterentwicklung städtischer Strukturen und Prozesse? Über welchen Zeitraum und mit welchen Investitionsquellen?
3. Wie transparent sind die städtischen Abläufe, Prozesse und Strukturen?
4. Über welche städtischen Abläufe und Services kann die Smart City-Führung eigenständig entscheiden? Welche Strukturen und Prozesse liegen in der Verantwortung privatwirtschaftlicher Unternehmen (Wasserversorgung, Elektrizität und so weiter)?
5. Welchen Regularien wurden entwickelt, um die physische Smart City-Infrastruktur zu sichern (Katastrophenschutzmaßnahmen für IKT, Wasserversorgung, Energiemanagement und so weiter)?
6. Welche wesentlichen Regularien haben einen materiellen Einfluss (positiv/negativ) auf die Entwicklung einer Smart City (Telekommunikation, Patente, building regulations, security and privacy und so weiter) [EUCHI]?
7. Wurden neue Regularien zur Unterstützung der Smart City-Entwicklung konzipiert? Wenn ja, in welchen Bereichen und wie sind die Regularien ausgestaltet?
8. ...

Spezifische Smart Senior-Ökosystem-Fragen:

1. Wie hoch ist der Anteil von Smart Senior 60+, die selbstbestimmt im häuslichen Umfeld in einem Smart Home wohnen (ausgestattet mit Sensoren, Kamerasystemen, Telemedizin-Anwendungen etc.)?
2. Wie hoch ist der Anteil von Smart Senior 60+ in der Stadt und wie sieht die weitere demografische Entwicklung aus?
3. Wie sieht die Intensität der Verbindungen und Interaktionen zwischen Senioren in der Smart City aus?
4. Wie hoch ist der Anteil innovativer Smart Senior-Home-Konzepte gegenüber Heimkonzepten?
5. Wie viele Senioren sind momentan in Altenheimen untergebracht? Anteil derer, die im Smart Senior Home selbstständig leben könnten und wollten?
6. Welchen städtischen Voraussetzungen (betreutes Wohnen, Forschungsprojekte zwischen Krankenhäusern und Immobiliengesellschaften, Mobilitätsbetreibern) sind vorhanden oder geplant, um Smart Senior-Ökosystem-Konzepte entstehen zu lassen?
7. ...

Die Bausteinkomponente „Smart City-Strukturen und -Prozesse" komplettiert das schematische Smart City-Reifegradmodell. Alle Bausteinkomponenten des Smart City-Reifegradmodells sind miteinander auf vielfältige Weise verbunden und weisen zahlreiche Interdependenzen auf, die bei der schematischen Ausgestaltung mitberücksichtigt werden müssen. Das entwickelte Smart City-Reifegradmodell ermöglicht eine differenzierte Bewertung des eigenen Smart City-Vorhabens und eine Standortbestimmung im Smart City-Kontext. Die Anzahl an Attributen lässt sich beliebig erweitern. Das hier vorgestellte Smart City-Reifegradmodell bildet den schematischen Rahmen zur individuellen Ausgestaltung jeder Smart City. Schematisch bedeutet, dass es sich um eine erweiterbare und praktisch anwendbare Schablone zur Bestimmung des Reifegrades einer Smart City handelt. Zudem können die Attribute der Smart City-Entwicklungsstufen und die Kernfragen der Bausteinkomponenten als praktische „Check-Listen" verstanden und genutzt werden.

Das Reifegradmodell ist anwendbar für Smart Cities im „Greenfield-Ansatz" und im „Retrofitting-Ansatz". Zudem kann das schematische Reifegradmodell mit seinen Bausteinkomponenten auf spezifische Smart City-Programme in den einzelnen Smart City-Handlungsfeldern wie das Smart Senior-Ökosystem im Handlungsfeld „Smart Living" transferiert werden.

Im folgenden Kapitel analysiere ich den Smart City-Reifegrad empirisch untersuchter Smart Cities. Es geht um eine punktuelle Bestandsaufnahme der Transformationsbemühungen, insbesondere bei europäischen Smart Cities.

5.3   Die Reifegrade europäischer Smart Cities in der Gegenwart

In einer repräsentativen Studie des Europäischen Parlaments (Directorate for Internal Policies/Policy Department A: Economic and Scientific Policy) mit dem Studientitel: „Mapping Smart Cities in the EU" wurden ausgesuchte Städte in der Europäischen Union nach Smart City-Aktivitäten untersucht. Ausgehend von insgesamt 469 Städten in der Europäischen Union (EU 28) mit einer Einwohneranzahl von mehr als 100.000 wurden insgesamt 240 Städte in der Europäischen Union mit signifikanter und nachweisbarer Smart City-Aktivität identifiziert. Von den 240 Städten wurde letztlich ein repräsentatives „Sample" aus 37 Städten gebildet, das eingehender analysiert wurde.

Die Smart City-Aktivitäten der meisten der 240 Städte sind eher kleinerer Natur. Zudem kommt die Studie zu dem Schluss, dass sich die meisten Smart City-Vorhaben in einer frühen Entwicklungsphase befinden, wobei die größeren Städte aufgrund der verfügbaren Ressourcen und der politischen Unterstützung relativ betrachtet den höchsten Reifegrad aufweisen [EPDG].

Welcher Zusammenhang besteht zwischen der Einwohnerzahl einer Stadt und ihrer Smart City-Aktivität im Zusammenhang mit der Studie? Dieser Frage gehe ich im Folgenden nach.

5.3.1   Die Einwohneranzahl einer Stadt und ihre Smart City-Aktivität

Die Studie des Europäischen Parlaments stellt einen positiven Zusammenhang zwischen der Größe einer Stadt und der Ausbildung einer Smart City fest (siehe Abb. 5.26).

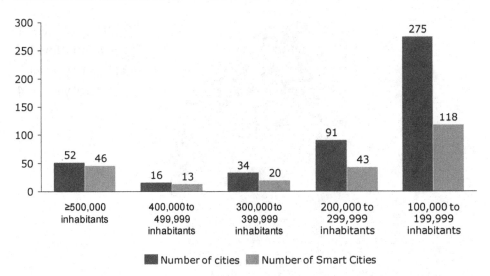

Abb. 5.26 Das Verhältnis von Einwohnerzahl einer Stadt und Smart City-Aktivität (EU) [EPDG]

Ein bedeutendes Phänomen ist in der Grafik deutlich zu erkennen: Von den 52 Städten mit mehr als 500.000 Einwohnern entfalten 46 Smart City-Aktivitäten (entspricht rund 89%). Hinsichtlich der Anzahl an Smart City-Aktivitäten lässt sich noch ein anderer interessanter Aspekt interpretieren: Die überwiegende Anzahl der betrachteten 469 Städte haben eine Einwohnerzahl zwischen 100.000 bis 300.000 Einwohnern (= 366 Städte). Wir erinnern uns an die Vision des Alex Pentland und seiner Social Physics im Kap. 4.2. Mit den Methoden der Social Physics hat Alex Pentland aufgezeigt, dass beim Design von Smart Cities die optimale Größe für eine Smart City bei einer Einwohnerzahl um 100.000 Einwohnern liegt, damit Austausch und Engagement über eine hohe Vernetzung noch gut möglich sind. Dies ist ein statistischer Zusammenhang, der sich aufgrund der schieren Zahl an Städten mit einer entsprechenden Bandbreite an Einwohnern in der EU-Studie äußerlich deckt. Alex Pentland will mit seinen Social Physics-Methoden auch die Kausalität dafür aufgezeigt haben [AP]. Darüber gibt die EU-Studie leider keine Auskunft. Betrachten wir nun kurz die Smart City-Reifegrade der untersuchten Städte in der Europäischen Union.

5.3.2   Die Reifegrade untersuchter Smart Cities in der Europäischen Union

In der Studie (siehe Kap. 5.3.1) verfügen die Städte mit mehr als 500.000 Einwohnern über die höchsten Smart City-Reifegrade. Allerdings zeigt die Studie auch, dass die Daten ansonsten keine anderen klaren Zusammenhänge zwischen der Größe einer Stadt und dem Smart City-Reifegrad aufweisen [EPDG]. In Bezug auf den Reifegrad befinden sich die

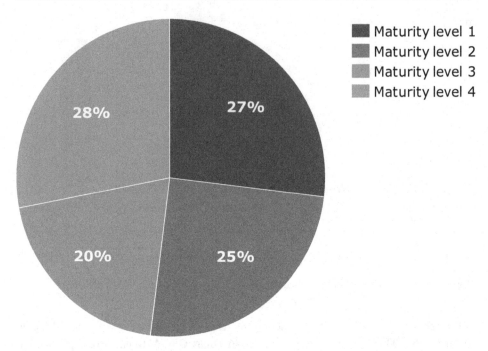

Abb. 5.27 Reifegrade der untersuchten Smart Cities in der EU [EPDG]

meisten der Smart City-Vorhaben in der EU in einer relativ frühen Phase. Basierend auf einem rudimentären „Maturity Model" (Reifegradmodell) der Studie mit vier Leveln:

- Level 1: Nur Smart City-Strategie
- Level 2: Zusätzlich zu Level 1 liegen ein Projektplan oder eine Projektvision vor. Keine Pilotprojekte oder Projektimplementierungen.
- Level 3: Zusätzlich zu Level 2 werden Smart City-Pilotprojekte durchgeführt.
- Level 4: Eine Smart City mit wenigstens einer voll entwickelten Smart City-Initiative (ein Smart City-Programm nach dem im Buch entwickelten Reifegradmodell – siehe Anfang Kap. 5) [EPDG]

wurden die Reifegrade der 240 identifizierten Städte mit nachweisbarer Smart City-Aktivität in der Studie ermittelt (siehe Abb. 5.27).

Die Smart City-Reifegradstufen in der Studie der Europäischen Kommission sind gröber und unspezifischer, als die dem Buch zugrunde liegenden Smart City-Reifegrade. Aus der Abb. 5.27 wird deutlich, dass nach dem Reifegradmodell in der Studie über 70 % der untersuchten Städte in der EU über die Smart City-Pilotprojektphase nicht hinaus gekommen sind. Nur 28 % der untersuchten Städte haben Smart City-Programme in unterschiedlichen Handlungsfeldern einer Smart City entwickelt. Weiter haben über 50 % der Städte keinerlei Smart City-Pilotprojekte gestartet oder gar implementiert. Demgegenüber befinden sich fast 50 % der Städte grundsätzlich in der Entwicklung zu einer Smart City. Die

Reifegradniveau (Entwicklungs- stufen)	Level 0	Level 1	Level 2	Level 3	Level 4	Level 5
Klassifikation	Keine Smart City	Absprungbasis Smart City	Minimum Smart City	Integrierte Smart City	Etablierte Smart City	Lernende Smart City
Ausprägung	Smart City-Konzept unbekannt	Analyse städtischer Smart City-Voraussetzungen Theoretisches Verständnis Smart City	Theoretische und praktische Grundlagen der Smart City	Integrierte Smart City-Programme über mehrere Handlungsfelder	Vernetzte Smart City über alle Handlungsfelder	Selbstlernende und adaptionsfähige Smart City mit endogenen und exogenen Netzwerken
Relative Reifegrade Europäische Smart Cities						

Abb. 5.28 Die relativen Reifegrade europäischer Smart Cities

meisten der untersuchten Städte in der EU benutzen das Smart City-Konzept weitgehend als Werbemaßnahme für die eigene Stadt und befinden sich in einer sehr frühen Phase der Smart City-Entwicklung.

Nachfolgend habe ich die Ergebnisse der EU-Studie auf das im Buch erarbeitete Smart City-Reifegradmodell übertragen. Zusätzlich ziehe ich die Erkenntnisse folgender empirischer Smart City-Studien heran: IDC Government Insights' Smart City Maturity Scape [IDC] und „Comparative Study of Smart Cities in Europe and China" der EU-China Policy Dialogues Support Facility II [EUCHI] und Städte-Rankings von Boyd Cohen: [BOYD02] [BOYD03] [BOYD04], ergänzt um den Innovation Cities Index 2014 [THINKNOW]. Aus den Daten lassen sich die relativen Reifegrade europäischer Smart Cities ableiten. Aus der Abb. 5.28 sind die relativen Reifegrade der Europäischen Smart Cities ersichtlich.

Die Verdichtung des Datenmaterials aus den empirischen Studien und Städterankings zeigt eindeutig, dass keine der europäischen Smart Cities über das Smart City Level 3 des diesem Buch zugrunde liegenden Smart City-Reifegradmodells hinauskommt. Die Umsetzung der höheren Entwicklungsstufen des Smart City-Reifegradmodells stellt noch viele Städte vor enorme Herausforderungen. Die wesentlichen Herausforderungen auf dem Smart City-Transformationsweg thematisiere ich im Kap. 6.1. Für einige dezidierte Bausteinkomponenten des Smart City-Reifegradmodells in diesem Buch liegen auch bereits empirische Daten vor [EUCHI] [IDC]. Allerdings ist die Datenlage nicht konsistent und es liegen nur für einige der Bausteinkomponenten des Smart City-Reifegradmodells entsprechende Bewertungen vor. Die Dateninkonsistenz zeigt sich auch in den unterschiedlichen Bewertungen von Smart Cities in der EU durch die oben genannten Studien und Städte-Rankings. Bei genauerer Betrachtung der Daten lassen sich folgende europäische Städte innerhalb des Level 3 des Smart City-Reifegradmodells verorten: Barcelona, Wien, Amsterdam, Kopenhagen, London und Paris. Zudem tauchen diese Städte in den Studien und Städterankings auf den vorderen Plätzen auf [THINKNOW][BOYD02] [BOYD03] [BOYD04] [EUCHI].

In einem nächsten Schritt müssten weitere empirische Smart City-Studien durchgeführt werden, die alle Bausteinkomponenten des Smart City-Reifegradmodells umfassen. Dazu sind repräsentative Samples von Smart Cities zu definieren und über alle Bausteinkomponenten des Smart City-Reifegradmodells auszuwerten.

5.3.3   Der Reifegrad europäischer Smart Senior-Ökosysteme

Bei der Betrachtung praktischer Smart Senior-Ökosystem-Vorhaben ist die Datenlage momentan noch dünner. Aus der Analyse des „Forschungsprogramms Smart Senior" im Kap. 3.4.2, der Analyse „Smart Senior in der weltweiten Praxis" im Kap. 3.2.3 und der IDC-Analyse „Enabling Sustainable and Healthier Living in the Urban Era: the Healthier Cities Maturity Model" [PIAI] ergibt sich folgender durchschnittlicher Smart Senior-Ökosystem-Reifegrad auf globaler Ebene:

Die praktischen Smart Senior-Ökosysteme befinden sich noch in einer sehr frühen Phase (siehe Abb. 5.29). Teilweise befinden sich Aspekte des Level 2 des Smart Senior-Ökosystem-Reifegradmodells in der Umsetzungsphase. Ein Großteil der Smart Senior-Ökosystem-Vorhaben befindet sich noch in der Konzeptionierungsphase mit ausgesuchten Smart Senior-Pilotprojekten. Besonderer Nachholbedarf besteht bei den Bausteinkomponenten „Digitale Geschäftsmodelle", „Innovationsmilieu" sowie „Prozesse und Strukturen". Den Akteuren des Forschungsprogramms „Smart Senior" im Kap. 3.4.2 ist es bis heute nicht gelungen, tragfähige und nachhaltige Smart Senior-Ökosystem-Geschäftsmodelle umzusetzen. Auch die Entwicklung und Umsetzung marktfähiger Smart Services steht noch aus.

Besonders der Zugang zu den Daten im Smart Senior-Ökosystem gestaltet sich schwierig. Dies ist bedauerlich, da die demografische Entwicklung in vielen hochentwickelten Ländern zukünftig eine hohe Nachfrage nach Smart Senior-Ökosystemen mit einem belastbaren Leistungsspektrum nahelegt. Die Referentin für Gesundheitspolitik bei der Verbraucherzentrale, Bundesverband, Frau Susanne Mauersberg, formuliert es so: „Daten sind Macht, deswegen sitzen die Institutionen auf diesen Beständen [MAUERS]." Mit den Institutionen sind die Krankenkassen, Kliniken und weitere Institutionen im Gesund-

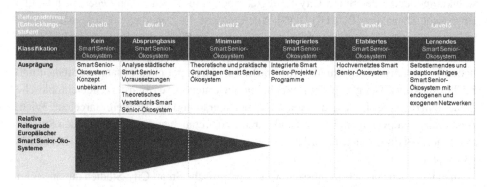

Abb. 5.29 Der durchschnittliche Reifegrad praktischer Smart Senior-Ökosysteme

heitswesen gemeint. Daher fordert Frau Mauersberger: „Die Daten gehören jedoch den Patienten. Politiker müssen dafür sorgen, die Daten zugänglich zu machen [MAUERS]."

Die mangelnde Datentransparenz findet sich auch in den noch überwiegend im traditionellen Modus Operandi betriebenen Strukturen und Prozessen wieder. Neben der Datentransparenz sind zahlreiche Fragen des Datenschutzes unzureichend geklärt. Die risikoaverse Kultur in vielen Gesundheitssystemen führt aber eher zu einer Blockadehaltung, statt sich Neuerungen zu öffnen. Denn so einfach das Motto auch klingt, es stimmt: „Daten sind Macht." Der Gesundheitssektor wird sich hier deutlich öffnen müssen, um ein Smart Senior-Ökosystem entstehen und etablieren zu können.

Das mangelhaft ausgebildete Smart Senior-Ökosystem-Innovationsmilieu in den praktischen Ansätzen führt wiederum zu einer geringen Akzeptanzbereitschaft der Smart Senior-Lösungen bei den Smart Senioren. Einher geht dies mit einer unzureichenden Partizipation der Smarten Senioren bei der Konzeptionierung und Ausgestaltung von Smart Senior-Ökosystemen. Durch den demografischen Wandel, die zunehmende Emanzipation des Smart Senior und das Aufkommen neuer Smart Senior Apps werden die bestehenden Regulationsmuster bestehender „Smart Senior-Systeme" unter enormen Druck geraten. Dies wird die gewachsenen Strukturen in weiten Teilen des Gesundheitswesens aufbrechen, neu umgruppieren und zu neuen Ordnungsmustern formen. Dabei werden die etablierten Akteure unter einen deutlichen Veränderungsdruck geraten, den die Digitalmoderne stark beschleunigen wird. Auch für die smarten Senioren der Zukunft wird es neue Urbanitäten in der Digitalmoderne geben, die ein weitgehend selbstbestimmtes Leben im häuslichen Umfeld ermöglichen. Die praktischen Smart Senior-Ökosysteme befinden sich momentan noch in einer sehr frühen Phase. Doch durch die aufkommenden Smart Senior-Ökosystem-Trends und Herausforderungen wird die Weiterentwicklung der praktischen Ansätze entscheidend vorangetrieben.

Im folgenden Kap. 5.4 werden die in den Kap. 1 bis 4 des Buches diskutierten Smart City-Aspekte wieder aufgenommen und die globalen Smart City-Trends aufgezeigt. Aus den globalen Smart City-Trends und -Herausforderungen lässt sich ein qualitativer Ausblick auf die Reifegrade globaler Smart Cities in der nahen Zukunft werfen.

5.4   Prinzipielle Entwicklungstendenzen praktischer Smart City-Ansätze

Im Kap. 2.1.3 wurden transnationale Konzerne wie IBM (Smarter Planet), Siemens AG (Sustainable Cities) oder Cisco Systems (Smart & Connected Communities) als die oftmals treibenden Partner bei Smart City-Initiativen identifiziert. Die strategische Unternehmensberatung Frost und Sullivan beispielsweise beziffert das Smart City-Marktpotenzial auf US\$ 1,5 Billionen bis zum Jahre 2020, mit wirtschaftlichen Möglichkeiten im Bereich Infrastruktur, Aufbau, Technologie-Integration sowie Energie- und Sicherheitsdienste [FROST].

Over 40 Global Cities to be SMART Cities in 2020 – More than 50% of Smart cities of 2025 will be from Europe and North America

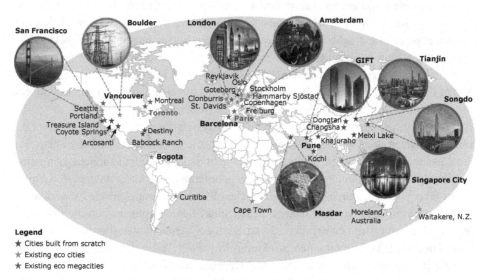

Abb. 5.30 Mehr als 50 % aller globalen Smart Cities in 2025 befinden sich in Europa und Nordamerika [FROST02]

Diese Wachstumsprognose leitet sich nach Frost und Sullivan von drei Mega-Trends in der modernen Urbanisation ab: Der Entwicklung von „Mega Cities, Mega Regions and Mega Corridors [FROST02]." Unter Mega Cities verstehen Frost und Sullivan Städte mit einer Bevölkerung von mehr als 5 Mio. Einwohnern wie beispielsweise Groß-London. Die Mega Regions entstehen durch das Zusammenwachsen von beispielsweise Johannesburg und Pretoria (Südafrika) im Jahre 2020 zu „Jo-Toria" [FROST03]. Schließlich wird es Zusammenschlüsse von Mega Regions geben wie Hong-Kong – Shenzen – Guangzhou in China mit einer Gesamtbevölkerung von 120 Mio. Einwohnern im Jahre 2025. In diesen Mega-Korridoren entstehen multiple Stadtteile als selbstorganisierende und dezentrale „Smart City Communities", die mit anderen Smart City Communities untereinander hochvernetzt sind. So entwickeln sich hochvernetzte Regionen nach den zentralen Design-Prinzipien der Dezentralisation und Selbstorganisation einer Smart City. Aus einer globalen Perspektive werden sich nach Frost und Sullivan in 2025 mehr als 50 % aller globalen Smart Cities in Europa und Nordamerika befinden (siehe Abb. 5.30).

Aus diesen globalen Smart City-Trends lassen sich Entwicklungstendenzen in den Bausteinkomponenten des Smart City-Reifegradmodells ableiten. Diese globalen Entwicklungstendenzen werden nachfolgend kurz gestreift und zusammengefasst.

5.4.1   Übersicht über praktische Entwicklungstendenzen von Smart Cities

Die folgende Zusammenfassung globaler Entwicklungstendenzen in den Bausteinkomponenten des Smart City-Reifegradmodells ist bei Weitem nicht vollständig. Es kann hier nur darum gehen, die Schlüsseltrends zu identifizieren sowie bewährte Smart City-Methoden/-Instrumente aufzuführen, mit denen Smart Cities auf globaler und EU-Ebene diesen Entwicklungen begegnen können. Zahlreiche der in der Abb. 5.31 aufgeführten globalen Smart City-Trends wurden im Buch in den vorherigen Kapiteln skizziert und werden um weitere Aspekte erweitert [JA01][FROST][FROST02][EUCHI][IDC] [EPDG].

Mit diesen Smart City-Entwicklungstendenzen lässt sich die relative Reifegradentwicklung globaler Smart Cities bis 2018 auf globaler Ebene im Reifegradmodell schematisch aufzeigen (siehe Abb. 5.32).

Aus der Abb. 5.32 wird deutlich, dass die meisten global relevanten Smart Cities in den nächsten 3 bis 5 Jahren das Level 3 „Integrierte Smart City" in unterschiedlichen Ausprägungen realisieren werden. Einige der Mega Cities mit entsprechendem Investitionsbudget und politischem Willen werden mit der Ausgestaltung ihrer Smart City „Level 4 – Etablierte Smart City" beginnen (New York, Tokio, Hong Kong, London). Damit stehen wir vor den spannendsten Entwicklungen von urbanem Leben in Smart Cities. Von der prinzipiellen Smart City-Entwicklungsperspektive aus streife ich noch kurz die Entwicklungstendenzen von Smart Senior-Ökosystem-Ansätzen.

Smart City-Planung	Eine immer größer werdende Anzahl an Stadtverantwortlichen und CTO's (Chief Technology Officer) formulieren eine Smart City-Vision und starten die systematische Smart City-Entwicklungsplanung. Diese systematische Entwicklungsplanung geht über isolierte Smart City-Pilotprogramme / Projekte weit hinaus. Bei der Smart City-Planung finden urbane Simulationsanwendungen und virtuelle Stadtrealitäten zunehmend Anwendung (Beispiel: LIVESingapore! oder Santander, Spanien, Living Lab: Digital Urban Planning).
Governance	Die Smart City Governance entwickelt sich zunehmend zu einem „offenen Modell". Damit werden die Grenzen zwischen den traditionellen „Top-Down"- oder „Bottom-Up"-Ansätzen aufgebrochen. Es setzt sich die Erkenntnis durch, dass eine Smart City mit einer „offenen und transparenten" Governance verbunden ist, die eine starke Bürgerpartizipation voraussetzt. Bewährte Smart City Governance-Methoden und Instrumente, um eine partizipative offene Governance zu realisieren, sind: offene und Inklusion ermöglichende Netzwerke, Open Data-Programme und Infrastrukturen, Visualisierung von Smart City-Daten (Beispiel: LIVE Singapore!), Computer-Simulationen und Smart City-Spiele (Beispiel: IBM's „City One Game"), unterschiedliche Formen der Bürgerbeteiligung (Open Data-Plattformen; Feedbackgeber; Crowd Sourcing. Beispiel: OASIS Online Policy Suggestion System Seoul, Süd Korea) sowie integrierte Smart City-Management-Strukturen (entwickelt und gelebt in dezidierter Smart City-Organisation. Beispiel: Rio de Janeiro Rio +20 Initiative). In einigen Smart Cities in der EU werden zunehmend „Governance Policies" zur Unterstützung der Entwicklung und Umsetzung von Smart City Services (Beispiel: Urban Habitat-Barcelona – Smart City Council) entwickelt. Damit geht die systematische Einführung von Smart City Governance-Strukturen einher.
Stakeholder Management	Im Bereich des Stakeholder Managements entstehen zunehmend „Communities of Interest" zur Bildung innovativer Formen der Smart City Stakeholder-Kollaboration. Einige Beispiel dieser „Smart City Stakeholder Communities of Interest" sind: City Protocol (www.cityprotocol.org); Citymart (www.citymart.com); Smart City Council (www.smartcitycouncil.com); Metropolis (www.metropolis.org); World e-Goverments Organization of Cities and Local Governments (www.we-gov.org). Zudem werden auf globaler Ebene in bedeutenden Smart Cities (London, Tokio, San Francisco ...) formale Gremien zur Institutionalisierung des Stakeholder Managements ins Leben gerufen. Die Bereitschaft in der EU zur Kollaboration von Smart Cities ist stetig gestiegen. Die Smart Cities innerhalb der EU teilen zunehmend entwickelte Smart City-Anwendungen kollaborativ über „Knowledge Exchange"-Plattformen und geben diese zur Weiterentwicklung frei.
Smart City-Führung	Die Führung einer Smart City wird in absehbarer Zukunft Partnerschaftsmodelle mit dem privaten Sektor entwickeln, zur gemeinsamen Definition von Smart Service-Anwendungsfällen und der Ableitung tragfähiger Geschäftsmodelle. Die Smart City-Führung schärft zukünftig das eigene Kompetenzprofil durch das Lernen von anderen Smart Cities. Weiter werden dezidierte Smart City-Organisationen gegründet unter Führung des Bürgermeisters und eines CTO (Chief Technology Officer).

Abb. 5.31 Prinzipielle Smart City-Entwicklungstendenzen

Bürgerparti -zipation	Die Bürgerpartizipation wird sich durch Open Data-Plattformen und Smart City Apps verstärken, die von Bürgern über Open Data selbst entwickelt werden. So wird die Bürgerpartizipation eine steile Wachstumskurve durchlaufen, insbesondere durch neue Partizipations-Apps und ausgeweitete Open Data-Programme. Einen limitierenden Faktor stellen die mit der Ausweitung der Bürgerpartizipationsmöglichkeiten verbundenen Investitionen.
	Viele europäische Smart Cities haben Open Data-Projekte für den freien Zugang zu Stadtdaten für Unternehmen und Bürger initiiert (Beispiele: Barcelona – Open Data BCN, London – London DATASTORE, Luxemburg – OpenData.lu, Wien – Für eine offene Stadt – Open Government Wien etc.). Diese Open Data-Projekte werden weiter ausgebaut und institutionalisiert. Dadurch wird die Herausbildung und Emanzipation des smarten Citizen gefördert.
Innovations -milieu	Trotz der ersten Fortschritte bei Smart City-Pilotprojekten werden Smart City-Innovatoren in der näheren Zukunft durch die meist noch bestehende risikoaverse Innovationskultur frustriert. Hinzu tritt eine noch bestehende starre Rigidität der Kooperationsmodelle mit externen Partnern. Es wird eine kleine Anzahl an Städten geben, die Smart City-Innovationen als „Early Adopters" vorantreiben (Beispiele: Oulu, Finnland; Living Lab Santander, Spanien [EVERS]). Davon werden andere Städte lernen und die wichtigsten Erfolgsfaktoren ableiten können. Zudem werden dezidierte Smart City-Organisationen in Smart Cities entstehen und die Smart City-Kultur wird risikoaffiner.
Digitale Geschäfts- modelle	Die innovativen digitalen Smart City-Geschäftsmodelle werden zunehmend folgende Aspekte umfassen: Cloud Computing-basierte Apps-Plattformen; Umsatzgenerierung durch Big Data Management, Social Physics; Leuchtturmprojekte mit Partner-Ökosystemen wie dem Pilot Projekt MOTION in Istanbul. Das Datenmanagement mit dem Rekombinationsprinzip sind zentrale Elemente digitaler Geschäftsmodelle. Die Modelle um Open Data und Big Data Management sind in der nahen Zukunft eng mit dem in der Smart City vorhandenen Innovationsmilieu verbunden.
	Die Smart City-Pilotprojekte werden durch neue digitale Geschäftsmodelle auf Smart City-Programme in Smart City-Handlungsfeldern ausgeweitet. Hier besteht noch ein deutliches Know-how-Defizit bei der Smart City-Führung, komplexe digitale Geschäftsmodelle und damit verknüpfte Partner-Ökosysteme zu entwickeln und produktiv für alle Akteure zu koordinieren. Dadurch werden Re-Investitionen für weitere Smart City-Projekte ermöglicht. Smart City-Technologieanbieter sowie spezialisierte Beratungsunternehmen werden Smart Cities darin unterstützen, diese innovativen Geschäftsmodelle zu entwickeln und umzusetzen. Die Governance wird hier noch einen limitierenden Faktor darstellen, da die Veränderungen der Smart City-Strukturen und -Prozesse den Entwicklungen der digitalen Geschäftsmodellen hinterherhinken. Eine immer größer werdende Anzahl an Bürgern in der Smart City werden ein Vielzahl an Daten zur Weiterverarbeitung für neue digitale Geschäftsmodelle mit anderen Akteuren einer Smart City teilen. Die Datenverarbeitungsmöglichkeiten werden sich mit der Entwicklung des Big Data Managements wesentlich erweitern. Der Druck auf die Smart City-Führung und Politik wird in Bezug auf Datenschutz und Datensicherheit weiter steigen. Gesetzliche und technische Datenschutzmechanismen werden von der Politik, Smart City-Führung, Smart City CTO und Technologie-Anbietern sukzessive entwickelt und eingeführt, mit aktiver Beteiligung der Smart Citizen.
	Die meisten Smart City-Geschäftsmodelle in der EU basieren auf Public Private Partnerships, bei denen das Risiko auf den privaten Sektor abgewälzt wurde. Weiter wurden einige Cloud Computing-basiere „Pay-as-you-use"-Geschäftsmodelle in der EU umgesetzt. So haben europäische Smart Cities vereinzelt digitale Geschäftsmodelle entwickelt. Open Data-Programme erzeugen in Smart Cities der EU weitere Risiken und Herausforderungen: unzureichende Unterstützung von Innovatoren bei der Verarbeitung von Open Data; das Spektrum an Data Mining-Technologien und Data Mining-Anwendungen wird zunehmend unübersichtlicher; sehr niedrige Datenqualität und niedrige Standards bei der Speicherung digitaler Daten; zunehmender Handlungsbedarf in puncto Sicherstellung der Datensicherheit bei der Speicherung und Kontrolle persönlicher und vertraulicher Informationen.
Digitale Technologien	Zu den bedeutenden digitalen Technologien für die weitere Smart City-Entwicklung zählen: Breitbandtechnologie, Wireless-Technologien, das Internet der Dinge und Services, Cloud Computing, Apps-Plattformen, Big Data Management, Smart Personal Devices (Google Glass, iWatch, SmartPhone etc.), Ausbau der Sensor- und Kameranetzwerke, fortschreitende Robotik in Industrie und urbaner Praxis (Haushaltsroboter, Pflegeroboter, Roboter als Kellner in Restaurants, Roboter als Hundeersatz) sowie künstliche Intelligenz in hochvernetzten und verteilten Netzwerken von Smart Cities. In den Smart Cities wird mit starker Unterstützung von Smart City-Technologieanbietern in naher Zukunft die Durchdringung der urbanen Strukturen mit digitalen Technologien ausgeweitet. Die Überwindung des „Digital Divide" wird in den Fokus der Diskussionen über die Adaption digitaler Technologien in Smart Cities rücken. Viele der Big Data Management-Projekte werden multi-strukturierte Daten aus unterschiedlichen Quellen verarbeiten. Das Daten Management, die Governance und der Datenschutz werden den Großteil des Daten Management Budgets beanspruchen.
	Die meisten Smart Cities in der EU haben Apps für ihre Bürger entwickelt (Stichwort: eGovernment). Die Verbreitung von Smartphone und Tablet Apps wird weiter stark zunehmen. Die Smart City-Führung wird zunehmend verstehen wie diese Apps die Lebensqualität der Bürger in der Smart City verbessern. Es werden offene Technologiestandards entstehen, wodurch die Interoperabilität der unterschiedlichen Technologien der Smart City-Technologieanbieter möglich wird. In den Smart Cities werden offene Cloud Computing basierter Apps Öko-Systeme entstehen.
Smart Services	Zahlreiche Smart Cities in der EU haben Cloud Computing-Technologien im Einsatz, um primär die Kosten des städtischen (IT)-Betriebes zu reduzieren. Die meisten der untersuchten Smart Cities in der EU befinden sich im Prozess der Ausgestaltung einer IKTInfrastruktur, die Dinge, Menschen, Organisationen – das Internet der Dinge – miteinander verbindet um Public Services bereit zu stellen. Diese Services basieren auf den Konzepten von Open Data und Open IKT-Infrastruktur.
	Auf globaler Ebene werden verstärkt Smart Services entwickelt, die primär folgende Bereiche betreffen: Smart Environment/Smart Energy und Smart Transport. Dies spiegelt momentane und zukünftige urbane Herausforderungen zahlreicher Smart Cities wieder. Dazu nutzen die Smart Cities die neuen IKT-Technologien um die Energieeffizienz zu erhöhen, die Luftverschmutzung zu reduzieren oder geringere Greenhouse-Emissionen zu erzeugen. Bezogen auf Smart Transport Services werden innovative Mass Rapid Transport-Systeme wie im Beispiel von Curitiba (siehe Kapitel 7) entwickelt, um das Verkehrsmanagement zu verbessern und damit die Pendlerzeiten vor allem in Mega Cities zu reduzieren. In der nahen Zukunft werden zahlreiche Smart Services-Projekte nur eine lose Verbindung zu Smart City Business-Zielen aufweisen sowie eine noch unzureichende IKT-Unterstützung.
	Alle näher untersuchten Smart Cities in der EU haben rudimentäre Open Data-Projekte aufgesetzt. Der Treiber für die Open Data-Projekte ist das ökonomische Potenzial von Open Data.
Business Case	Eine zunehmende Anzahl an Städten startet explizite Smart City Lighthouse-Projekte / Programme, bei denen der Business Case stark durch die Technologie-Anbieter geprägt ist. Die Städte durchlaufen so erste Lernkurven hinsichtlich der Vorteile von Smart City-Pilotprojekten. Für viele Smart City-Pilotprojekte / Programme wurden spezifische KPI's (Key Performance Indicators) entwickelt und veröffentlicht. Einige Städte vergleichen bereits ihre Smart City KPI's im internationalen Standards.
Investitions- planung	Die Finanzierung ganzheitlicher Smart City-Vorhaben stellt eine der größten Herausforderungen dar. Zu den bewährten Smart City-Investitionsinstrumenten zählen: Public Private Partnerships, Energy Saving Performance Contracts, Tax Increment Financing, Crowd Funding, Investitionen aus dem privaten Sektor.
	Zahlreiche EU Pilot Smart Cities haben Public Private Partnerships (PPP) etabliert um Smart City-Projekte zu finanzieren. Dabei haben Technologieanbieter meist Smart City-Investitionshilfen in Form von Personalabstellung, Softwareüberlassung, Bereitstellung von Smart City Breitband-Infrastrukturkomponenten statt direkter Kapitalinvestitionen beigetragen. Manche europäische Smart Cities erhalten Investitionshilfen im Rahmen der Teilnahme an EU geförderten Smart City-Projekten wie Commons4EU [C4EU], Open Cities [OC] und City SDK [CSDK].
Smart City- Prozesse & Strukturen	Die Smart Cities werden ihre Strukturen und Prozesse zunehmend nach Smart City-Prinzipien organisieren. Städtische Strukturen und Prozesse, die isoliert laufen, wie Parkraummanagement und der Parkanlagen und Verkehrsmanagement, werden zunehmend untereinander koordiniert. Insbesondere dort, wo sich die Smart City-Führung besonders engagiert und in touristischen Smart City-Schlüsselbereichen.
	In einigen Smart Cities in der EU werden „Policies" zur Unterstützung der Entwicklung und Umsetzung von Smart City-Prozessen entwickelt. Diese neuen Policies führen zu zunehmend transparenten und standardisierten städtischen Strukturen und Prozessen in den sich bildenden Smart Cities.

Abb. 5.31 (Fortsetzung)

Reifegradniveau (Entwicklungsstufen)	Level 0	Level 1	Level 2	Level 3	Level 4	Level 5
Klassifikation	Keine Smart City	Absprungbasis Smart City	Minimum Smart City	Integrierte Smart City	Etablierte Smart City	Lernende Smart City
Ausprägung	Smart City-Konzept unbekannt	Analyse städtischer Smart City-Voraussetzungen; Theoretisches Verständnis einer Smart City	Theoretische und praktische Grundlagen der Smart City	Integrierte Smart City-Programme über mehrere Handlungsfelder	Vernetzte Smart City über alle Handlungsfelder	Selbstlernende und adaptionsfähige Smart City mit endogenen und exogenen Netzwerken
Relative Reifegrade Globaler Smart Cities bis 2018						

Abb. 5.32 Die relativen Reifegrade globaler Smart Cities in 2018

5.4.2 Entwicklungstendenzen von Smart Senior-Ökosystem-Ansätzen

Mittlerweile entwickeln sich in den demografisch besonders betroffenen Ländern zunehmend Smart Senior-Ökosystem-Ansätze auf konzeptioneller Ebene. Prinzipiell ist zudem
zu beobachten, dass sich die Ausgaben im Gesundheitssektor strukturell verändern. Der
Trend geht weg von der Behandlung von Krankheiten hin zur Prognose, Diagnose und
dem Monitoring. Von den strukturellen Gesundheitsausgaben werden in den Ländern der
entwickelten Welt bis zum Jahre 2025 nahezu 50 % auf die Diagnose und Prognose von
Krankheiten entfallen [FROST02]. Die Diagnose und Prognose dienen der Verbesserung
von Präventionsmaßnahmen im Gesundheitswesen. Davon werden die Smart Senior in
den Smart Cities besonders betroffen sein. Möglich wird die Bedeutungsverlagerung von
der Behandlung zur Diagnose und präventiven Prognose von Krankheiten durch entscheidende Entwicklungen im Big Data-Management (Beispiel: WATSON von IBM – siehe
Kap. 4.1.2).

Bezogen auf das Smart Senior-Ökosystem-Reifegradmodell werden die kommenden
Entwicklungen insbesondere die Bausteinkomponenten „Innovationsmilieu", „Strukturen
und Prozesse" sowie „Geschäftsmodelle mit Datenmanagement" betreffen. Hier bestehen
noch die größten strukturellen Beharrungstendenzen. Deshalb ist es in der Praxis momentan noch sehr schwierig, das Level 2 – Minimum Smart Senior-Ökosystem vollständig zu
realisieren (siehe Abb. 5.29 im Kap. 5.3.3). Nur sehr wenige Smart Cities haben bis dato
das „Smart Senior-Ökosystem"-Konzept aktiv betrieben und Smart Senior-Anwendungen
umgesetzt [PIAI]. Dies deckt sich mit den in den Kap. 3.2.3 und 3.4 untersuchten aktuellen Statistiken weltweiter Smart City-Ökosystem-Ansätze.

Hinzu kommt eine unausgereifte Bürgerpartizipation im Gesundheitswesen. Eine
Ursache dafür ist im Datenschutz begründet, der im Gesundheitswesen besonders gesetzlich geregelt ist. Denn der Großteil aller Daten im Gesundheitswesen ist als sensibel ein-
zustufen. So kommt es auch, dass die digitale Patientenakte beispielsweise in Deutschland
mehr Konzept denn gelebte Realität ist [SUEL]. Dabei ist die Einführung der digitalen
Patientenakte im Hinblick auf eine integrierte Patientenversorgung dringend notwendig.

Zudem lehnen viele Ärzte die digitale Patientenakte ab. Sie sind der Überzeugung, dass handschriftliche Aufzeichnungen ausführlicher sind und mehr relevante Details enthalten [WIKI38].

Dieser kulturelle Aspekt der Risikoaversion verhindert kurzfristig, dass Smart Cities innovative Lösungen im Gesundheitswesen, die im Kern auf Big Data-Management-Anwendungen basieren, aktiv vorantreiben können. Es mangelt daher dann auch an „Best Practices" mit wesentlichen Erfolgsfaktoren im Bereich Smart Senior. Die aktuelle Technologiereife der Smart Senior-Ökosysteme ist das Ergebnis der vielen Pilotprojekte in den Bereichen Disease-Management (chronische Krankheiten) und dem Management allgemeiner Volkskrankheiten.

Auf längere Sicht werden Innovationsmodelle den Druck auf die Akteure im Gesundheitswesen erhöhen, wodurch in der Folge Smart Senior-Ökosysteme entstehen können. Dadurch erfolgt die Entwicklung von innovativen Smart Senior-Lösungen in systematischer Weise auf der Basis schematischer Innovationskonzepte und -modelle. Bei diesen Konzepten wird die Partizipation des Smart Senior verstärkt. Dann werden Smart Senior die Rolle von Feedback- und Ideengebern über offene Cloud Computingbasierte Smart Senior-Ökosystem-Plattformen spielen. In den Smart City Communities werden über Open Data auf Open Data-Plattformen dann von zahlreichen Smart City-Akteuren auch Smart Senior Health Apps entwickelt. Dies wird möglich, da Smart Cities zunehmend den stark wachsenden Informationsprozess über Big Data-Anwendungen aktiv betreiben und nutzen können. Die zur Verfügung stehende analytische Funktionalität wird einer Vielzahl von Akteuren eines Smart Senior-Ökosystems zur Verfügung gestellt, damit sich eine Trendwende zur evidenzbasierten Bereitstellung und Auswertung von Smart Senior-Diensten vollzieht. Außerdem werden zukünftig offene und konsensbasierte Technologiestandards entstehen müssen. Dadurch werden Technologierisiken minimiert und die Interoperabilität der unterschiedlichen Technologien im Smart Senior-Ökosystem ermöglicht eine integrierte Smart Senior-Patientenversorgung. Die Smart Cities werden über Kooperationsmodelle mit den Technologieanbietern offene Smart Senior-Ökosystem-Plattformen für die Apps-Entwicklung durch Bürger und alle anderen Akteure im Smart Senior-Ökosystem konzeptionieren und umsetzen. Die aufkommenden Cloud Computing-Plattformen der dritten Generation etablieren sich als Plattformen für Smart Health und Pflegedienstleistungen [PIAI].

Das Datenmanagement wird die Innovationskultur und die Intensität der Bürgerpartizipation im Smart Senior-Ökosystem entscheidend vorantreiben. Trotz zahlreicher Open Data-Initiativen von Smart Cities werden Gesundheitsdaten kurzfristig nur in begrenztem Umfang zur Verfügung stehen. Die bereitgestellten Daten sind oft unstrukturiert, zeigen nur einen Ausschnitt der Datenrealität im Smart Senior-Ökosystem und verhindern in dem originären Format den Informationsaustausch und umfassende Datenanalysen. Erst die regulierte Öffnung zahlreicher Gesundheitsdaten und anderer Smart Senior-Daten (unter anderem die finanzielle Verhältnisse und das Einkaufsverhalten der Smart Senior betreffend) in den entstehenden Smart Senior-Ökosystemen sowie die Rekombination der unterschiedlichen Daten werden die Grundlage für die Ausgestaltung zukünftiger Smart Senior-Ökosysteme darstellen. Dazu müssen alle Akteure eines Smart Senior-Ökosystems die Mechanik des Big Data-Managements verstehen und die Chancen wie Risiken beurteilen können. Die dafür notwendigen Aushandlungsprozesse werden umfangreich und intensiv geführt werden, bis sich ein stabiles Smart Senior-Ökosystem-Regulationsmuster bilden kann.

Die Prozesslandschaft im Gesundheitswesen wird durch die weiteren Entwicklungen der Kooperations- und Partnermodelle in den entstehenden Ökosystemen transformiert. Die Geschäftsprozessoptimierung ist anfänglich auf die Strukturen und Prozesse dezidierter Smart Senior-Pilotprojekte begrenzt. Über fortschreitende Erfahrungen werden die Strukturen und Prozesse im Smart Senior-Ökosystem agiler gestaltet. Dadurch verstärkt sich die Adaptionsfähigkeit der Prozesse und Strukturen an sich ändernde Bedingungen und Konstellationen des Smart Senior-Ökosystems. Um diese Veränderungen in den Prozessen und Strukturen herbeiführen zu können, sind oftmals Investitionen aus dem privaten Sektor notwendig. Denn die existierenden gesetzlichen Regelungen und die damit verbundenen Strukturen im Gesundheitswesen weisen nicht die notwendige Flexibilität auf, um schnelle Veränderungen zu ermöglichen.

Die Smart City-Führung und die Führung des Smart Senior-Ökosystems im Handlungsfeld „Smart Living" werden in der Anfangsphase erhebliche Schwierigkeiten damit haben, das entstehenden Ökosystem managen und steuern zu können. Die unzureichende Kompetenz, mangelnde Erfahrungswerte von anderen Smart Senior-Ökosystemen und die Komplexität der Ökosystem-Dynamiken sowie entstehende Ökosystem-Partnernetzwerke stellen die Führung vor enorme Herausforderungen. Erst im Zeitablauf werden sich stabile Kollaborationsmuster mit neuen Prozessen und Strukturen ausbilden.

Nur diejenigen Smart Cities, die in der Lage sind, den Wert der Kombination aus Cloud Computing, Social Media und Big Data zu generieren, werden in eine Führungsrolle bei der Ausgestaltung von Smart Senior-Ökosystemen rücken. Dann sollte es den Akteuren von Smart Senior-Ökosystemen gelingen, tragfähige Smart Senior-Ökosystem-Geschäftsmodelle und Services marktreif zu entwickeln und in den Smart City-Vorhaben zu verankern. Zudem werden diese Smart Cities dann Kollaborationsinfrastrukturen und -lösungen entwickeln, die für die Weiterentwicklung der Smart Senior-Ökosysteme entscheidend sind. Zu diesen Kollaborationsinfrastrukturen zählt auch das Datenmanagement, das Daten von Sensoren und Kameras sammelt, strukturiert und auswertet.

Mit diesen Überlegungen beende ich die aus unterschiedlichen Blickwinkeln vorgenommene Betrachtung des schematischen Reifegradmodells einer Smart City. Die hier erarbeitete Smart City-„Reifegradschablone" wird uns ins im Kap. 7 bei der Beleuchtung von drei praktischen Retrofitting Smart Cities wieder begegnen. Das Smart City-Reifegradmodell bildet nur einen Teil der Beschreibung des holistischen Smart City-Konzeptes. Neben das Smart City-Reifegradmodell treten die schematische Smart City-Modellarchitektur und das schematische Smart City-Transformationsmodell für die Umsetzung von Smart City-Vorhaben. Diese drei schematischen Smart City-Modelle stehen in einer interdependenten Wechselwirkung zueinander. Erst das Konzert dieser drei schematischen Smart City-Modelle ermöglicht das ganzheitliche Verständnis einer Smart City. Das Zusammenspiel dieser drei Smart City-Modelle bildet den Gegenstand der nachfolgenden Betrachtung.

5.5   Das Zusammenwirken der schematischen Smart City-Modelle

Den Komplex Smart City betrachte ich aus drei unterschiedlichen Perspektiven, die in dynamischer Wechselbeziehung zueinander stehen. Die unterschiedlichen Smart City-Modell-Perspektiven mit Wechselbeziehungen ergeben sich schematisch aus der Abb. 5.33.

Mit der **Smart City-Modellarchitektur** wird der schematische Aufbau der Smart City abgebildet (siehe Kap. 1.2.3 und 5.1). Die Smart City wird so plastisch verständlich gemacht und steckt den **perspektivischen Referenzrahmen** für die weitere Smart City-Entwicklung ab. Die Modellarchitektur geht über die von Giffinger et al. [GIFF01] definierten Handlungsfelder einer Smart City hinaus. Mit der Ausgestaltung der schematischen Smart City-Modellarchitektur wird das „Gerüst" einer Smart City abgebildet.

Ausgehend von einer ganzheitlichen soziotechnisch-ökonomischen Betrachtung der Smart City können die Entwicklungsstufen des Smart City-Reifegradmodells abgeleitet werden. Das Reifegradmodell einer Smart City mit seinen Entwicklungsstufen (Leveln) bietet einen Orientierungsrahmen beziehungsweise ein Klassifikationsschema, um den Grad der Entwicklung eines Smart City-Vorhabens bestimmen zu können. Diese Verortung des Smart City-Vorhabens im Smart City-Reifegradmodell wird ausdifferenziert, indem aus der Smart City-Architektur die Bausteinkomponenten mit Attributen für die

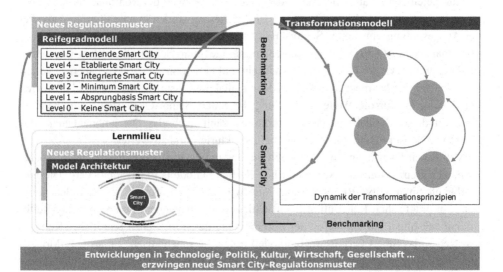

Abb. 5.33 Perspektiven der Smart City-Modelle in Wechselbeziehung

einzelnen Smart City-Reifegrade (Level) einer Smart City abgeleitet werden. Diese Bausteinkomponenten bilden die „Anatomie" einer Smart City, die das „Smart City-Gerüst" inhaltlich erweitern. Denn die Smart City verändert die Zusammensetzung ihrer Modellarchitektur im Entwicklungsverlauf über die Ausprägungen der Bausteinkomponenten des Reifegradmodells. Die Bausteinkomponenten stehen in vielfältigen Wechselbeziehungen zueinander und erscheinen in unterschiedlichen Ausprägungen. Das **Smart City-Reifegradmodell** bildet den **Kompass für die Smart City**.

Damit ist die perspektivische Betrachtung einer Smart City nicht abgeschlossen. Die letzte Perspektive bildet das Transformationsmodell einer Smart City. Das Transformationsmodell beschreibt die innere Dynamik der sich entwickelnden Smart City. Diese innere Dynamik der Smart City wird durch die Transformationsprinzipien des graduellen Wandels beschrieben. Über dynamische Transformationsprinzipien durchläuft die Smart City unterschiedliche Reifegrade, bis ein neues Regulationsmuster mit relativer Stabilität erreicht wurde. Die relative Stabilität ist den neu aufkommenden Entwicklungen in Wirtschaft, Politik, Kultur, Technologie und Gesellschaft geschuldet, die die relative Stabilität des Smart City-Regulationsmuster im inneren Gefüge unter Spannung setzen. Hinzu kommen Spannungseinflüsse über das Benchmarking mit anderen Smart Cities.

Diese Spannungen im inneren Gefüge der Smart City führen zu neuen Zusammensetzungen der Smart City-Bausteinkomponenten und formen neue Smart City-Regulationsmuster mit relativer Stabilität. Das **Transformationsmodell einer Smart City** bildet den **Fahrplan** und damit eine Leitlinie für eine Smart City (siehe Kap. 6). Entscheidend ist, dass die Smart City so emergente Eigenschaften aufweist, die sich nicht offensichtlich auf Eigenschaften der Elemente (Bausteinkomponenten) zurückführen lassen, die diese isoliert aufweisen [WIKI37]. Das bedeutet, dass keines der drei Smart City-Modelle alleine die Smart City holistisch abbilden kann. Erst das emergente Konzert der schematischen Smart City-Modelle bietet die holistische Sicht auf die Smart City. Es entstehen neue Smart City-Realitäten mit neuen Regulationsmustern. Und so bilden die schematischen Smart City-Modelle Wegweiser für neue Urbanitäten in der Digitalmoderne.

5.6   Fazit

In diesem Kapitel wurde zum besseren Verständnis des Themenkomplexes „Smart City" ein ausdifferenziertes Reifegradmodell einer Smart City entwickelt. Das schematische Smart City-Reifegradmodell zeigt Entwicklungspfade für die Smart City-Ausgestaltung auf und stellt ein **offenes** Bewertungsmodell zur Individualisierung des eigenen Smart City-Vorhabens mit unzähligen Attributen dar.

Hervorzuheben ist der Ausgangspunkt des Smart City-Reifegradmodells. Den Ausgangspunkt bildet die Analyse der städtischen Voraussetzungen zur Ausbildung einer Smart City. Dieser Aspekt wird in der Literatur unverständlicherweise bisweilen unterschlagen. Einen weiteren Aspekt betrifft die Beschreibung und Bewertung der letzten Entwicklungsstufe einer Smart City als „optimale oder ideale Smart City" in Literatur und

Praxis. Wie wir gesehen haben, kann es keine optimale oder ideale Smart City geben. Denn es gibt keinen letzten, die Smart City abschließenden Reifegrad. In dem erarbeiteten Smart City-Reifegradmodell gibt es eine „lernende Smart City" mit offenem Reifegrad. Die lernende Smart City auf diesem Level adaptiert sich an neue Entwicklungen in Technologie, Politik, Wirtschaft, Kultur, Gesellschaft und formt dann ihr inneres Gefüge durch den Einsatz von künstlicher Intelligenz zu neuen relativ stabilen Smart City-Regulationsmustern zusammen.

Das Smart City-Reifegradmodell ist Teil eines Verbundes schematischer Smart City-Modelle. Der Verbund mit zahlreichen Wechselbeziehungen setzt sich aus der schematischen Smart City-Architektur, dem Reifegrad- und dem Transformationsmodell zusammen. So wird der Komplex der Smart City holistisch aus unterschiedlichen Perspektiven betrachtet, bewertet und abgebildet. Nach der ausführlichen Behandlung der schematischen Smart City-Architektur und des Reifegradmodells wird im folgenden Kap. 6 das Smart City-Transformationsmodell beleuchtet. Dabei werden die wesentlichen Transformationsprinzipien für die Entwicklung einer Smart City herausgearbeitet und Best Practices abgeleitet. Die Transformation der Städte zu Smart Cities kommt einer Revolution der Urbanität gleich. Diese Revolution wird das 21. Jahrhundert in den Städten markieren.

Der Fahrplan für eine Smart City – das Transformationsmodell

6

Jede Generation braucht eine neue Revolution.
(Tomas Jefferson)

Mit dem Fahrplan für eine Smart City wird die innere Dynamik des Smart City-Designs lebendig und es kann sich eine neue Urbanität in der Digitalmoderne entfalten. Im Kap. 1.1.3 wurden die wesentlichen Entwicklungstendenzen von Städten in den entwickelten Industrienationen unserer Tage skizziert. Die Autorin Hannelore Schlaffer hat in ihrem Buch „Die City" eine wesentliche Entwicklungstendenz von Städten in einer äußerst geschliffenen Sprache beschrieben. So zerfallen die Städte in zwei Zonen, einem Zentrum und die umgebenden Vororte samt dem Umland [SCHLA]. Das Zentrum in den Metropolen wird dabei zunehmend zu „Business Improvement Districts" transformiert. Diese Business Improvement Districts, eigentlich ist die Bezeichnung schon eine zynische Betrachtung urbanen Lebens, verbannen das über Jahrhunderte gepflegte urbane Leben in die Außenbezirke der Städte.

Es entsteht im Zentrum der Städte eine tote Monokultur mit völlig überzogenen Grundstückspreisen, die lediglich für Touristen, Investoren und Geschäftsleute relevant ist. Die Peripherie der Städte hingegen entwickelt sich tendenziell zu Schlaftrabanten, die für den massiven Anstieg an kaum zu bewältigendem Pendlerverkehr verantwortlich sind. Diese Entwicklungstendenz von Städten ist nicht mit dem smarten Design einer Smart City vereinbar. In der Smart City stehen die persönlichen Interaktionen zwischen den Menschen im Vordergrund. So bieten städtische Nachbarschaften (Communities) mit recht hoher Dichte und gemischter Nutzung die notwendigen Bedingungen für persönliche Interaktionen und soziale Netzwerke.

Es sind persönliche Interaktionen, die sich zu Interaktionsnetzwerken entwickeln können. Durch den Einsatz der digitalen Technologien wird der Interaktionsprozess verstärkt

© Springer Fachmedien Wiesbaden 2015
M. Jaekel, *Smart City wird Realität*, DOI 10.1007/978-3-658-04455-8_6

und das mögliche Interaktionsspektrum erweitert. Die in der Smart City erzeugten Daten und die umfassende Verbreitung vielfältiger Sensoren im smarten Lebensumfeld der Bürger verändern die Art, wie sich urbanes Leben vollzieht. Die Städte transformieren sich zu neuen „Plattformen", über die alle Akteure einer Smart City miteinander interagieren und die urbanen Realitäten in Echtzeit kollaborativ weiterentwickeln können [SCC]. Die beiden Forscher Stefan G. Verhulst und Julia Root am „GovLab der New York University (USA)" betrachten die Smart City-Transformation primär aus dieser Plattform-Perspektive. Danach vollzieht sich das Re-Design der Städte in vier unterschiedlichen Transformationsphasen: **1) Connected Cities, 2) Smarter Cities, 3) Participatory Cities, 4) Agile Cities**.

In der ersten Phase der „Connected Cities" werden die Akteure einer Smart City über digitale Plattformen auf innovative Art und Weise miteinander interagieren („peer-to-peer interactions" und „sharing economy"). Durch das starke Datenwachstum und die Verbreitung von vielfältigen Sensoren werden in der zweiten Phase der „Smarter Cities" die Komponenten des Big Data-Managements und Open Data prägend sein für das Smart City-Design. Bei den „Participatory Cities" in der dritten Phase des Re-Designs von Städten wird eine neue Ära der bürgerlichen Kooperation und Kollaboration eingeläutet (Crowdresourcing, Crowdfunding, Community Mapping). Schließlich transformieren sich in der vierten Phase Smart Cities zu „Agile Cities", die sich innovativ und hochflexibel an neue Entwicklungen in Politik, Wirtschaft, Gesellschaft, Kultur usw. anpassen können [VER].

Die „Agile Cities" aus dieser Perspektive entsprechen rudimentär dem Level 5 „Lernende Smart City" des Smart City-Reifegradmodells im Kap. 5. Solch eine Betrachtung der Smart City aus der Perspektive einer Daten- und Sensorenlinse stellt das Datenmanagement für die Smart City-Transformation wieder einmal prominent in den Vordergrund. Prinzipiell bildet die Datenlinse eine Kernkomponente beim Re-Design der Städte zu Smart Cities. Die vier Smart City-Transformationsphasen von Verhulst und Root sind zweifellos inhärenter Bestandteil des Smart City-Reifegradmodells, das in diesem Buch entwickelt wurde. Die Mechanismen der Datenlinse charakterisieren zentrale, treibende Komponenten bei der Smart City-Transformation, konstituieren aber nicht das gesamte Smart City-Transformationsspektrum. Hierzu sind weitere Komponenten notwendig, die in den folgenden Abschnitten dieses Kapitels herausgearbeitet werden.

Mit der Umsetzung der Entwicklungsstufen des Smart City-Reifegradmodells sind eine Vielzahl an Zielen und Versprechen verbunden. Zu den Versprechen zählen beispielsweise: eine höhere Lebensqualität für Smart Citizen, die Effizienzsteigerung des städtischen Ressourceneinsatzes, die Revolutionierung der Interaktionen zwischen den Akteuren einer Stadt, die Entwicklung einer hochmodernen Stadtinfrastruktur, die Entlastung der städtischen Budgets durch das „Teilen der Infrastrukturressourcen", die Erreichung von Klimazielen oder eine Steigerung der allgemeinen Sicherheit der Bürger in der Smart City [SCC] [HATZELHOFFER01]. Diese und weitere Ziele beziehungsweise Versprechen legitimieren die Smart City-Transformation.

Die Realisierung der meisten Smart City-Ziele vollzieht sich momentan noch auf der Basis von Smart City-Pilotprojekten und -programmen. Überall auf der Welt werden zahlreiche Smart City-Projekte und -Programme initiiert und die erzielten Ergebnisse analysiert. Dabei durchlaufen die Akteure von Smart City-Vorhaben eine immer steiler verlaufende Lernkurve. Der zentrale Aspekt ist in diesem Kontext das „Wie" der Smart City-Transformation. Dieses „Wie" der Smart City-Transformation findet seinen Urknall in der „Vision einer Smart City". Die Smart City-Vision ist an die zuvor oder parallel ablaufende Analyse der städtischen Smart City-Voraussetzungen gebunden. Bei der Smart City-Vision handelt es sich nicht nur um eine vage Idee, sondern sie bildet einen Smart City-Transformationswegweiser beziehungsweise eine Leitlinie für alle Akteure einer Smart City [VELO01] [SCC].

Auf der Basis dieser Leitlinie einer Smart City ist ein Transformationsfahrplan abzuleiten, um die Vision Realität werden zu lassen. Ohne einen konkreten Smart City-Transformationsfahrplan bleibt die Smart City-Vision nur eine Hülle ohne Wirkung.

Der Smart City-Transformationsfahrplan stellt zum einen spezifische Konfigurationen der Bausteinkomponenten des Smart City-Reifegradmodells dar. Das Smart City-Re-Design wird aber andererseits erst durch zentrale Transformationsmechanismen möglich, die die innere Dynamik einer Smart City charakterisieren. Eben durch diese Transformationsmechanismen werden die spezifischen Konfigurationen der Bausteinkomponenten des Smart City-Reifegradmodells erzeugt bis neue Smart City-Regulationsmuster entstehen. Damit skizziert der Smart City-Transformationsfahrplan, wie eine Smart City die jeweiligen Smart City-Reifegrade und die dabei wirkenden Transformationsdynamiken durchläuft.

Die Smart City-Transformation stellt eine graduelle Transformation dar, die zu substanziell anderen Smart City-Regulationsmustern führen (siehe Kap. 4.3.2). Dieser Prozess läuft nicht abrupt in kurzer Zeit ab. Vielmehr ist das wesentliche Charakteristikum gradueller Transformationen, dass neue Regulationsmuster „sukzessive, als Kumulation zahlreicher Ereignisse entstehen und sich erst mit der Zeit stabilisieren" [DOLA]. Die graduelle Smart City-Transformation weist neben der Zeitdimension noch die Aufwandsdimension zur Realisierung der unterschiedlichen Smart City-Reifegrade auf. Wenn ich die Smart City-Transformation aus der Zeit – und Aufwandsperspektive betrachte, ergibt sich folgende Abb. 6.1.

Die Smart City-Transformation vollzieht sich nicht in einem stabilen, linearen und konsistenten Modus von Entwicklungsstufe zu Entwicklungsstufe. Vielmehr sind der Zeitaufwand und der Ressourceneinsatz (abgebildet durch die Größe der Entwicklungsstufensymbole) von Entwicklungsstufe zu Entwicklungsstufe jeweils unterschiedlich. Aus der Abb. 6.1 ist ersichtlich, dass die Entwicklung von Level 0 bis Level 2 ungefähr dem Zeit- und Ressourcenaufwand entspricht wie die Entwicklung von Level 2 zu Level 3. Die Entwicklung von Level 3 zu Level 4 ist mit einem relativ hohen Zeit-und Ressourceneinsatz verbunden. Dies hängt vor allem mit der umfassenden Vernetzung und Integration aller Smart City-Handlungsfelderprogramme zu einem holistischen Smart City-Regulationsmuster zusammen. Bei der Entwicklung von Level 4 zu Level 5 sind der relative

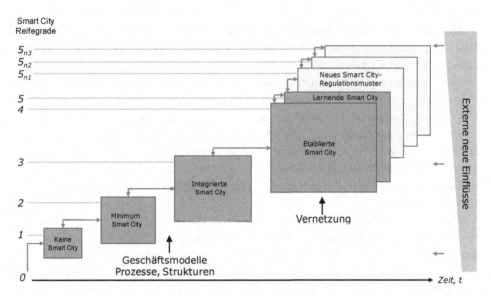

Abb. 6.1 Die Zeit und Aufwandsdimensionen der Smart City-Transformation

Zeit- und Ressourcenaufwand etwas geringer, da bereits fundamentale Strategie, Planungs-, Prozess- und kulturelle Strukturen etabliert sind. Diese Strukturen verfügen über eine hohe Adaptionsfähigkeit an neue interne und externe Entwicklungstendenzen [IDC].

Aus der Abbildung wird auch deutlich, dass nicht erst ein Smart City-Reifegrad in allen Facetten abgeschlossen sein muss, um mit der nächsten Entwicklungsstufe beginnen zu können. Allerdings müssen die wesentlichen Bausteinkomponenten eines Reifegrades in voller Ausprägung vorhanden sein, um mit der Ausgestaltung des nächsten Reifegrades zu beginnen. Erst dann kann vor dem kompletten Abschluss eines Smart City-Reifegrades mit den Bausteinkomponenten der nächsten Entwicklungsstufe experimentiert werden. Die Testergebnisse können auch in den Abschluss des vorherigen Smart City-Reifegrades einfließen. Bei diesem Vorgehen entstehen erste Ansätze eines iterativen Smart City-Transformationsmodells mit zahlreichen Wechselbeziehungen. Für ein iteratives Smart City-Transformationsmodell sind weitere Feedbackschleifen und Rückkoppelungen notwendig, die im Kap. 6.2 beleuchtet werden. Bevor ich einen praktischen Smart City-Transformationsansatz über die Zeit- und Aufwandsdimension hinaus skizziere, beleuchte ich zentrale Einflussfaktoren auf dem Smart City-Transformationsweg.

6.1 Dynamische Einflussfaktoren auf dem Smart City-Transformationsweg

Bevor sich eine Stadt auf den Smart City-Transformationsweg begeben kann, sind die städtischen Smart City-Voraussetzungen zu analysieren. Aus dieser Analyse ergeben sich Smart City-Handlungsbarrieren für den bevorstehenden Smart City-Transformationsweg.

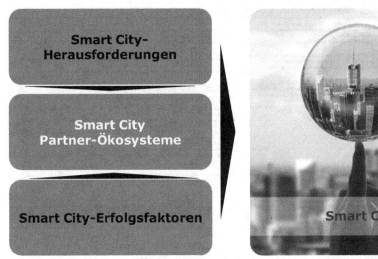

Abb. 6.2 Zentrale Umweltbedingungen auf dem Smart City-Transformationsweg (adaptiert nach [ADEG])

Die Handlungsbarrieren sind für jede Stadt je nach Ausgangslage von individueller Natur. Zur Überwindung möglicher Transformationshindernisse sind wiederum zentrale Smart City-Erfolgsfaktoren von entscheidender Bedeutung. Die Smart City-Herausforderungen und -Erfolgsfaktoren wirken auf die Smart City-Transformation ein. Hinzu kommen Smart City-Transformationspartner zur direkten Adressierung der Smart City-Herausforderungen und -Erfolgsfaktoren (siehe Abb. 6.2).

Die zentralen Smart City-Umweltfaktoren (siehe Abb. 6.2) ergeben sich aus den Bausteinkomponenten des Smart City-Reifegradmodells und der schematischen Smart City-Modellarchitektur (siehe Kap. 5.1 und 5.2.4). Hier werden die Wechselbeziehungen der unterschiedlichen Smart City-Modellperspektiven wieder deutlich. Ein Smart City-Transformationsmodell ist ohne Bezug zu einer schematischen Smart City-Modellarchitektur und eines Smart City-Reifegradmodells wenig sinnvoll.

Die im Kap. 2.3 thematisierten Smart City-Umweltfaktoren werden nun zusammenfassend beleuchtet. Diese Zusammenfassung basiert auf empirischen Erkenntnissen zahlreicher Untersuchungen [ADEG][AOUN][BECK04][CFC][EPDG] [EUCHI][HATZEL-HOFFER01][IDC02][SCC] von Smart Cities auf globaler Ebene und eigener umfassender Untersuchungsergebnisse.

6.1.1   Die zentralen Herausforderungen bei der Smart City-Transformation

Aus dem Delta der städtischen Smart City-Voraussetzungen und der Smart City-Vision resultieren die wesentlichen Smart City-Herausforderungen. Dieses Delta öffnet das Aktionsspektrum für die Smart City-Transformation, stellt aber auch zahlreiche Städte vor

Smart City-Planung / Smart City-Führung / Governance	Stakeholder Management / Bürgerpartizipation / Innovationsmilieu
▸ Fehlende oder unzureichende Smart City-Vision. Vielen Smart City-Visionen fehlt die nachhaltige Umsetzungssubstanz. Die Projekte und Programme konzentrieren sich nur auf einzelne Segmente der urbanen Handlungsfelder. ▸ Hohe Komplexität der Kommunikation des Wertes eines Smart City-Vorhabens. ▸ Unzureichende Smart City-Führung. Isolierte und stückweise Implementierung von Smart City-Projekten und Programmen. Keine gemeinsame Teilung und Nutzung von Kosten, Infrastrukturen, Daten, Ressourcen innerhalb der städtischen, fragmentarischen Organisation. ▸ Geschlossene Governance-Strukturen (Silo) und Prozesse mit geringer Flexibilität (keine gemeinsame Nutzung von Ressourcen/mangelhafte Kollaboration). Ein effektives Change Management ist kaum möglich. ▸ Fehlendes Know-how hinsichtlich IKT-Technologien und digitaler Geschäftsmodelle in den Stadtverwaltungen. ▸ Kollaboration und Koordination ist wenig ausgeprägt. Schwierige Interessenausgleichsprozesse.	▸ Bei der Ausgestaltung von Smart Services ist oftmals eine Vielzahl an Stakeholdern zu involvieren. Schwierige Aushandlungsprozesse bezüglich Auswahl und Umfang der Smart City Services. ▸ Dauerhafte Aufrechterhaltung der Stakeholder-Partizipation (Investitionen, aktive Mitarbeit). ▸ Unterschiedliche Vorstellungen der Smart City-Akteure darüber, was eine Smart City praktisch bedeutet, welche Vorteile damit verbunden sind, welche Herausforderungen und wie eine Stadt die Smart City-Transformation angehen sollte. ▸ Unterschiedliche Interessenlagen und Zeithorizonte der Smart City-Akteure. ▸ Schwierigkeit der Inklusion sozial schwacher Gebiete einer Stadt (Digital Divide). ▸ Aktivierung und Aufrechterhaltung der Bürgerpartizipation. ▸ Exklusion von Segmenten der Stadtgesellschaft basierend auf sozio-ökonomischen Faktoren. ▸ Schwierigkeiten der Bürger im Umgang mit den neuen Technologien. Bürger verstehen den Nutzen der neuen Technologien nicht. ▸ Zu starker technologischer Fokus des Smart City-Vorhabens und daraus folgende Akzeptanzprobleme bei Smart Citizen. ▸ Natürliche Abneigung der Menschen gegenüber Veränderungen; Smart City = massive multi-dimensionale Veränderungen. ▸ Unzureichende Bürgerpartizipation; Smart City wird von den relevanten Akteuren nicht als Mitmachprojekt erlebt; mangelhafte Kommunikation der Smart City. ▸ Die Integration neuartiger IKT-Technologien bleibt bei den betroffenen Bürger oftmals unsichtbar. ▸ Fehlendes kreatives Innovationsmilieu und risikoaverse Kultur. ▸ Geringe Bereitschaft der Bürger die Alltagsprozesse zu modifizieren.

Digitale Geschäftsmodelle / Digitale Technologien / Smart Services	Business Case / Investitionsmodelle / Prozesse und Strukturen
▸ Digitale Geschäftsmodelle sind komplex und oftmals kaum entwickelt. ▸ Das Management komplexer Wertschöpfungsketten mit zahlreichen Wertschöpfungspartnern (lokale und globale Partner mit unterschiedlichen Interessenlagen und Expertisen) stellt die Smart City-Führung vor enorme Herausforderungen. ▸ Unzureichende Smart City IKT-Infrastrukturen vorhanden. ▸ Der Einsatz von Cloud Computing ist mit Risiken der Adaption, Datenschutz und dem Management der Cloud-Komponenten verbunden. ▸ Fehlen von etablierten Regularien zur Sicherstellung des effizienten und sicheren Einsatzes der neuen Technologien. Fehlende Information Security Policies. ▸ Vielzahl an Standards bei Technologien und Normen. Fehlende Interoperabilität der Systeme. ▸ Begrenzung der Leistungsfähigkeit und Kapazität der Systeme (Sensorik, Datenübertragung und Verarbeitung). ▸ Starke Verunsicherung bei Smart City-Akteuren hinsichtlich Datenschutz, Datensicherheit und Wert der Daten. ▸ Einige der städtischen Services liegen in der Verantwortung des Privatsektors (Stromversorgung, Gasversorgung, Wasser-Management...), sodass die Stadt diese Services in den Handlungsfeldern nur bedingt in eine holistische Smart City-Planung einbeziehen beziehungsweise ändern kann. Schwierige Aushandlungsprozesse sind wahrscheinlich. ▸ Unzureichende Open Data-Initiativen. Anstieg der Risiken durch Open Data (niedrige Datenschutzstandards und Datenschutzmechanismen).	▸ Fehlende, anerkannte Monitoring-Systeme zur Überprüfung der Smart City-Zielerreichung ▸ Die Smart City-Reifegrad- und Bewertungsmodelle sind nicht standardisiert und allgemein anerkannt. ▸ Mängel in der Smart City-Finanzierung (unsichere Investitionsrenditen) ▸ Finanzierungsrestriktionen für Smart City-Vorhaben mit Anstieg der städtischen Schulden. ▸ Geringe Budgets für pro-aktive Investitionen. ▸ Überlappende Smart City-Handlungsfelder mit unterschiedlichen Entscheidungsfeldern und Verantwortlichkeiten. ▸ Geschlossene (Silo) Governance-Strukturen und Prozesse mit geringer Flexibilität (keine gemeinsame Nutzung von Ressourcen/mangelhafte Kollaboration). Ein effektives Change Management ist kaum möglich.

Abb. 6.3 Das Spektrum an Smart City-Transformationsbarrieren

schwierige Herausforderungen auf dem Transformationsweg. Zu den zentralen Herausforderungen bei der Smart City-Transformation können zählen (siehe Abb. 6.3).

Damit diese Smart City-Handlungsbarrieren auf dem Transformationsweg überwunden werden können, sind dezidierte Smart City-Erfolgsfaktoren notwendig, die ich im folgenden Kapitel skizziere.

6.1.2 Eine Smart City-Transformation benötigt Erfolgsfaktoren

Zur Bewältigung der skizzierten Smart City-Herausforderungen bedarf es konkreter Erfolgsfaktoren. Es kristallisieren sich in der Smart City-Transformationspraxis bestimmte Erfolgsfaktoren heraus, die für die Zielerreichung eines Smart City-Vorhabens von entscheidender Bedeutung sind. Eine Übersicht über die wesentlichen Smart City-Erfolgsfaktoren ergibt sich aus der Abb. 6.4. Die Smart City-Erfolgsfaktoren charakterisieren das „Wie" der Bausteinkomponenten des Smart City-Reifegradmodells.

Neben diesen Erfolgsfaktoren müssen noch bestimmte Smart City-Partnernetzwerke beziehungsweise Smart City-Partner-Ökosysteme auf dem Smart City-Transformationsweg etabliert werden.

Smart City-Planung / Smart City-Führung / Governance	Stakeholder Management / Bürgerpartizipation / Innovationsmilieu
▸ Lean Startup-Prinzipien zum Management komplexer Wertschöpfungsketten aufgrund geringer Investitionsbudgets. ▸ Adaption eines integrierten, holistischen und ganzheitlichen Ansatzes der Smart City-Planung. ▸ Eine klare Smart City-Vision: Die Vision etabliert die Verbindung zwischen den Smart City-Komponenten und den Leitprinzipien. ▸ Vision und abgeleitet spezifische Ziele (sozialer, ökonomischer, technischer Art) basierend auf den Bedürfnissen aller Smart City-Akteure. ▸ Entwicklung und Aufbau dedizierter Forschungsinstitute und Think Tank-Institutionen für die Smart City-Transformation. ▸ Klare Zieldefinition; Rollenerwartungen aller Akteure deutlich formulieren, Aufbau einer gemeinsamen Projektstruktur mit nach innen und nach außen transparenten Zuständigkeiten sowie Entscheidungswegen ist erforderlich. ▸ Kombination aus Top-Down und Bottom-Up-Ansatz der Smart City-Planung.	▸ Regularien und Standards für Stakeholder sind vorhanden und werden gelebt. ▸ Kommunikation des Smart City-Komplexes und der Ergebnisse an alle Smart City Stakeholder. ▸ Entwicklung der Stakeholder-Kollaboration und Industriepartnerschaften. ▸ Komplementäre Partnerschaften, bei denen Partner ausgewählt werden, die unterschiedliche Kompetenzen im Hinblick auf die zu lösenden Probleme mitbringen. Die Partner sollten sich ergänzen und innerhalb des Vorhabens nicht konkurrieren. Für das Gelingen von komplexen Vorhaben mit hohem Kooperationsbedarf ist es bedeutsam, dass das jeweilige Interesse an einer erfolgreichen Realisierung vergleichbar groß ist. ▸ Stakeholder-Partizipation über Open Data-Plattformen.
▸ Starke Smart City-Führung und breite offene politische Unterstützung. ▸ Wird die Smart City von dem Bürgermeister einer Stadt und wichtigen führenden politischen Vertretern, sowie CEO'S von lokalen Unternehmen ins Leben gerufen, so erhöht sich dadurch die Glaubwürdigkeit der Smart City-Initiative.	▸ Ausprobieren schafft Begeisterung bei den Bürgern (Mitmachprojekt = Erlebbarer Nutzen). ▸ Die aktive Partizipation und Einbindung von Bürgern und anderen Akteuren bei der Ideengewinnung und Ausgestaltung von Smart City-Projekten. ▸ Transparenz und Partizipation der Bürger ist wichtig, um eine unsichtbare Smart City sichtbar zu machen. ▸ Kommunikation der Vorteile, die Smart Citizen bei der Nutzung von Smart Services erleben werden (Differenzierung danach, wann nur Bürgeraufmerksamkeit erforderlich und wann komplettes Bürgerengagement notwendig ist).
▸ Entwicklung der Governance zu „Smarter Kollaboration" in Schritten (smarte = gute Governance, smarte Entscheidungsfindung, smarte Verwaltung, smarte Kollaboration). ▸ Zentralisierte Governance mit etablierten Standards bei Prozessen, Strukturen und Best Practices für alle Smart City-Programme. Gesamtübersicht über alle Smart City-Programme/Projekte zur Steuerung von Aktivitäten und Ressourcen-Allokation. Einsatz von „Urban Planning Systems" zur Service Integration und Management urbaner Services. ▸ Partizipation, Kollaboration und Co-Produktion (Aufbau von Multi-Stakeholder-Partnerschaften, Entwicklung).	▸ Sicherstellung der Kreativität bei der Smart City Service-Entwicklung ▸ Ausgeprägtes Innovationsmilieu etabliert mit risikoaffiner Kultur und Fehlerkultur. ▸ „Open Culture" mit Open Data, damit alle Akteure an der Transformation der städtischen Prozesse und Strukturen mitwirken können.
Digitale Geschäftsmodelle / Digitale Technologien / Smart Services	**Business Case / Investitionsmodelle / Prozesse und Strukturen**
▸ Struktur des Knowledge Managements: Zugang zu relevanten Daten, um relevante Geschäftsmodelle zu entwickeln, ist genauso wichtig wie Datenschutz und Datensicherheit. Zusätzlich sollten offene Standards angestrebt werden.	▸ Evaluierung der Smart City-Programme /-Projekte. Ausgereiftes Business Case Modell (Performance Management-System). Kontinuierliche Risikoanalyse und etabliertes Compliance Management. ▸ Externer Blick von außen; externe Begleitung der Prozesse in Form einer laufenden Evaluation sowie einer Moderation und Beratung in den kontinuierlich stattfindenden Reflexionsphasen.
▸ Erprobung und Einsatz modernster Technologien mit offenen Standards.	▸ Beginn der Smart Service-Entwicklung mit Smart City Services, die eine kurze Paypack-Periode aufweisen. ▸ Ergebnisorientierte Verträge und geteilte Umsatzerlöse zwischen Städten, Technologie- und Apps-Anbietern eröffnen den Städten neuartige Finanzierungsmöglichkeiten
▸ Finanzierbarkeit der Smart Service-Entwicklung.	▸ Effiziente Prozesse: Erfolgreiches Prozess Management benötigt ein effizientes Projekt Management mit einer SPOC (Single Point of Contact) für die Bereitstellung von Informationen, Guidance, praktischer Unterstützung und Hilfestellung beim Smart City-Vorhaben.

Abb. 6.4 Die wichtigsten Erfolgsfaktoren praktischer Smart City-Vorhaben

6.1.3   Das Spektrum an Partnern in Smart City-Ökosystemen

Für die Überwindung der zentralen Smart City-Herausforderungen sind neben den zentralen Erfolgsfaktoren mitunter komplexe Smart City-Partnernetzwerke notwendig. Die zur Realisierung von Smart Cities notwendigen Partner-Ökosysteme können sehr komplex sein und die Smart City-Führung vor enorme Managementprobleme stellen. Insbesondere die Ausgestaltung von Wertschöpfungsketten beziehungsweise -netzwerken für alle Akteure einer Smart City gestaltet sich oftmals in der konkreten Praxis als sehr schwierig. Das dazu notwendige Know-how ist in den Stadtverwaltungen kaum ausgeprägt. Daher empfiehlt sich, in einem frühen Stadium (Level 1 des Smart City-Reifegradmodells) mit der Konzeptionierung und dem Aufbau unterschiedlicher Partnerschaften zu beginnen. Diese Aktivitäten sollten durch die Experten in der dezidierten Smart City-Organisation koordiniert werden. Aus der Abb. 6.5 ergibt sich ein Spektrum der möglichen Partner bei praktischen Smart City-Vorhaben.

Zu den Smart City-Ökosystem-Partnern gibt es zahlreiche praktische Beispiele. In der Abb. 6.6 sind einige der Smart City-Partner von vier untersuchten Smart City-Vorhaben aufgeführt [ADEG].

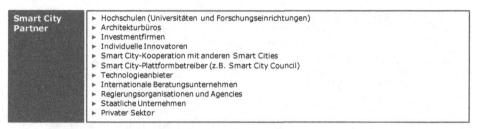

| Smart City Partner | ▶ Hochschulen (Universitäten und Forschungseinrichtungen) ▶ Architekturbüros ▶ Investmentfirmen ▶ Individuelle Innovatoren ▶ Smart City-Kooperation mit anderen Smart Cities ▶ Smart City-Plattformbetreiber (z.B. Smart City Council) ▶ Technologieanbieter ▶ Internationale Beratungsunternehmen ▶ Regierungsorganisationen und Agencies ▶ Staatliche Unternehmen ▶ Privater Sektor |

Abb. 6.5 Das Spektrum an Smart City-Ökosystem-Partnern

Program	Partner	Partner Type	Partner Role
Curitiba	Curitiba Research and Urban Planning Institute	Academia-Research Institute	Master plan development
	Mayor	Host Government	Coordination
	URBS Urbanizao de Curitiba (URBS)	State-owned Enterprise	Infrastructure maintenance and oversight on bus companies
Songdo	Gale International	Real estate	Main developer
	Korea's POSCO Engineering & Construction company Ltd	Private Sector	Setting up Songdo International City Development (NSIC) as Joint Venture Company in 2002
	Cisco	Private Sector	Create advanced community connected by IT
	Kohn Pedersen Fox Associates	Private Sector	Architectural Design of Sogdo IBD
	Songdo U-Life	Quasi Private Sector	Building of ubiquitous infrastructures & ubiquitous environment for u-services
Masdar	Masdar Venture	Private Sector	Economic diversification via Renewable energy
	Masdar Institute	Academia – Research Institute	Science & engineering of advanced alternative
	Mott Macdonald	Private Sector – Engineering firm	Engineering
Singapore	Ministry of National Development	Host Government	Plan, regulate, facilitate & execute development projects
	Urban Redevelopment Authority	Host Government	Promote architecture and urban design excellence
	Economic Dev. Board	Host Government	Planning and executing strategies to enhance Singapore's position as a global business center
	IBM	Private Sector	Partner on Smarter City Initiative
	Singapore MIT Alliance for Research and Technology	Academia – Research Institute	MIT-supported research in urban mobility system
	Microsoft	Private Sector	Software

Abb. 6.6 Beispiele von Partnern bei Smart City-Vorhaben

Die skizzierten Smart City-Herausforderungen, -Erfolgsfaktoren und –Partner-Ökosystem-Netzwerke wirken direkt auf die Smart City-Transformation ein. Dieses Smart City-Umweltspektrum bildet eine wichtige Komponente des praktischen Smart City-Transformationsmodells, das im folgenden Kap. 6.2 skizziert wird.

6.2   Ein praktischer Ansatz der Smart City-Transformation

Im November 2014 flog ich wieder einmal zu einem Kongress nach Berlin. Der Kongress beschäftigte sich mit der „Digitalen Agenda", genauer gesagt mit Fragen darüber, ob Deutschlands Wirtschaft für den digitalen Wettbewerb gerüstet ist oder ob unsere digitalen Infrastrukturen zukunftsfähig und sicher sind. Vom Münchener Flughafen „Franz Josef Strauß" ist es ein kurzer Flug nach Berlin Flughafen Tegel. Der Flughafen Berlin-Tegel „Otto Lilienthal" bildet neben dem Flughafen Schönefeld einen der beiden internationalen

Verkehrsflughäfen im Großraum Berlin. Der Flughafen Tegel sollte im Rahmen der Fertigstellung des Flughafenkomplexes BER als letzter Berliner Verkehrsflughafen ursprünglich am Abend des 2. Juni 2012 geschlossen werden [WIKI40].

Beim Anflug auf den Flughafen Berlin-Tegel setzte die Maschine plötzlich zum Durchstarten an. In dieser Situation bekommen Sie die gesamte Schubkraft aller Triebwerke eines Jumbojets deutlich zu spüren. Beim normalen Start eines Jumbojets werden die Triebwerke nicht annähernd stark belastet, wie bei einem Durchstarten in der Luft. Als Vielflieger ist das Durchstarten nicht besonders ungewöhnlich, aber immer wieder überraschend und nicht besonders angenehm. Im Flugraum über Berlin-Tegel ist das Flugverkehrsaufkommen so groß, dass es öfter zu solchen Durchstarte- und anderen Flugmanövern kommt. Der Flughafen Berlin Tegel besitzt Abfertigungskapazitäten für 11,5 Mio. Passagiere per annum. Tatsächlich wurden am Flughafen Berlin Tegel in 2013 nahezu 20 Mio. Passagiere abgefertigt [WIKI40].

Dabei wurde mit dem Ausbau des Flughafens Berlin-Schönefeld zum Großflughafen Berlin BER eine hochfliegende Vision verbunden. Der Flughafen BER sollte zum modernsten europäischen Flughafen mit einem umfassenden Partner-Ökosystem ausgebaut werden. Noch im Juni 2011 formulierte Klaus Wowereit, damaliger Regierender Bürgermeister von Berlin, die Vision des BER „Willy Brandt" wie folgt: „BER steht für die Vision eines starken, international vernetzten Wirtschaftsstandorts, zu dem ein leistungsstarker Flughafen gehört – kein Provinzlandeplatz, sondern ein internationales Drehkreuz, das die Reisezeiten in alle Teile der Welt entscheidend verkürzt und auch in den Randzeiten erreichbar ist. Kurz, BER steht für einen Flughafen, wie ihn die deutsche Hauptstadt und eine der spannendsten Städte Europas verdient [TXL].

Der geplante Eröffnungstermin 11. Oktober 2011 wurde mittlerweile mehr als fünf Mal verschoben. Selbst die Geschäftsführung unter der Leitung von Hartmut Mehdorn sieht im November 2014 einen Eröffnungstermin in 2016 gefährdet [SCHNEID]. Was war geschehen? Laut Analysen des Handelsblatts sind es sieben Fehler, die das Flughafenvorhaben BER zum Desaster werden ließen: 1) Fragwürdige Zuständigkeiten im Management, 2) Falsche Aufsichtsratsbesetzung, 3) Schwere Mängel im Krisenmanagement, 4) Mangelhafte Baukontrolle, 5) Unzureichende Budgetplanung mit einer Kostenexplosion, 6) Die Standortwahl für Berlin-Schönefeld, die politisch gewollt, von Expertenseite aber nicht favorisiert wurde, 7) Ausschreibungspannen [DEL].

Ein hochrangiger Mitarbeiter des Flughafenprojektes informierte im März 2014 in einem Brief die wichtigsten Aufsichtsräte des Flughafen BER über seine Einschätzung des Projektes BER. Danach liegt dem Flughafen keine klare Planung zugrunde. Vielmehr sei das Handeln von Aktionismus ohne angemessene Abstimmung und Sachkunde geprägt. In dem Schreiben wird die Inbetriebnahme von BER im Jahr 2016 als „akut gefährdet" bezeichnet [SCHNEID].

Dieses Flughafenvorhaben erinnert an ein japanisches Sprichwort: „Vision without action is a daydream. Action without vision is a nightmare" (Vision ohne Aktion ist Tagträumen. Aktion ohne Vision ist ein Albtraum) [ANONYMOUS]. Mit der „Aktion" im japanischen Sprichwort ist in unserem Zusammenhang die praktische Smart City-Umsetzung in den Handlungsfeldern gemeint. Die „Aktion" schließt sich einer Smart City-Vision an. Damit neue urbane Realitäten entstehen können, sind alle Bausteinkomponenten des Smart City-Reifegradmodells sukzessive umzusetzen. Dazu bedarf es eines geeigneten Transformationsmodells. Mit einem Smart City-Transformationsfahrplan sind Vorteile verbunden wie: Die Möglichkeit der stufenweisen Transformation von Städten; die Verstärkung der öffentlichen Unterstützung, da mit der Transformations-Roadmap der Transformationsweg deutlich erkennbar wird; die Realisierung von Synergieeffekten und Minimierung der Smart City-Transformationskosten durch die teilende Nutzung städtischer Infrastrukturen sowie die Steigerung der Attraktivität für Beschäftigte und die Wirtschaft, da Städte mit einer klaren Smart City-Vision und konkretem Transformationsplan eine hohe Attraktivität ausstrahlen. Betrachten wir im folgenden Abschnitt das schemenhafte Aufkommen erster Ansätze von Smart City-Transformationsmodellen.

6.2.1   Erste Ansätze von Smart City-Transformationsmodellen

In der Praxis und Literatur finden sich bis dato kaum belastbare Smart City-Transformationsmodelle. Die bisherigen Ansätze erschöpfen sich in einfachen Handlungsanweisungen oder verengen die Transformationsmodelle auf die schon vielfach genannte „Datenlinse".

Ein Beispiel, das repräsentativ für andere erste Ansätze von Smart City-Transformationsmodellen steht, lautet: 1) Assessment (Lagebestimmung), 2) Vision (zukünftiger Smart City-Weg), 3) Project Plans (Projektpläne für die wesentlichen Smart City-Komponenten), 4) Milestones (Bestimmung des Smart City-Fortschritts), 5) Metrics (Messung der Zielerreichung).

Diese ersten Ansätze von Transformationsmodellen sind das Destillat von Smart City Best Practices und -Handlungsempfehlungen. Am Anfang des Kap. 6 habe ich das Transformationsmodell der beiden Forscher Stefaan G. Verhulst und Julia Root beleuchtet. Die Forscher haben ein auf die Datenlinse verengtes Transformationsmodell für das Re-Design von Smart Cities skizziert. Einen Schritt weiter geht das Modell von Joseph Pelton und Indu Singh, das neben dem Aufbau dezidierter und vernetzter Smart City-Architekturen (Business Model, Technology Model, Infrastructure Reference Model, Smart City Sense and Response Center) einen schrittweisen Implementierungsplan enthält [PEL]. Aber auch hier beinhaltet der schrittweise Implementierungsplan nur eine konsistente Ansammlung von Handlungsaufforderungen. Ein ganzheitliches Smart City-Transformationsmodell lässt sich darin nicht erkennen. Es fehlen noch einige Elemente zur Offenlegung der Dynamiken von Smart City-Transformationen.

Auf der „Twenty Second European Conference on Information Systems, Tel Aviv 2014" [ADEG] wurde ein erstes interessantes Smart City-Transformationsmodell vorgestellt. Mit diesem Transformationsmodell vollzieht sich eine vielversprechende Weiterentwicklung bisher nur rudimentär entwickelter Ansätze von Smart City-Transformationsmodellen. Diesen neuen Ansatz beleuchte ich im folgenden Kapitel näher.

6.2.2   Konkreter: das Smart City Initiative Design Framework (SCID)

Vom 9. bis 11. Juni 2014 fand im weltoffenen Tel Aviv, Israel, die „Twenty Second European Conference on Information Systems" statt. Das Herzstück dieser Konferenz bildete
das Programm akademischer Forschungspräsentationen. Bei dieser Konferenz wurde ich
positiv überrascht, als drei Forscher von Fakultäten in Irland und Macao einen ersten
Ansatz urbaner Transformation vorstellten. Der Arbeitstitel der Präsentation trug den vielsprechenden Titel: „Designing Next Generation Smart City Initiatives – Harnessing Findings and Lessons From a Study of Ten Smart City Programs" [ADEG].

Auf der Basis empirischer Studien von zehn Smart City-Vorhaben (Smart Amsterdam
(Niederlande), Climate Smart Malmo (Schweden), Smart City Malta (Malta), Masdar
Smart City (Vereinigte Arabische Staaten), PlanIT Valley (Portugal), Smart City Singa-
pore (Singapur), Smart Curitiba (Brasilien), Smart Songdo (Südkorea), Tianjin Eco-City
(China) und Yokohama Smart City (Japan)) haben die Forscher ein „Smart City Initiative
Design Framework" (SCID) entwickelt.

Dieses SCID soll Verantwortliche von Smart City-Vorhaben bei der urbanen Transformation unterstützen. Genauer gesagt ist mit dem SCID folgendes Ziel verbunden: Die
Smart City-Führung soll ein Werkzeug an die Hand bekommen, mit dem die Entscheidungsfindung bezüglich unterschiedlicher Aspekte eines Smart City-Vorhabens unterstützt wird, um definierte Ziele oder gewünschte Ergebnisse zu erreichen [ADEG].

Das Smart City Initiative Design Framework wurde aus einem „Conceptual Model
for Smart City Initiatives" abgeleitet (siehe Abb. 6.7). Mit dem konzeptionellen Smart
City-Modell werden die Kernaspekte eines Smart City-Vorhabens beschrieben sowie die
bestehenden Wechselbeziehungen.

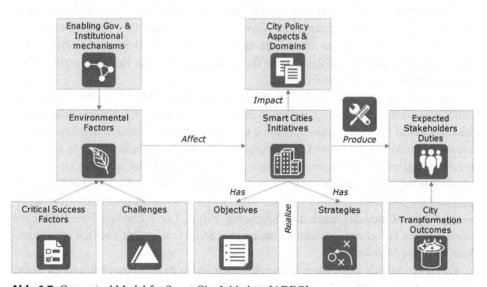

Abb. 6.7 Conceptual Model for Smart City Initiatives [ADEG]

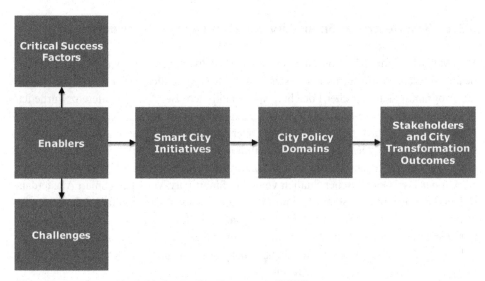

Abb. 6.8 Das Smart City Initiative Design Framework (SCID)

Aus diesem konzeptionellen Modell (Conceptual Model for Smart Citiy Initiatives) können die sechs wesentlichen Komponenten des SCID abgeleitet werden. Das SCID stellt das Smart City-Forschungsdesign beziehungsweise den formalen Forschungsrahmen dar. Die wesentlichen SCID-Komponenten sind in Abb. 6.8 abgebildet.

Zu den Komponenten zählen: 1) **Smart City Initiatives** – spezifische Smart City-Programme oder Projekte, die umgesetzt werden sollen, 2) **City Policy Domains** – die bekannten Smart City-Handlungsfelder nach Giffinger et al., 3) **Stakeholder's and City Transformation Outcome** – erwartete Smart City-Transformationsergebnisse sowie Ergebniserwartungen erweiterter Stakeholder-Gruppen, 4) **Enabler** – erforderliche Partnerschaften, institutionelle Mechanismen (Governance), um Smart City-Herausforderungen und kritische Erfolgsfaktoren adressieren zu können, 5) **Critical Success Factors** – Set an kritischen Smart City-Erfolgsfaktoren und 6) **Challenges** – die Herausforderungen auf dem Smart City-Transformationsweg.

Das SCID folgt prinzipiell dem von Wassily Leontief entwickelten „Input-Output Modell": eine direkte Verbindung zwischen den Umweltfaktoren von Smart Cities (Challenges, Critical Success Factors, Enabling Government & Institutional Mechanisms) als Input, die direkt auf die Smart City-Initiativen einwirken und einen Output in Form von erzielten Ergebnissen erzeugen. Mit dem vorliegenden Smart City Initiative Design Framework wird eine „wertorientierte" Perspektive eingenommen. Das Modell soll durch ausgedehnte empirische Studien weiterer Smart Cities und Interaktionen der bereits untersuchten Smart Cities differenziertere Ergebnisse liefern. Diese Ergebnisse finden Einzug in ein von den Forschern entwickeltes praktisches SCID Framework Tool-Kit mit Fragenkatalogen und Metriken.

Das obige Modell stellt einen vielsprechenden ersten Ansatz eines belastbaren Smart City-Transformationsmodells dar, basierend auf empirischen Studien zehn ausgewählter

Smart Cities. Die Ergebnisse des Modells werden immer differenzierter, je mehr Daten in das Modell einfließen. Hier kommen die Mechanismen des Big Data-Managements wieder zum Tragen (siehe Kap. 4.1.2). Das SCID-Modell wurde nicht explizit als deskriptives Smart City-Transformationsmodell definiert, sondern als Entscheidungsunterstützung auf dem Smart City-Transformationsweg. Die Logik des Modells beruht auf Input-Output-Beziehungen mit aufzufindenden Kausalitäten zwischen Smart City-Zielen und -Ergebnissen [ADEG]. Mit dem Modell wurde aber das Tor der Entwicklung forschungsbasierter und gleichzeitig praktisch relevanter Smart City-Transformationsmodelle weiter aufgestoßen.

Trotz aller Euphorie über diesen Forschungsansatz bleiben einige Fragen hinsichtlich urbaner Transformationsmodelle noch unbeantwortet. Zum einen besitzt das Modell eine Binnensicht, der ein wichtiger Bezugsrahmen fehlt. Zur Verortung eines Smart City-Vorhabens ist ein Smart City-Reifegradmodell, aus einer holistischen Smart City-Modellarchitektur abgeleitet, von entscheidender Bedeutung, quasi als Absprungbasis, um die Ergebnisse des SCID-Modells einordnen zu können. Ansonsten blieben die Ergebnisse im „luftleeren" Raum beziehungsweise die Ergebnisse erzeugen möglicherweise eine Selbstreferenzialität des Modells. Letztendlich geht es bei der Smart City-Transformation um die Smart City-Reifegradentwicklung, also der Weg von Smart City-Reifegrad zu Reifegrad. Dieser Umstand wird in dem SCID-Modell nicht explizit berücksichtigt.

Weiter müsste in dem SCID-Modell an erster Stelle eine holistische Smart City-Planung erfolgen, die auf das Smart City-Vorhaben einwirkt und wesentliche Leitlinien für das Re-Design der Stadt vorgibt. Einige Elemente der ganzheitlichen Smart City-Planung finden sich in den „Enabling Governmental & Institutional Mechanisms" des „Conceptual Model for Smart City Initiatives" (siehe oben), die zusammen mit den Smart City-Herausforderungen und -Erfolgsfaktoren die Umweltbedingungen einer Smart City konstituieren. Darin liegt eine Schwäche des Modells, die sich aus dem fehlenden Smart City-Bezugsrahmen ergibt. Es fehlt der Bezugsrahmen in Formen der schematischen Smart City-Modellarchitektur und des Reifegradmodells. Denn die Smart City-Herausforderungen und kritischen Erfolgsfaktoren ergeben sich für individuelle Smart City-Vorhaben erst aus dem Vergleich der Smart City-Vision mit den bestehenden städtischen Smart City-Voraussetzungen. Im folgenden Kapitel wird der Versuch unternommen, diese Schwäche des Modells in einem schematischen Smart City-Transformationsmodell aufzuheben.

Einen weiteren Aspekt betreffen die im SCID-Modell fehlenden expliziten Lerndynamiken, die bei einer Smart City-Transformation notwendigerweise wirken müssen. Erst mit diesen Lerndynamiken entsteht ein iterativ lernendes, emergentes System, das neue Smart City-Regulationsmuster mit relativer Stabilität entstehen lässt.

Im nächsten Abschnitt modifiziere ich das trotz der geäußerten Kritik wichtige SCID-Modell und berücksichtige dabei die zuvor skizzierten Unzulänglichkeiten des Modells. Letztendlich wird ein deskriptives Smart City-Transformationsmodell mit den notwendigen Transformationsdynamiken skizziert. Der von mir entwickelte deskriptive Smart City-Transformationsansatz ist ein holistischer Ansatz, der auf den Smart City-Modellarchitekturen (siehe Kap. 5.5) und dem modifizierten Smart City Initiative Design (SCID)

Framework aufsetzt. Im Konzert dieser Komponenten entsteht ein schematisches Smart City-Transformationsmodell mit spezifischen Wirkmechanismen.

6.2.3 Das schematische Transformationsmodell einer Smart City

Im Kap. 5.5 wurde in der Abb. 5.33 das Wechselbeziehungsgeflecht, bestehend aus dem Smart City-Transformationsmodell, der schematischen Smart City-Modellarchitektur und dem schematischen Smart City-Reifegradmodell dargestellt. Das Smart City-Transformationsmodell bezieht seine Komponenten aus der schematischen Smart City-Modellarchitektur und den Bausteinkomponenten des Reifegradmodells.

Im nächsten Schritt werden alle Komponenten und das modifizierte SCID Framework zu einem holistischen Smart City-Transformationsmodell zusammengeführt und die innere Transformationsdynamik aufgezeigt. So wird es möglich, das Smart City Transformationsmodell aufzufächern und die innere Transformationsdynamik freizulegen. Dazu werden auch die weiteren Erkenntnisse aus den Kap. 2.2.2 und 2.3.2 herangezogen. Das Design des schematischen Smart City-Transformationsmodells ergibt sich aus der Abb. 6.9.

Das schematische Smart City-Transformationsmodell ist ein Meta-Modell und prinzipiell für alle Smart City-Reifegrade gültig. Der Transformationsgrad wird in dem Modell graduell und iterativ ausgeweitet, bis sich iterativ über intensive Anpassungsprozesse ein neues Smart City-Regulationsmuster etabliert. Dieses neue Smart City-Regulationsmuster ist nur relativ stabil, da eine Vielzahl an neuen externen und internen Entwicklungen das Smart City-Regulationsmuster immer wieder in Frage stellen. Über ein iteratives und lernendes Smart City-Transformationsmodell wird die Smart City schrittweise in die Lage

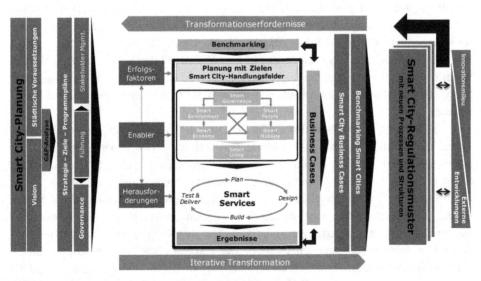

Abb. 6.9 Das schematische Smart City-Transformationsmodell

versetzt, sich proaktiv neuen Entwicklungen anzupassen und das eigene Regulationsmuster zu adaptieren.

Die einzelnen Komponenten des Smart City-Transformationsmodells wurden in den bisherigen Kapiteln des Buches erschöpfend diskutiert. Illustrierende praktische Smart City-Beispiele für beispielsweise Smart City-Strategien und -Ziele in den Handlungsfeldern einer Smart City finden sich in der bereits zitierten empirischen Studie über zehn ausgesuchte Smart Cities (siehe Kap. 6.2.2).

Das modifizierte SCID Framework bildet ein Kernstück des in der Abb. 6.9 skizzierten Smart City-Transformationsmodells. Die Modifikation betrifft einerseits die im „Conceptual Model for Smart City Initiatives" aufgeführten „Enabling Gov. & Institutional mechanisms", die im SCID als „Enabler" zusammengefasst in Erscheinung treten. Die „Enabling Gov. & Institutional mechanisms" stellen Bestandteile der holistischen Smart City-Planung im schematischen Smart City-Transformationsmodell dar. Das SCID Framework ist um einen fehlenden Bezugsrahmen zu erweitern, basierend auf den Komponenten der schematischen Smart City-Architektur und des schematischen Reifegradmodells. Dem SCID-Modell ist eine formale und holistische Smart City-Planung vorgeschaltet. Im Rahmen der Smart City-Planung wird die Vision für das Re-Design der Stadt mit den städtischen Smart City-Voraussetzungen in Form einer „GAP-Analyse" abgeglichen. Daraus können sich erst die für das individuelle Re-Design der Stadt entstehenden Smart City-Herausforderungen und sodann hieraus abgeleitete kritische Smart City-Erfolgsfaktoren ergeben.

Mit dem schematischen Smart City-Transformationsmodell sind prinzipielle Fragestellungen bei Smart City-Vorhaben verbunden wie beispielsweise: Welche Vision und konkreten Ziele verbinden die Akteure mit einer Smart City-Transformation? Welche individuellen Faktoren tragen zum Erfolg einer Smart City-Transformation wesentlich bei? Mit welchen individuellen Herausforderungen müssen Smart City-Akteure bei der Smart City-Transformation rechnen? Wie müssen die Smart City-Partner-Ökosysteme mit welchen Partnern ausgestaltet sein? In welcher Reihenfolge sollen die Handlungsfelder einer Stadt transformiert werden, um die Smart City-Ziele zu erreichen? Mit welchen Lern-Dynamiken kann das Re-Design der Stadt weiterentwickelt werden? Anders ausgedrückt: Wie transformiert sich die Stadt von einem Smart City-Reifegrad stabil zum nächsthöheren Reifegrad und letztendlich zu einem neuen Regulationsmuster mit stabilen Strukturen und Prozessen?

Das Smart City-Transformationsmodell entwickelt durch iterative Schleifen neue Regulationsmuster mit stabilen Strukturen und Prozessen. Denn aus den ganzheitlichen Business Cases der Smart City-Programme in den Handlungsfeldern, dem anschließend konsolidierten, ganzheitlichen Smart City Business Case und dem Benchmarking mit anderen Smart Cities, externen Entwicklungen und den Entwicklungen in dem Smart City-Innovationsmilieu mit seinen Multiplikatoren ergeben sich weitere Transformationserfordernisse. Diese Transformationserfordernisse fließen iterativ in die übergeordnete Smart City-Planung wieder ein, sodass der Smart City-Transformationsprozess in höherer Ausprägung und auf neuem Niveau erneut durchlaufen wird.

Den Bezugsrahmen für das Transformationsmodell bildet die holistische Smart City-Planung mit Smart City-Führung, Governance sowie Stakeholder Management und das sich am Ende eines jeden Transformationsprozesses bildende Regulationsmuster einer Smart City. Die Smart City-Transformation erfordert zahlreiche iterative Transformationsdurchläufe, bis sich ein relativ stabiles Smart City-Regulationsmuster einstellt. In der Abb. 6.9 sind die Wirkmechanismen des Smart City-Transformationsmodells und die Interdependenzen der Komponenten durch Pfeilverbindungen gekennzeichnet. Mit zunehmender Anzahl an Smart City-Transformationsschleifen kann die Stadt iterativ die jeweiligen Smart City-Reifegrade sukzessive durchlaufen. Mit den iterativen Transformationsdurchläufen sind Lernzyklen verbunden, die zu einer Verstärkung der Smart City-Transformationswirkung bei höher werdender Anzahl an Transformationsdurchläufen führen.

Das Smart City-Transformationsmodell ist kein geschlossenes Binnenmodell, sondern wird wesentlich von externen Entwicklungen in Technologie, Politik, Wirtschaft und Gesellschaft beeinflusst. Diese Einflüsse wirken direkt auf die Smart City-Transformation ein und ändern kontinuierlich die Transformationserfordernisse im Zeitablauf. Die Auswirkungen der externen Entwicklungen auf die Smart City-Transformation werden mit zunehmenden Transformationsdurchläufen und sich etablierenden Lern- beziehungsweise Innovationsmilieus geringer. Die Smart City lernt, ihr Regulationsmuster in den Transformationsdurchläufen adaptiv an neue Entwicklungen anzupassen und zu modifizieren. Dies gilt im besonderen Maße für die Ausbildung des Smart City-Reifegrades Level 5 und darüber hinaus.

Im nächsten Schritt müsste das Smart City-Transformationsmodell in empirischen Analysen angewandt und weiter modifiziert werden. Das Ziel des Buches besteht hier darin, ein deskriptives Smart City-Transformationsmodell zu entwickeln, mit dem Smart City-Akteure ihre Smart City-Vorhaben praktisch umsetzen können. Dazu bietet das Smart City-Transformationsmodell Orientierungshilfe und einen Fahrplan. Für empirische Analysen sind je nach Stadt individuelle Metriken für die Komponenten des Transformationsmodells zu definieren und in Transformationsdurchläufen zu analysieren. Mit steigender Anzahl an Transformationsschleifen werden über das Big Data-Management Muster und Wirkmechanismen deutlich, die zu einer Ausdifferenzierung des Smart City-Vorhabens führen werden.

Mit dem vorgestellten schematischen Smart City-Transformationsmodell ist die Absicht verbunden, die bestehende Lücke an ganzheitlichen Smart City-Transformationsmodellen in Theorie und Praxis ein Stück weiter zu füllen. Damit verbinde ich die Hoffnung, dass weitere Modifizierungen des Smart City-Transformationsmodells durch empirische Studien, praktische Erfahrungen und weitere modelltheoretische Überlegungen erfolgen. Die praktische Anwendbarkeit des schematischen Smart City-Transformationsmodells zeige ich mittels einer Smart City Case Study in Kap. 7. In Kap. 7 werden alle schematischen Smart City-Modelle an einem praktischen Smart City-Vorhaben angewandt und die prinzipielle Leistungsfähigkeit dieser Modelle deutlich gemacht.

Abschließend werde ich noch kurz Anmerkungen zur Entwicklung des Smart Senior-Ökosystems machen, die über die prinzipielle Smart City-Transformation hinausgeht.

6.2.4   Anmerkungen zur Transformation des Smart Senior-Ökosystems

Die Transformation des Smart Senior-Ökosystems ist inhärenter Bestandteil der ganzheitlichen Smart City-Transformation und unterliegt denselben Wirkmechanismen. Allerdings werden sich auf dem Transformationsweg spezifische Partnernetzwerke mit eigenen Dynamiken und handlungsfeldspezifische Prozesse und Strukturen ausbilden.

Der Smart Senior wird bei der Entwicklung des Smart Senior-Ökosystems zukünftig stärker aktiv in die Präventivmedizin und Krankheitsbehandlung einbezogen. Dazu werden Smart Senior im Umgang mit Smart Senior Apps und Online-Diensten geschult. So gerüstet, können die Senioren persönliche medizinische Daten an Ärzte, Krankenhäuser und andere medizinische Einrichtungen online und in Echtzeit übermitteln. Außerdem sollten die Akteure des Smart Senior-Ökosystems zunehmend Informationen über Ernährungsempfehlungen, Wellness oder Verfügbarkeit von Smart Senior Apps in sozialen Smart Senior Communities auf halboffenen Plattformen zur Verfügung stellen und mit den Senioren im kontinuierlichen Dialog stehen.

Den Dreh- und Angelpunkt bei der Smart Senior-Ökosystem-Transformation bildet das Datenmanagement auf der Basis der digitalen Patientenakte. Nur durch das sichere Datenmanagement unterschiedlicher Akteure im Smart Senior-Ökosystem sind Transformationszyklen möglich. Das Thema Datensicherheit wird bei der Umsetzung und Etablierung eines Smart Senior-Ökosystems von zentraler Bedeutung sein. Dazu bedarf es einheitlicher, technologischer Standards, die noch lange nicht etabliert sind sowie ein zu entwickelndes, robustes Datensicherheitskonzept. Überraschenderweise sind beispielsweise die Vorbehalte der Ärzteschaft in Deutschland gegenüber der digitalen Patientenakte stärker ausgeprägt als bei den betroffenen Patienten (siehe Kap. 3.4). Die Smart Senior sollten über offene aber sichere Smart Senior-Ökosystem-Plattformbereiche in der Lage sein, an der Entwicklung eigener Smart Senior Apps mitwirken zu können. Unabdingbar verbunden mit der Smart Senior-Ökosystem-Transformation ist eine zunehmende, bis dato nicht realisierte Transparenz der Prozesse und Strukturen im Ökosystem und ein kollaboratives Datenmanagement. Erste Ansätze von Smart Senior-Ökosystem-Projekten/-Programmen im Handlungsfeld „Smart Living" wurden im Kap. 3 ausführlich behandelt.

Mit diesen Überlegungen wende ich mich den zentralen Transformationsprinzipien einer Smart City zu und beleuchte „Best Practices" bei der graduellen Smart City-Transformation.

6.3   Die Smart City-Transformation für neue Urbanitäten in der Digitalmoderne

Im Kap. 4.3.2 und am Anfang des Kap. 6 wurde die Smart City-Transformation als graduelle Transformation charakterisiert, die als Kumulation iterativer Transformationsschleifen zu neuen Smart City-Regulationsmustern führt. Zudem vollzieht sich die Smart City-Transformation nicht in einem stabilen, linearen und konsistenten Modus von Entwicklungsstufe zu Entwicklungsstufe. Die iterativen Transformationsdurchläufe in Smart City-Transformation erzeugen nur dann eine Weiterentwicklung des Smart City-Vorhabens, wenn spezifische Wirkmechanismen zum Tragen kommen. Es handelt sich um zentrale Transformationsprinzipien, die bei globalen Smart City-Vorhaben immer wieder beobachtet werden können. Diese Transformationsprinzipien kristallisieren sich bei zahlreichen empirischen Studien unterschiedlicher Smart City-Vorhaben heraus und zeigen dominante Eigenschaften. Nur mit diesen spezifischen Transformationsprinzipien können sich in der Digitalmoderne neue Urbanitäten nachhaltig ausbilden.

6.3.1   Die zentralen Transformationsprinzipien einer Smart City

Die zentralen Transformationsprinzipien einer Smart City gehen weit über simple Handlungsempfehlungen zur Umsetzung von Smart Cities hinaus. Vielmehr stellen die zentralen Transformationsprinzipien (siehe Abb. 6.10) die Verdichtung einer Vielzahl an Smart City-Handlungsempfehlungen und Best Practices dar.

Im Kap. 4.3.3 wurde das Prinzip der **„Selbstorganisation und Dezentralisation"** unter anderem bei der Modellierung des emergenten Smart City-Systems hervorgehoben. In dem Beispiel des „Operations Center of Rio de Janeiro" (Brasilien) im Kap. 1.1.5 wurde hingegen ein Top Down-Ansatz mit einer starken Zentralisation und Datenkonzentration umgesetzt. Das „Operations Center" wurde von der Firma IBM designed und aufgebaut. Dieses zentrale, alle Handlungsfelder einer Stadt umfassende System sammelt, analysiert und wertet das Datenaufkommen von 30 städtischen Agencies aus [SINGER].

Abb. 6.10 Zentrale Transformationsprinzipien einer Smart City

Man kann sich das plastisch als „virtuelles Rio de Janeiro" vorstellen, abgebildet auf riesigen Bildschirmen in einem zentralen Kontrollzentrum. Die städtischen Prozesse werden virtuell überwacht, analysiert und gegebenenfalls aus einem zentralen Kontrollzentrum heraus gesteuert. Dieses Vorgehen ist typisch für praktische Herangehensweisen an Smart City-Transformationen, die im ersten Schritt zu zentral gesteuerten Effizienzsteigerungen im Ablauf städtischer Prozesse führen beziehungsweise führen sollen.

Damit eine zukunftsfähige Smart City-Transformation für neue Urbanitäten in der Digitalmoderne stattfinden kann, muss spätestens ab Level 4 im Smart City-Reifegradmodell eine Dezentralisation der Steuerung von Smart City-Prozessen mit Netzwerken entstehen. Es ist sogar so, dass ab Level 4 der Vernetzungsgrad der Smart City-Programme in allen Handlungsfeldern der Smart City so hoch und komplex sein wird, dass eine zentrale Steuerung und Kontrolle der Smart City nicht mehr möglich ist. Es wird zum Aufbau dezentralisierter Netzwerke in Stadtteilen mit genügend hoher Dichte kommen. Diese dezentralisierten Netzwerke basieren auf einer stärkeren Partizipation zahlreicher Akteure einer Smart City [AOUN][CFC][BOYD06]. Die Partizipation erschöpft sich aber nicht darin, lediglich zahlreiche Smart City-Akteure lose in die Smart City-Planung mit einzubeziehen. Vielmehr begleiten die Smart City-Akteure aktiv den gesamten Smart City-Transformationsweg.

Die Komplexität sozioökonomisch-technischer Systeme wie der Smart City erfordert geeignete Prinzipien der Dezentralität und Selbstregulierung. Dazu braucht es mehr Flexibilität und eine transparente Smart City-Transformation. Mit der Selbstregulierung und Dezentralität ist gemeint, dass für die unterschiedlichen „abgeschlossenen" Stadtteile (Communities) eigene „Operations Center" auf der Basis offener Cloud Computing-Plattformen entstehen und betrieben werden. Dies zielt nicht nur darauf ab, den möglichen Machtmissbrauch durch zentrale Kontrollinstanzen zu verhindern. Das massive Datenaufkommen in der Smart City und die schiere Komplexität der sich ausbildenden Smart City-Netzwerke werden die Dezentralität und Selbstregulation als prinzipielle Transformationsprinzipien notwendig machen. Das bedeutet aber nicht, dass Smart Cities als holistische, emergente Systeme auf dem Transformationsweg „Bottom-Up" geführt werden. Wie im Kap. 1.2.1 deutlich hervorgehoben wurde, sind Smart City-Transformationen im Wesen „top-down" geführt. Eine starke Smart City-Führung mit partizipativen Einflussmöglichkeiten aller Akteure einer Smart City ist vielmehr angezeigt.

Die Smart City-Transformation vollzieht sich als graduelle Transformation mit kontinuierlichen Veränderungen in der urbanen Praxis. Bei einem Smart City-Vorhaben ist es bedeutsam, prinzipiell visionär zu planen, aber nicht zu versuchen, das Vorhaben als „Mega-Vorhaben" in einem Schub umsetzen zu wollen. Vielmehr sollte das Motto **„Think big, but start small"** lauten – das zweite Smart City-Transformationsprinzip.

Die Smart City-Vision strahlt auf das ganzheitliche Smart City-Vorhaben aus wie ein für alle Smart City-Akteure sichtbares Leuchtfeuer. Die Strategie und abgeleitete Programme/Projektpläne schließen sich an die Smart City-Vision an. Mit dem Smart City-Programm/Projekt-Masterplan werden die groben Weichen für die Umsetzung der Smart City gestellt. Die Smart City-Vision sollte und kann so visionär wie möglich sein. Bei der Transformation sollte nicht nur in den Fällen von Finanzknappheit und einer fehlenden Smart City-Lernkurve das Prinzip „Think big, but start small" zum Einsatz kommen. Das bedeutet, praktisch in **allen** Smart City-Handlungsfeldern Pilotprojekte zu starten, die einen Referenzcharakter haben. Das können eben auch Projekte sein, die ein begrenztes Investitionsbudget erfordern, einen schnellen „Return-on-Investment" ermöglichen und dadurch gegebenenfalls zusätzliche Investitionsmittel generieren. Dieses Transformationsprinzip basiert auf einem pragmatischen Ansatz, der sich auf praktisch umsetzbare und finanzierbare Pilotprojekte konzentriert [CFC][SCC][PEL].

Die Pilotprojekte sind in allen Smart City-Handlungsfeldern umzusetzen, können sich aber auch auf einzelne Stadtteile (Communities) mit einer kritischen Masse an Einwohnern beschränken, die Referenzcharakter für eine Smart City als Ganzes haben. Bei dieser Vorgehensweise ist es ratsam, Elemente der „Lean Start-Up"-Theorie bei der Smart City-Transformation zu berücksichtigen. Diese Theorie beziehungsweise der Begriff wurde von dem im Silicon Valley agierenden Unternehmer Eric Ries in seinem Bestseller „The Lean Startup: How Today's Entrepreneurs Use Continious Innovation to Create Radically successful Businesses" [RIES] geprägt. Der Fokus liegt hierbei nicht auf einer ausschweifenden Vorab-Planung eines Unternehmens, sondern auf einem Test von Hypothesen über die Kundenreaktionen auf einen Prototypen („minimum viable product or service") sowie dem frühzeitigen Markttest eines Prototypen und Auswertung der Testergebnisse.

Der Produktzyklus soll dabei so schlank wie möglich gehalten werden, um mit den Markt- beziehungsweise Kundenrückmeldungen sehr schnell auf Änderungswünsche reagieren zu können, ohne enormen Ressourceneinsatz. Die Lean Startup-Methodologie ist entwickelt worden, um einfache bis komplexe Produkte und Dienstleistungen effizienter in innovativen Unternehmensmilieus zu entwickeln. Der bereits zitierte Klimaforscher Boyd Cohen hat die Lean Startup-Prinzipien auf die Smart City-Transformation übertragen und sieht hierin ein relevantes Anwendungspotenzial [BOYD06]. Seine Smart City-Transformationsschritte mit Lean Startup-Prinzipien umfassen folgende Schritte: 1) Hypothesenbildung, 2) Entwicklung von Metriken zum Test der Hypothese, 3) Entwicklung eines Prototypen („minimum viable product"), 4) Markttest mit Kundenreaktionen, 5) Iterativer Prozess – zurück zu Schritt 1 mit Markttestergebnissen sowie 6) Ergebnisauswertung und Weiterentwicklung des Prototypen [BOYD05].

In Kap. 5 wurde das schematische Smart City-Reifegradmodell mit den Entwicklungsstufen Level 0–5 entwickelt. Diese Entwicklungsstufen des Reifegradmodells sind iterativ und sukzessive zu realisieren. Damit ist das Überspringen ganzer Smart City-Reifegrade ausgeschlossen. Hier kommt das Smart City-Transformationsprinzip **„Kein Überspringen von Smart City-Reifegraden"** zum Tragen [EUCHI].

Für die meisten Smart City-Vorhaben wäre es aus technologischer, finanzieller und Management-Kapazitäts-Sicht unmöglich, vom Level 1 (Absprungbasis Smart City) aus direkt das Level 3 (Integrierte Smart City) zu realisieren. Eine derartige Strategie würde die bestehenden Stadtstrukturen und Prozesse derart überspannen, sodass der normale städtische Betrieb nicht weiter gewährleistet werden könnte.

Damit hängt das Smart City-Transformationsprinzip – **„Kein isoliertes Vorgehen"** direkt zusammen. So kann beispielsweise eine einseitige Ausprägung der Bausteinkomponente „Digitale Technologien" im Smart City-Reifegradmodell auf Level 5 nicht mit Ausprägungen von anderen Bausteinkomponenten des Reifegradmodells auf Level 2 einhergehen. Die Bausteinkomponenten des Reifegradmodells (siehe Kap. 5.2.4) stehen in vielfältiger Wechselbeziehung zueinander und bedingen sich gegenseitig. Daher sind ähnliche Ausprägungsgrade aller Bausteinkomponenten des Smart City-Reifegradmodells notwendig, um ein neues stabiles Smart City-Regulationsmuster ausbilden zu können. Das bedeutet aber nicht, dass die Ausprägungsgrade aller Bausteinkomponenten eines Smart City-Reifegradmodells zu jedem Zeitpunkt gleich sein müssen. Ein insgesamt harmonischer Gleichklang mit leicht differierenden Ausprägungsgraden ist ausreichend. Wird der Ausprägungsgrad der Bausteinkomponente „Digitale Technologien" im Reifegradmodell unabhängig von der Ausprägung der anderen Bausteinkomponenten vorangetrieben, kommt es zu einseitigen Entwicklungen. Diese Entwicklungen führen dann sehr wahrscheinlich zu ungenutzten IKT-Infrastrukturen mit digitalen Services, die an den Bedürfnissen der Smart City-Akteure vorbei entwickelt wurden.

Die meisten Stadtstrukturen und -prozesse sind in den Retrofitting Smart City-Vorhaben in einem sehr langen Zeitraum entstanden. Gleichsam etablierte sich in den Stadtverwaltungen und der allgemeinen Stadtgesellschaft (vorwiegend in den Industrienationen Europas) tendenziell eine Stabilität, die eher risikoaverser Natur ist. Die so entstandene Fehlerkultur ist wenig fehlertolerant. Mit der Fehlerkultur ist die Art und Weise, wie eine Gesellschaft und soziale Systeme (wie eine Smart City) mit Fehlern, Fehlerrisiken und Fehlerfolgen [WIKI41] umgeht, gemeint. Wie an vielen Stellen des Buches bereits dargestellt, ist die Ausbildung eines innovativen Lernmilieus in der Smart City eine notwendige Bedingung für die erfolgreiche Smart City-Transformation. Das innovative Lernmilieu toleriert und provoziert vielmehr das Transformationsprinzip einer **„Fehlerkultur"**, die auf zahlreichen „start and fail"- also „Versuch und Irrtum"-Prozessen, -Modellen und -Versuchen basiert. Die graduelle Transformation erfordert zahlreiche Aushandlungsprozesse und neue Vorgehensweisen auf unbekanntem Terrain. Ohne eine entsprechende Fehlertoleranz ist dies kaum erfolgreich vorstellbar. Das Transformationsprinzip der „Fehlerkultur" hängt unmittelbar mit dem Prinzip „Think big and start small" zusammen.

Ein weiterer Aspekt der fehlertoleranten Kultur betrifft die Fehleranfälligkeit komplexer Systeme und kaskadierender Folgen. Hierzu zählen komplexe technische Netzwerksysteme in den vernetzten Handlungsfeldern einer Smart City. Die kaskadierenden Effekte zusammenbrechender, komplexer, technischer Systeme wurden bei der sicher nicht letzten globalen Finanzkrise in 2007 deutlich sicht- und spürbar. Die Finanzkrise übertrug sich auf die Realwirtschaft und hat zu nachhaltigen Folgen für zahlreiche Wirtschafts- und Gesellschaftsbereiche auf globaler Ebene geführt, die noch lange nicht ausgestanden sind. Dies war durch den hohen Interdependenz- und Vernetzungsgrad zahlreicher Wirtschaftsbereiche global agierender Institutionen und Unternehmen möglich. Hier wird das Transformationsprinzip der „Fehlerkultur" anders zu deuten sein. Eine fehlertolerante Kultur meint in Bezug auf komplexe und hochvernetzte, technische Systeme in einer Smart City: „plans for backup controls and services, checklists for relief efforts, methods for preventing cascading failures between interconnected urban systems, and organizational capacity to cope with surprises" [TOWN]. Dieses Prinzip umschreibt Anthony Townsend in seinem Buch „Smart Cities" als „Fail Gracefully". Diese Interdependenz und zunehmende Vernetzung aller Handlungsfelder einer Smart City in der Digitalmoderne wird die Smart City-Transformation noch vor völlig neue Herausforderungen stellen.

Dem aufmerksamen Leser wird aufgefallen sein, dass alle fünf Smart City-Transformationsprinzipien miteinander zusammenhängen. Bei der Smart City-Transformation sind folglich alle Transformationsprinzipien zu beachten. Die betrachteten Transformationsprinzipien bilden eine Einheit und wirken interdependent auf dem Transformationsweg einer Smart City. Die zentralen Transformationsprinzipien einer Smart City bilden die Wegweiser bei der Smart City-Transformation. Ausgehend von diesen Transformationsprinzipien einer Smart City beleuchte ich nun drei wesentliche Best Practices für die Smart City-Transformation.

6.3.2   Handlungsempfehlungen oder ein Füllhorn an Best Practices

Die Transformation einer Stadt zu einer Smart City stellt vor allem für die Smart City-Führung eine enorme Herausforderung dar. Die Komplexität der vielen Schwierigkeiten auf dem Smart City-Transformationsweg erscheint oftmals unüberwindbar. Das fängt an mit der Herleitung einer langfristigen Smart City-Vision im Einklang mit der grundsätzlichen urbanen Vision der Stadt und eines konkreten Umsetzungsplans, der alle Komponenten einer Smart City-Transformation beinhaltet. Bei diesen Komponenten handelt es sich um die Bausteinkomponenten des Smart City-Reifegradmodells, die sich in spezifischen Anordnungen und Ausprägungen im Smart City-Transformationsmodell wiederfinden. Für die einzelnen Bausteinkomponenten gibt es mittlerweile ein Füllhorn an Best Practices und Handlungsempfehlungen, hervorgegangen aus praktischen Smart City-Vorhaben und empirischen Studien [EUCHI] [IDC02] [FIRE01] [HATZELHOFFER01]. Darüber hinaus finden sich weitere Best Practices in den vorherigen Kapiteln des Buches zu zahlreichen Facetten aller schematischen Smart City-Modelle und -Wirkmechanismen.

Aus einer praktischen Perspektive der Smart City-Transformation ist die Sichtweise von Bürgermeistern von Interesse, die an der Spitze von Smart City-Vorhaben stehen. Der Technologiekonzern IBM hat auf einem „Smart Cities Challenge Summit" am 14. bis 15. November 2012 in New York (USA) führende Vertreter von 30 globalen Städten, die sich auf dem Smart City-Transformationsweg befinden, zu einem Erfahrungsaustausch eingeladen. Die dabei resultierenden sieben Handlungsempfehlungen wurden in einem White Paper im Januar 2013 mit dem Titel: „How to reinvanet a city – Mayor's lessons from the Smarter Cities Challenge" [IBM06] publiziert. Die sieben Best Practices lauten: engage citizens; explore the value of data; collaborate; set clear lines of authority; think like a

CEO; take the long view; be bold and brave. Die ersten vier Best Practices wurden im Buch bereits umfassend thematisiert. Betrachten wir kurz die letzten drei Best Practices:

Think like a CEO
Take the long view
Be bold and brave.

Think like a CEO

Typischerweise beschränkt sich das Wirkspektrum eines Bürgermeisters vereinfacht gesagt auf politische Parameter und das städtische Leistungsspektrum. Diese verengte Sichtweise weicht langsam auf und wird auf globaler Ebene durch eine „Unternehmensperspektive" ersetzt. So bezeichnet der Bürgermeister von Philadelphia (USA) seine Stadt als „business enterprise" [IBM06]. Die Bürgermeister so mancher Mega Cities müssen über enorme Ressourcen und Budgets verfügen, damit der städtische Betrieb stabil laufen kann. Bei der Smart City-Transformation geht es um eine bedeutsame Transformation bestehender städtischer Strukturen und Prozesse und damit vor allem um die Art der Versorgung der Bürger in den Smart Cities und letztlich die Lebensqualität in den Städten. Allerdings gilt es zu beachten, dass Städte, die sich zu Smart Cities transformieren, keine Unternehmen mit entsprechenden Prozessen und Managementprinzipien darstellen. Es geht hier darum, unterschiedliche Sichtweisen einzunehmen, und dazu zählt besonders auch die unternehmerische Sicht auf Smart City-Transformationen.

Der Bürgermeister als CEO seiner Stadt muss die Smart City-Vision buchstäblich verkörpern und allen Akteuren der Smart City authentisch vermitteln. Außerdem sollte der Bürgermeister eine dezidierte Smart City-Organisation unter seiner Führung steuern, in der sich Smart City-Akteure mit unterschiedlicher Expertise wiederfinden. Die Smart City-Akteure in der dezidierten Smart City-Organisation müssen als Designer einer Smart City über disziplinenübergreifendes Know-how bei der Smart City-Transformation verfügen. Insbesondere sollten die Smart City-Designer über ein belastbares Verständnis smarter Systeme verfügen. So sollten sie auch die mit den smarten Services einhergehenden Risiken und Vorteile allen Nicht-Smart-City-Experten vermitteln können. Optimalerweise sind Smart City-Designer gleichsam Wissenschaftlicher und Künstler [TOWN]. Der Bürgermeister als Smart City CEO steht an der Spitze der ausgestalteten Smart City-Organisation, die einen bereichs- und funktionsübergreifenden Smart City-Ansatz verfolgt und produktive Kooperationen unter den Smart City-Akteuren herstellen kann.

Take the long view

Die Anforderungen an Bürgermeister sind in der Regel eher kurzfristiger Natur und vom politischen Tagesgeschäft geprägt. Die Bürger in den Städten wollen schnelle Lösungen für anstehende Probleme im urbanen Umfeld. Der Zeitrahmen zur Lösung komplexer Probleme im urbanen Umfeld bemisst sich oftmals auch an Wahlperioden. In der Folge sind langfristige Strategien meist auf einen Zeithorizont von drei bis maximal fünf Jahre begrenzt. Dies muss bei der Smart City-Transformation anders sein, da der graduelle Smart

City-Wandel Zeiträume von 20 bis 25 Jahren umfassen kann, bevor ein stabiles Smart City-Regulationsmuster etabliert wird.

Mit marginalen Veränderungen im städtischen Kontext wird keine Smart City entstehen. Die Smart City-Transformation führt zu weitgreifenden Veränderungen in den städtischen Strukturen, Prozessen und Diensten. Dazu bedarf es einer lang wirkenden und von allen Smart City-Akteuren gelebten Smart City-Vision, die unabhängig von der augenblicklichen Führung einer Stadt weiterverfolgt werden kann.

Außerdem müssen sich öffentliche Planungsinstitutionen in ihrem Selbstverständnis ändern. Die Smart City-Führung wird bei der Planung auf „Urban Virtual Planning"-Anwendungen zugreifen können, die zunehmend mit Echtzeit-Daten arbeiten. Die bestehenden Planungsinstitutionen müssen das Aufkommen des Datenmanagements in Echtzeit mit der langfristigen Smart City-Vision in Einklang bringen. Gleichzeitig muss die Partizipation einer Vielzahl an Smart City-Akteuren am Smart City-Planungsprozess gewährleistet werden. Bei der Betrachtung praktischer Smart City-Vorhaben wie in Wien, London oder Singapur wird dieses „Best Practice" der langfristigen Orientierung nachhaltig gelebt. Dort hat die Smart City-Führung klar erkannt, dass politischer Opportunismus kaum mit einer langfristig orientierten Smart City-Transformation in Einklang zu bringen ist. Ein weiterer Faktor ist die zunehmende Digitalisierung aller Lebensbereiche eines Bürgers. Der dadurch entstehende Veränderungsdruck auf bestehende Strukturen, Prozesse und Dienste zwingt die Smart City-Führung zu einer langfristigen Transformationsorientierung. Denn so viel ist sicher: Die Digitalisierung der Lebensbereiche in den Städten ist keine flüchtige Erscheinung oder gar bloßes Marketing ohne greifbare Substanz, auch dann nicht, wenn einige Politiker in Deutschland dies so oder so ähnlich mir gegenüber formuliert haben.

Be bold and brave

Die Ausgestaltung einer Smart City-Vision in Kooperation mit einer Vielzahl an Smart City-Akteuren endet nicht mit der Vorstellung des schriftlichen Visionsdokumentes. Vielmehr muss die Smart City-Führung trotz politischer, wirtschaftlicher und gesellschaftlicher Zwänge allen Smart City-Akteuren gegenüber ihre langfristige Verbindlichkeit zur Vision klar machen und den Smart City-Fortschritt aktiv vorantreiben. Diese Funktion muss die Smart City-Führung auch gegen den Widerstand einzelner Interessengruppen ausüben. Das Allgemeinwohl in der Smart City steht im Vordergrund und nicht die Partikularinteressen. Die Smart City-Führung ist gefordert, von inkrementellen Zielen zu transformationalen Zielen zu kommen, die das Leben der Bürger in der Smart City nachhaltig positiv verändern werden. So wird der Allgemeinheit das starke Signal ausgesendet, dass etwas völlig Neues auf den Weg gebracht wird, wozu neue Formen des Denkens und Handelns notwendig sind.

Mit der kreativen Zerstörung bestehender Denkmuster, städtischer Prozesse und Strukturen ist ein tiefgreifender Wandel verbunden. Damit gehen begründete oder auch nur gefühlte Ängste vor Veränderungen bei den Bürgern, Stadtangestellten und anderen relevanten Akteuren einer Smart City einher. Der Bürgermeister als „CEO" seines Smart

City-Vorhabens wird gefordert sein, unpopuläre Entscheidungen zu treffen. Es werden Entscheidungen sein, die direkte Auswirkungen auf die Lebensbereiche aller Smart City-Akteure haben werden. Das folgende Beispiel hat eine viel größere Dimension, dient aber als exemplarisch für die Best Practice „Be bold and brave". Denken Sie beispielsweise nur an die 2003 äußerst unpopulären Hartz-Reformen, die einen historischen Einschnitt in der bundesrepublikanischen Geschichte darstellten. Unabhängig von einer politischen Orientierung lässt sich die Tragweite der getroffenen unpopulären Entscheidungen des damaligen Bundeskanzlers Gerhard Schröder durchaus erkennen.

Zahlreiche Parteianhänger in der SPD nahmen ihm diese Entscheidung übel und in 2005 blieben viele frühere SPD-Wähler der Bundestagswahl fern. Das Magazin „CICE-RO – Magazin für politische Kultur" schreibt in dem Artikel „Auf den Wahlsieg folgen unpopuläre Aufgaben": „Heute, zehn Jahre nach der Agenda 2010, zweifelt niemand mehr an Schröders Leistung"[CICERO]. Das Urteil über Gerhard Schröders Leistung in diesem Bereich überlasse ich jedem Leser selbst.

Das Smart City-Transformationsmodell komplettiert die schematische Smart City-Modell-Perspektive. Damit wird die holistische Smart City plastisch greifbar und das Wesen einer Smart City konkreter. Zudem erhalten die Akteure eines Smart City-Vorhabens praktisch relevante Orientierung bei der Planung, Umsetzung und kontinuierlichen Weiterentwicklung eines Smart City-Vorhabens.

6.4   Fazit

Die Smart City-Transformation hin zu einem stabilen Smart City-Regulationsmuster ist mit zahlreichen Versuchs- und Aushandlungsprozessen verbunden. Damit geht eine Kultur des Scheiterns, des Ausprobierens, der Rückschläge und eines Unternehmertums im Schumpeterschen Sinne einher. Damit verbunden ist eine spezifische „Geisteshaltung" bei der Smart City-Transformation. Die Geisteshaltung bei der Smart City-Transformation sollte von den Kräften der freien Wirtschaft geprägt sein. Dazu zählen Unternehmer, die das Risiko des Scheiterns auf sich nehmen [LOTTER]. Es sind Unternehmer, die im Schumpeterschen Sinne für die schöpferische Zerstörung sorgen, damit über eine graduelle Smart City-Transformation neue stabile Smart City-Regulationsmuster entstehen. Diese Unternehmer treffen Entscheidungen, auch wenn man sich dabei mal irrt.

Die Smart City und die damit verbundene „Smart City-Revolution" werden soziale Barrieren einreißen [FINKE]. Dafür sind partizipative, innovative und aufklärerische Smart City-Milieus notwendig. Die Autoren des vielbeachteten Werkes „Why Nations Fail" (warum Nationen scheitern) kommen zu der klaren Erkenntnis, dass Länder dann zugrunde gehen, wenn eine autoritäre Führungsschicht die schöpferische Zerstörung im Schumpeterschen Sinne unterdrückt, um die Machtbasis zu erhalten [LOTTER] [ACE-MO]. Eine Smart City-Transformation ist eine graduelle Transformation mit kontinuierlichen Veränderungen in der urbanen Praxis. Der entscheidende Aspekt besteht darin, eine Smart City nicht als träges und völlig planbares Vorhaben zu betrachten und umzusetzen.

Die schematischen Smart City-Modelle sind als Leitplanken und praktische Orientierungshilfen bei der Ausgestaltung von Smart City-Vorhaben zu verstehen und anzuwenden. So können die schematischen Modelle vergleichbar mit Check-Listen von Piloten vor dem Abflug betrachtet und angewendet werden. Allerdings lassen sich die schematischen Smart City-Modelle individualisieren und ausweiten. Ich kann mir nur wünschen, dass die in diesem Buch skizzierten Modelle in der Praxis breite Anwendung finden und weiterentwickelt werden, damit die urbane Praxis einer Smart City konkreter und realisierbarer wird. Nachdem das schematische Smart City-Modellkonzert aufgefächert wurde, beleuchte und bewerte ich mit den Modellen das konkrete Smart City-Vorhaben der spanischen Metropole Barcelona.

Case Study Barcelona – die europäische Variante einer smarten Metropolis

Neue Wege entstehen dadurch, dass man sie geht!
(Franz Kafka)

Auf der offiziellen Website „Barcelona Smart City" wird mit dem aktuellen Ranking der Smart City-Initiative geworben. Im Jahre 2013 wurde Barcelona in den von dem Klimaforscher Boyd Cohen durchgeführten Smart City-Rankings auf Platz 4 in Europa [BOYD02] und auf Platz 10 auf globaler Ebene [BOYD03] platziert (siehe Abb. 7.1).

Bei dem weltweiten Smart City-Ranking des amerikanischen Wissenschaftlers Joel Kotkin ergab sich noch ein anderes Bild. Dieses weltweite Ranking bildete die globale Top-10-Liste „The World's Smartest Cities" [KOTKIN] des Forbes Magazine aus dem Jahre 2009. In dieser Top-10-Liste tauchte Barcelona nicht einmal auf. Das „Smart City Ranking" der IESE Business School in Spanien wiederum aus dem Jahre 2014 listet Barcelona nicht einmal unter den besten 20 Smart Cities auf globaler Ebene auf [WILLETT]. In einer Grafik wird die Barcelona Smart City zumindest dahingehend erwähnt, den größten Fortschritt im Vergleich zum Vorjahr gemacht zu haben. Die Forscher stuften mit ihrem „Cities in Motion Index (ICIM)" 135 Städte in 55 Ländern auf der Basis von zehn Dimensionen ein: 1) Governance, 2) Public Management, 3) Urban Planning, 4) Technology, 5) The Environment, 6) International Outreach, 7) Social Cohesion, 8) Mobility and Transportation, 9) Human Capital, 10) The Economy [IESE].

Die unterschiedlichen Smart City-Rankings sind das Ergebnis einer fehlenden allgemein etablierten Smart City-Definition, einer schematischen Smart City-Architektur und eines schematischen Smart City-Reifegradmodells. So basieren die Smart City-Rankings auf unterschiedlichen Bausteinkomponenten mit unterschiedlichen Indikatoren. Derart gestaltet sich die Identifikation und Klassifikation von Smart City-Initiativen immer noch als schwierig. Eine Verortung der eigenen Smart City-Initiative im Smart City-Kontext ist mit den unterschiedlichen Smart City-Rankings nur tendenziell möglich. Dazu müssen

© Springer Fachmedien Wiesbaden 2015
M. Jaekel, *Smart City wird Realität*, DOI 10.1007/978-3-658-04455-8_7

Abb. 7.1 Offizielle Webseite der Barcelona Smart City [BCN]

alle Dimensionen, Bausteinkomponenten und Indikatoren des jeweiligen Smart City-Rankings betrachtet und bewertet werden. Auch dann bedarf es aber einer etablierten Smart City-Definition und Smart City-Architekturmodelle.

Mit diesem Buch wird der Versuch unternommen, insbesondere einen Beitrag zur Herausbildung allgemein anerkannter schematischer Smart City-Modellarchitekturen zu leisten. Wie bereits in den Kap. 5 und 6 hervorgehoben, müssen die in diesem zweiten Smart City-Band herausgearbeiteten Smart City-Reifegrad- und Transformationsmodelle in weiteren empirischen Studien analysiert und weiterentwickelt werden. Die skizzierten Modelle können aber bereits mit den allgemein vorliegenden empirischen Daten über eine Smart City-Initiative angewandt werden. Bei der konkreten Smart City-Initiative handelt es sich um die Barcelona Smart City.

In den im Buch entwickelten schematischen Smart City-Modellen bilden die Handlungsfelder von Giffinger et al. den Nukleus. Dies gilt auch für das „Smart City Wheel" des Klimaforschers Boyd Cohen (siehe Kap. 5.1). Die Smart City-Rankings von Boyd Cohen basieren auf dem „Smart City Wheel" und platzieren die Barcelona Smart City auf Platz 4 in Europa und Platz 10 auf globaler Ebene. Diese hohen Platzierungen machen die Untersuchung der Barcelona Smart City in unserem Kontext vielversprechend.

Für die Untersuchung der Barcelona Smart City kommen die im Buch erarbeiten schematischen Smart City-Modellarchitekturen zur Anwendung. Mit der „Case Study – Barcelona Smart City" werden folgende Aspekte näher beleuchtet:

- Grundlegende Barcelona-Stadtdaten,
- die Smart City-Vision, das Programm und abgeleitete Ziele,
- Treiber, Nutzen und Herausforderungen der Smart City-Initiative,
- Klassifikation der Barcelona Smart City nach dem schematischen Reifegradmodell und
- Handlungsempfehlungen auf dem weiteren Smart City-Transformationsweg.

Die Aspekte der Case Study „Barcelona Smart City" bilden zugleich die Struktur des folgenden Kap. 7.1 ab. Ob und wie weit entwickelt das in der Barcelona Smart City vorhandene Smart Senior-Ökosystem momentan ist, wird im Kap. 7.2 beleuchtet. Mit dem Fazit im Kap. 7.3 verbinde ich den deutlichen Appell, insbesondere in Deutschland, das vorhandene Smart City-Potenzial aktiv zu nutzen – dies insbesondere, um zukünftig nicht gänzlich auf die Smart City-Lösungen und -Technologien aus dem vornehmlich US-amerikanischen und asiatischen Raum angewiesen zu sein.

7.1 Die Stadt Barcelona transformiert sich zur „Integrierten Smart City"

Der „Torre Agbar" des französischen Star-Architekten Jean Nouvel bildet seit zehn Jahren das weithin sichtbare neue Wahrzeichen der katalanischen Hauptstadt Barcelona (siehe Abb. 7.2).

Die Vision des Architekten Jean Nouvel bestand darin, ein Hochhaus zu bauen, dessen Formen weich und fließend sind, genauso wie die Formen der Stadt, in der es errichtet wurde. Der Torre Agbar wurde 2004 in Barcelona fertiggestellt und stellt einen architektonischen Meilenstein dar. Jean Nouvel hat bei der Planung des Torra Agbar auch Überlegungen des 1926 verstorbenen katalanischen Architekten Antoni Gaudí einbezogen. So stellt der Torre Agbar eine Huldigung an Antoni Gaudí dar und Nouvel achtete darauf, dass der Torre Agbar nicht höher wurde, als die sich ebenfalls in Barcelona befindliche Sagrada Família (laut Planung in 2026 im fertigen Zustand).

Mit seiner schillernden, 16.000 m² großen Fassade sieht der Torre Agbar wie eine Wasserfontäne aus. Das anfangs eher dunklere Blau verliert sich bis zur Spitze hin in einem Weiß. Aus größerer Entfernung betrachtet wirkt die aus Aluminium bestehende Außen-

Abb. 7.2 Der Torre Agbar von Jean Nouvel in Barcelona [http://www.istockphoto.com]

haut optisch wie eine flüssige beziehungsweise organische Masse. Die Außenhaut verändert je nach Tageslicht ihre Farbe. Dafür wurden 40 verschiedene Lackfarben für die
Oberfläche des Torre Agbar verwendet [WIKI42]. Dem Architekten Jean Nouvel ist ein
modernes Gebäude gelungen, das die katalanischen Architekturtraditionen fortsetzt. Es ist
ein Gegenentwurf zum internationalen Stil und nicht denkbar ohne die Stadt Barcelona.
Sein Torre Agbar könnte nirgendwo anders stehen [TASCHEN]. Der Grund dafür liegt
auch in der prominenten Lage der Stadt am Mittelmeer. Der offene Zugang zum Mittelmeer sorgte über mehr als 2000 Jahre für einen ständigen Austausch mit anderen Kulturen
und Menschen. Damit konnte Barcelona eine außergewöhnliche Identität entwickeln, die
einen architektonischen Meilenstein wie den Torre Agbar geradezu provoziert. Diese besondere Identität formuliert die Stadtführung Barcelonas auch bei der Transformation zur
Smart City: „Barcelona has always been characterised by its spirit of innovation, enterprise and nonconformity. A characteristic that has led it to become a pioneer in terms of
putting into practice the idea of the Smart City" [BCN].

Zuerst beleuchte ich die Stadt Barcelona aus der Case Study-Sicht anhand wesentlicher
ökonomischer und sozialer Entwicklungstendenzen.

7.1.1 Barcelona – ökonomische und soziale Entwicklungstendenzen

Barcelona ist die Hauptstadt Kataloniens und die zweitgrößte Stadt Spaniens. Innerhalb
des Stadtgebietes leben etwa 1,6 Mio. Menschen. Damit bildet Barcelona die elftgrößte

Gemeinde der Europäischen Union, nach Hamburg die zweitgrößte, die nicht die Hauptstadt eines Mitgliedstaates ist und die nach Paris am dichtesten besiedelte Millionenstadt Europas. Im weiteren Einzugsbereich der Metropolregion Barcelona leben etwa 4,5 Mio. Menschen [WIKI42].

Im Jahre 2008 war Barcelona wirtschaftlich betrachtet die viertstärkste Stadt in der Europäischen Union, mit einem GDP (Gross Domestic Product) von 143 Mrd. € (Barcelona Metropolregion) und belegte damit Platz 35 auf globaler Ebene. Die Metropolregion Barcelona erzielte im Jahre 2010 ein GDP (Gross Domestic Product) von 138 Mrd. € [BCC]. In Bezug auf die Veränderung der Beschäftigungsquote und des GDP pro Kopf ist Barcelona die führende Stadt in Spanien. Die Stadtmarke Barcelona erreichte im Jahre 2009 in Europa Platz 3 und zählt damit zu den erfolgreichsten Stadtmarken weltweit. Im selben Jahr wurde die Stadt als viertbeste Stadt in Europa in Bezug auf Wirtschaftsförderung und Wirtschaftswachstum eingestuft. Allerdings durchlief Barcelona im Anschluss eine Phase der Rezession mit Rückgängen bei der Beschäftigungsquote und GDP pro Kopf [WIKI42]. Seit 2011 ist Barcelona eine der führenden Smart Cities in Europa. Zudem hält Barcelona den Platz 13 im „Innovation Cities Global Index" [EUCHI].

Die Stadt Barcelona verfügt über eine enorme Dichte, die ideale Bedingungen für eine Smart City bildet (siehe Abb. 7.3). Auf der negativen Seite bewirkt die enorme Dichte aber auch ernsthafte Herausforderungen in Bezug auf Lärm, Verkehrsaufkommen und Luftverschmutzung. Der Tourismus bildet die Kernindustrie Barcelonas, neben der IT- und Wissensindustrie, Medien und Mode.

Abb. 7.3 Barcelona verbindet dynamisch die Tradition mit der Moderne [Fotolia/Master Lu]

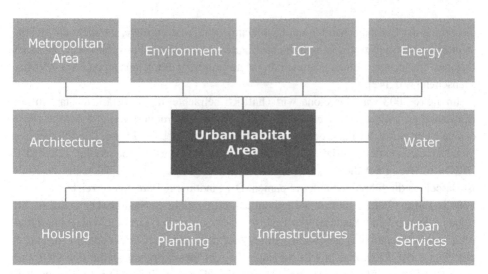

Abb. 7.4 Urban Habitat der Stadt Barcelona [ADB02]

Zwei bedeutende Ereignisse in der jüngeren Vergangenheit haben die Entwicklung Barcelonas entscheidend befördert: Der Beitritt Spaniens zur EU im Jahre 1986 und die Austragung der Olympischen Sommerspiele in 1992. Insbesondere die mit der Austragung der Olympischen Spiele im Jahre 1992 verbundene städtische Modernisierung bildete den Grundstein für die zukünftige Barcelona Smart City. In den letzten Jahren ist zudem die städtebauliche Entwicklung der Stadt von zahlreichen Großprojekten gekennzeichnet, die eine Verbesserung der Infrastruktur und der Lebensqualität zum Ziel haben. Zu diesen Großprojekten zählen beispielsweise die Sanierung der Strände, der Neubau des Viertels „Diagonal Mar" anlässlich des Internationalen Forums der Kulturen 2004 und der Bau der Hochgeschwindigkeitsbahnstrecke AVE von Madrid über Saragossa und Barcelona nach Frankreich [WIKI42].

Im Jahre 2011 wurde Xavier Trias zum neuen Bürgermeister von Barcelona ernannt. Der neue Bürgermeister formulierte die langfristige urbane Vision der Stadt Barcelona wie folgt: „The Barcelona of the 21st century wants to be one of the first self-sufficient cities in the world, with the capacity to produce its own resources [TRIAS]." Als ersten Schritt zur Realisierung dieser urbanen Vision baute die Stadtverwaltung von Barcelona (City Council) eine neue Abteilung auf, genannt „Urban Habitat". Die Bildung der „Urban Habitat" zielt darauf ab, als übergeordnete Einheit die Zusammenarbeit städtischer Bereiche zu fördern, die zuvor isoliert voneinander agierten. Das Urban Habitat vereint zahlreiche Bereiche der Stadt Barcelona wie aus der Abb. 7.4 ersichtlich.

Als der neue Bürgermeister Barcelonas, Xavier Trias, im Jahre 2011 gewählt wurde, verpflichtete er sich, als erste Maßnahme digitale Innovationen und das Unternehmertum durch Investitionen in die Entwicklung der Barcelona Smart City zu fördern.

7.1.2 Die Anatomie der Barcelona Smart City-Initiative

Aus der urbanen Vision für Barcelona leitet sich unmittelbar auch die Smart City-Vision der Stadt Barcelona ab: „by clearly opting for architecture, urban planning and infrastructures that combine the quality of the built space with information and communication technologies, while enhancing the energetic and environmental impact". Weiter heißt es bei dem Bürgermeister Xavier Trias: „Between us all we need to ensure that our vision of productive neighbourhoods operating at a human pace, which are interconnected and self-sufficient within a hyperconnected global metropolis with zero emissions, becomes a reality in the near future [TRIAS]." Die Smart City-Vision wurde im Jahre 2011 vom frisch gewählten Bürgermeister Xavier Trias integraler Bestandteil der langfristigen urbanen Vision der Stadt Barcelona. Damit basiert die langfristige Smart City-Vision auf dem Aufbau produktiver, dichter und menschenfreundlicher Nachbarschaften, die hochvernetzt und selbstversorgend innerhalb einer hochvernetzten und emissionsfreien Metropole sind. Auffällig an dieser Smart City-Vision ist insbesondere die Betonung der Umwelt- und Emissionsaspekte, die im klaren Bekenntnis zu den fünf Kernzielen der EU für 2020 stehen. Daneben fällt der Netzwerkgedanke auf, der die Stadt als ein dynamisches System von sich vernetzenden Netzwerken versteht. Die Smart City-Vision umfasst weitere Aspekte, die auf der offiziellen Website der Barcelona Smart City aufgeführt sind: „A productive, open, inclusive and innovative city; a living city with enterprising people and organised communities. This vision includes projects from a wide range of areas, which by working together and integrating technology and innovation aim to ensure that the city's residents benefit from a better quality of life and economic growth: this is achieved through more efficient management of the city's services and resources [BCN]."

Auf der offiziellen Website der Barcelona Smart City werden die Ideen hinter der Smart City Vision definiert (siehe Abb. 7.5).

- Das effiziente Management städtischer Services und Ressourcen
- Neue Lösungen und öffentliche Orte für die Interaktion von Bürgern, Gruppen und Institutionen
- Anwendung und Integration neuer Technologien (ICT) [BCN].

Hier treten zentrale Aspekte des Smart City-Komplexes deutlich zu Tage, die in der Summe eine ganzheitliche Smart-Vision verkörpern. Für die Umsetzung der Barcelona Smart City-Vision werden acht grundlegende Prinzipien verfolgt: 1) Entwicklung des zukünftigen Stadtmodells innerhalb des eigenen „City Mantra", 2) Analyse der städtischen Smart City-Voraussetzungen und Definition von Prioritäten, 3) Überdenke die städtischen Systeme ganzheitlich, belasse es nicht bei „Upgrades", 4) Entwicklung der Smart Service-Ökosysteme mit Partnern, 5) Erhöhung der „Widerstands- und Adaptionsfähigkeit" einer Stadt sowie Sicherstellung langfristiger Investitionen, 6) Aufbau einer lebenswerten, humanen Stadt mit einer größeren Anzahl an öffentlichen Räumen für die Menschen in den Smart Cities, 7) Veränderung der städtischen Verwaltungsstrukturen durch das Aufbrechen des

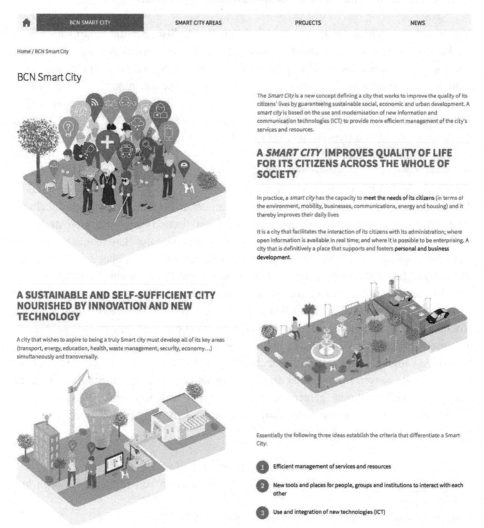

Abb. 7.5 Die Ideen hinter der Barcelona Smart City [BCN]

„Silo-Denkens und Handelns" und 8) Zusammenarbeit mit anderen Städten und Teilnahme an der „City Protocol"-Gesellschaft [ADB02].

Die neuen digitalen Technologien bilden treibende Kräfte bei der Transformation von Barcelona in eine Smart City mit neuem Regulationsmuster. Mit dem Einsatz der digitalen Technologien sind vielfältige Ziele verbunden wie:

- effiziente und nachhaltige Mobilität,
- ökologische Nachhaltigkeit,

- Wirtschaftsfreundlichkeit und hohe Attraktivität für Investitionskapital,
- Integration und soziale Kohäsion,
- Kommunikation und Nähe zum Bürger,
- Wissen, Kreativität und Innovation,
- Transparenz und demokratische Kultur sowie
- universeller Zugang zu Kultur, Bildung und Gesundheitsversorgung [ADB02].

Den digitalen Technologien zur Vernetzung aller Lebensbereiche innerhalb einer Smart City kommt bei der Barcelona Smart City eine strategische Bedeutung zu. Für die digitalen Technologien wurden eine Vision und Strategie entwickelt, die wiederum integraler Bestandteil der Smart City-Vision wurden.

Die zukünftige Entwicklung der Barcelona Smart City wird von Frau Julia Lopez in einer dezidierten Smart City-Organisation weiterentwickelt. Zudem leistet sie Unterstützung bei der Realisierung der Smart City-Strategien (inklusive Strategien in den Handlungsfeldern der Smart City) und letztendlich der Smart City-Vision. Nach Frau Lopez bildet der ausdrückliche politische Wille, in Barcelona den Komplex „Smart City" zu analysieren und Realität werden zu lassen, einen vitalen Faktor für eine erfolgreiche Smart City-Transformation: „You can start thinking bottom-up, but the big, final push was at the political level. If you don't have political willingness, it is impossible." Die Koordination unterschiedlicher Bereiche einer Stadt zur Ausbildung einer Smart City stellte Frau Lopez vor ungeahnte Herausforderungen. Den Schlüssel zum Erfolg bildete die Top-Level-Unterstützung durch den Bürgermeister Xavier Trias, der aktiv bürokratische Hürden beseitigte und die Zusammenarbeit der unterschiedlichen städtischen Verwaltungsbereiche fördert [CIS02].

Der Ansatz von Barcelona bei der Smart City-Transformation basiert auf der Idee, dass eine Stadt als „Netzwerk von Netzwerken" fungiert. Der initiale Teil der **Smart City-Strategie-Entwicklung** bestand darin, zu analysieren, wie die unterschiedlichen interdependenten Netzwerke wie Transportwesen, Energieversorgung und Technologie miteinander dynamisch verbunden werden können. Von diesem Ausgangspunkt aus wurde eine Smart City-Strategie Blueprint entwickelt [CIS02]. Der amtierende Bürgermeister Xavier Trias hat von Anfang an großen Wert auf die Weiterentwicklung des Barcelona Smart City-Leistungsspektrums gelegt. Dazu wurde ein Smart City-Strategie-Team unter direkter Führung des Bürgermeisters zusammengestellt, koordiniert von Frau Julia Lopez. Zudem koordiniert Frau Lopez das ICT International Office „Barcelona Urban Habitat". Sie überwacht alle Smart City-Programme und koordiniert die Technologieinitiativen in allen Smart City-Handlungsfeldern. Weiter koordiniert sie die Entwicklung und die Werbung für die Smart City ICT-Strategie.

Die Stadt Barcelona kollaboriert formell und informell mit anderen Städten und Stadtverwaltungen. Alle Barcelona Smart City-Strategie-Aktivitäten entfalten sich entlang von drei Dimensionen: Internationale Vermarktung, Internationale Kollaboration und lokale Projekte (siehe Abb. 7.6).

Abb. 7.6 Die Dimensionen der Barcelona Smart City-Strategie [DFBIS01]

Der Bürgermeister Xavier Trais machte die Integration der städtischen Technologien zu einer Schlüsselkomponente seines Wahlprogramms. Seine Administration begann nach der Wahl unverzüglich damit, eine ganzheitliche Barcelona Smart City-Initiative zu implementieren. Das erste überragende Ziel bestand darin, Effizienzsteigerungen bei der Bereitstellung städtischer Services zu realisieren und Aspekte der Nachhaltigkeit zu berücksichtigen. Nach der Auffassung von Frau Lopez wollte der Bürgermeister „to transform the lives of our citizens … [and] the companies who are part of the city. The Barcelona Smart City program aims to provide city services at multiple levels to all citizens based on the use of Internet and telecommunications technology [CIS02]."

Das Ziel besteht darin, Smart Services in allen Handlungsfeldern der Barcelona Smart City zu entwickeln, um die städtischen Abläufe effizienter gestalten zu können. Das Servicespektrum umfasst weit entwickelte öffentliche Services für Bürger und Unternehmen, Services für Bürger entwickelt von Bürgern und Unternehmen und neue urbane Management Tools. Die Services sollen die Kooperationen innerhalb des Smart City-Beziehungsgeflechts (siehe Kap. 1.2.3) stärken und das Kooperationsspektrum erweitern. Außerdem zielt die Barcelona Smart City-Strategie darauf ab, ein innovatives Lernmilieu zu entwickeln, in dem sich smarte Ideen in einem „open-minded" Umfeld entwickeln und entfalten können. Dazu wurden Smart Districts (22@Barcelona) und Open Data-Programme konzeptioniert und umgesetzt. Weiter wurden Living Labs (22@Urban Lab) entwickelt und die Bürgerpartizipation bei der Co-Entwicklung von Produkten oder Services gefördert.

Die Struktur der Barcelona Smart City-Initiative ist in **Smart City-Bereiche** untergliedert, die sich aus der Abb. 7.7a ergeben.

Innerhalb dieser Smart City-Bereiche werden unterschiedliche Smart City-Programme mit einer Vielzahl an Smart City-Projekten konzeptioniert und umgesetzt (siehe Abb. 7.7b–d).

Smart City areas

Public and social services	Environment	Mobility
Companies and business	Research and Innovation	Communications
Infrastructures	Tourism	Citizen cooperation
	International Projects	

a

Abb. 7.7 a Bereiche der Barcelona Smart City [BCN]. **b** Programme der Barcelona Smart City-Bereiche I [BCN]. **c** Programme der Barcelona Smart City-Bereiche II [BCN]. **d** Programme der Barcelona Smart City-Bereiche III [BCN]

Public and Social Services

Applying new technologies optimises public and social services and makes them more democratic, helping to create a more inclusive and skilled society and, above all, improving people's quality of life.

Programmes:

1. **Open Government**
   Barcelona City Council aims to facilitate the general public's interaction with the government by improving and simplifying administrative procedures. For this reason, Barcelona City Council has designed an electronic administration service where people can carry out these procedures in a quicker, more flexible way. This is a pioneering initiative in Europe.
   - eAdministration
   - Virtual Citizen's Advice Office
   - Portal for Procedures
   - Open Data BCN
   - Cloud BCN – Multi-council Open Data

2. **Health and Social Services**
   Social care for vulnerable people has become one of this municipal government's main focuses, in order to make Barcelona a city that is more sensitive towards and supportive of groups of people that need special care.
   - Telecare
   - Radar
   - BCN links

3. **Education and Culture**
   Access to knowledge for everyone and the ability to share this information are both keys to creating a more inclusive and collaborative society. The introduction of new technologies in educational processes facilitates learning.
   - mSchools
   - Smart Vegetable Garden
   - Infantium
   - The city I want to live in
   - Libraries
   - Culture notebook

4. **Barcelona in your pocket**
   Barcelona City Council encourages the use of mobile devices for gaining access to city services in order to make Barcelona a benchmark for this kind of technology.
   - mobileID

Environment

Barcelona has been a pro-environment city since the 1980s, and today it is a mature city concerned with environmental issues (waste, recycling, saving water and energy, and energy recovery), on both the institutional and public levels. That is why the city is applying innovative solutions to its environmental management, to make it more sustainable and efficient." 2011 United Nations Habitat Award for the results of its citizens' commitment to sustainability 2002-2012.

Programmes:

1. **Smart rubbish collection**
   A city is not smart until it optimizes all of its resources. The smart treatment and management of waste creates jobs, saves resources and does not harm the environment. Recycling organic waste is essential for achieving this end, and the City Council is working to make all the necessary resources available to the general public in order to promote and encourage this.
   - Organic Waste Recycling
   - Green points

2. **Smart Mobility**
   Smart Mobility endeavors to achieve safe, sustainable, fair and efficient mobility. It reduces environmental impact, but also ensures that the general public is able to move around more easily and with greater fluidity.
   - LIVE Electric Vehicle

3. **Smart Water**
   Various measures have been set in motion in order to enable the city to intelligently manage its hydrological resources, both in terms of groundwater and its rational consumption by public services.
   - Telecontrolled watering
   - Telecontrolled ornamental fountains

4. **Energy self-sufficiency**
   The City Council has established an Energy Self-sufficiency Plan (producing its own energy).
   - Smart Grid
   - Hot and Cold Network

5. **Urban transformation**
   Remodelling of the main streets, squares and areas of the city, incorporating viable, sustainable, efficient and effective criteria.
   - Empty spaces (Pla buits)
   - Superblocks

6. **Resilience**
   Achieving a better quality of life by optimizing existing resources also means increasing Barcelona's resilience, by lowering and eliminating possible everyday risks in the city. Resilience involves preventative measures and minimizing the impact and necessary recuperation time in the event of a crisis.
   - Board of Public Services and Infrastructure

Mobility

Smart mobility endeavors to achieve safe, sustainable, fair and efficient mobility. It reduces environmental impact, but also enables the general public to move around more easily and with greater fluidity.

Programmes:

1. **Smart Mobility**
   Developing efficient, sustainable electric mobility systems that have zero emission.
   - Bicing
   - New Bus Network
   - School pathways
   - Smart Traffic Lights
   - Smart Parking
   - Micro-platforms for goods delivery

2. **Barcelona in your pocket**
   Barcelona City Council encourages the use of mobile devices for gaining access to city services, in order to make Barcelona a benchmark for this kind of technology.
   - ApparkB
   - App&Town

Companies and business

A smart city is a living thing: experimentation and innovation are essential qualities. Within this creative environment, Barcelona City Council is working to generate employment, promote investment and financing, attract talent and provide help for companies and entrepreneurs.

Programmes:

1. **Smart Innovation**
   The business projects promoted by Barcelona City Council encourage transversal projects within a creative and supportive environment, with the intention of covering all smart areas, carrying out research and keeping in contract with associations, organizations, SMEs and entrepreneurs.
   - Barcelona Growth
   - Smart City Campus
   - Bit Habitat
   - Spark Lab

b

Research and Innovation

Continual research and innovation are key factors in the future of both people and cities. We live in a changing world, and new technologies make everything faster and more accessible. This is why cities have to make an effort to boost innovation. Barcelona has been in the vanguard of ICT use, not only for the general public, but also at an internal level. This is why it is the only city that has a UNE-certified quality process for innovation (AENOR-type certificate) and won the iCapital 2014 Award for its innovation capacity.

Programmes:

1. **Urban transformation**
   This is Barcelona's system for compiling the information it receives from different sources, and then processing and treating it in order to provide an effective, smart response for the city's services and to offer this information to businesses and companies that need it, so that they can develop new products and/or services that make people's lives easier.
   - CityOS
   - BCN Cloud
   - Sentilo
   - Barcelona Cloud – Multi-council Open data

2. **Smart innovation**
   Barcelona seeks innovative solutions that have real applications in the city. For this reason, it has promoted public-private collaboration, with the aim of creating a talent exchange ecosystem.
   - CICs

Communications

Barcelona is and will always be a city that is connected to the world. As a Smart City, it seeks to create strong communication channels and technologically prepare the city to favour exchange between the general public, the government and the city itself. In this way, Barcelona will become a nicer city where people have a better quality of life.

Programmes:

1. **Telecommunications network**
   A single network integrating the various communication grids that already exist in the city, which promotes the deployment of mobile phones and latest-generation networks.
   - New Telecommunications Network
   - Antenna Plan
   - Barcelona WIFI

2. **Barcelona in your pocket**
   Barcelona City Council encourages the use of mobile devices for gaining access to city services, in order to make Barcelona a benchmark for this kind of technology.
   - Contractless Barcelona
   - Apps4BCN
   - Mobile Services

Infrastructures

Barcelona has a clear vision of the future and it makes the best of any activities that take place in the city's public areas in order to deploy smart infrastructures. Respecting the environment, making the best use of resources and incorporating technologies that enable more sustainable city management, and which are also beneficial to the general public.

Programmes:

1. **Smart lighting**
   This plan prioritises illumination for pedestrian areas, improving lighting and energy-efficiency levels, incorporating technology into the management of public lighting and proposing specific lighting projects in order to personalise streets, buildings and monuments.
   - Light master plan

2. **Smart Urban Mobility**
   The design of urban mobility in accordance with smart-city criteria and strategies (Habitability, Viability and Sustainability).
   - Smartquesina

3. **Telecommunications network**
   New technologies are being incorporated into public areas in a natural way for the general public, integrating smart projects in a transversal, progressive manner.
   - Deployment of Smart Infrastructures in Public Areas

4. **Infrastructure and logistic**
   Cutting-edge deployment of telecommunications infrastructures in order to incorrect business sectors and high-level technological resources. (Habitability, Viability and Sustainability).
   - Individual Ring

5. **Urban transformation**
   Remodelling of the main streets, squares and areas of the city, incorporating viable, sustainable, efficient and effective criteria.
   - Public Works Information Service

Tourism

Barcelona is also working towards becoming a smart tourist destination, which safeguards both tourists and local residents, making sure they can coexist comfortably. The City Council makes information available to tourists, so that they can discover all the alternatives offered by the city. This means a lower density of tourists in the most popular tourist areas and makes it easier for local residents to get around.

Programmes:

1. **Smart tourist destination**
   The introduction of various tourist management and information tools in order to facilitate access to tourist information about the city and its metropolitan area, as well as the management of that information.
   - New Tourist Products
   - Signposting
   - Bus Area
   - Geographic Integration System (GIS)
   - Touch Screens

c

Abb. 7.7 (Fortsetzung)

Citizen cooperation

The main objective of a smart city is to reinvent itself and evolve towards the concept of cities on a human scale, where the general public's collaboration, participation and implication play an essential, determining role. The projects being developed by Barcelona City Council aim to make the city's resources available to the general public, in order to aid their development and performance.
Programmes:

1. **Citizen participation**
   Projects to enhance the indispensable co-operative character of Barcelona's people. Platforms and initiatives are being created so that the general public can give their opinions, ask questions, make propositions, be creative, inventive and innovative. The general public is proactive in the construction of the new smart.
   ▸ Open Government
   ▸ Citizen Sensors
   ▸ Manufacturing centers
   ▸ More Sustainable Barcelona Map
   ▸ Agenda 21 and Citizen Commitment
   ▸ Citizens' Letter Box
   ▸ Citizen Sensor
   ▸ BCN Open Government (App and Website)
   ▸ Social-inclusion Apps
   ▸ Agenda 21 and Citizen commitment to sustainability 22

International Projects

Barcelona is a city that has a strong international position. Its profile abroad enables the city to work closely with other cities, take part in organized city networks and
participate in European projects. Its strategy of transversal projects in the smart sector facilitates this international cooperation, as a benchmark for smart technologies
applied to people and all possible levels of the city.
Projects:
   ▸ City Protocol
   ▸ BESOS
   ▸ EUNOIA
   ▸ CitySDK
   ▸ Commons4EU
   ▸ DC4Cities
   ▸ INSIGHT
   ▸ iCity
   ▸ Open-DAI
   ▸ CloudOpting

d

Abb. 7.7 (Fortsetzung)

Zur Unterstützung der Smart City-Programme nutzt die Stadt Barcelona bestehende oder neue Infrastrukturkomponenten wie das 22@Barcelona Innovation District, Optische Glasfaser-Netzwerke, Wi-Fi Mesh-Netzwerke, Sensor-Netzwerke und öffentliche Wi-Fi-Netzwerke [FIRE01]. Die bestehende Infrastruktur wird re-designed, um die reibungsfreie Integration von ICT-Technologien auf allen städtischen Ebenen zu ermöglichen. Dies geschieht entweder in Form einer geringfügigen Erneuerung eines Straßenzuges oder durch die vollständige Transformation eines wesentlichen Stadtbereiches wie 22@Barcelona oder das „Sagrera Modell" zur Adaption eines Stadtterritoriums an neue Anforderungen. Diese umfassenden Transformationen betreffen Infrastrukturkomponenten wie Unternehmen, Institutionen, spezifische Areale, Universitäten, Technologiezentren, Inkubatoren, Residenzen, Unternehmer etc. Die Basis der Smart City beinhaltet spezifische öffentliche Bauland-Infrastrukturpläne. Hinzu kommen Wi-Fi und optische Glasfasernetze, ein neuer Mobilitätsplan, neue Wärm- und Kühlsysteme, neuartige Energienetzwerke und U-Bahn-Galerien [FIRE01]. In der schematischen Smart City-Modellarchitektur des Buches sind dies die IKT-Infrastruktur, das Sensor „Netzwerke", Netzwerk-Management, selbstheilende Netzwerke und die physische Smart City-Infrastruktur.

Die Barcelona Smart City entwickelt sich zu einem weltweit führenden Innovationsmilieu, innerhalb dessen Unternehmen neue Ideen und Technologien im urbanen Kontext erproben können. Der Bürgermeister Xavier Trias formuliert es so: „Barcelona is becoming a real Urban Laboratory where it is possible to develop, try out and apply the most advanced solutions in electric mobility, intelligent urban development and energy self-sufficiency, for example. Inventing a new way to plan the city of the future, which can be applied to many other cities all over the world, with the „Brand Barcelona" stamp" [DFBIS01].

Zu der neuen Barcelona Smart City-Infrastruktur im Innovationsmilieu zählen der „**22@Barcelona Distrikt**" und „**Living Lab-Initiativen**" im Sinne eines Smart City-Innovationsmilieus. Der **22@Barcelona Distrikt** unterstützt die urbane Forschung und stellt neue Arbeitsräume für die Barcelona Stadtverwaltung, Unternehmen und Institute bereit. Dieser Distrikt ist errichtet worden, um Forschungsaktivitäten über das smarte Management urbaner Räume und digitaler Smart City Services zu fördern. Das Hauptziel der 22@Barcelona-Initiative besteht darin, ein Innovationsmilieu bereitzustellen, in dem die Kollaboration zwischen Unternehmen und Forschungsinstituten zur Verbesserung des urbanen Managements erleichtert wird.

Die Living Lab-Initiativen wie das **22@Urban Lab** bilden eine weitere Komponente neuer Smart City-Infrastrukturen und -Services. Damit sollen Unternehmen dazu animiert werden, neue innovative Smart City-Produkte und -Services in Bereichen wie urbaner Planung, Elektromobilität, Bildung und Sensor-Netzwerke zu testen und zu entwickeln. Die „Living Labs" dienen als Mittel und Prozesse für kollaborativ entwickelte Service-Innovationen in Real Life-Umgebungen. Das Ziel des Urban Lab besteht darin, die Stadt als Laboratorium zu nutzen, um neue Lösungen und Services zu testen, den Marktzugang zu erleichtern und die Wettbewerbsfähigkeit zu steigern. Die Pilotprojekte im Rahmen von 22@Urban Lab zielen auf die Verbesserung des Ressourcen-Managements und der Effizienzsteigerung sowie die urbanen Qualitäten städtischer Communities.

Innerhalb des 22@Innovationsdistrikts wurde auch der „**Smart City Campus**" aufgebaut. Das Ziel besteht darin, die grundsätzliche Strategie der Stadt zu stärken sowie urbane Innovationen zu fördern. Damit will Barcelona Unternehmen eine Test-Umgebung bereitstellen, um Pilotprogramme zu testen und zu entwickeln. Damit sollen letztendlich hochvernetzte Ökosysteme von allen Akteuren der Smart City in allen Smart City-Handlungsfeldern entstehen.

Die Barcelona Smart City fördert das Lernen von anderen Städten über ein Smart City Handlungsfelder übergreifendes Diskussionsforum – das „**City Protocol**". Die Idee hinter der „City Protocol"-Initiative besteht darin, gemeinsame Smart City-Probleme zu studieren. Das City Protocol wird eine globale, offene, umfassende Plattform, auf der Smart Cities die jeweiligen Erfahrungen, Projektergebnisse und Policies austauschen, Smart City-Indikatoren definieren und gemeinsame Evaluierungssysteme entwickeln können (Knowledge Exchange-Plattform), um letztlich die eigene Smart City-Transformation voranbringen zu können.

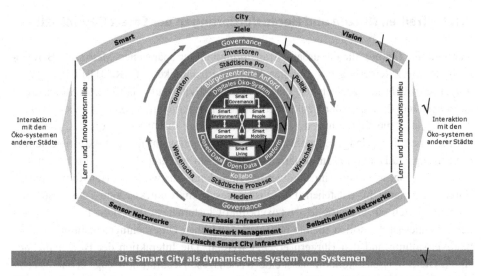

Abb. 7.8 Barcelona Smart City und die schematischen Smart City-Architektur-Komponenten

Aus der Abb. 7.7 „Bereiche der Barcelona Smart City" lässt sich keine schematische Smart City-Architektur direkt ableiten. Beim Vergleich der im Buch erarbeiteten schematischen Smart City-Architektur (siehe Kap. 5.1.1) mit den Barcelona Smart City-Bereichen (inklusive Programme und Projekte) wird deutlich, dass alle Handlungsfelder einer Smart City sowie alle anderen Smart City-Architekturkomponenten abgedeckt sind (siehe Abb. 7.8).

Aus den bisherigen Ausführungen im Kap. 7.1.2 erschließt sich die Anatomie der Barcelona Smart City-Initiative.

Mit der schematischen Smart City-Modellarchitektur des Buches ließe sich die Barcelona Smart City-Initiative systematischer und konsistenter abbilden. Aus den Barcelona Smart City-Bereichen (siehe Abb. 7.7) erschließt sich unmittelbar keine systematische Struktur einer Smart City-Architektur. Dies hängt auch damit zusammen, dass es bis dato kaum eine allgemein anerkannte schematische Smart City-Modellarchitektur gibt. Mit dem entwickelten schematischen Smart City-Architekturmodell wiederum können die Smart City-Bereiche mit ihren zahlreichen Smart City-Programmen systematisiert und in einen Smart City-Referenzrahmen eingefasst werden. Dieser Referenzrahmen ist der Ausgangspunkt für die folgenden Überlegungen zu der Barcelona Smart City in Bezug auf die Smart City-Reifegrad- und Transformationsmodelle des Buches.

Die Ausprägungen der Smart City-Reifegrad-Architekturkomponenten der Barcelona Smart City-Initiative bestimme ich im Kap. 7.1.4. Auf der Basis des schematischen Smart City-Reifegradmodells (siehe Kap. 5.2) kann der Reifegrad der Barcelona Smart City-Initiative bestimmt werden. Zuvor beleuchte ich die Treiber, Nutzen und Herausforderungen der Barcelona Smart City.

7.1.3 Treiber, Nutzen und Herausforderungen der Smart City-Initiative

Der zentrale **Treiber** für die urbane Transformation der spanischen Metropole Barcelona bildet die „Steigerung der globalen Wettbewerbsfähigkeit" [FIRE01][FIRE02][TRIAS]. Damit geht das Ziel einher, eine hohe Attraktivität auf qualifizierte Arbeitskräfte auszuüben und die Ansiedlung zukunftsorientierter Unternehmen voranzutreiben. Weitere Treiber bilden die Steigerung der Ressourceneffizienz öffentlicher Services, die Etablierung einer „Knowledge Economy" in einem Innovationsmilieu und die Erleichterung des Zugangs zu Daten und Informationen. Mit diesen weiteren Treibern soll letztendlich eine „Wissensgesellschaft" im Stadtgefüge Barcelonas zur weiteren Transformation der Barcelona Smart City entstehen. Die Wissensgesellschaft umfasst eine „Wissensökonomie", die durch ein industrielles Netzwerk und Clusternetzwerke (siehe Kap. 7.1.2) gekennzeichnet ist. So sollen soziale Netzwerke zwischen Unternehmen, Institutionen, der Stadtverwaltung und den Bürgern erzeugt werden. Die Interaktion der Bürger mit den Akteuren der Wissensökonomie lässt eine Wissensgesellschaft (knowledge economy) entstehen [FIRE01][FIRE02].

Hinsichtlich des **Nutzen** der Barcelona Smart City lassen sich einige Beobachtungen anstellen. Innerhalb des 22@Barcelona Districts entstanden neue Beschäftigungsmöglichkeiten, Universitäten zogen dorthin, soziale Wohnprojekte wurden umgesetzt, urbane „grüne" Bereiche wurden geschaffen und die Effizienz der öffentlichen Services wurde erhöht. Es wurden mehr als 4000 neue Wohngebäude errichtet zu 25 % niedrigeren Mieten als im städtischen Durchschnitt. Durch die Ansiedlung von mehr als 1500 neuen Unternehmen und neuer Institutionen (hauptsächlich im Bereich der neuen Informations- und Kommunikationstechnologien und Medien) wurden nahezu 55.000 neue Arbeitsplätze geschaffen. Zudem siedelten sich in dem 22@Barcelona Areal 10 Universitäten und 12 Forschungszentren an. Dieses Vorhaben erinnert in Umrissen an das weltweit bekannte Silicon Valley in den USA, nur mit einem starken europäischen Anstrich. Privatwirtschaftliche Organisationen profitierten von der gemeinsamen Nutzen hochmoderner Infrastrukturen, einer höheren Kollaborationsdichte und den vielfältigen sozialen Netzwerken. Beispielsweise wurden durch das 22@Urban Lab neue Produkte und Patente entwickelt, die in einem realen Smart City-Umfeld getestet und validiert werden konnten [FIRE01][FIRE02].

Die IT-Industrienetzwerke, die durch die Barcelona Smart City-Pilotprojekte entstanden – unter Beteiligung von SME und globalen Unternehmen – bringen der Stadt verlässliche Partner bei der Finanzierung und Umsetzung der langfristigen Smart City-Ziele. Das Smart City-Vorhaben erzeugte zudem die Voraussetzungen, um neue Services im Kontext einer Smart City entwickeln und umsetzen zu können. Die Stadt erhöht das Humankapitel durch die Anwerbung ausländischer Talente, insbesondere hochqualifizierter Arbeitnehmer im Technologiebereich. Bei der Transformation der Stadt zu einer Smart City durchliefen wiederum die städtischen Beamten und Angestellten eine Lernkurve in Bezug auf die Funktionsweise der städtischen Strukturen und möglichen Effizienzsteigerungen. Mit den Pilotprojekten innerhalb von Programmen in den Handlungsfeldern konnten die Akteure der Smart City im Zeitablauf „Best Practices" ableiten und die Transformationsrichtung der Smart City schärfen. Die Erhöhung der Transparenz und der aktiven Bürgerpartizipation über die „Open Government-Plattform" führten dazu, dass Bürger den Nutzen der Barcelona Smart City anschaulich nachvollziehen können und ihnen das starke Gefühl vermittelt wird, Teil von etwas „Neuem" zu sein, das sie aktiv mitentwickeln können.

Zu den **zentralen Herausforderungen** bei der Barcelona Smart City-Transformation zählen: Schwierigkeiten bei der Kollaboration unterschiedlicher städtischer Verwaltungseinheiten, unzureichendes Humankapital und die Finanzierung aller Smart City-Programme. Die bereichsübergreifende Zusammenarbeit und die klare Definition der Rollen und Verantwortlichkeiten stellt immer noch eine ziemliche Herausforderung dar. Deshalb wurden Mittlerorganisationen zur Erleichterung der Zusammenarbeit eingesetzt. Ein weiteres Problem ist die Bewältigung der wirtschaftlichen Situation in Spanien, die unmittelbar auf öffentliche Finanzierungen von Initiativen, Programmen und Projekten durchschlägt. Eine große Herausforderung für die kommenden Jahre ist es, effektive Governance-Maßnahmen im Falle von Budgetbeschränkungen bei gleichzeitiger Aufrechterhaltung des kontinuierlichen Wachstums der Stadt bereitzustellen.

In der Abb. 7.9 werden die Aussichten für die weitere Barcelona Smart City-Transformation in Form einer SWOT-Analyse dargestellt.

Strengths	Opportunities
▸ Hohe Attraktivität für Industrie, hochqualifizierte Arbeitnehmer aus aller Welt, Tourismus durch starke Wettbewerbsfähigkeit auf globaler Ebene. ▸ Hohe Akzeptanz der Smart City bei der Stadtbevölkerung durch starke Einbeziehung der Einwohner in nahezu allen Smart City-Aktivitäten. Zusätzliche Dynamik zur weiteren Entwicklung der Smart City. ▸ Starkes Innovationsmilieu mit Tendenz zur „wissensbasierten" Stadtgesellschaft. ▸ Leuchtturmprojekte wie: Smart Districts (22@Barcelona), Living Labs, ubiquitäre Infrastrukturen; Innovationscluster. ▸ Visionäre Smart City-Planung in Verbindung mit umsetzungsorientierter Führung.	▸ Hohes Anziehungspotenzial für Unternehmen. ▸ Welt entwickelte Smart Services zur Steigerung der unternehmerischen Tätigkeiten und Erzeugung von Innovationen. ▸ Ausbau des Innovationsmilieus mit Clustern zur Ausbildung vitaler Ökosysteme in den Smart City-Handlungsfeldern. ▸ Verstärkung der Kollaboration mit anderen Smart Cities; Fokus auf Lernen und Ressourcenteilung.
Weaknesses	Threats
▸ Koordination zwischen den unterschiedlichen Stadtverwaltungseinheiten noch unzureichend. ▸ Fehlende gesetzliche Smart City-Voraussetzungen in einigen Handlungsfeldern. ▸ Städtische Strukturen und Prozesse hinken der Dynamik technologischer Veränderungen hinterher. ▸ Fehlende Smart City-Voraussetzungen der gewachsenen lokalen Wirtschaft.	▸ Nachwirkungen der globalen Finanzkreise und damit einhergehende rezessive ökonomische Situation mit leichten Erholungstendenzen wirkt sich negativ auf die Smart City-Investitionsplanung aus. ▸ Wechsel an der Smart City-Führungsspitze könnte die weitere Barcelona Smart City-Entwicklung verzögern.

Abb. 7.9 Barcelona Smart City-Transformation – SWOT

7.1.4   Das Reifegradniveau der Barcelona Smart City

Mit den hergeleiteten schematischen Smart City-Modellen und der Auswertung empirischer Analysen ([ADB] [ADB02] [BLOOM] [DFBIS01] [EUCHI] [FIRE01] [FIRE02] [IDC02] erweitert um eigene Untersuchungen) der praktischen Barcelona Smart City-Initiative lässt sich das Reifegradniveau ableiten (siehe Abb. 7.10).

Damit lässt sich die Barcelona Smart City eindeutig als „Integrierte Smart City" im Smart City-Reifegradmodell verorten. Aus der Abb. 7.10 wird deutlich, dass alle Bausteinkomponenten des Smart City-Reifegradmodells entwickelt wurden und die Entwicklungsniveaus der Bausteinkomponenten nahe beieinander liegen. Nachfolgend skizziere ich die spezifischen Barcelona Smart City-Ausprägungen (basierend auf [ADB] [ADB02] [BLOOM] [DFBIS01] [EUCHI] [FIRE01] [FIRE02] [IDC02] und erweitert um eigene Untersuchungen) derjenigen Bausteinkomponenten, die nicht bereits in den Kap. 7–7.1.3 thematisiert wurden. Bereits thematisiert wurden die Smart City-Bausteinkomponenten Smart City-Planung, Smart City-Führung, Innovationsmilieu und Smart Services.

Ein herausragendes Charakteristikum des Barcelona Smart City-Ansatzes seit den 1990 Jahren besteht in dem urbanen **Governance-Ansatz**. Der Governance-Ansatz beinhaltet eine enge Kollaboration zwischen Politikern, Unternehmen sowie administrativen Einheiten und Bürgern bei der Entwicklung der Smart City-Initiative. Es wird so das eine Smart City charakterisierende Smart City-Beziehungsgeflecht gelebt, das ich bereits im ersten Band „Die digitale Evolution moderner Großstädte" herauskristallisiert habe. Im Rahmen des Governance-Ansatzes wurde das „Open Goverment Program" initiiert, mit dem Ziel, die städtischen Prozesse und Strukturen für den Bürger transparenter und nachvollziehbarer zu machen. Das Programm startete mit der Entwicklung von 44 „Citizens Attention" -Kiosken und dem Open Data-Portal. Über das Open Data-Portal kön-

Reifegradniveau	Level 0	Level 1	Level 2	Level 3	Level 4	Level 5
Klassifikation	Keine Smart City	Absprungbasis Smart City	Minimum Smart City	Integrierte Smart City	Etablierte Smart City	Lernende Smart City
Smart City-Planung				√		
Governance				√		
Stakeholder Management				√		
Smart City-Führung					√	
Bürgerpartizipation				√		
Innovationsmilieu				√		
Digitale Geschäftsmodele				√		
Digitale Technologien				√		
Smart Services				√		
Business Case			√			
Investitionsplanung			√			
Smart City Prozess & Strukturen				√		
Attribute	**x**	**initiiert**	**entwickelt**	**gemanagt**	**etabliert**	**dynamisch**

Abb. 7.10 Das Reifegradniveau der Barcelona Smart City (Stand: Ende 2014)

nen Bürger und Unternehmen mit Open Data eigene Smart City Services entwickeln. Die zunehmende Transparenz der städtischen Strukturen war von Anfang an eine wichtige Komponente der Smart City-Strategie. Damit konnten Stadtverantwortliche die Entwicklung neuer Smart Services oder öffentlich sensibler Lösungen kommunizieren und den Nutzen der Lösungen erläutern. Dies hat sich als sehr erfolgreich erwiesen, um eine breite öffentliche Unterstützung für die Smart City-Transformation Barcelonas mobilisieren zu können, insbesondere auch, als die fiskalischen Auswirkungen der globalen Finanzkrise in Barcelona den Investitionsspielraum einschränkten.

Der Bürgermeister von Barcelona, Xavier Trias, verbindet die Barcelona Smart City-Vision mit dem Ziel, die optimalen Kollaborationen mit dem privatwirtschaftlichen Sektor zu gewährleisten, damit mehr innovative Lösungen, neue urbane Management-Modelle, neue Technologien, informationsbasierte Produkte und Services in Übereinstimmung mit den Anforderungen des 21. Jahrhunderts entwickelt werden [TRIAS]. Die Stadt musste dabei das eigene Selbstverständnis ändern. Im Zuge des **Stakeholder Managements** musste sich die Stadt an die Vorgehensweise großer multinationaler Unternehmen anpassen. Den Unternehmen war die Arbeitsweise des öffentlichen städtischen Sektors oftmals fremd. Es war hier ein starker und umfassender Public-private-Partnerships (PPP)-Ansatz notwendig.

Das Barcelona City Council ist strategische Partnerschaften mit privatwirtschaftlichen Unternehmen wie Cisco Systems, GDF Suez, HP, Abertis, Schneider Electric, Telefónica, Indra, IBM, Endesa, Philips eingegangen. Zu den Kollaborationspartnern bei katalanischen Forschungszentren zählen: Bdigital (CITCLOPS, Wat ERP), IREC (microgrids and electric vehicles, lighting, Building (NZEB) and industry), Barcelona Design Innovation Cluster/Barcelona Centre de Disseny (Initiative DIPOLIS), I2cat–(SENSORDROID/Urbiotic transfer). Zudem pflegt Barcelona unterschiedliche Kooperationen mit „City Councils" globaler Smart Cities und übergeordneten Instituten wie Dublin City Council, Seoul Metropolitan Government, Ajuntament de SantCugat, EU Kommission, Weltbank, Vereinte Nationen (UN).

Die Stadt Barcelona interagiert auf vielfältige, neue Weise mit ihren Bürgern. Dazu zählen der „Municipal Action Plan (PAM)", mit dem über 70.000 Beiträge von Bürgern zur Smart City-Transformation generiert wurden und die „Smart Citizen-Plattform" www.smartcitizen.me. Die Smart Citizen-Plattform erzeugt partizipative Prozesse für die Bürger. Dadurch erhalten die Bürger Zugang zu Stadtdaten und Hintergrundinformationen zur gemeinsamen Weiterentwicklung der Stadt. Weitere Maßnahmen zur Steigerung der **Bürgerpartizipation** bei der Smart City-Transformation umfassen:

- „Hackathons" und Smart Service-Entwicklungswettbewerbe (Smart City Award) zur Steigerung der Innovationsfähigkeit und Erzeugung neuer Ideen.
- Soziale Netzwerke wurden mit der offiziellen Barcelona City Webpage verknüpft, um über Smart City-Entwicklungen zu informieren.
- Der Aufbau des „Cibernàrium", um Bürger im Umgang mit den neuen Smart Services zu schulen.

- Fab Lab Barcelona: Analysiert den Zusammenhang zwischen der digitalen und der physischen Welt und vermittelt den Bürgern diesen Zusammenhang. Die Fab Lab-Projekte werden über Crowd Funding finanziert, sodass die Bürger selbst entscheiden, welche Projekte durchgeführt werden sollen.
- 22@Living Lab: Teil des Europäischen Netzwerkes von „Living Lab". Diese Initiative konzentriert sich auf „Open Innovation" durch Bürgerpartizipation und Co-Entwicklung.
- Arbeitsgruppen: das „Barcelona Creixement"-Projekt beinhaltet sechs Arbeitsgruppen, die zusammenarbeiten und mit 70 Experten die unterschiedlichsten Anforderungen in allen Handlungsfeldern einer Smart City analysieren.

Die Grundlage **digitaler Geschäftsmodelle** in der Barcelona Smart City bildet das bereits umfassend thematisierte Datenmanagement mit Open Data-Komponenten. Das Open Data Barcelona (Open Data BCN) ermöglicht allen Akteuren der Smart City den Zugang zu Open Data. Mit dem Open Data BCN sind drei Ziele verbunden:

1. Erhöhung der Transparenz des City Council,
2. Universalisierung des Datenzugangs und
3. Innovationen und Änderungen in der Wirtschaftsstruktur.

Die Daten umfassen geografische Daten, Bevölkerungsdaten, Management- und Verfahrensdaten, urbane Umwelt- und Verwaltungsdaten. Die Daten können zu privaten Zwecken, zur Entwicklung von allgemeinen, kostenfreien oder zu kommerziellen Services verwendet werden.

Die digitalen Geschäftsmodelle finden sich in nahezu sämtlichen Smart Services der Barcelona Smart City. Eine Besonderheit bei den Barcelona Smart City-Geschäftsmodellen besteht in der Nachhaltigkeit der Geschäftsmodelle. In einem ersten Schritt hat Frau Lopez von Beginn an mit den High-Tech-Unternehmen vereinbart, dass die System-Architekturen möglichst offen sind und nicht auf proprietären Technologien aufsetzen. Dies führte in zahlreichen Fällen zur Finanzierung von neuen und nachhaltigen Geschäftsmodellen. Die Unternehmen, die Teil von Smart City-Geschäftsmodellen sind, können so nicht auf Umsatzzuflüsse setzen, die nur aus Software Updates stammen. Der Anreiz für die Unternehmen liegt eher darin, sich an den Geschäftsmodellen zu beteiligen, weil diese in der Folge meist über eine erfolgreiche Plattform verfügen, die weitervermarket werden kann.

Ein wesentliches Ziel der Anwendung **digitaler Technologien** zur Entwicklung von Smart Services besteht in der Transformation der Prozesse und Strukturen der öffentlichen Verwaltung (intern und extern). Die digitalen Technologien der Barcelona Smart City sind in drei Ebenen aufgebaut:

- Sensor-Netzwerke und die offene City Sensor-Plattform Sentillo (www.sentillo.io),
- City OS-Plattform („Betriebssystem" einer Stadt) zur Sammlung, Analyse und Auswertung von anfallenden Daten zahlreicher Smart Services in allen Handlungsfeldern der Smart City durch die Stadt sowie

- die urbane Plattform zur Teilung von Daten und Datenanalysen mit zahlreichen Akteuren der Smart City.

In der Barcelona Smart City wurden enorme Investitionen in den Aufbau eines integrierten Netzes aus vier bestehenden Glasfasernetzen und einer Wi-Fi-Infrastruktur in der Stadt getätigt. Neben dem Breitbandnetzwerk wurden unzählige Sensoren in der ganzen Stadt im Rahmen von Smart City-Programmen, wie der intelligenten Beleuchtung und intelligente Wasser-Projekte, installiert. Die IKT-Infrastrukturen werden bei vielen Smart City-Projekten gemeinsam genutzt.

Außerdem stellt die Stadt Barcelona über das Wi-Fi-Netz allen Bürgern freien Internetzugang zur Verfügung (443 Wi-Fi-Antennen). Die digitalen Technologien und ICT Service-Provisionsmodelle in der Smart City entwickeln sich zunehmend zu nachhaltigen Modellen, die auf effizienten Technologien wie Cloud Computing-Infrastrukturen und -Plattformen aufsetzen.

Die Stadt hat **KPI's (Key Performance Indicators)** entwickelt, die in der dezidierten Smart City-Organisation auf monatlicher Basis überwacht werden. Darüber hinaus arbeitet Barcelona mit der Stadt Buenos Aires (Argentinien) im Rahmen des innovativen Projektes „Smart City Index" zusammen. Über den Smart City-Index werden jährliche Smart City-Rankings veröffentlicht. Diese Smart City-Rankings stellen mögliche Benchmarks für die Leistungsauswertung im Smart City-Bereich dar. Barcelona wertet die Smart City-Programme auf der Basis von qualitativen und quantitativen Faktoren aus. Der Smart City **Business Case** wird kontinuierlich weiterentwickelt und misst die Performance in allen Handlungsfeldern der Smart City.

Die ausreichende Finanzierung der mit einer Smart City-Transformation verbundenen Programme wurde in Barcelona durch eine strategische Partnerschaft mit einem Telekommunikationsanbieter möglich. Der Telekommunikationspartner stellt Netzwerk-Management- und Netzwerkaufbau-Leistungen zu Verfügung. Im Gegenzug kann der Telekommunikationsanbieter die überschüssige Netzwerkkapazität für eigene Zwecke nutzen. Private Unternehmen stellen im Rahmen von Public-private-Partnerships (PPP) Leistungen in Form von Ressourcen zur Verfügung, manchmal auch in Form von Kapitalinvestitionen. Die Smart City-Programme werden entweder durch das City Council direkt finanziert oder durch PPP. Zudem greift das City Council auch auf Finanzierungsmöglichkeiten im Rahmen von EU-finanzierten Smart City-Innovationsprojekten zurück. Es handelt sich um die Nutzung von Finanzinstrumenten, autorisiert durch die Europäische Kommission für Smart Cities (7PM/Horizon 2020) sowie spanische Fonds inklusive der Transportation-Initiative unter dem EC-Programm „Miracle Civitas". Die Finanzierung der Smart City-Aktivitäten (**Investitionsplanung**) stellt die Stadt aber prinzipiell noch immer vor Herausforderungen.

Das „URBAN HABITAT" fördert die Integration urbaner, umweltbezogener und ICT-Bereiche. Dies bedeutete eine fundamentale Veränderung hinsichtlich Transparenz und organisatorischer Bedingungen **städtischer Strukturen und Prozesse**. Die Barcelona Smart City zählt zu den fortschrittlichsten Smart Cities in Europa und befindet sich in der Verstetigung des Smart City Reifegrades Level 3 – „Integrierte Smart City".

Im nächsten Kapitel beleuchte ich kurz die „Lessons Learned" auf dem bisherigen Smart City-Transformationsweg und Handlungsempfehlungen für die weitere Barcelona Smart City-Transformation.

7.1.5   Die weitere Smart City-Transformation der Metropolis Barcelona

Bei dem bisherigen graduellen Wandel der Stadt Barcelona zu einer Smart City wurden die prinzipiellen Smart City-Transformationsprinzipien (siehe Kap. 6.3.1) weitgehend eingehalten. Damit die Verstetigung des Smart City-Reifegrades Level 3 „Integrierte Smart City" möglich wird, sind einige Transformationsaspekte konsequent weiter zu verfolgen. Der weitere Erfolg auf dem Smart City-Transformationsweg wird entscheidend von einem effektiven Dialog mit dem privaten Sektor, Forschungsinstituten und anderen Smart Cities abhängen. Das will die Barcelona Smart City mit dem Ausbau des „City Protocol", der Teilnahme an internationalen Smart City-Events und dem offenen Austausch über Smart City-Bemühungen und -Ergebnisse erreichen. Die Barcelona Smart City-Führung ist davon überzeugt, auf diese Weise das Profil als globale Smart City zu schärfen, Investitionsmittel zu sichern und andere Städte bei deren Smart City-Zielerreichung zu unterstützen [DFBIS01][FIRE01].

Diese Erkenntnisse lassen sich mit dem schematischen Smart City-Transformationsmodell im Kap. 6 verifizieren (siehe roter Kreis in Abb. 7.11). Die notwendigen Benchmarking- und Lernprozesse im Smart City-Transformationsmodell führen zu neuen Transformationserfordernissen, die wiederum zu neuen Transformationsdurchläufen führen.

So erst erhält die Smart City-Führung neue Erkenntnisse über weitere Handlungsnotwendigkeiten, orientiert am schematischen Smart City-Reifegradmodell (siehe Kap. 5). Damit ist dann eine systematische und transparent nachvollziehbare Weiterentwicklung der urbanen Barcelona Smart City-Transformation möglich. Das Transformationsmodell in Verbindung mit den beiden anderen schematischen Smart City-Modellen (Architektur und Reifegradmodell) dient in diesem praktischen Smart City-Beispiel als direkte Orientierungshilfe für weitere Transformationsschritte. Ohne diese schematischen Smart City-Modelle wirken die Maßnahmen unsystematisch und ohne Bezugspunkte. Damit die Vernetzung aller Programme in den Smart City-Handlungsfeldern zu einem dynamischen System von Systemen voranschreiten kann, ist der ubiquitäre Ausbau intelligenter Netzwerktechnologien voranzutreiben. Dazu wird beispielsweise von der Barcelona Smart City-Führung die Umsetzung und der Ausbau der City OS-Plattform forciert. Der Business Case über mehrere Smart City-Handlungsfelder muss zukünftig auf alle Smart City-Handlungsfelder ausgedehnt werden und anschließend zu einem konsistenten ganzheitlichen Smart City Business Case konsolidiert werden.

Mit den in dem zweiten Band entwickelten schematischen Smart City-Modellen können die Akteure der Barcelona Smart City weitere Transformationserfordernisse ableiten. Insbesondere können mit dem vorliegenden Smart City-Reifegradmodell konkrete und nachvollziehbare Maßnahmen beschlossen werden. Da die schematischen Smart City-

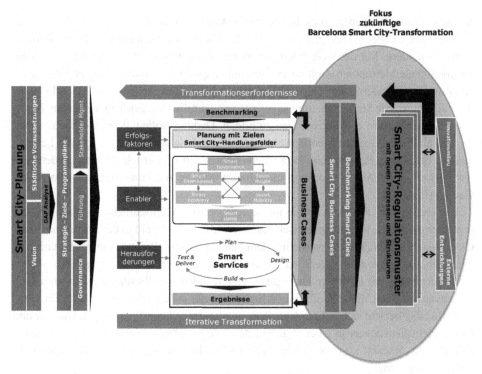

Abb. 7.11   Barcelona und das Smart City-Transformationsmodell

Modelle als offene Modelle konzipiert wurden, ist eine Individualisierung auf die spezifischen Bedürfnisse der Barcelona Smart City möglich und sinnvoll. Das Spektrum an Individualisierungsmöglichkeiten wurde im Kap. 5 thematisiert.

7.2   Barcelona Smart City und der „Urban Innovation Prize"

Die Stadt Barcelona hat sich als eine von fünf Städten bei einem, von der Michael Bloomberg Philanthropies Foundation unterstützten, urbanen Wettbewerb gegen 16 Finalisten durchgesetzt [APRESS]. Das Gewinnerprojekt der Bacelona Smart City zielt darauf ab, ein Unterstützungsnetzwerk für die alternde Stadtbevölkerung aufzubauen. Der globale urbane Wettbewerb der Michael Bloomberg Pilanthropies Foundation spornt Städte dazu an, innovative Ansätze zur Steigerung der Lebensqualität in den Städten zu entwickeln. Dazu sollen die Bürgermeister der Städte unorthodox denken und keine Scheu davor haben, etwas Neues auszuprobieren. Oder wie Michael Bloomberg, der ehemalige Bürgermeister von New York, es selbst ausdrückt: „To meet the biggest challenges of the 21st century, city leaders must think creatively and be unafraid to try new things – and the Mayors Challenge is designed to help them do that [BLOOM]." Auf der Website der Bloomberg Philanthropies Foundation wird das Projekt der Barcelona Smart City wie folgt beschrieben:

Kollaboratives Pflegenetzwerk für besseres Altern Mehr als jeder fünfte Einwohner in Barcelona ist älter als 65 Jahre und dieses Verhältnis wird sich bis zum Jahre 2040 auf 1 zu 4 verändern. Mit der steigenden Lebenserwartung muss sich Barcelona – wie viele andere globale Metropolen – mit neuen Gesundheitsproblemen und schleichender sozialer Isolation auseinandersetzen. Um sich diesen Problemen zu stellen, setzt Barcelona auf digitale und soziale Strategien, um Netzwerke von Familienangehörigen, Freunden, Nachbarn, Sozialarbeitern und Freiwilligen zu bilden. Dadurch sollen „Vertrauensnetzwerke" für alle älteren hilfsbedürftigen Bewohner von Barcelona entstehen. So soll die Lebensqualität der älteren Bevölkerung in der Barcelona Smart City erhöht werden. Zudem sollen Lücken in der Altenversorgung identifiziert und die Altenunterstützung koordiniert werden [BLOOM].

Der Gewinn des Projektes wurde im September 2014 veröffentlicht. Es stellt sich unmittelbar die Frage, was nun praktisch mit den 5 Mio. € Preisgeld in der Barcelona Smart City passiert ist. Das Projekt wurde mit dem Namen „Radars Project" umgesetzt und zielt darauf ab, Einwohnern im Alter über 75, die alleine oder mit anderen älteren Einwohnern zusammenleben, das Leben in den eigenen vier Wänden selbstbestimmt zu ermöglichen, und zwar mit der Unterstützung von Mitgliedern der lokalen Nachbarschaft. Das Projekt „Radars" bezieht sich auf ein Netzwerk lokaler Einwohner, Freiwilliger, Händler und Gesundheitsdienstleister in einer abgegrenzten Nachbarschaft. Diese Akteure werden bei dem Projekt „Radars" genannt, da sie eine respektvolle Überwachung der älteren Bewohner gewährleisten.

Die Überwachung zielt darauf ab, Veränderungen in der täglichen Routine oder im Verhalten wahrzunehmen und diese Beobachtungen an „Soziale Pflegestellen" per Mobiltelefon oder per E-Mail weiterzuleiten [BCN]. Die digitalen Technologien sind lediglich Teil des Projektes und stehen nicht im Vordergrund. Nüchtern betrachtet könnte man meinen, dass es sich um ein Nachbarschaftsprojekt klassischer Natur handelt. Aber das Projekt zielt ganz bewusst darauf ab, die soziale Innovation in der Anfangsphase in den Vordergrund zu stellen und diese dann im weiteren Verlauf umfassend mit technischen Innovationen zu verknüpfen. Dieses kollaborative Netzwerk der Barcelona Smart City stellt als Pilotprojekt das **Initial** eines Smart Senior-Ökosystems (eHealth) im Handlungsfeld „Smart Living" dar. Anschließend beleuchte ich die Struktur des Smart Senior-Programms der Barcelona Smart City.

7.2.1   Die Struktur des Smart Senior-Ökosystems in Barcelona

Die Struktur des Barcelona Smart Senior-Ökosystems setzt sich momentan primär aus drei Pilotprojekten zusammen. Diese Projekte sind Teil des Barcelona Smart City-Bereiches „Public and Social Services" im Unterbereich „Health and Social Services" (siehe Abb. 7.12).

Abb. 7.12 Smart Senior-Pilotprojekte der Barcelona Smart City [BCN]

- Telecare Service
- Radars Project
- Vincles BCN (Barcelona) Project.

Bei dem Projekt „**Telecare Service**" handelt es sich um ein Monitoring-Projekt für die ältere Bevölkerung in der Barcelona Smart City. Der Modus Operandi ist denkbar einfach: Ein digitales Gerät wird in den Wohnungen und Häusern der älteren Einwohner installiert, das über ein Mobilfunknetz mit einem Call Center verbunden ist. Das Call Center kann über einen einfachen Tastendruck angerufen werden. Der 24-h, an 365 Tagen verfügbare Service umfasst:

- Beantwortung von Nutzeranfragen bezüglich Pflegeunterstützung sowie
- präventive Maßnahmen durch kontinuierlichen Kontakt mit den Einwohnern, um risikoreiche Situationen, Vereinsamung und potenzielle Verwahrlosung zu vermeiden.

Mit dem Projekt „**Vincles BCN**" sollen ältere Einwohner Unterstützung erhalten, die sich alleine fühlen oder isoliert leben. Die Unterstützung erfolgt über ein plattformbasiertes

Reifegradniveau (Entwicklungsstufe)	Level 0	Level 1	Level 2	Level 3	Level 4	Level 5
Klassifikation	Kein Smart Senior-Ökosystem	Absprungbasis Smart Senior-Ökosystem	Minimum Smart Senior-Ökosystem	Integriertes Smart Senior-Ökosystem	Etabliertes Smart Senior-Ökosystem	Lernendes Smart Senior-Ökosystem
Ausprägung	Smart Senior-Ökosystem-Konzept unbekannt	Analyse städtischer Smart Senior-Voraussetzungen Theoretisches Verständnis Smart Senior-Ökosystem	Theoretische und praktische Grundlagen Smart Senior-Ökosystem	Integrierte Smart Senior – Ökosystem-Projekte / Programme	Hochvernetztes Smart Senior-Ökosystem	Selbstlernendes und adaptionsfähiges Smart Senior-Ökosystem mit endogenen und exogenen Netzwerken
Ziel	X	Bestimmung der Smart Senior-Ökosystem-Voraussetzungen Entwicklung einer Smart Senior-Vision im Einklang mit Smart City-Vision	Smart Senior-Ökosystem-Strategie mit Projektplan. Wichtigste Akteure (Stakeholder) identifiziert und eingebunden	Integration und Kombination von Smart Senior-Ökosystem-Anwendungen, Prozessen und Strukturen zu Smart Senior-Anwendungsfällen. Formale Gremien definieren Interaktionsstrategien und Technologieinvestitionen Benchmarking mit vernetzten Smart Senior-Ökosystem-Projekten/Programmen anderer Smart Senior-Ökosysteme	Smart Senior-Ökosystem-Bedarfsprognosen und Entwicklung neuer Dienste. Vernetzung des Smart Senior-Ökosystems mit den interdependenten Programmen in anderen Smart City-Handlungsfeldern Benchmarking mit anderen Smart Senior-Öko-Systemen	Hohe Adaptionsfähigkeit des hochvernetzten Smart Senior-Öko-Systems auf technologische, wirtschaftliche, kulturelle, soziale Herausforderungen und Veränderungen in anderen interdependenten Smart City-Handlungsfeldern. Smart Senior Ökosystem-Vision und Strategie passt sich dynamisch der sich verändernden Smart City-Vision und -Strategie an Benchmarking mit anderen Regulationsmustern vernetzter Smart Senior-Ökosysteme
Ergebnis	X	Transparenz über städtische Strukturen, Ressourcen, Prozesse im Bereich Senieren-Öko-Systeme Smart Senior-Vision ohne klare Strategie Kein Business Case	Klare Smart Senior Öko-System Strategie Proaktive Kollaboration von Smart Senior Gesundheitsdienstleistern und anderer Akteure einer Smart City Grundlegende Governance-Strukturen etabliert Isolierte Smart Senior-Projekte bzw. -Programme Business Case mit RIO-Analysen von Pilotprojekten	Smart Senior-Ökosystem-Kultur und -Milieu entsteht Effizienzsteigerung beim Ressourceneinsatz durch (Re)Kombinationsprinzip: Kombination von Smart Senior Apps zu Apps-Anwendungsfällen und durch Vernetzung Erste Open Data Smart Senior-Ökosystem-Cloud-Computing-Plattformen entstehen Business Case über mehrere Smart Senior-Ökosystem-Projekte bzw. Programme	Stabiles Smart Senior-Ökosystem-Regulationsmuster Optimierung der Ressourcen-Allokation über Smart Senior-Ökosystem-Programme hinaus. Hochvernetzte Smart Senior Apps-Anwendungswelten auf Open Data Cloud Computing-Plattformen Business Case über gesamtes Smart Senior-Ökosystem	Neue adaptionsfähige Smart Senior-Ökosystem-Regulationsmuster Differenzierung des Smart Senior-Ökosystems gegenüber anderen Smart Senior-Ökosystemen Steigerung der Wettbewerbsfähigkeit und Attraktivität des Smart Senior-Ökosystems Selbststeigernde und (Re)Kombination von Smart Senior-Ökosystem-Apps zu neuen Smart Senior-Anwendungswelten Holistische Open Data Smart Senior-Ökosystem-Plattform vernetzt mit Smart Senior-Ökosystem-Cloud-Computing-Plattformen anderer Smart Cities Business Case über gesamten Smart Senior-Ökosystem in Relation zum Smart City Business Case und externer Smart Senior-Ökosystem Business Cases

Abb. 7.13 Der Reifegrad des Barcelona Smart Senior-Ökosystems

soziales Pflegenetzwerk, das über ein Tablet erreichbar ist. Dem Netzwerk gehören Familienangehörige, Freunde und Mitarbeiter im Gesundheitswesen an. Bei diesem Projekt spielen die digitalen Technologien eine wichtige Rolle.

Das Smart Senior-Ökosystem der Barcelona Smart City befindet sich mit diesen drei Pilotprojekten am *Anfang* eines sich entwickelnden „Minimum Smart Senior-Ökosystems – Level 2 des Reifegradmodells" (siehe Abb. 7.13).

Die Strategie des Smart Senior-Ökosystems basiert momentan noch auf isolierten Pilotprojekten.

Die Vision des Smart Senior-Ökosystems in diesem Buch fußt auf der digitalen Patientenakte und einer digitalen Gesundheitsplattform, über die Bürger ihre Gesundheits- und Fitnessdaten selbstbestimmt, sicher und bequem in Echtzeit verwalten können. Über die Gesundheitsplattform werden zahlreiche Akteure des Gesundheitswesens mit ihren Leistungen eingebunden, sodass umfangreiche Smart Senior-Ökosysteme mit wechselnden Partnern entstehen (siehe insbesondere Kap. 3.3.4 und 3.4). In Spanien wird diese Entwicklung von Partner-Ökosystemen durch gesetzliche Vorgaben noch verzögert. So ist die digitale Speicherung von Patientendaten nur geringfügig etabliert und der digitale Austausch von Patientendaten noch gesetzlich engmaschig begrenzt [MARTI].

7.2.2 Das Barcelona Smart Senior-Ökosystem auf dem Transformationsweg

Das Barcelona Smart Senior-Ökosystem befindet sich noch in einer sehr frühen Phase auf dem Transformationsweg. Zwar bildet das Smart Senior-Ökosystem einen Bestandteil der ganzheitlichen Barcelona Smart City-Vision und -Strategie. Allerdings ist die Umsetzung des Smart Senior-Ökosystems erst in einer zweiten Phase des Barcelona Smart City-Transformationsweges vorgesehen [LOPEZ]. Aus den zahlreichen Benchmark-Ergebnissen der Barcelona Smart City-Transformationsschleifen ergeben sich spezifische Transformationserfordernisse, die auch die Entwicklung des Smart Senior-Ökosystems betreffen. Die notwendigen Transformationsmaßnahmen lassen sich aus den schematischen Smart Senior-Ökosystem-Modellen ableiten. Im Vordergrund stehen die Ausgestaltung der Smart Senior-Ökosystem-Strategie mit einem umfassenden Projektplan, einem Business Case mit RIO-Analysen und die Verstärkung der Kollaboration mit zahlreichen Akteuren des Gesundheitswesens. Die Erkenntnisse aus den ersten drei Pilotprojekten fließen in den Smart Senior-Ökosystem-Business-Case ein. Zudem sind gesetzliche Regelungen notwendig, um eine digitale Patientenakte Realität werden zu lassen. Hinzu kommen muss eine gesetzliche Regelung, die den Austausch digitaler Patientendaten regelt und prinzipiell möglich macht. An diesem Prozess sind die Bürger der Barcelona Smart City intensiv zu beteiligen. Insbesondere die Bedürfnisse der älter werdenden Stadtbevölkerung sollten dabei im Vordergrund stehen und nicht Veränderungen blockierende Interessen und systeminterne Regelungen im Gesundheitswesen. Weitere Transformationserfordernisse für das Barcelona Smart Senior-Ökosystem lassen sich unmittelbar aus den schematischen Smart City und Smart Senior-Ökosystem-Modellen ableiten.

7.3 Fazit

Das Beispiel Barcelona Smart City zeigt eindrücklich, wie sehr der politische Wille über die Transformation einer Stadt zu einer Smart City entscheidet. Der Bürgermeister Xavier Trias hat in seinem Wahlprogramm die Weiterentwicklung der Stadt Barcelona zu einer Vorzeige-Smart-City als strategisches Thema verankert. Nach seiner Wahl hat er den proklamierten Transformationsweg eindrucksvoll beschritten. Der Großraum Barcelona scheint sich denn auch zu einer Art europäischem Silicon Valley zu entwickeln. Dies kann ich nur begrüßen, da momentan die meisten Smart City-Technologien und Anwendungen eher im US-amerikanischen und asiatischen Raum entwickelt und verbreitet werden. Wir Europäer haben das Potenzial und die Verpflichtung, bei der Transformation von Städten zu Smart Cities die notwendigen Technologien und praxisrelevante Lösungen selbst zu realisieren sowie notwendige Smart City-Standards zu entwickeln. Die von der Europäischen Kommission vorgelegte digitale Agenda als eine der sieben Säulen der Strategie Europa 2020 deutet zumindest vorsichtig in diese Richtung. Allerdings muss den Erkenntnissen auch immer die Umsetzung folgen, manchmal auch umgekehrt.

Die neuen digitalen Technologien allein werden eine Stadt nicht zu einer Smart City transformieren. Das Versenden von Gesundheitsdaten via Smartphone an angeschlossene Smart Senior-Ökosystem-Partner wird garantiert nicht dazu führen, dass alle Senioren „Smart Senior Services" in Anspruch nehmen können. Auch die zunehmende Macht großer Kliniken mit ihren Ökosystemen, größer werdende pharmazeutische Unternehmen oder Krankenversicherungen werden dies nicht ermöglichen [STOTT]. Trotz des enormen Potenzials der neuen Technologien sind es immer politische Entscheidungen, die eine Smart City-Transformation entscheidend befördern.

In seinem New Cities Summit 2014 Blog Post behauptet Mathieu Lefevre (Executive Director, New Cities Foundation), dass wir ein neues Smart City-Paradigma benötigen, denn:

1. Die Smart City ist offensichtlich nicht für Menschen gemacht.
2. Die Smart City ist eine Geschäftseinheit (business unit).
3. Die Smart City stiehlt meine Daten.
4. Die Smart City isoliert die neuen digitalen Technologien in einer „Black Box" [LEFEV].

Diese Smart City-Aphorismen zeigen auf eindrucksvolle Weise, dass der Komplex Smart City noch immer nicht richtig verstanden und das enorme Potenzial einer Smart City-Transformation ausgeblendet wird.

Das Ziel des zweiten Bandes besteht darin, den sozioökonomisch-technischen Komplex der Smart City verständlicher und greifbarer zu machen. Dazu wurden schematische Smart City-Modelle entwickelt, die Orientierung bieten und Wegweiser auf dem Smart City-Transformationsweg darstellen. Nutzen Sie diese Smart City-Modelle und begeben Sie sich auf eine der spannendsten Abenteuer unserer Zeit. Wie dieses „begeben" aussehen sollte, beschreibt ein Sprichwort, das ich in meiner Zeit in den Vereinigten Staaten von Amerika (USA) immer wieder eindrucksvoll beobachten konnte: „Walk the talk"! Nur in der urbanen Praxis entstehen neue Urbanitäten in der Digitalmoderne.

Die Smart City lebt und vernetzt sich 8

Jeder muss seinen Teil beitragen, Neues wagen, Ideen in die Welt
setzen.
(Oscar Niemeyer)

Bei der Betrachtung praktischer Smart City-Initiativen fällt oftmals der vorherrschend isolierte Programm- beziehungsweise Projektcharakter auf. Allerorts werden Smart City-Programme und -Projekte initiiert, die sich mit Teilen der Handlungsfelder einer Smart City auseinandersetzen. Die Programme und Projekte stellen einen praktischen, aber unsystematischen Versuch dar, die Smart City Realität werden zu lassen. Diese projekt-orientierte Herangehensweise an die Realisierung von Smart Cities greift zu kurz. Zudem können aus isolierten Programmen und Projekten nicht die einer Smart City zugrunde liegenden Prinzipien und Prozesse abgeleitet werden. Aber erst die Prinzipien, Prozesse und schematischen Smart City-Modelle erlauben es, den Komplex Smart City in der Ge-samtheit zu begreifen und in die wesentlichen Bestandteile zu zerlegen.

Die einer Smart City inhärente Konstruktion, der Geist sozusagen, tritt erst dann zu Tage.

Die schematischen Smart City-Modelle sind äußere Schablonen einer Smart City. Diese Schablonen sind wichtige Bestandteile zur erfolgreichen Gestaltung und Umsetzung von Smart City-Initiativen. Sie bieten dem Praktiker wertvolle Werkzeuge und Orientierungs-hilfen. Innerhalb der schematischen Smart City-Modelle tritt ein mächtiges Wirkprinzip in Erscheinung, das einer Smart City Leben einhaucht. An vielen Stellen des Buches ist uns dieses Wirkprinzip in den unterschiedlichsten Facetten bereits begegnet. Es ist das **Prinzip der Vernetzung,** mithin die Vernetzung von Netzen. Mit dieser Vernetzung ist nicht allein die Vernetzung auf Maschinen-Ebene als „Internet der Dinge" gemeint. Erst durch die Interaktion der Menschen in einer Smart City untereinander über Netze wie das Internet fängt eine Smart City an zu leben.

© Springer Fachmedien Wiesbaden 2015
M. Jaekel, *Smart City wird Realität*, DOI 10.1007/978-3-658-04455-8_8

Die neuen Technologien erlauben ein erhöhtes Maß an Vernetzung über persönliche und meist lokal begrenzte Netzwerke hinweg. Sie sind der Treibsatz bei der Vernetzung von Netzen. Letztendlich ist es die Begegnung des Menschen mit anderen Menschen in realen oder virtuellen Welten, die für das Entstehen neuer Urbanitäten in der Digitalmoderne einer Smart City kennzeichnend ist. Es ist die Vernetzung und das konstruktive Aufeinandertreffen technologischer und sozialer Innovationen.

8.1   Oscar Niemeyer und die Kurve in Brasilia

Mit der Wahl von Juscelino Kubitschek de Oliveira zum Präsidenten von Brasilien im Jahr 1956 nahm der in der Verfassung von Brasilien von 1891 bereits festgelegte Bau einer neuen Hauptstadt Gestalt an. Unter der Federführung des Städteplaners Lucio Costa, dem Architekten Oscar Niemeyer und dem Landschaftsarchitekten Roberto Burle Marx entstand in kaum vier Jahren ein Gegenentwurf der Moderne zur traditionellen Bürgerstadt [OSW][SCHU06]. Die neue Hauptstadt stand stellvertretend für den Aufbruch Brasiliens in die Moderne. Insbesondere das lange Zeit vernachlässigte Hinterland Brasiliens, abseits der Küsten, sollte erschlossen werden. Es ging um eine moderne, der Zukunft zugewandte Stadt.

Der von dem Stadtplaner Lucio Costa eingereichte Stadtplanungsentwurf für Brasilia setzte sich gegen 65 weitere Entwürfe durch. Mit seiner Darstellung des städtebaulichen Entwurfs, des „Plano Piloto", formulierte Costa das Grundprinzip des Charakters der Stadt Brasilia. Der Charakter dieser Stadt darf nicht „als einfacher Organismus verstanden werden, der die lebenswichtigen Funktionen einer beliebigen modernen Stadt befriedigend erfüllt, sie sollte vielmehr als eine bloße ‚urbs' eine ‚civitas' sein, mit allen Attributen einer Hauptstadt" [ARTETU][GETTY]. Hierin spiegeln sich einige Attribute einer Smart City wider, die in diesem Buch herausgearbeitet wurden, allerdings ohne die heute so zunehmend alle Lebensbereiche umfassenden digitalen Technologien. Die stadtplanerische Idee von Lucio Costa ging von der Überschneidung zweier Achsen aus, die im rechten Winkel aufeinander treffen, so wie bei einem Kreuz. Aus der Luft betrachtet gleichen diese Flügel der Form von Flugzeugtragflächen. An einer Längsachse des Kreuzes reihen sich Staatsgebäude und Monumente auf. An der Querachse dazu befinden sich die Wohngegenden und Geschäftsviertel des Plano Piloto. Im Schnittpunkt des Kreuzes befindet sich der Busbahnhof von Brasilia (siehe Abb. 8.1).

Der Bereich von Brasilia auf der Basis des Plano Piloto von Lucio Costa, der 1987 Teil des UNESCO-Weltkulturerbe wurde, umfasst lediglich die Kernstadt von Brasilia [JOD03]. In diesem Bereich wurden zwischen den Gebäuden große Grünflächen angelegt. So erstaunt es nicht, dass man in Brasilia „vor seiner Wohnung in fast jedem Stadtteil sofort im Grünen" steht [OSW][SCHU06].

Aber es ist nicht der Plano Piloto von Lucio Costa, der für uns hier von weiterem Interesse ist. Vielmehr sind es die von dem im Jahr 2012 verstorbenen Star-Architekten Oscar Niemeyer erbauten Gebäude. Gemeint sind vor allem der Präsidentenpalast „Palacio do

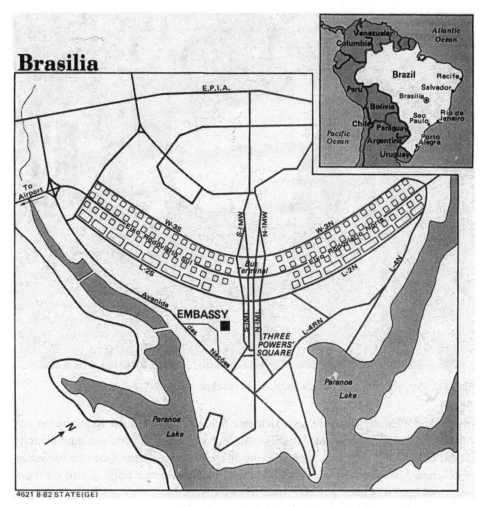

Abb. 8.1 Der Plano Piloto der Stadt Brasilia [http://www.museuvirtualbrasilia.org.br/PT/plano_piloto.html]

Planalto", der oberste Gerichtshof und der Nationalkongress. Die Formen dieser Gebäude waren für die damalige Zeit revolutionär und stilbildend für heutige Stadtplaner. Diese Formen vermögen es, eine Verbindung zwischen Architektur und Kunst herzustellen. Dies ist bei den von Niemeyer für Brasilia entworfenen Gebäuden vortrefflich der Fall. So sprach Niemeyer auch davon, eine „Symphonie der Formen" erschaffen zu haben. Er schuf Säulen in Segelform und schalenförmige Kuppeln [ARTETU][NIEMEY]. Das Gebäude des Nationalkongresses wurde zu einem Wahrzeichen der Stadt. Es sind die beiden Kuppeln, eine konvex, die andere konkav, die als weltberühmtes Ensemble stellvertretend für die Handschrift von Oscar Niemeyer stehen. Die ausgedehnten Rasenflächen und farbenfrohen Gärten verstärken den Eindruck, dass die Gebäude scheinbar schwerelos über dem Boden schweben. In dieser architektonischen Linienführung der Fassaden und

Abb. 8.2 Oscar Niemeyer in Brasilia [http://www.istockphoto.com]

tragenden Säulen der Gebäude zeigt sich eine Schönheit, die aus der Kombination von Architektur und Kunst entsteht. Mit dieser Art zu bauen repräsentierte sich ein Leitmotiv für das Entstehen einer neuen Stadt, die vorwärtsgerichtet ist. Oscar Niemeyer formulierte in seinen Memoiren diese architektonische Grundhaltung wie folgt: „Es ist nicht das Rechtwinklige, was mich anzieht. Auch nicht die vom Menschen geschaffene, gerade, harte, starre Linie. Was mich anzieht, ist die freie, sinnliche Kurve, die ich in den Bergen meines Landes finde, im mäandernden Lauf seiner Flüsse, in den Wolken des Himmels, im Leib der geliebten Frau. Das ganze Universum ist aus Kurven gemacht. Das gekrümmte Universum Einsteins" [NIEMEY][ARTETU].

Die Architektur von Niemeyer sucht eine vollkommene Harmonie zwischen Gebäudeformen, umgebendem Raum und die Symbiose aus Architektur mit Kunst (siehe Abb. 8.2). Daraus entsteht Schönheit. Denn „dies ist der eigentliche Akt kreativen Schaffens, die so ersehnte Einheit von Kunst und Architektur. Mit Blick auf die unabdingbare Geschlossenheit und Schönheit eines Werkes ist dies der einzige Weg, schlüssig zu arbeiten" [JOD03] [NIEMEY02].

Die Stadt Brasilia kann aber in anderer Hinsicht nicht als Modell für eine Smart City stehen. Auch wenn diese am Reißbrett entworfene Stadt heute zu den prosperierenden Städten Brasiliens zählt [SCHU06]. Insbesondere im Bereich des Plano Piloto wurde eine Weitläufigkeit erzeugt, die soziale Interaktionen eher behindert als befördert. Die physischen Distanzen sind meist zu weit [RIO]. Trotz dieser Einschränkung kommen die Autoren in dem herausragenden Buch „Beyond Brasilia" über zeitgenössische Urbanität in Brasilien zu dem zutreffenden Schluss, dass Brasilia's Plano Piloto trotz mancher Einschränkungen eine wegweisende Bedeutung für die Modernität im Städtebau darstellt [RIO]. Die architektonischen Prinzipien von Oscar Niemeyer strahlen auch auf die Architektur von Smart Cities ab. Die Formensprache von Oscar Niemeyer kann als „Ur-Knall" der Smart City-Architektur verstanden werden. Sie strahlt weit über Oscar Niemeyer und Brasilia hinaus.

Die wohl bedeutendste Architektin unserer Zeit ist Zaha Hadid. In einem Interview antwortete sie kürzlich, was denn der Grund für die Abkehr vom rechten Winkel sei: „Ich denke, dass die Komplexität und Dynamik des heutigen Lebens nicht mehr hineinpassen in die einfachen platonischen Gitter des industriellen Zeitalters" [KIE]. Nach ihrer Auffassung geht es bei ihrer Arbeit darum, eine neue architektonische Sprache zu entwickeln, die in der Lage ist, das gestiegene Level sozialer Komplexität zu organisieren und auszudrücken. Das reicht von der Planung einzelner Gebäude bis hin zu ganzen Stadtvierteln. Zaha Hadid versucht, mit einer fließenden, dynamischen Architektur die unterschiedlichen Funktionen eines Gebäude oder eines ganzen Stadtteils zu verbinden und Übergänge zwischen privatem und öffentlichem Raum herzustellen.

In der New York Times vom 2. Juni 2006 wird Zaha Hadid als „eine Diva des digitalen Zeitalters" bezeichnet. In den früheren Design-Arbeiten von Zaha Hadid werden die Netzwerke, die doch ein dominantes Element der Entwicklung der Digitalmoderne darstellen, bereits vorweggenommen: „a city of ebbs and flows in which each building is coceived as a fragment of a larger urban vision" [OUROU]. Die von Zaha Hadid verwirklichten Gebäude, die auch eine Weiterentwicklung von unter anderem Oscar Niemeyers Formensprache darstellen, können als Teil eines kontinuierlich fluiden urbanen Musters bezeichnet werden. So schlägt Zaha Hadid die Brücke zwischen der Modernität eines Oscar Niemeyer und der heutigen Digitalmoderne.

Der derzeitige Kurator Rem Koolhaas der Biennale mit dem Titel „The Fundamentals" hat in einem kürzlich geführten Interview (siehe Kap. 3.3.4) noch geäußert, dass er momentan keine Antwort auf den Einzug der Digitalmoderne in die Architektur hat. Erstaunlicherweise hat er aber einen radikalen Entwurf für den neuen Springer Campus in Berlin abgeliefert. Matthias Döpfner, CEO von Axel Springer, bringt es auf den Punkt: „Er (Rem Koolhaas) hat den konzeptionell und ästhetisch radikalsten Entwurf vorgelegt. Die grundlegende Innovation von Arbeitsräumen wird die kulturelle Transformation zum digitalen Verlag unterstützen" [SB]. Das Element der Vernetzung spielt bei der Innovation von Arbeitsräumen in der Digitalmoderne auch hier eine wesensbestimmende Rolle.

In diesem kurzen Abriss ist der Zusammenhang zwischen Architektur, Digitalmoderne und Smart City deutlich geworden. Die zukünftigen städtebaulichen Maßnahmen werden womöglich zuerst singulär, aber dann in der Breite die Verschmelzung von Gebäudeformen und -sprachen mit der Digitalmoderne hin zur Smart City befördern.

8.2 Das Triebwerk der Smart City

Das gesamte Buch durchzieht einen Wirkmechanismus für die Realisierung von Smart Cities. Gemeint ist dabei nicht der Aufbau von Smart City-Infrastrukturkomponenten oder Smart City-Designs. Es gibt etwas, was die Idee der Smart City antreibt und gleichsam charakterisiert. Es ist die **Vernetzung von Netzen**. Die viel zitierte digitale Technologie bildet dazu den notwendigen Katalysator (siehe Abb. 8.3).

In der Smart City vollzieht sich die umfassende Vernetzung von zahlreichen Bereichen einer Smart City. Dazu zählen Smart Citizen, Unternehmen, wissenschaftliche Einrichtungen, Nicht-Regierungsorganisationen, das Gesundheitswesen, Träger der öffentlichen Sicherheit und sogar öffentliche Einrichtungen wie Gebäude und Sensoren. Anders ausgedrückt: Es geht um das „Internet der Dinge und Services". In diesem Internet der Dinge und Services interagieren die unterschiedlichsten Akteure einer Smart City in den unterschiedlichsten Handlungsfeldern. Bei diesen Interaktionen werden vielfältige Daten und Inhalte über die verfügbaren Netze miteinander ausgetauscht. Damit wird das (lokale) Netzwerk quasi zum „Gehirn" einer Smart City. Es ist ein kollektives Gehirn mit dezentralen Vernetzungskomponenten und zunehmend selbstlernenden Interaktionsmechanismen. Diese Komponenten und Mechanismen können von den unterschiedlichsten Akteuren genutzt werden, um soziale Dienste wie Smart Senior, Verkehrsdienste wie Verkehrsmanagement, Parksystem-Management und so weiter zu entwickeln. Des Weiteren entwickeln sich aus diesen Smart City-Netzwerkverbindungen neuartige Ökosysteme externer Dienste über die Smart City-Grenzen hinaus, mit denen dann weitere Netze mit Netzknoten entstehen.

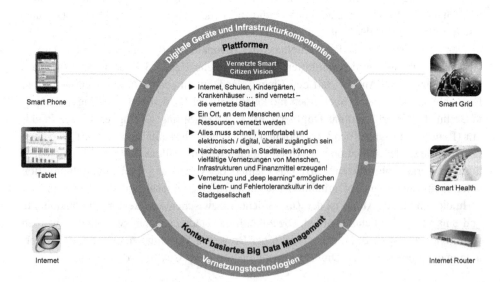

Abb. 8.3 Vernetzung – das Triebwerk der Smart City

Die zunehmende Vernetzung in der Digitalmoderne von Smart Cities ist Wesen und Triebwerk zugleich. Die Tendenzen und Konturen werden plastisch sichtbar. Jeder Bürger kann und muss daran teilhaben. Nur wenn der einzelne Bürger sich als Teil dieser Netze begreift und in diesen interagiert, entsteht die Dynamik der Smart Cities. Für zielgerichtete Maßnahmen zur konstruktiven Aktivierung von Bürgern bei Smart City-Initiativen verweise ich auf den ersten Band „Die digitale Evolution moderner Großstädte" [JA01].

Es schwingt auch mit, dass Smart Cities nicht formal abgeschlossene Systeme mit starren Regeln sind. Vielmehr wird durch die Vernetzung die Dynamik der Unvorhersehbarkeit des Lebens mit einbegriffen. Oscar Niemeyer hat es ganz praktisch gemeint, als er davon sprach, dass jeder seinen Teil beitragen muss und Neues wagen soll. Die Voraussetzung dafür ist geschaffen. Es sind die sich weiter vernetzenden Netze und die entstehenden Smart City-Ökosysteme.

8.3 Fazit

Nach dieser langen Reise in die Welt der Smart City kann Bilanz gezogen werden. Es wurde der Versuch unternommen, mit zwei zusammenhängenden Bänden den Komplex „Smart City" aus den unterschiedlichsten Perspektiven zu beleuchten. In dem ersten Buch „Die digitale Evolution moderner Großstädte" [JA01] wurde die Smart City vornehmlich aus technologischer Perspektive beleuchtet. Die modernen digitalen Technologien formen die Digitalmoderne in den Städten unserer Zeit. Sie sind der Katalysator für die zunehmende Vernetzung sämtlicher Lebensbereiche einer Smart City.

In dem zweiten Band „Smart City wird Realität" wurde der Fokus bewusst auf die Realisierung von Smart City-Initiativen gelegt. Dazu wurde das Wesen der Smart City umfassend herausgearbeitet. Dies diente dem vertiefenden Verständnis des Komplexes „Smart City". Erst dann widmete ich mich dem in der Literatur und Praxis nur bruchstückhaft beschriebenen Komplex, der sich mit der Realisierung von Smart Cities befasst. Bei der Umsetzung von praktischen Smart City-Initiativen dominiert meist der projektorientierte Ansatz. Dieser Ansatz mag durchaus seine Berechtigung haben, greift aber meiner Auffassung nach viel zu kurz. Es sind nicht die Programme und/oder Projekte, die das Verständnis für die Realisierung von Smart Cities befeuern. Vielmehr ist das Verständnis der unterschiedlichen Smart City-Prozesse und -Logiken [RIO] von entscheidender Bedeutung. Zum Verständnis der Diversität von Prozessen und Logiken fehlt es in der Praxis und Literatur an brauchbaren Smart City-Reifegrad- und -Transformationsmodellen. Diese Lücke möchte ich mit dem vorliegenden Band schließen.

Es ist der Versuch, praktisch anwendbare Smart City-Reifegrad- und Transformationsmodellansätze zu entwickeln. Mit diesen Modellen lassen sich Smart City-Vorhaben klassifizieren, Transformationserfordernisse und Potenziale ableiten. Bei weitem sind die Modelle noch nicht vollständig ausgereift. Das erklärte Ziel ist, die Idee der Smart City zu konkretisieren und einem breiten Publikum zugänglich zu machen. Zusätzlich soll mit dem Beitrag eine Lücke in der akademischen und der praktisch orientierten Literatur ge-

schlossen werden, was die praktische Umsetzung von ganzheitlichen Smart City-Vorha-
ben angeht. Damit verbunden ist die Hoffnung, dass mit beiden Bänden ein vertiefendes
Verständnis von weltweiten Smart City-Vorhaben möglich wird. Außerdem soll der ge-
neigte Leser dazu animiert werden, aktiv an der Ausgestaltung kommender Smart City-
Vorhaben mitzuarbeiten, neue Ideen zu entwickeln und Neues zu wagen. Das Phänomen
„Smart City" ist nicht flüchtiger Natur, sondern wird in den kommenden Jahren konkrete
Gestalt annehmen, auch in Ihrem städtischen Umfeld. Die zukünftigen Generationen wer-
den mit hoher Wahrscheinlichkeit in ausgereiften Smart Cities leben und arbeiten. Doch
sind wir es, die heute dazu die Weichen stellen.

Anhang

Erweiterte Bausteinkomponente: „Smart City-Prozesse und -Strukturen"

Reifegradniveau (Entwicklungsstufen)	Level 0	Level 1	Level 2	Level 3	Level 4	Level 5
Klassifikation	Keine Smart City	Absprung-basis Smart City	Minimum Smart City	Integrierte Smart City	Etablierte Smart City	Lernende Smart City
Struktur mit Randbedingungen						
IT-Ressourcen						
▶ Durchdringung Smartphones, Tablet PC pro Einwohner in %	50	60	65	75	90	100
▶ Durchdringungsrate der Breitband/Wire-less Versorgung in der Smart City in %	35	50	50	80	90	100
Einwohnerstruktur						
▶ Einwohnerdichte (gering, mittel …). Minimum Hoch-häusercluster mit Einwohnerverdichtung	Gering	Gering	Mittel	Mittel – hoch	Hoch	Sehr hoch
▶ Varianz der Bevölke-rung mit Migrations-hintergrund %	tbs	tbs	tbs	tbs	tbs	tbs

© Springer Fachmedien Wiesbaden 2015
M. Jaekel, *Smart City wird Realität*, DOI 10.1007/978-3-658-04455-8

Reifegradniveau (Entwicklungsstufen)	Level 0	Level 1	Level 2	Level 3	Level 4	Level 5
Klassifikation	Keine Smart City	Absprung-basis Smart City	Minimum Smart City	Integrierte Smart City	Etablierte Smart City	Lernende Smart City
▶ Heterogenität der Bürgergesellschaft nach Alter, Ausbildung, Einkommensschichten) ▶ Bruttosozialprodukt per Einwohner	Gering	Gering	Mittel	Mittel – hoch	Hoch	Hoch
Wirtschaftliche Rahmenbedingungen ▶ Reduktion der Armut (in % Menschen mit Einkommen unterhalb des Existenzminimums) ▶ Reduzierung der Verkehrszeiten zur Arbeitsstelle, Hochschule etc. (Pendlerzeiten, Verspätungen)	tbm	tbm	tbm	tbm	tbm	tbm
▶ Erhöhung des Steueraufkommens in % Steuerbelastungen, Bond Ratings	NEIN	NEIN	NEIN	JA	JA	JA
▶ Verbesserte physische Stadtinfrastruktur in % – Anteil der Elemente (Gebäude, Straßen etc.) einer Stadtinfrastruktur in gutem Zustand	NEIN	NEIN	NEIN	JA	JA	JA
▶ Stadtstruktur mit sozialen Elementen wie garantiertem Grundeinkommen (JA/NEIN)	NEIN	NEIN	NEIN	JA	JA	JA
▶ Wirtschaftssystem mit ökologischen Elementen wie Ressourcenbesteuerung etc.	JA/ NEIN	JA/NEIN	JA/NEIN	JA	JA	JA

Reifegradniveau (Entwicklungsstufen)	Level 0	Level 1	Level 2	Level 3	Level 4	Level 5
Klassifikation	Keine Smart City	Absprung-basis Smart City	Minimum Smart City	Integrierte Smart City	Etablierte Smart City	Lernende Smart City
▶ Wirtschaftssystem mit wettbewerbsorientiertem System (Ja/Nein) ▶ Anteil an Organisationen mit agilen Prozessen und Strukturen %	n/a	n/a	n/a	>35	>60	100
Mobilität ▶ Anteil eCars an Gesamtfahrzeugen %	10	15	>20	70	90	100
▶ Anteil autonom fahrender Fahrzeuge %	n/a	n/a	n/a	25	50	100
▶ Intermodalität der Mobilitätssysteme	n/a	n/a	$n>25$	$n>50$	>80	100
Attributed	*X*	*Initiiert*	*Entwickelt*	*Gemanagt*	*Etabliert*	*Dynamisch*

tbm to be measured, *tbs* to be set

Reifegradniveau (Entwicklungsstufen)	Level 0	Level 1	Level 2	Level 3	Level 4	Level 5
Klassifikation	Keine Smart City	Absprung-basis Smart City	Minimum Smart City	Integrierte Smart City	Etablierte Smart Citya	Lernende Smart Citya
Innovationsmilieu ▶ Start up-Quote ▶ Patentanmeldungen pro Einwohner (%)	5	10	15	30	40	50
▶ Ausgaben für Innovationsmilieu (Forschung und Anwendungsentwicklung) in % Stadt Sozialprodukt	n/a	n/a	10	>25	>30	>35
▶ Anteil Hochschulabsolventen an Gesamtbevölkerung	20	20	25	40	50	75
▶ Ausgaben für Bildung im Verhältnis zum Sozialprodukt %	tbs	tbs	tbs	tbs	tbs	5

Reifegradniveau (Entwicklungsstufen)	Level 0	Level 1	Level 2	Level 3	Level 4	Level 5
Klassifikation	Keine Smart City	Absprung-basis Smart City	Minimum Smart City	Integrierte Smart City	Etablierte Smart Citya	Lernende Smart Citya
▶ Lernen von anderen Smart Cities über Benchmarking und Zusammenarbeit	JA/NEIN	JA/NEIN	JA/NEIN	JA	JA	JA
▶ Simulationen und virtuelle Reali-täten bei der Smart City-Planung	NEIN	NEIN	JA	JA	JA	JA
Umwelt ▶ Reduktion der CO_2-Belastung in % (Air Quality Index)	10	15	20	50	80	100
▶ Reduktion der Luft-verschmutzungsemis-sionen in %	10	15	20	70	90	100
▶ Steigerung der Was-serqualität (multiple EPA-Standards)	tbm	90	95	95	99	100
▶ Anteil regenerativer Energien an Gesamt-energieerzeugung in % (Reduktion des Konsums an nicht regenerierbarer Energie)	< 10	< 15	> 20	> 50	> 90	100
Lebensqualität der Bürger ▶ Zufriedenheit mit Lebensqualität in Stadt %	55	55	60	70	80	100
▶ Reduktion der Krimi-nalitätsrate %	tbs	tbs	tbs	tbs	tbs	100
▶ Anteil übergewich-tiger Menschen an Gesamtbevölkerung der Smart City in %)	tbm	tbm	tbm	tbm	tbm	< 5
▶ Durchschnittliche Lebenserwartung in Jahren	n/a	n/a	> 70	> 80	> 90	> 95

Reifegradniveau (Entwicklungsstufen)	Level 0	Level 1	Level 2	Level 3	Level 4	Level 5
Klassifikation	Keine Smart City	Absprung-basis Smart City	Minimum Smart City	Integrierte Smart City	Etablierte Smart Citya	Lernende Smart Citya
▶ Zufriedenheit mit öffentlichen Verkehrs-mitteln %	n/a	n/a	>80	>90	>95	100
▶ Steigerung der Verkehrssicherheit (Reduktion verkehrs-bedingter Unfälle und Mortalitäten in %)	tbm	20	30	50	80	100
▶ Zufriedenheit mit städtischem Bildungs-wesen %	n/a	n/a	n/a	>60	>80	100
▶ Reduktion Anteil der Bevölkerung mit Existenzminimum %	tbm	tbm	>30	>50	>80	100
▶ Intensität der Verbin-dungen/Interaktionen zwischen Bürgern in der Smart City	n/a	Lose	Lose	Stärkere	Stark vernetzte	Hochver-netzte
▶ ...		Interaktio-nen; per-sönlicher Kontakt in Nachbar-schaft	Interaktio-nen; per-sönlicher Kontakt in Nach-barschaf-ten und virtuelle Nachbar-schaften	Inter-aktionen; persön-licher Kontakt in Nach-barschaf-ten und virtuelle Nachbar-schaften	Inter-aktionen; persön-licher Kontakt in Nach-bar-schaften und stark erweitert über virtuelle Nachbar-schaften	Inter-aktionen; integrierte Urbanität über per-sönliche Kontakt-netzwerke in Nach-barschaf-ten und erweitert über Netze virtueller Nachbar-schaften in der Smart City und zu ande-ren Smart Cities
Attributed	*x*	*Initiiert*	*Entwickelt*	*Gemanagt*	*Etabliert*	*Dyna-misch*

tbm to be measured, *tbs* to be set

Level	0	1	2	3	4	5
		► Transparenz über städtische Smart Senior-Ökosystem-Strukturen			► Smart Senior-Ökosystem-Strukturen ordnen sich zu neuen Smart Service-Öko-Systemen	► Neue adaptionsfähige Smart Senior-Ökosystem-Regulationsmuster mit künstlicher Intelligenz
► Rate an chronischen Krankheiten (% an Bürgern über Selbstauskunft zu Asthma, Bluthochdruck, und anderen chronischen Krankheiten)	n/a	< 20	< 15	< 10	< 8	< 5
► Anteil übergewichtiger Smart Senior an Gesamtbevölkerung der Smart City in %)	n/a	< 15	< 10	< 8	< 5	< 1
► Anteil Smart Senior > 60 die selbstbestimmt in einem Smart Home wohnen (mit Sensoren, Kamerasystemen, Telemedizin Anwendungen, Körpersensoren)	n/a	< 10	> 10	> 50	> 60	> 70

Level	0	1	2	3	4	5
▶ Anteil innovativer Smart Senior-Wohnkonzepte gegenüber Heimkonzepten	n/a	>5	>10	>50	>60	>70
▶ Intensität der Verbindungen/ Interaktionen zwischen Senioren in der Smart City	Sehr gering	Lose Interaktionen; persönlicher Kontakt in Nachbarschaft	Lose Interaktionen; persönlicher Kontakt in Nachbarschaften und virtuelle Nachbarschaften (soziale Medien)	Stärkere Interaktionen; persönlicher Kontakt in Nachbarschaften und virtuelle Nachbarschaften	Stark vernetzte Interaktionen; persönlicher Kontakt in Nachbarschaften und stark erweitert über virtuelle Nachbarschaften	Hoch vernetzte Interaktionen; Integrierte Urbanität über persönliche Kontaktnetzwerke in Nachbarschaften und erweitert über Netze virtueller Nachbarschaften in den Smart Senior-Ökonetzwerken und zu anderen Smart Senior-Netzwerken
▶ ...						
Attribute	*X*	*Initiiert*	*Entwickelt*	*Gemanagt*	*Etabliert*	*Dynamisch*

Literatur

[ABD]   Abdoullaev, A.: A Smart World: A Development Model for Intelligent Cities. The 11th IEEE International Conference on Computer and Information Technology CIT 2011. http://www.cs.ucy.ac.cy/CIT2011/files/SMARTWORLD.pdf (2011)

[ABERD]   Aberdeen City Council: Aberdeen: The Smarter City. http://www.aberdeencity.gov.uk/council_government/about_us/about_us.asp (2013)

[ACCE04]   Accenture: Accenture Studie diagnostiziert: Fast jeder zweite Patient würde für digitale Patientenakte seinen Arzt wechseln. http://www.accenture.com/de-de/company/newsroom-germany/Pages/patients-survey-germany-2013.aspx (2013)

[ACCE05]   Accenture: Accenture Studie: Immer mehr Senioren sind technikversiert und nehmen ihr Gesundheitsmanagement selbst in die Hand. http://www.accenture.com/de-de/company/newsroom-germany/Pages/senior-citizens-survey-germany-2014.aspx (2014)

[ACEMO]   Acemoglu, D., Robinson, J.: Why Nations Fail: The Origins of Power, Prosperity and Poverty. Crown Business; Auflage: rough cut. (20. März 2012) (2012)

[ADB]   Ajuntament de Barcelona: 10 years of 22@the innovation district. http://www.22barcelona.com/documentacio/informe_10anys_eng.pdf (2010)

[ADB02]   Ajuntament de Barcelona: Barcelona Smart City. http://www.localit.gr/wp-content/uploads/2014/01/Barcelona-Smart-City_ENG_KEDE.pdf (2014)

[ADEG]   Adegboyega, O., Curry, E., Janowski, T.: Designing Next Generation Smart City Initiatives – Harnessing Findings and Lessons From a Study of Ten Smart City Programs. Twenty Second European Conference on Information Systems, Tel Aviv (Israel). http://ecis2014.eu/E-poster/files/0575-file1.pdf (2014)

[AFP]   AFP: Chinesische Metropole Harbin versinkt im Smog-Chaos. In: Die Welt vom 21.1.0.2013. http://www.welt.de/newsticker/news1/article121082410/Chinesische-Metropole-Harbin-versinkt-im-Smog-Chaos.html (2013)

[ALLMEN]   Allmendinger, G., Lombreglia, R.: Four Strategies for the Age of Smart Services. Harvard Business Review. reprint R0510 (October, 2005)

[ANCH]   Ancheta, J.: Ten Reasons Why Barcelona is a Smart City. In: Latitude 41. http://www.vilaweb.cat/noticia/4175829/20140226/ten-reasons-why-barcelona-is-smart-city.html (2014)

© Springer Fachmedien Wiesbaden 2015
M. Jaekel, *Smart City wird Realität*, DOI 10.1007/978-3-658-04455-8

[ANDERSON]   Anderson, C.: The End of Theory: The Data Deluge Makes the Scientific Method
              Obsolete. In: Wired Magazine vom 23.06.2008. http://archive.wired.com/science/
              discoveries/magazine/16-07/pb_theory (2008)

[ANK]   Anker, S.: Wie die Ameisen. In den Metropolen stehen Autos häufig still. Forscher
              versuchen, mit Software, Social Media und Smartphone den Verkehrsfluss wieder-
              herzustellen. In: Welt am Sonntag vom 7. September 2014, Seite 72. (2014)

[ANTHOP01]   Anthopoulos, L., Fitsilis, P.: From Digital to Ubiquitous Cities: Defining a Com-
              mon Architecture for Urban Development. In: The Proceedings of the 6th Inter-
              national Conference on Intelligent Environments – IE'10, Malaysia 2010, IEEE.
              http://dde.teilar.gr/publications/175/pid1337043.pdf (2010)

[AOUN]   Aoun, C.: The Smart City Cornerstone: Urban Efficiency. Schneider Electric
              White Paper. http://www.digital21.gov.hk/sc/relatedDoc/download/2013/079%20
              SchneiderElectric%20%28Annex%29.pdf (2013)

[AP]   Pentland, A.: Social Physics. How Good Ideas Spread – The Lessons from a New
              Science. The Penguin Press, New York (2014).

[AP02]   Pentland, A.: Data Driven Societies. Discussion Paper. Copyright Alex Pentland.
              https://idcubed.org/wp-content/uploads/2013/03/Sandy-Pentland-Data-Driven-
              Societies-MIT-ID-3-21-13.docx (2012)

[AP03]   Pentland, A.: Reality Mining of Mobile Communications: Towards a New Deal
              on Data. In: The Global Information Technology Report 2008–2009. Chapter 1.6.
              http://www.weforum.org/pdf/gitr/2009/gitr09fullreport.pdf (2009)

[APHSA]   American Public Human Services Association: On the Road to a 21st Century
              Business Model: Where are Health and Human Services Organizations today?
              http://www.nwi.asphsa.org (2013)

[APPLE05]   Die Geschichte des Apple Macintosh: In: Die Geschichte von Apple. http://www.
              mac-history.de/die-geschichte-des-apple-macintosh/1984-der-beruhmte-super-
              bowl-werbespot (2014)

[APOTTI]   Apotti: What is the Apotti Programme about? http://www.hel.fi/hki/apotti/fi/Etusi-
              vu (2014)

[APOTTI02]   Onnela, H., Renko, J.: Apotti Programme. Slideshare. http://de.slideshare.net/Si-
              traHyvinvointi/renko-and-onnela-apotti-programme (2013)

[APRESS]   Associated Press: Barcelona wins $ 6.5 million urban innovation prize. http://
              www.csmonitor.com/World/Latest-News-Wires/2014/0917/Barcelona-wins-6.5-
              million-urban-innovation-prize (2014)

[ARL]   John, A.: ‚Metropolis Now', Wallpaper, S. 263. (October, 2010)

[ARRO]   Arroyo, F.: Aviso de derrumbe. In: El Pais vom 22.03.2014. http://cultura.elpais.
              com/cultura/2014/03/18/actualidad/1395166957_655811.html (2014)

[ARROLL]   Carroll, S.: What Good is a Theory? In: Cosmic Variance. Vom 1. Juli 2008. http://
              blogs.discovermagazine.com/cosmicvariance/2008/07/01/what-good-is-a-theo-
              ry/#.VD_43169THg (2008)

[ARTETUDE]   ARTETUDE: Internetseite der Wanderausstellung „Brasilia – Von der Utopie zur
              Hauptstadt". http://www.brasilia50.info (2013)

[ASCH]   Aschbacher, H.: Smart Services. http://www.serviceengineering.at/blog/?page_
              id=274 (2014)

[AUCHI]   Auchincloss, J.: Social Physics as a Public Utility. Tools for measuring innovation
              potential should challenge how cities plan and design. http://datasmart.ash.har-
              vard.edu/news/article/social-physics-as-a-public-utility-461 (2014)

[AUST]   Aust, S., Amman, T.: Digitale Diktatur. In: Welt HD. Rubrik Internet. http://
              hd.welt.de/wams-hd_politik/article132914514/Digitale-Diktatur.html (2014)

[BAPL]   22@Barcelona Urban Planning Management: 22@Barcelona Plan. A programme of
            urban, economic and social transformation (2012)

[BATA]   Batagan, L.: The use of Intelligent Solutions in Romanian Cities. Inform. Econ. 16(4),
            (2012). Academy of Economic Studies, Bucharest

[BATTY]   Batty, M., Axhausen, K.W., Giannotti, F., Pozdnoukhov, A., Bazzani, A., Wachowicz,
            M., Ouzounis, G., Portugali, Y.: Smart cities of the future. Eur. Phys. J. Special Topics
            214, 481–518 (2012). (Open access at Springerlink.com)

[BCC]   Barcelona City Council: Report on the state of the economy in the city of Barcelona
            – November 2013. http://de.slideshare.net/barcelonactiva/report-state-economybar-
            celonanovemer2013 (2013)

[BCN]   Barcelona Smart City: Offizielle Website der Barcelona Smart City. http://smartcity.
            bcn.cat/en (2014)

[BE]   Better Cities staff: Should cities be transformed or built from scratch? By Better Cities
            Now. 1 July 2013. http://bettercitiesnow.com/design/should-cities-be-transformed-or-
            built-from-scratch (2013)

[BECK04]   Beckmann, K.: Intelligent Cities – Wege zu einer nachhaltigen, effizienten und le-
            benswerten Stadt. Handlungsbarrieren. Bundesdeutscher Arbeitskreis für Umweltbe-
            wusstes Management, Hamburg (2010)

[BEGA]   Begawan, B., Darussalam, B.: Let's Build a Smart Planet: Smarter Cities, IBM Japan
            Green ICT Seminar, 2010. http://aimp.apec.org/Documents/2010/TEL/TEL42-DSG-
            WKSP2/10_tel42_dsg_wksp2_004.pdf (2010)

[BER]   Berman, S., Bell, R.: Digital transformation. Creating new business models where
            digital meets physical. IBM Institute for Business Value. New York (USA) (2011)

[BERNAU]   Bernau, P.: Sammelt mehr Daten! In: Frankfurter Allgemeine Zeitung. Zeitung für
            Deutschland vom 3. März 2014. Nr. 52, Seite 15 (2014)

[BERRY]   Beery, D.M.: The Computational Turn: Thinking about the digital humanities. Cult.
            Mach. 12, (2011). http://www.culturemachine.net/index.php/cm/article/viewArtic-
            le/440

[BEU]   Beurden, H. van: Smart City Dynamics. Inspiring Views from Experts Across Europe.
            Amsterdam: Joh. Enschede (2011)

[BGR]   BGR: Ideen, die uns bleiben. In: Süddeutsche Zeitung vom 31. Dezember 2013/1.
            Januar 2014, Seite 11, Nr. 301, München (2013)

[BIS08]   ARUP – The Department for Business Innovation and Skills: BIS Research Paper No.
            135. Global Innovators: International Case Studies on Smart Cities. October 2013,
            London. https://www.gov.uk/government/uploads/system/uploads/attachment_data/
            file/249397/bis-13-1216-global-innovators-international-smart-cities.pdf (2013)

[BLOOM]   Bllomberg Philanthropies: Barcelona, Spanien. Collaborative Care Networks for Bet-
            ter Aging. http://mayorschallenge.bloomberg.org/index.cfm?objectid=88E27CD0-
            BF20-11E3-B2360050569A3ED0 (2014)

[BMC]   Rusnjak, A.: Business Model-Komponenten. http://www.businessmodelcreativity.
            net/haeufig-verwendete-komponenten-business-model-frameworks/ (2011)

[BOSCH]   Robert Bosch Stiftung: Alter und Älterwerden – aus der Sicht von Journalisten und
            der Bevölkerung. http://www.bosch-stiftung.de/content/language1/html/24750.asp
            (2009)

[BOULUS]   Boulos, M., Al-Shorbaji, N.: On the Internet of Things, smart cities and the WHO
            Healthy Cities. Int. J. Health. Geogr. 13, 10 (2014). http://www.ij-healthgeographics.
            com/content/13/1/10

[BOUR]   Bourdeau-Lepage, L., Kolarova, D.: Knowledge Society and Transition Economies.
            Rom. J. Reg. Sci. 2(2), 53–79 (2008)

[BOYD]   Cohen, B.: 6 Components for Smart Cities. Smart Cities Wheel. UBM's Futu-
                re Cities. http://www.ubmfuturecities.com/author.asp?section_id=219&doc_
                id=524053 (2012)
[BOYD01]   Cohen, B.: The 10 Smartest Asia/Pacific Cities. In the fast growing region, which
                urban centers are poised to become the model city of the future? http://www.fast-
                coexist.com/3021911/the-10-smartest-asia-pacific-cities (2013)
[BOYD02]   Cohen, B.: The 10 Smartiest Cities in Europe. Which European cities are doing
                the most innovative things with infrastructure, technology, and entrepreneurship?
                http://www.fastcoexist.com/3024721/the-10-smartest-cities-in-europe (2014)
[BOYD03]   Cohen, B.: The Top 10 Smartiest Cities on the Planet. Crunching a list of variab-
                les about innovation and sustainability, we rank the world's smartest cities, from
                New York to Hong Kong (and with an unexpected winner). http://www.fastcoexist.
                com/1679127/the-top-10-smart-cities-on-the-planet (2012)
[BOYD04]   Cohen, B.: The Smartest Cities: Methodology. http://www.fastcoexist.
                com/3021661/the-smartest-cities-methodology (2013)
[BOYD05]   Cohen, B.: Smart Cities Should Be More Like Lean Startups. http://www.fastco-
                exist.com/1680269/smart-cities-should-be-more-like-lean-startups (2012)
[BOYD06]   Cohen, B.: What Exactly Is A Smart City? http://www.fastcoexist.com/1680538/
                what-exactly-is-a-smart-city (2012)
[BROO]   Brooks, D.: The Philosophy of Data. In: The New York Times. 4. Februar 2013,
                New York, USA. http://www.nytimes.com/2013/02/05/opinion/brooks-the-philo-
                sophy-of-data.html?_r=0 (2013)
[BROO02]   Brooks, D.: What Machines Can't Do. In: The New York Times vom 3. Februar
                2014. http://www.nytimes.com/2014/02/04/opinion/brooks-what-machines-cant-
                do.html (2014)
[BRU]   Bruns, A., Burgess, J.: Doing Blog Research: The Computational Turn. ARC Cen-
                tre of Excellence for Creative Industries and Innovation. Queensland University
                of Technology, Australia. http://snurb.info/files/2012/Doing%20Blog%20Re-
                search%20(pre-print).pdf (2012)
[BRY]   Brynjolfsson, E., McAffee, A.: The Second Machine Age. Work, Progress, and
                Prosperity in a Time of Brilliant Technologies. W.W. Norton & Company, New
                York (2014)
[BUB]   Budras, C., Bernau, P.: Google macht uns Angst, Herr Varian. In: Frankfurter All-
                gemeine Zeitung vom 24. August 2014, Nr. 34, Seite 16–17 (2014)
[BÜSCH]   Büscher, W.: Titelthema – Alte Eisen. In: Die Welt am Sonntag vom 12. Januar
                2014, Seite 13–17 (2014)
[C4EU]   Commons4EU: Commons4EU – Commons for Europe. http://ec.europa.eu/infor-
                mation_society/apps/projects/factsheet/index.cfm?project_ref=297191 (2014)
[CARAGLIU]   Caragliu, A., Del Bo, C., Nijkamp, P.: Smart cities in Europe. Serie Research Me-
                moranda 0048. VU University Amsterdam. ftp://zappa.ubvu.vu.nl/20090048.pdf
                (2009)
[CARE]   Fraunhofer Institut: Care-O-bot. http://www.care-o-bot.de/de/care-o-bot-3.html
                (2014)
[CARM]   Carmen, S.: Die Leute brauchen Schönheit. In: Spiegel 50/2007 Architektur. http://
                www.spiegel.de/spiegel/print/d-54230953.html (2007)
[CARR03]   Carr, N.: The Limits of Social Engineering. In: MIT Technology Review. http://
                www.technologyreview.com/review/526561/the-limits-of-social-engineering/
                (2014)

[CER]   Cering, D.: Twenty New Cities to Be Set Up in China Every Year. In: People's
             Daily. http://english.people.com.cn/english/200008/14/eng20000814_48177.html
             (2000)

[CFC]   Centre for Cities: Smart Cities. Contact: Nada Nohrova. http://www.centreforci-
             ties.org/publication/smart-cities/ (2014)

[CG]   Coty Gonzales: 108 LOST T-Shirts To Celebrate The End Including 20 You Can't
             Buy. I Always Have A Plan by Don Robot (Spreadshirt). http://www.cotygonza-
             les.com/2010/05/17/108-lost-t-shirts-to-celebrate-the-end-including-20-you-cant-
             buy/ (2010)

[CHAM]   Chambers, J.: Hong Kong Government looks to personalised mobile apps. In:
             FutureGov.Asia. http://www.futuregov.asia/articles/5739-hong-kong-government-
             looks-to-personalised-mobile-apps (2014)

[CHOURABI]   Chourabi, H., et al.: Understanding Smart Cities: An Integrative Framework. 45th
             Hawaii International Conference on Systems Sciences. http://www.ctg.albany.edu/
             publications/journals/hicss_2012_smartcities/hicss_2012_smartcities.pdf (2012)

[CICERO]   Sorge, P.: Auf den Wahlsieg folgen unpopuläre Aufgaben. In CICERO
             vom 22. September 2013. http://www.cicero.de/berliner-republik/angela-
             merkel-cdu-bundestagwahl-2013-auf-den-wahlsieg-folgen-unpopulaere-
             herausforderungen/55880 (2013)

[CIS]   Cisco Systems: Smart+Connected Communities. http://www.cisco.com/web/CA/
             solutions/strategy/smart_connected_communities.html (2014)

[CIS 02]   Cisco Systems: Barcelona Smart City. http://internetofeverything.cisco.com/sites/
             default/files/pdfs/Barcelona_Jurisdiction_Profile_final.pdf (2014)

[CITYM]   www.citymart.com (2014)

[CLA]   Cluß, U.: Der gläserne Verbrecher. In: Welt HD. http://hd.welt.de/ausgabe-b/the-
             ma-des-tages-b/article131939978/Der-glaeserne-Verbrecher.html (2014)

[CLAR]   Clarke, R.Y.: Smart Cities and the Internet of Everything: The Foundation for De-
             livering Next-Generation Citizen Services. October 2013, IDC Government In-
             sights #GI243955. http://www.cisco.com/web/strategy/docs/scc/ioe_citizen_svcs_
             white_paper_idc_2013.pdf (2013)

[CLOS]   Clos, J.: Die Stadt als einzige Hoffnung. http://www.bpb.de/gesellschaft/staedte/
             megastaedte/64802/die-stadt-als-einzige-hoffnung (2009)

[CSDK]   City SDK: City Service Development Kit. http://www.citysdk.eu (2014)

[DAX01]   Dax, P.: Der große „Smart City" Schwindel. Konferenz. Futurezone.at. Vom
             13.06.2014. http://futurezone.at/digital-life/der-grosse-smart-city-schwin-
             del/70.209.138 (2014)

[DAX02]   Dax, P.: „Niemand weiss, was Smart City bedeutet". Interview. Futurezone.at.
             Vom 23.06.2014. http://futurezone.at/digital-life/niemand-weiss-was-smart-city-
             bedeutet/70.823.281 (2014)

[DEAK06]   Deakin, M.: Intelligent cities as smart providers: CoPs as organizations for deve-
             loping integrated models of eGovernment Services. Innov.: Eur. J. Soc. Sci. Res.
             25(2), 115–135 (2012)

[DEL]   Delhaes, D., Gartmann, F., Kerstin, S., Koenen, J.: Sieben Todsünden machten
             BER zum Desaster. In: Handelsblatt vom 08.06.2012. http://www.handelsblatt.
             com/unternehmen/handel-dienstleister/flughafen-berlin-sieben-todsuenden-mach-
             ten-ber-zum-desaster/6724430.html (2012)

[DFBIS 01]   Department for Business Innovation & Skills: Global Innovators: International
             Case Studies on Smart Cities. BIS Research Paper No. 135. https://www.gov.uk/
             government/uploads/system/uploads/attachment_data/file/249397/bis-13-1216-
             global-innovators-international-smart-cities.pdf (2013)

[DG] Daily Green: Öko-Stadt Masdar City vorerst gestoppt. http://www.dailygreen. de/2010/03/12/oko-stadt-masdar-city-vorerst-gestoppt-4032.html (2010)

[DIERS] Dierks, C., Henke, K.-D., Frank, J., Hensmann, J., Wilkens, H.: Bürgerzentriertes Gesundheitswesen. Nomos Verlagsgesellschaft, Baden-Baden (2011)

[DIRKS] Dirks, S., Gurdgiev, C., Keeling, M.: Smarter Cities for Smarter Growth: How Cities Can Optimize Their Systems for the Talent-Based Economy. Somers, New York (USA). IBM Global Business Services. ftp://public.dhe.ibm.com/common/ ssi/ecm/en/gbe03348usen/GBE03348USEN.PDF (2010)

[DOLA] Dolata, U.: Wandel durch Technik. Eine Theorie soziotechnischer Transformation. Schriften aus dem Max-Planck-Institut für Gesellschaftsordnung, Köln, Bd. 73. Campus Verlag. Frankfurt a. M. (2011)

[DOLL] Doll, N.: Autonomes Fahren. Hier lenkt der digitale Chauffeur. In. Welt HD vom 07.09.2014. http://hd.welt.de/ausgabe-b/thema-des-tages-b/article131939665/ Hier-lenkt-der-digitale-Chauffeur.html (2014)

[DPA03] DPA: Große Datenmengen bewältigen. In: Der Tagesspiegel. Rubrik Wissen & Forschen. Nr. 22188 vom 8. Oktober 2014 (2014)

[DUARTE] Duarte, F., Sabaté, J.: 22@Barcelona: Creative Economy and Industrial Heritage – a Critical Perspective. http://www.um.ase.ro/no82/1.pdf (2013)

[ECONO] Economist Intelligence Unit: The future of healthcare in Europe. A report from the Economist Intelligence Unit. http://www.janssen.co.za/sites/stage-janssen-co-za. emea.cl.datapipe.net/files/The-Future-Of-Healthcare-In-Europe.pdf (2011)

[EMC03] EMC: Studie „EMC Digital Universe" – Digitales Universum explodiert durch Sensordaten. http://germany.emc.com/about/news/press/2014/20140409-01.htm (2014)

[ENBY] Enbyk, L.: They're back! IDC's 2014 smart cities predictions. In: Smart Cities Council. http://smartcitiescouncil.com/article/theyre-back-idcs-2014-smart-cities-predictions (2014)

[EPDG] European Parliament: Mapping Smart Cities in the EU. http://www.europarl.euro-pa.eu/RegData/etudes/etudes/join/2014/507480/IPOL-ITRE_ET(2014)507480_ EN.pdf (2014)

[EUCHI] EU-China Smart and Green City Cooperation: Comparative Study of Smart Cities in Europe and China. http://euchinasmartcities.eu/sites/default/files/Smart_City_ report%20Final%20Draft%20March%202014.pdf (2014)

[EUCOM03] European Commission: Smart Cities and Communities. The European Innovation Partnership on Smart Cities and Communities. http://ec.europa.eu/eip/smartcities/ (2014)

[EUCO04] European Commission: Urban Development in the EU: 50 Projects supported by the european regional development fund. During the 2007–2013 period. http:// ec.europa.eu/regional_policy/sources/docgener/studies/pdf/50_projects/urban_ dev_erdf50.pdf (2013)

[EUCO05] European Commission: European Initiative on Smart Cities. http://setis.ec.europa. eu/set-plan-implementation/technology-roadmaps/european-initiative-smart-ci-ties (2014)

[EUCO14] European Commission: Putting patients in the driver seat: A digital future for he-althcare. IP/12/1333. In: Digital Agenda for Europe. https://ec.europa.eu/digital-agenda/en/news/putting-patients-driving-seat-digital-future-healthcare (2012)

[EUKOM01] Europäische Kommission – Generaldirektion Regionalpolitik: Städte von morgen. Herausforderungen, Visionen, Wege nach vorn. http://ec.europa.eu/regional_poli-cy/sources/docgener/studies/pdf/citiesoftomorrow/citiesoftomorrow_final_de.pdf (2011)

[EVERS]   Evers, M.: Urban Planning Goes Digital in Spanish „Smart City". In: Spiegel On-
              line vom 14.03.2013. http://www.spiegel.de/international/world/santander-a-digi-
              tal-smart-city-prototype-in-spain-a-888480.html (2013)

[FAZN]   FAZ.Net: Google will offenbar Roboter-Taxis entwickeln. In: Faz.Net Aktuell vom
              24.08.2013. http://www.faz.net/aktuell/wirtschaft/netzwirtschaft/google/selbstfah-
              rende-autos-google-will-offenbar-roboter-taxis-entwickeln-12545056.html (2013)

[FAZ06]   FAZ.Net: Wehrt Euch. Enzensberger Regeln für die digitale Welt. In: Debatten.
              FAZ.Net. http://www.faz.net/aktuell/feuilleton/debatten/enzensbergers-regeln-fuer-
              die-digitale-welt-wehrt-euch-12826195.html (2014)

[FER]   Ferrer, N., et al.: Smart Cities. Stakeholder Platform. Financing models for smart
              cities. Von Smart Cities and Communities, EU. http://eu-smartcities.eu/content/fi-
              nancing-models-smart-cities (2013)

[FINKE]   Finkenzeller, K.: Der amerikanische Traum. Brand Eins. **11/14**, 138–143 (2014)

[FIRE01]   Schaffers, H., Komninos, N., Pallot, M.: Fireball White paper. Smart Cities as In-
              novation Ecosystems sustained by the Future Internet. hal-00769635, Version 1,
              2. Januar 2013. http://hal.archives-ouvertes.fr/docs/00/76/96/35/PDF/FIREBALL-
              White-Paper-Final2.pdf (2012)

[FIRE02]   Schaffers, H., Komninos, N., Tsarchopoulos, P., Pallot, M., Trousse, B., et al.: Land-
              scape and Roadmap of Future Internet and Smart Cities. https://hal.inria.fr/file/in-
              dex/docid/769715/filename/FIREBALL_D2.1_M24.pdf (2013)

[FLOR]   Florida, R.: The Rise of the Creative Class: And How it's transforming work, leisure,
              community and everyday life. Perseus Book Group, New York (2002)

[FRAUN01]   Weiner, N., et al.: Geschäftsmodelle im „Internet der Dienste". Aktueller Stand in
              Forschung und Praxis, Fraunhofer Institut für Arbeitswirtschaft und Organisation
              IAO, Fraunhofer Verlag, Stuttgart (2010a)

[FRAUN02]   Weiner, N., et al.: Geschäftsmodelle im „Internet der Dienste" – Trends und Ent-
              wicklungen auf dem deutschen IT-Markt, Fraunhofer Institut für Arbeitswirtschaft
              und Organisation IAO, Fraunhofer Verlag, Stuttgart (2010b)

[FRAUN7]   Fraunhofer-Gesellschaft zur Förderung der angewandten Forschung e. V.: Care-O-
              bot. Stuttgart. http://www.care-o-bot.de/de/contact.html (2014)

[FRAUN12]   Fraunhofer Allianz Ambient Assisted Living: universAAL. http://www.aal.fraunho-
              fer.de/projects/universAAL.html (2014)

[FROST]   Frost & Sullivan: Archana Amarnath, Sarwant Singh and Karen Parrish. Analyst
              Briefing: Global Smart City Market – A $ 1.5 Trillion Market Opportunity by 2020.
              Briefing Session, 5. September 2013. http://www.frost.com/prod/servlet/analyst-
              briefing-detail.pag?mode=open&sid=280678953 (2013)

[FROST02]   Frost & Sullivan: Top 20 Global Mega Trends and Their Impact on Business,
              Cultures and Society. By: Sarwant Singh, Partner. www.frost.com/prod/servlet/
              cpo/213016007 (2014)

[FROST03]   Frost & Sullivan: Urbanization Trends in 2020: Mega Cities and Smart Cities Bu-
              ilt on a Vision of Sustainability. www.frost.com/prod/servlet/cpo/213304107.pdf
              (2014)

[FUEST]   Fuest, B., Heuzeroth, T., Jüngling, T.: Google ist überall. In: Welt am Sonntag Nr. 3
              vom 19. Januar 2014. Rubrik Wirtschaft, Seite 32 (2014)

[FUJI]   Fujisawa: Fujisawa Sustainable Smart Town. http://panasonic.net/es/solution-
              works/fujisawa/ (2014)

[GAFF]   Gaffron, S.: Vorheizen, vorwaschen, vordenken. In: Die Welt am Sonntag. Vom
              11./12. Januar 2014. Rubrik Wissen Seite W1 (2014)

[GAM]   Gamero, R.: The role of Smart Cities in the evolution of cities. Public Policy Blog
              Telefonica S.A. http://www.publicpolicy.telefonica.com/blogs/blog/2012/11/23/the-
              role-of-smart-cities-in-the-evolution-of-cities/ (2012)

[GASSMANN]   Gassmann O., Frankenberger, K., Csik, M.: Geschäftsmodelle entwickeln. 55 in-
               novative Konzepte mit dem St. Galler Business Model Navigator. Carl Hanser
               Verlag, München (2013)
[GETTY]   Matoso Mecodo, D., Ficher, S.: Brasilia: Preservation of a Modernist City. In:
               Conservation Perspectives. The Getty Conservation Institute Newsletter, Spring
               2013. https://www.getty.edu/conservation/publications_resources/newslet-
               ters/28_1/brasilia.html (2013)
[GEIG]   Geiger, T.: Hallo, ich bin's, dein Auto. Lernende Auto-Systeme zwischen Fahrer
               und Fahrzeug. dpa (2014)
[GEISE]   Geiselberger, H., Moorstedt, T.: Big Data. Das neue Versprechen der Allwissen-
               heit. Suhrkamp Verlag, Berlin (2013)
[GIFF01]   Giffinger, R., Fertner, C., Kramar, H., Kalasek, R., Pichler-Milanovic, N., Mei-
               jers, E.: Smart Cities – Ranking of European Medium-Sized Cities, Research Re-
               port, Vienna, University of Technology, Vienna, Austria. http://www.smart-cities.
               eu/download/smart_cities_final_report.pdf (2007)
[GIGA]   Gil-Garcia, R.: Enacting Electronic Government Success. An Integrative Study of
               Government-wide Websites, Organizational Capabilities and Institutions. Sprin-
               ger Verlag, New York (2012)
[GILL]   Gillwald, K.: Konzepte sozialer Innovation. WZB paper: Querschnittsgruppe
               Arbeit und Ökologie. Berlin. Download von: WZB. http://bibliothek.wzb.eu/
               pdf/2000/p00-519.pdf (2000)
[GLÜS]   Glüsing, J.: 50 Jahre Brasilia. Vom Betonmonster zur Boomtown. In: Spiegel On-
               line vom 21. April 2010. http://www.spiegel.de/kultur/gesellschaft/50-jahre-bra-
               silia-vom-betonmonster-zur-boomtown-a-690333.html (2010)
[GOOGLE]   Page, L.: Anouncement of Calico. In: Google+. https://plus.google.com/+Larry-
               Page/posts/Lh8SKC6sED1 (2013)
[GOV01]   Department for Business Innovation & Skills: Smart Cities. Background Paper.
               October 2013. London. https://www.gov.uk/government/uploads/system/uploads/
               attachment_data/file/246019/bis-13-1209-smart-cities-background-paper-digital.
               pdf (2013)
[GRA]   Graham, M.: Big data and the end of theory? In: The Guardian, DataBlog. http://
               www.theguardian.com/news/datablog/2012/mar/09/big-data-theory (2012)
[GRATH]   McGrath, R.: Review of „Social Physics" by Alex Pentland. In McGrath's Blog.
               http://robertmcgrath.wordpress.com/the-next-big-thing/review-of-social-physics-
               by-alex-pentland/ (2014)
[GREE]   Greene, K.: Reality Mining. In: MIT Technology Review. http://mitpress.mit.edu/
               books/reality-mining (2008)
[GRIM]   Grimming, R.: 40 Jahre Intel „Nur die Paranoiden überleben". Süddeutsche Zei-
               tung Digitale Medien GmbH. München. http://www.sueddeutsche.de/digital/jah-
               re-intel-nur-die-paranoiden-ueberleben-1.590551 (2010)
[GROVE]   Gove, A.: Only the paranoid survive. Profile Books (1998)
[GRÜL]   Grüling, D.: Intelligenten Wohnungen gehört die Zukunft. Technik zu Hause. In:
               Die Welt vom 30.11.2013. http://www.welt.de/wissenschaft/article122392951/In-
               telligenten-Wohnungen-gehoert-die-Zukunft.html (2013)
[HAAS03]   Haas, D.: Im Alter bloß nicht abschalten. Im Kino: „Robot & Frank". In: Frank-
               furter Allgemeine Zeitung, Frankfurt am Main. http://www.faz.net/aktuell/feuil-
               leton/kino/im-kino-robot-frank-im-alter-bloss-nicht-abschalten-11938327.html
               (2012)
[HAMEL]   Hamel, G.: Leading the Revolution. Penguin Putnam Group. New York (2002)

[HAN01]   Byung-Chul, H.: Psychopolitik. Neoliberalismus und die neuen Machttechniken. S. Fischer Wissenschaft, Frankfurt a. M. (2014)

[HAN02]   Byung-Chul, H.: Im Schwarm. Ansichten des Digitalen. Matthes & Seitz, Berlin (2013)

[HAR]   Harms, K.: Zwei Buddys auf Diebestour. In: Focus Online. http://www.focus.de/kultur/kino_tv/filmstarts/filmkritik-robotundfrank-zwei-buddys-auf-diebestour-_aid_827412.html (2012)

[HARVA]   Auchincloss, J.: Social Physics as a Public Utility. http://datasmart.ash.harvard.edu/news/article/social-physics-as-a-public-utility-461 (2014)

[HATZELHOFFER1] Hatzelhoffer, L., et al.: Smart City konkret. Eine Zukunftswerkstatt in Deutschland zwischen Idee und Praxis. Jovis Verlag, Berlin (2012)

[HATZELHOFFER2] Hatzelhoffer, L.: Die ubiquitäre Stadt – Hype oder Blick in eine smarte Zukunft; Bauwelt 24/2011. Thema: Virtuelle Stadt, ubiquitäre Stadt (2011)

[HBR05]   Harvard Business Review: Harvard business review on rebuilding your business model. Harvard Business Review Press. Boston (2011)

[HELB]   Helbing, D.: Pluralistic Modelling of Complex Systems. http://arxiv.org/pdf/1007.2818.pdf (2010)

[HELM]   Helminger, P.: Luxembourg goes smart. http://summit2010.uni.lu/publish/100602%20VdL%20Future%20Internet%20def.pdf (2010)

[HEUZ]   Heuzeroth, T.: Herr im Haus. Das vernetzte Heim ist einer der wichtigsten Wachstumsmärkte der Technologie-Industrie. Nun steigt Apple mit seinem iPhone ein. In: Die Welt vom 28. Mai 2014. Rubrik: Wirtschaft, Seite 11 (2014)

[HIPPEL]   Hippel, E.: Democratizing Innovation. The MIT Press, Cambridge (2005)

[HIR]   Mikitani, H.: Market Place 3.0. Rewriting the rules of borderless business. Palgrave Macmillan. New York (2013)

[HIRIKO]   BeMobility: Projekt BeMobility 2.0 ist Partner des Projektes Hiriko Citycar. http://www.bemobility.de/bemobility-de/start/service/meldungen/3010904/pi_hiriko_db.html (2013)

[HITA]   Hitachi, Ltd.: Hitachi's Vision for Smart Cities – Seeking the Optimal Balance Among People, Places, Prosperity, and the Planet. Social Innovation Business Project Division. Smart City Project Division. http://www.hitachi.com/products/smartcity/download/pdf/whitepaper.pdf (2013)

[HOCH]   Hochgerner, J.: Smart Cities. Städte mit hohem „IQ" und vielen sozialen Innovationen. Zentrum für soziale Innovationen. https://www.zsi.at/de/object/news/2587 (2013)

[HOCH02]   Hochgerner, J.: Soziale Innovationen als Prozess der Gestaltung. Soziale Innovationen als Treiber technologischer Innovationen? ExpertInnengespräch III. Friedrich-Ebert-Stiftung, Berlin am 08. Februar 2013. http://www.fes.de/wiso/pdf/dienstleistung/2013/270213/Hochgerner.pdf (2013)

[HOF]   Hofstetter, Y.: Sie wissen alles. Wie intelligente Maschinen in unser Leben eindringen und warum wir für unsere Freiheit kämpfen müssen. C. Bertelsmann Verlag, München (2014)

[HOLLER]   Hollersen, W.: Die Macht der Mathematik. In: Welt am Sonntag. Rubrik Wissen. Nr. 36 vom 07. (September 2014)

[HOU]   Houle, D.: A Vision Creates a City of the Future. http://www.evolutionshift.com/blog/2008/03/12/a-vision-creates-a-city-of-the-future/ (2008)

[HUI]   Hui, Y.: The computational turn, or, a new Weltbild. In: The Journal for Thematic Dialogue, ISSN: 1176-5119. Vom 1. Dezember 2010. http://digitalmilieu.net/?p=70 (2010)

[HUT]   Hutchinson, F., Salazar, L.: LOW-INCOME TELEPHONE USERS IN ASIA. Hello, can you connect us? For The Straits Times. Source: The Straits Times, June 12 2007 – Review Section (2007)

[IBM01]   IBM: Smarter, More Competitive Cities. Forward-thinking cities are investing in insight today. http://public.dhe.ibm.com/common/ssi/ecm/en/pub03003usen/PUB03003USEN. PDF (2012)

[IBM05]   IBM: IBM Watson Accelerates Global Expansion. New York. http://www-03.ibm.com/press/us/en/pressrelease/45022.wss (2014)

[IBM06]   IBM: How to reinvent a city. Mayors' lessons from the Smart Cities Challenge. IBM Smarter Cities. White Paper. http://smartercitieschallenge.org/scc/executive_reports/IBM-SCC-How-to-Reinvent-a-City-Jan-2013-v2.pdf (2013)

[ICN]   Intelligent Cities: Fujisawa Sustainable Smart Town. http://www.intelligent-cities.net/News/33/FujisawaSustainableSmartTown.html (2014)

[IDC]   Clarke R. Y.: IDC Government Insights' Smart City Maturity Scape – Assessment and Action on the Path to Maturity. https://www.youtube.com/watch?v=XduWVnPjOOY. http://cloud-computing.tmcnet.com/news/2013/04/12/7058251.htm. http://de.slideshare.net/iotwf/idc-white-paper-smart-cities-and-the-io-t-27685693 (2013)

[IDC02]   Achaerandio, R., Bigliani, R., Curto, J., Gallotti, G.: Smart Cities Analysis in Spain 2012 – The Smart Journey. IDC Spain. http://www.portalidc.com/resources/white_papers/IDC_Smart_City_Analysis_Spain_EN.pdf (2012)

[IESE]   Costa, R., et al.: Which Are the World's „Smartest" Cities? In: IESE Insight. http://www.ieseinsight.com/doc.aspx?id=1582 (2014)

[IMS01]   IMS Health: IMS Health: Intelligence Applied. http://www.imshealth.com/portal/site/imshealth/menuitem.051a1939316f851e170417041ad8c22a/?vgnextoid=7311e590cb4dc310VgnVCM100000a48d2ca2RCRD&vgnextfmt=default (2014)

[IN]   Info-communications Development Authority of Singapore: Living the iN 2015 Vision. http://www.ida.gov.sg/Infocomm-Landscape/iN2015-Masterplan (2013)

[ISS]   International Joseph A. Schumpeter Society: Joseph Alois Schumpeter. http://www.iss-evec.de/images/titel.gif (2014)

[ITA]   Italiaander, R.: Architektur – ist Brasilia unmenschlich? Sozialkritisches Gespräch mit dem Architekten Oscar Niemeyer. In: Die Zeit vom 15. Dezember 1967. http://www.zeit.de/1967/50/ist-brasilia-unmenschlich (1967)

[ITS]   IST International: Insight into China's smart cities initiatives. http://www.itsinternational.com/categories/utc/features/insight-into-chinas-smart-cities-initiatives/ (2013)

[ITU]   ITU-T Technology Watch Report: Smart Cities Seoul: a case study. http://www.itu.int/dms_pub/itu-t/oth/23/01/T23010000190001PDFE.pdf (2013)

[JA01]   Jaekel, M., Bronnert, K.: Die digitale Entwicklung moderner Großstädte. Apps-basierte innovative Geschäftsmodelle für neue Urbanität, Springer Vieweg, München (2013)

[JA2]   Jaekel, M., Bronnert, K.: White paper: Apps-orientierte Geschäftsansätze auf der Basis von Cloud Computing. Atos IT-Solutions and Services GmbH, München (2011). http://competence-site.de/cloud computing/Apps-orientierte-Geschaeftsansaetze-auf-der-Basis-von-Cloud-Computing

[JA3]   Jaekel, M., Bronnert, K.: White Paper: Intelligente Mega Cities durch Cloud Computing-basierte-Dienste-Plattformen. Atos IT Solutions and Services GmbH, München (2012). http://www.bwcon.de/fileadmin/_bwcon/Newsletter-Bilder/2012/03_Maerz_2012/White_Paper_Intelligente_Mega_Cities_durch_Cloud_Computing-basierte_Dienste_Plattformen.pdf

[JA04]   Jaekel, M., Bronnert, K., Luhn, A.: Strategy Thesis Paper: Cloud Computing trifft das Smart Grid – Initial für eine Geschäftsmodellrevolution. Atos IT Solutions and Services GmbH, München (2010). http://2011.cebit-studio-mittelstand.de/dlf/8612a8a9429ae5b1a853d4b5cd546f4a

[JACOBS]   Jacobs, J.: The Death and Life of Great American Cities. S. 238. Random House, New York (1961)

[JAF01]   Jaffe, E.: How Are Those Cities of the Future Coming Along? In The Atlantic Monthly Group. The Atlantic Cities. http://www.theatlanticcitie.com/technology/2013/09/how-are-those-cities-of-the-future-coming-along (2013)

[JMAN]   Jackman, M.: How IT will shape the future of healthcare. In: The Guardian.com. http://www.theguardian.com/healthcare-network/healthcare-innovation-partner-zone/how-it-will-shape-future-healthcare (2014)

[JOD03]   Jodidio, P.: Oscar Niemeyer. Die ewige Morgenröte. Taschen Verlag, Köln (2012)

[KAGE]   Kageki, N.: An Uncanny Mind: Masahiro Mori on the Uncanny Valley and Beyond. In: IEEE Spectrum. http://spectrum.ieee.org/automaton/robotics/humanoids/an-uncanny-mind-masahiro-mori-on-the-uncanny-valley (2012)

[KANTER]   Moss Kanter, R., Litow, S.: Informed and Interconnected: A Manifesto for Smarter Cities. Harvard Business School Working Paper, 09-141. Harvard (2009)

[KASH]   Fudosan, M.: Advancement of Smart City Projects: Kashiwanoha Smart City Project. http://www.mitsuifudosan.co.jp/english/corporate/csr/2013/special/smartcity/02/index.html (2013)

[KAUF]   Kaufmann, J.: Smart Cities. Beispiele und mit der Umsetzung des Konzepts verbundene Problemlagen. Steiermark, Österreich. http://media.arbeiterkammer.at/stmk/Smart_Cities_2013.pdf (2013)

[KEETON]   Keeton, R.: New Songdo City. http://tegenlicht.vpro.nl/nieuws/inti/New-Songdo.html (2013)

[KEM]   Kempis, F. von: Mit 90 hat man noch Träume. In: Süddeutsche Zeitung vom 17. Mai 2012, München. http://www.sueddeutsche.de/leben/hightech-im-alter-mit-hat-man-noch-traeume-1.451490 (2012)

[KIE]   Kietzmann, N.: Zaha Hadid: Es gibt keine einfachen Formeln mehr. In: Premiumpark. Interview. http://www.premiumpark.de/interview/„es-gibt-keine-einfachen-formeln-mehr" (2014)

[KLÄS]   Kläschen, J.: iHealth. Besser leben mit Gesundheits-Gadgets. In: MacLife. (September 2013)

[KLEMP]   Klempert, O., Jüngling, T.: Eine Seele von Mensch. In: Welt am Sonntag, Wissen, 20. Mai 2012, Seite 62 (2012)

[KOEL]   Kölling, M.: Die vollelektronische Stadt. In: Die Welt. Rubrik Wissen. Samstag, 29. Oktober 2011, Seite 24 (2013)

[KOFI]   Kofi, A.: Die Zukunft der Menschheit liegt in den Städten. UNIC/273. http://www.unric.org/de/pressemitteilungen/4546 (2000)

[KOM]   Komninos, N., Schaffers, H., Pallot, M., Trousse, B., Nilsson, M., Oliveira, A.: Smart Cities and the Future Internet: Towards Cooperation Frameworks for Open Innovation. In Dominique J., et al. (Hrsg.) Future Internet Assembly, LNCS 665, S. 431–446, (2011). Open access at Springer Link.com

[KOM03]   Komninos, N.: Strategy: Singapore-Intelligent-Nation 2015, 26. August 2008. www.urenio.org/2008/08//26/strategy-singapore-intelligent-nation-2015 (2008)

[KÖNE]   Könekamp, T.: Fujisawa – Ökostadt der Zukunft in Japan. http://www.zuhause3.de/haus-und-bau/fujisawa-oekostadt-der-zukunft-in-japan#page0 (2013)

[KOR]   Korea IT Times: A Look into the Smart City. Tuesday March 6th 2012. http://www.koreaittimes.com/story/20111/look-smart-city (2012)

[KOTHE]   Kothenschulte, D.: Wir sind die Roboter. In: Frankfurter Rundschau. Film. http://www.fr-online.de/film/robot---frank-wir-sind-die-roboter,1473350,20708898.html (2013)

[KOTKIN]   Kotkin, J.: The World's Smartest Cities. In: Forbes Magazine. http://www.forbes.com/2009/12/03/infrastructure-economy-urban-opinions-columnists-smart-cities-09-joel-kotkin.html (2009)

[KREM]   Kremnidas, T.: Smart Cities of the Future. In: The Canadian Business Journal. Economic Policy Serie, October 2012. The Canadian Chamber of Commerce (2012)

[KRÜBRA]   Krüger-Brand, H.: Gemischte Bilanz. Forschungsprojekt Smart Senior. In: Dossier E-Health. Heft 41, (Oktober 2012)

[KUK]   Kuk, G., Janssen, M.: The Business Models and Information Architectures of Smart Cities. J. Urban Technol. 18(2), 39–52 (2011)

[KUL]   Kulke, U.: Die Stadt denkt mit. In: Welt HD. http://hd.welt.de/ausgabe-b/thema-des-tages/article131939520/Die-Stadt-denkt-mit.html (2014)

[KUN]   Kunde, D.: Wenn das Tattoo zweimal klingelt. In: Lufthansa Exclusive Nr. 9/2013. Seite 98–100 (2013)

[KURZ]   Kurzmaier, F., Möller, C., Müller, P., Woods, P.: iOS 8, OS X 10.10 und One More Thing? In: Macwelt 06/2014, Seite 10. IDG Tech Media GmbH, München (2014)

[KWO]   Kwon-Mee-yoo: Incheon to Be NE Asia Hub. In: The Korea Times vom 26. Februar 2010. http://www.koreatimes.co.kr/www/news/nation/2014/09/281_61524.html (2012)

[LA01]   Landry, C.: The creative city: A toolkit for urban innovations, 2. Aufl. Earthscan from Routledge, New York (2008)

[LEE]   Lee, H. J.: Smart City Governance. Standford Program on regions of innovation and entrepreneurship (2012)

[LEFEV]   Lefevre, M.: Moving Beyond the „Smart City" Paradigm. http://www.newcitiesfoundation.org/moving-beyond-smart-city-paradigm/ (2014)

[LEKAM]   Lekamge, S., Marasinghe, A.: Developing a Smart City Model that Ensures the Optimum Utilization of Existing Resources in Cities of All Sizes. IEEE Computer Society Washington, DC, USA ©2013. http://dl.acm.org/citation.cfm?id=2548793 (2013)

[LEO]   Leonidas, G., Anthopoulos, A.: Urban Planning and Smart Cities: Interrelations and Reciprocities. Springer-Verlag, Berlin (2011)

[LER]   Lerner, J.: Sing a song of cities. http://www.ted.com/talks/jaime_lerner_sings_of_the_city.html (2007)

[LIP]   Lippold, M.: Brüder, zur Sonne, zur Freiheit. Matt Damon soll in „Elysium" Menschen retten. N-tv.de. http://www.n-tv.de/leute/musikundfilm/Brueder-zur-Sonne-zur-Freiheit-article11171486.html (2013)

[LLOSA]   Mario Vargas Llosa: Technology is Killing The Very Idea of Culture. In: bricsmagazine.com. http://bricsmagazine.com/en/articles/mario-vargas-llosa-technology-is-killing-the-very-idea-of-culture (2014)

[LOTTER]   Lotter, W.: Wird schon schiefgehen. Brand Eins. 11/14, 34–44 (2014)

[LUME]   Lumetsberger, S. : Silberne Surfer. In: Kurier.at. 30.10.2012. http://kurier.at/karrieren/berufsleben/silberne-surfer/825.640(2012)

[LZT]   LZT: Big Data soll Epileptikern helfen. In: Frankfurter Allgemeine Zeitung vom 4. März 2014 Nr. 53, Seite 18 (2014)

[MAC]   Maciel, F.: Das Leben ist ein Hauch. Oscar Niemeyer (Darsteller), Fabiano Maciel (Regisseur). Brasilien (2009)

[MALE]   Malecki, E.: Hard and soft networks of urban competitiveness. Urban Stud. 29(5/6), 929–946 (2002)

[MANDL]   Mandl, B., Schaner, P.: Der Weg zum Smart Citizen-soziotechnologische Anforderungen an die Stadt der Zukunft; Proceedings REAL CORP 2012 Tagungsband, 14.–16. Mai 2012, Schwechat (Österreich) (2012)

[MARSH]   Marshall, A.: Big Data, Big Questions. Metropolis Magazine. https://www.metrop-
             olismag.com/June-2014/Big-Data-Big-Questions/index.php (2014)

[MAU]   Maulbecker, C., Henke, N., Wernicke, M.: Auf der Suche nach dem Gesundheits-
             system der Zukunft. In: Barmer Publikationen: Gesundheitswesen aktuell 2009.
             http://www.derwesten.de/wp-info/ein-blick-in-die-zukunft-des-gesundheitssys-
             tems-id368959.html (2009)

[MAUERS]   Mauersberg, S.: „Daten sind Macht". Interview in: Apotheken Umschau Nr. 19,
             Seite 19. Vom 8.11.2014 (2014)

[MAYER]   Mayer, J., Mutchler, P.: MetaPhone: The Sensivity of Telephone Metadata. http://
             webpolicy.org/2014/03/12/metaphone-the-sensitivity-of-telephone-metadata/
             (2014)

[MEIER]   Meier, M.: „Wir leben in der Steinzeit des virtuellen Zeitalters". In: Die Welt vom
             6. September 2013, Seite 29 (2013)

[MEIJ]   Meijer, A., Bolivar, M.P.R.: Governing the Smart City: Scaling-Up the Search for
             Socio-Techno Synergy. Edinburgh, September 2013. https://www.scss.tcd.ie/disci-
             plines/information_systems/egpa/docs/2013/BolivarMeijer.pdf (2013)

[MER]   Merchant, B.: How NASA's 1970s Vision of Space Colonies Inspired Neill Blom-
             kap's Elysium. http://motherboard.vice.com/blog/nasas-1970s-vision-of-space-co-
             lonies-inspired-neil-blomkamps-emelysiumem (2013)

[MIKI]   Hiroshi, M.: Marketplace 3.0: rewriting the rules of borderless business. Palgrave
             Macmillan, New York (2013)

[MITCH]   Mitchell, W. M.: Smart City 2020. In: Business Week vom 11. April 2006 (2006)

[MITCHELL]   Mitchell, W.J.: E-topia: Urban life, Jim – but not as we know it. The MIT Press,
             Cambridge (1999)

[MORGEN]   Morgenroth, M.: Sie kennen dich! Sie haben dich! Sie steuern dich! Droemer Ver-
             lag, München (2014)

[MSCITE]   European Parliament: Mapping Smart Cities in the EU. Directorate-General for
             Internal Policies. Policy Department. Economic and Scientific Policy. http://
             www.europarl.europa.eu/RegData/etudes/etudes/join/2014/507480/IPOL-ITRE_
             ET(2014)507480_EN.pdf (2014)

[MÜ03]   Müller-Jung, J.: Der Computer ersetzt den Arzt. In: Frankfurter Allgemeine Zei-
             tung. Nr. 63 vom 15. März 2014, Seite 14 (2014)

[MUR]   Murray, A., Minevich, M., Abdoullaev, A.: „Being smart about smart cities". KM
             World (October 2011)

[NAM]   Nam, T., Pardo, T.A.: Conceptualizing Smart City with dimensions of technolo-
             gy, people, and institutions. Proceedings of the 12th Annual International Digital
             Government Research Conference: Digital Government Innovation in Challenging
             Times. Pages 282–291. ACM New York, NY, USA (2011)

[NEC]   NEC: Smart city. NEC Smart City solutions support cities as they evolve. http://
             de.nec.com/de_DE/global/ad/campaign/smartcity/index.html (2014)

[NE01]   Negroponte, N.: Total digital. Die Welt zwischen 0 und 1 oder Die Zukunft der
             Kommunikation. Goldmann Verlag, München (1997)

[NIEMEY]   Niemeyer, O.: Wir müssen die Welt verbessern. Verlag Antje Kunstmann GmbH,
             München (2013)

[NIEMEY02]   Niemeyer, O.: The Curves of Time: The Memoirs of Oscar Niemeyer. Phaidon,
             London (2007)

[NORVIG]   Norvig, P.: All we want are the facts, ma'am. http://norvig.com/fact-check.html
             (2009)

[NUTTER]   Nutter, M.: City Wide Vision. Philadelphia 2035. Mayor Michael A. Nutter. http://
             phila2035.org/home-page/city/ (2011)

[OC]   Open Cities: Open Cities. http://opencities.net (2013)

[ODB]   Open Data Day Berlin: Open Data Day Berlin. http://www.berlin.opendataday.de
            (2013)

[OGD]   Open Government Data Wien: Open Government Data Wien. http://data.wien.gv.at
            (2013)

[ORE]   Ore: So durchschaubar sind wir. In: Spiegel Online vom 29. Oktober 2014. http://www.
            spiegel.de/netzwelt/web/datenschutz-der-datenschatten-von-malte-spitz-a-999554.
            html (2014)

[OSW]   Oswald, A.: Brasília – die ideale Stadt?: Rückblick auf einen utopischen Stadtentwurf
            und seine Bewährung in der Praxis. In: Der Tagesspiegel. Kultur. http://www.tagesspie-
            gel.de/kultur/braslia-die-ideale-stadt-rueckblick-auf-einen-utopischen-stadtentwurf-
            und-seine-bewaehrung-in-der-realitaet/146546.html (2000)

[OUD]   Gemeente Eindhoven: Vision and roadmap urban lightning Eindhoven 2030. Research
            Results July 2013. http://www.ili-lighthouse.nl/Images/RoadmapEhv2030EN.pdf
            (2013)

[OUROU]   Ouroussoff, N.: Zaha Hadid: A Diva for the Digital Age. In: The New York Times. Ar-
            chitecture Review. http://www.nytimes.com/2006/06/02/arts/design/02hadi.html?pa-
            gewanted=all (2006)

[PAES]   Paes, E.: The four commandments of cities. Ted Talks vom April 2012. http://www.ted.
            com/talks/eduardo_paes_the_4_commandments_of_cities.html (2012)

[PEL]   Pelton, J., Singh, I.: Future Cities: Designing better, smarter, more sustainable and se-
            cure cities. Intelligent Community Forum, New York (2009)

[PHI]   Philips: Barcelona and Philips have signed a collaboration agreement on the subject of
            Smart Cities. Philips Press Release. http://www.newscenter.philips.com/main/standard/
            news/press/2014/20140519-barcelona-city-council-and-philips-sign-a-collaboration-
            agreement.wpd#.VKWN8lorZi0 (2014)

[PEMB]   PEMB Barcelona: 28. 22@Barcelona, the innovation district. The 22@Barcelona dis-
            trict initiates the development of a new area focussed on the smart cities sector. http://
            www.pemb.cat/en/?projecte=22barcelona-the-innovation-district-4 (2013)

[PI]   Pistilli, R.: Ein Blick in die Zukunft des Gesundheitssystems. In: Der Westen. West-
            fälische Allgemeine Zeitung. WAZ. http://www.derwesten.de/wp-info/ein-blick-in-die-
            zukunft-des-gesundheitssystems-id368959.html (2009)

[PIAI]   Piai, S., Claps, M.: Enabling Sustainable and Healthier Living in the Urban Era: the He-
            althier Cities Maturity Model. In: IDC Health Insights. http://www.microsoft.com/glo-
            bal/eu/RenderingAssets/pdf/IDC%20paper%20Microsoft%20Healthier%20Cities_19.
            pdf (2013)

[PIGLIU]   Pigliucci, M.: The end of theory in science? Eur. Mol. Biol. Organ. **10**(6). 2009. http://
            www.ncbi.nlm.nih.gov/pmc/articles/PMC2711825/

[POG]   Poggenpohl, J., Müller, M., Köhler, S.: Die bewegliche Stadt. Auf der Suche nach
            Friedrichshafens Gesicht. Gessler, Friedrichshafen (2012)

[POST]   Postinett, A.: Im Zeitalter der „Bornmobiles". In: Handelsblatt vom 9. Januar 2013, Nr.
            6. Seite 21–22 (2013)

[POSTI]   Postinett, A.: Das Eldorado der Gründer. In: Handelsblatt vom 16.08.2012. http://
            www.handelsblatt.com/unternehmen/it-medien/silicon-valley-das-eldorado-der-gruen-
            der-/6759562.html (2012)

[PUL]   Pulakkat, H.: How smart tech is drawing city of tomorrow. In: The Times of India,
            01.01.2014. http://timesofindia.indiatimes.com/articleshow/10593075.cms (2011)

[QUE]   Quercia, D.: Do you want to help build a happier city? In BBC global Minds. http://
            www.bbc.com/future/story/20131213-how-to-build-a-happier-city (2013)

[RATTI]   Ratti, C.: Lecture. Forum on Future Cities. MIT SENSEable City Lab and the Rocke-
             feller Foundation, Cambridge, MA, April 12, 2011. http://techtv.mit.edu/collections/
             senseable/videos/12257-smart-smarter-smartest-cities (2011)

[RATTI02]   Ratti, C.: Format City. Ein neues Betriebssystem für das Konzept Stadt. In: The
             European. http://www.theeuropean.de/carlo-ratti/7634-ein-neues-betriebssystem-
             fuer-das-konzept-stadt (2014)

[RAU]   Rauterberg, H.: Wir sind die Stadt! Urbanes Leben in der Digitalmoderne. Suhr-
             kamp Verlag, Berlin (2013)

[RHO]   Rhode, F., Loew, T.: Smart City: Begriff, Charakteristika und Beispiele, Materialien
             der Wiener Stadtwerke zur nachhaltigen Entwicklung, Nr. 7 (2011)

[RIB]   Ribbeck, E.: Megastädte. http://www.bpb.de/gesellschaft/staedte/megastaed-
             te/64691/stadtplanung-in-megastaedten?p=all (2008)

[RIEDER]   Rieder, D.G.: Heute schon gesurft: Der Silberne Surfer – Mythos und Wirklichkeit.
             In: Frankfurter Allgemeine Zeitung. Von Rieder/Seniorentreff.de http://www.faz.
             net/asv/50-plus-lifestyle-reise/heute-schon-gesurft-der-silberne-surfer-mythos-und-
             wirklichkeit-11969420.html (2014)

[RIES]   Ries, E.: The Lean Startup: How Constant Innovation Creates Radically Successful
             Businesses. Portfolio Penguin; Auflage: Trade Paperback. (6. Oktober 2011). Pen-
             guin Group USA (2011)

[RIO]   Rio del, V., Siembieda, W.: Beyond Brasilia. Contemporary Urbanism in Brazil.
             University Press of Florida, Florida (2010)

[ROB]   Robinson, R.: The six steps to a Smarter City; and the philosophical imperative for
             taking them (updated). http://theurbantechnologist.com/2012/11/13/the-six-steps-to-
             a-smarter-city-and-the-philosophical-imperative-for-taking-them-updated/ (2012)

[ROB02]   Robinson, R.: Smart City myths and misconceptions. The Urban Technologist.
             http://theurbantechnologist.com/2013/07/14/smarter-city-myths-and-misconcepti-
             ons/ (2013)

[ROB05]   Robinson, R.: The new architecture of Smart Cities. The Urban Technologist. http://
             theurbantechnologist.com/2012/09/26/the-new-architecture-of-smart-cities/ (2012)

[ROBO]   European FET Flagship Program: Robot Companions for Citizens. http://www.ro-
             botcompanions.eu/ (2014)

[ROJ01]   Rojas, A.: Interview with former NASA space station director on Elysium and
             UFO's. http://www.openminds.tv/interview-with-former-nasa-space-station-direc-
             tor-on-elysium-and-ufos/23223 (2013)

[ROSEN]   Rosenfelder, A.: Letze Dinge. In: Welt am Sonntag vom 19. Januar 2014, Seite 45
             (2014)

[SAN]   Sankhe, S., et al.: India's urban awakening: Building inclusive cities, sustaining eco-
             nomic growth in New York: McKinsey Global Institute, McKinsey & Co., April
             2010. http://www.mckinsey.com/insights/mgi/research/urbanization/urban-_awake-
             ning_in_india (2010)

[SAR]   Saringer-Bory, M., Pol, et al.: ÖIR/AIT. Smart Cities Net, (2012)

[SB]   SB: Block auf Speed. Rem Koolhaas baut Springer-Campus in Berlin. In: Baunetz
             vom 26.03.2014. http://www.baunetz.de/meldungen/Meldungen-Rem_Koolhaas_
             baut_Springer-Campus_in_Berlin_3508687.html (2014)

[SCC]   Smart Cities Council: The SCC Readiness Guide. Version 1.0. http://smartcitie-
             scouncil.com/smart-cities-information-center/the-scc-readiness-guide (2014)

[SCHACH]   Schachinger, A.: Vortrag über „Was ist Health 2.0?", xinnovations, E-Health Forum
             am 20. September 2011, healthcare42.com, Berlin (2011)

[SCHAFF01]   Schaffers, H., et al.: D 2.1 – Landscape and Roadmap of Future Internet and Smart
             Cities (M24). Framework Programme 7, Theme 3, Objective 1.6. ICT – Information
             and Communication Technologies. http://hal.archives-ouvertes.fr/docs/00/76/97/15/
             PDF/FIREBALL_D2.1_M24.pdf (2012)

[SCHAFF02]   Schaffers, H., et al.: Smart Cities as Innovation Ecosystems sustained by the Future Internet. Fireball White Paper. http://www.urenio.org/wp-content/uploads/2012/04/2012-FIREBALL-White-Paper-Final.pdf (2012)

[SCHERER]   Scherer, F.M.: Schumpeter and plausible capitalism. J. Econ. Lit **30**, 1416–1433 (1992)

[SCHIEFFER]   Schieferdecker, I.: Wie werden Städte intelligent? Ansätze und Initiativen – eine Übersicht. FOKUS, Fraunhofer Institute for Open Communication Systems, Berlin (2010)

[SCHLA]   Schlaffer, H.: Die City. Straßenleben in der geplanten Stadt, zu Klampen ESSAY (2013)

[SCHMI]   Schmidt, E.: Second Annual Washington Ideas Forum, 1. Oktober 2010. http://www.theatlantic.com/technology/archive/2010/10/googles-ceo-the-laws-are-written-by-lobbyists/63908/ (2010)

[SCHMIEDER]   Schmiederer, E.: HAL, der Bordcomputer aus „2001 – Odyssee im Weltraum", feiert Geburtstag. In: Zeit Online Wissen. http://www.zeit.de/1997/14/hal.txt.19970328.xml (1997)

[SCHNEI]   Schneider, P.: „Den Fisch ins Boot ziehen". Archit – Der Spiegel **21**, 178–181 (1997)

[SCHNEID]   Schneider, J.: Selbst 2016 scheint gefährdet. In: Süddeutsche Zeitung vom 29.03.2014. http://www.sueddeutsche.de/politik/flughafen-berlin-brandenburg-selbst-scheint-gefaehrdet-1.1924528 (2014)

[SCHREM]   Schremmer, C., et al.: Smart City & Region – Pilotstudie. Endbericht 2013. Österreichisches Institut für Raumplanung – ÖIR GmbH. Wien (2013)

[SCHU06]   Schulz, O.: Vor 50 Jahren aus dem Boden gestampft. Brasilia, die neue Hauptstadt Brasiliens. In: Deutschlandfunk – Eine Welt. Beitrag vom 21.10.2006. http://www.deutschlandfunk.de/vor-50-jahren-aus-dem-boden-gestampft.799.de.html?dram:article_id=120142 (2006)

[SCHUM]   Schumpeter, J.: Theorie der wirtschaftlichen Entwicklung. Berlin (1912)

[SCHUS]   Schuster, W.: Nachhaltige Städte – Lebensräume der Zukunft. Kompendium für eine nachhaltige Entwicklung der Stadt Stuttgart. Oekom, München (2013)

[SCHWE]   Schwerfel, H.: Wo der Beton tanzt. In: Häuser No 1. 2014 (2014)

[SEIBEL]   Seibel, A.: Und das war's dann mit der Zukunft. In: Die Welt. Forum. Freitag, 6. (September 2013)

[SEN]   Sennett, R.: The stupefying smart city. December 2012. http://lsecities.net/media/objects/articles/the-stupefying-smart-city/en-gb/ (2012)

[SHAP]   Shapiro, C., Varian, H.: Information Rules: A Strategic Guide to the Network Economy. Harvard Business Review Press. Boston (1998)

[SIEBEL]   Siebel, W.: Die Zukunft der Städte. In: Aus Politik und Zeitgeschichte APuZ 17/2010. http://www.bpb.de/apuz/32805/die-zukunft-der-staedte?p=all (2010)

[SIMA]   Simanowski, R.: Digitale Verheißungen – und eine Prise Schattenseite. In: Frankfurt Allgemeine Zeitung, Wirtschaft vom 21.02.2001 (2001)

[SIMAN]   Simanowski, R.: Data Love. Matthes & Seitz, Berlin (2014)

[SINGER]   Singer, N.: Mission Control, Built for Cities. In: The New York Times. 3. März 2012. http://www.nytimes.com/2012/03/04/business/ibm-takes-smarter-cities-concept-to-rio-de-janeiro.html?pagewanted=all&_r=0 (2012)

[SMARE]   Amt der oberösterreichischen Landesregierung, Direktion Präsidium: SMART REGIONS. Beispiele zur Vernetzung technologischer und sozialer Innovationen für die Zukunft. Oberösterreichische Zukunftsakademie, Linz (2013)

[SMASE01]   Bundesministerium für Bildung und Forschung: Smart Senior: Intelligente Dienste und Dienstleistungen für Senioren. Projektreport. Berlin. http://www.izm.fraunhofer.de/content/dam/izm/de/documents/News-Events/News/2012/Smart-Senior%20Projektreport_2012-09-07_final.pdf (2012)

[SMITH]   Smith, D.: The battle for urban intelligence. CRI **3**(3), (September 2012)

[SOM]   Sommer, M.: The Rise and Fall and Eventual Rise Again of the „Smart City". A conversation with „Smart Cities" author Antony Townsend. In: From the Atlantic CITYLAB.   http://www.citylab.com/tech/2014/01/rise-and-fall-and-eventual-rise-again-smart-city/8081/ (2014)

[SPIE]   Spiesser, R.: Fremde im Fond. In: Der Tagesspiegel vom 11. Dezember 2012/ Nr. 21540 (2012)

[SPIRO]   Spiro, N.P.: „A Competitive Model for Technology and City Planning: The Synergy of a Digital Urban Grid, a Wireless Cloud and Digital Architecture", Ubiquitous City, 2006.   http://www.gsd.harvard.edu/images/content/5/4/541042/proj-pollalis-digital-urban-grid-GSD-paper-3.pdf (2006)

[SPITZ]   SPITZ, M.: Was macht ihr mit meinen Daten? Hoffmann und Campe, Hamburg (2014)

[SOMA]   www.sozialmarie.rog: Soziale Innovationen – Definition. http://www.sozialmarie. org/soziale_innovation_1 (2014)

[SPO]   Grow, J.: Can We Use Big Data to Make Society Better? Interview with Alex Pentland. In: Spiegel Online vom 26.05.2014. http://www.spiegel.de/international/ zeitgeist/scientist-alex-pentland-argues-big-data-can-be-used-to-improve-society-a-970443.html (2014)

[STATI01]   Statistische Ämter des Bundes und der Länder: Demografischer Wandel in Deutschland. In Heft 1: Bevölkerungs- und Haushaltsentwicklung im Bund und in den Ländern. Statistisches Bundesamt, Wiesbaden (2011). https://www.destatis.de/DE/ Publikationen/Thematisch/Bevoelkerung/VorausberechnungBevoelkerung/Bevoel-kerungsHaushaltsentwicklung5871101119004.pdf?__blob=publicationFile

[STE]   Stephan, C.: Die Leute brauchen Schönheit. Der Spiegel **50**, 170–172 (2007)

[STO]   Stoldt, T.: Städte der Zukunft. Armut hat eine Himmelsrichtung. In: Die Welt vom 28.12.2013.   http://www.welt.de/regionales/duesseldorf/article123328741/Armut-hat-eine-Himmelsrichtung.html (2013)

[STOCK]   Stockholm: Vision 2030. A Guide to the Future. City of Stockholm Executive Office. http://international.stockholm.se/globalassets/ovriga-bilder-och-filer/framtidsgui-den_eng.pdf (2014)

[STOTT]   Stott, R.: Who Will Design Our Smart Cities? (Hint: Not Architects). http://www. archdaily.com/482837/who-will-design-our-smart-cities-hint-not-architects/ (2014)

[STRÜ]   Ernst Strüngmann Forum: Better Doctors, Better Patients, Better Decisions. Envisioning Health Care 2020. In: Gigerenzer, G., Gray, M. (Hrsg.) Strüngmann Forum Reports, Frankfurt a. M. (2009)

[SUEL]   Suelmann, C.: Elektronische Patientenakten: Deutschland und Österreich im Vergleich Literatur und Links. Deutsch. Ärztebl. **110**(39), (2013) [8]. http://www.aerzte-blatt.de/archiv/146894/Elektronische-Patientenakten-Deutschland-und-Oesterreich-im-Vergleich-Literatur-und-Links

[SULLI]   Sullivan, K.: Wellpoint CEO: Technology, smartphones will shape healthcare's future. In: FierceHealthcare. http://www.fiercehealthcare.com/story/wellpoint-ceo-tech-nology-smartphones-will-shape-healthcares-future/2014-03-31 (2014)

[TALB]   Talbot, D.: Ultraprivate Smartphones. MIT Technology Review. http://www.techno-logyreview.com/featuredstory/526496/ultraprivate-smartphones/ (2014)

[TALEB]   Taleb, N.N.: Der Schwarze Schwan: Die Macht höchst unwahrscheinlicher Ereignisse. Deutscher Taschenbuchverlag, München (2010)

[TALEB02]   Taleb, N.: Antifragilität: Anleitung für eine Welt, die wir nicht verstehen. btb Verlag. München (2014)

[TASCHEN]   Jodidio, P.: Jean Nouvel. Taschen Verlag (2012)

[TAUBE]	Taube: Taube trifft: Stephanie Czerny. „Ich finde Skypen grässlich." In: Welt am Sonntag Nr. 3 vom 19. Januar 2014. Seite 36, Rubrik Wirtschaft (2014)
[TEECE]	Teece, D.: Business Models, Business Strategy and Innovation. Long Range Plann. **43**, 172–194 (2010). http://www.elsevier.com/locate/lrp
[TERRA]	Vasek, T.: Maschinen wie wir. In: Terramater, August & September 2013, S. 141–154. Red Bull Media Hause GmbH. Wals-Siezenheim (2013)
[THINKNOW]	Innovation Cities Index: City innovation economy classifications and rankings, 2014. Based on 2thinknow analyst interpretation of 162 city indicators. http://www.innovation-cities.com/innovation-cities-index-2014-global/8889 (2014)
[TIM]	Timm, T.: Die Hausdenker. In: Zeit Online Kunst vom 24. April 2014. http://www.zeit.de/2014/18/rem-koolhaas-biennale-venedig (2014)
[TOWN]	Townsend, A.M.: Smart Cities: big data, civic hackers, and the quest for a new utopia. W.W. Norton & Company Inc., New York (2013)
[TRIAS]	Trias, X.: Barcelona. A new urban vision. Von Xavier Trias, Bürgermeister von Barcelona. http://w110.bcn.cat/portal/site/Alcalde/menuitem.324915bcba5b5 254bc12bc12a2ef8a0c/?vgnextoid=235dd59e482dc310VgnVCM1000001947 900aRCRD&vgnextchannel=6c1458801398b310VgnVCM10000072fea8c0R-CRD&vgnextfmt=formatDetall&lang=en_GB (2014)
[TSB]	Erbstößer, A.C.: Smart City Berlin. Urbane Technologien für Metropolen. Technologie Stiftung Berlin. http://www.technologiestiftung-berlin.de/fileadmin/daten/media/publikationen/140213_Studie_SmartCity.pdf (2014)
[TU01]	Technische Universität Berlin: Das TU Berlin Urban Lab. http://www.smartcity.tu-berlin.de/ (2014)
[TUD]	Technische Universität Darmstadt: Digital Humanities in der Literaturwissenschaft (Computerphilologie). http://www.digitalhumanities.tu-darmstadt.de/index.php?id=37 (2014)
[TXL]	Flughafen Berlin Brandenburg: Das ist er: Der neue Flughafen Berlin Brandenburg Willy Brandt. http://m.berlin-airport.de/de/txl/infos-und-mehr/pressemitteilungen/2011/2011-06-09-neuer-flughafen-berlin-brandenburg/index.php (2011)
[UEHL]	Uehlecke, J.: Stadtplanung. Die Stadt der Zukunft. http://www.zeit.de/online/2009/06/Architektur-Zukunft (2009)
[UN01]	United Nations: World Population Ageing 2007. Department of Economic and Social Affairs. Population Division. New York (2007). http://www.un.org/esa/population/publications/WPA2007/wpp2007.htm
[UN02]	United Nations: State of World Population 2010. Population Fund, New York (2010). http://www.unfpa.org/swp/2010/web/en/pdf/EN_SOWP10.pdf
[UN05]	United Nations Organization of Economic and Social Affairs: E-Participation: Empowering People through Information Communication Technologies (ICTs). http://www.un.org/esa/socdev/egms/docs/2013/ict/DennisAnderson.pdf (2013)
[UNEP]	UNEP: Cities. Investing in Energy and Ressource Efficiency. In: Towards a Green Economy, Nairobi, S. 457 (2012)
[VELO01]	Ahmed, A., Olander, S.: Velocity. The seven new laws for a world gone digital. The Random House Group Limited. Croydon (2012)
[VER]	Verhulst, S., Root, J.: Re-imagining Cities. In: Medium. https://medium.com/@sverhulst/re-imagining-cities-322f015bbc0b (2014)
[VET]	VET/DPA: Start-ups in Berlin. Zwischen Hype und Realität. In: Spiegel Online. http://www.spiegel.de/karriere/berufsstart/start-ups-in-berlin-sollen-100-000-neue-jobs-bis-2020-schaffen-a-942714.html (2014)
[VISE]	Vise, D.: The Google Story. Bantam Dell Publishing Group. New York (2008)
[VOß]	Voß, O.: „Park2gether": Daimler will Parkplatz-Sharing in deutschen Großstädten. In: Wirtschaftswoche vom 30.11.2013 (2013)

[WAKE]   Wakefield, J.: Building cities of the future now. BBC Technology Reporter, 21.
              Februar 2013. http://www.bbc.co.uk/news/technology-20957953 (2013)
[WALL]   Wallace, R.: Smart city planned from scratch may still be in search of a Seoul.
              Tokyo Correspondent. 4 August 2012. http://www.theaustralian.com.au/news/
              world/smart-city-planned-from-scratch-may-still-be-in-search-of-a-seoul/story-
              e6frg6so-1226442490445# (2012)
[WEIS]   Weiser, M.: The Computer for the 21st Century. In: Scientific American. http://
              www.ubiq.com/hypertext/weiser/SciAmDraft3.html (1991)
[WELT06]   Die Welt: Japanische Datenbrillen gegen "Glass". In: Die Welt HD vom
              09.10.2014.   http://hd.welt.de/ausgabe-b/apps-computer-b/article133045550/Ja-
              panische-Datenbrillen-gegen-Glass.html (2014)
[WES01]   Wessel, M., Christensen, C.: So überleben Sie disruptive Innovationen. Harv. Bus.
              Manag. **35**, 20–31 (2013), Hamburg
[WEST]   Westwood, J., et al.: Medicine meets Virtual Reality. In: Proceedings of Medicine
              Meets Virtual Reality 6, Bd. 50. IOS Press, Inc., San Diego (1998)
[WESTLAKE]   Westlake, S.: Telemedicine: The Future of Healthcare is Now. In: Consumer Eagle.
              http://www.consumereagle.com/2014/03/28/telemedicine-the-future-of-healthca-
              re-is-now/ (2014)
[WEY]   Weyer, J.: Techniksoziologie. Genese, Gestaltung und Steuerung sozio-technischer
              Systeme. Juventa Verlag, Weinheim (2008)
[WIE01]   Wiener Stadtwerke Holding AG: Smart City: Begriff, Charakteristika und Beispie-
              le. Materialien der Wiener Stadtwerke zur nachhaltigen Entwicklung. Nummer 7.
              Wien (2011)
[WIEN02]   http://www.citybikewien.at/ (2014)
[WIKI01]   Wikipedia.org: Stadt. http://de.wikipedia.org/wiki/Stadt (2014)
[WIKI03]   Wikipedia.org.: Brasilia. http://de.wikipedia.org/wiki/Brasilia (2014)
[WIKI06]   Wikipedia.org: Masdar. http://de.wikipedia.org/wiki/Masdar (2014)
[WIKI07]   Wikipedia.org: New Songdo City. http://de.wikipedia.org/wiki/New_Songdo_City
              (2014)
[WIKI09]   Wikipedia.org: Schöpferische Zerstörung. http://de.wikipedia.org/wiki/
              Sch%C3%B6pferische_Zerst%C3%B6rung (2014)
[WIKI11]   Wikipedia Foundation Inc.: Robot & Frank. http://de.wikipedia.org/wiki/Ro-
              bot_%26_Frank (2014)
[WIKI12]   Wikipedia Foundation Inc.: Turing-Test. http://de.wikipedia.org/wiki/Turing-Test
              (2014)
[WIKI17]   Wikipedia Foundation Inc.: Soziale Innovation. http://de.wikipedia.org/wiki/So-
              ziale_Innovation (2014)
[WIKI 18]   Wikipedia Foundation Inc.: Personalisierte Medizin. http://de.wikipedia.org/wiki/
              Personalisierte_Medizin (2014)
[WIKI 23]   Wikipedia Foundation Inc.: Hype-Zyklus. http://de.wikipedia.org/wiki/Hype-Zyk-
              lus (2014)
[WIKI31]   Wikipedia Foundation Inc.: 1984 (advertisement). http://en.wikipedia.org/
              wiki/1984_(advertisement) (2014)
[WIKI32]   Wikipedia Foundation Inc.: Digital humanities. http://en.wikipedia.org/wiki/Digi-
              tal_humanities (2014)
[WIKI34]   Wikipedia Foundation Inc.: Künstliche Intelligenz. http://de.wikipedia.org/wiki/
              Künstliche_Intelligenz (2014)
[WIKI35]   Wikipedia Foundation Inc.: Big Data. http://de.wikipedia.org/wiki/Big_Data
              (2014)
[WIKI36]   Wikipedia Foundation Inc.: Auguste Comte. http://de.wikipedia.org/wiki/Augu-
              ste_Comte (2014)

[WIKI37]   Wikipedia Foundation Inc.: Emergenz. http://de.wikipedia.org/wiki/Emergenz
              (2014)

[WIKI38]   Wikipedia Foundation Inc.: Elektronische Gesundheitsakte. http://de.wikipedia.org/
              wiki/Elektronische_Gesundheitsakte (2014)

[WIKI39]   Wikipedia Foundation Inc.: Flughafen Berlin Brandenburg. http://de.wikipedia.org/
              wiki/Flughafen_Berlin_Brandenburg (2014)

[WIKI40]   Wikipedia Foundation Inc.: Flughafen Berlin-Tegel. http://de.wikipedia.org/wiki/
              Flughafen_Berlin-Tegel (2014)

[WIKI41]   Wikipedia Foundation Inc.: Fehlerkultur. http://de.wikipedia.org/wiki/Fehlerkultur
              (2014)

[WIKI42]   Wikipedia Foundation Inc.: Torre Agbar. http://de.wikipedia.org/wiki/Torre_Agbar
              (2014)

[WIKI44]   Wikipedia Foundation Inc.: Barcelona. http://en.wikipedia.org/wiki/Barcelona
              (2014)

[WIKIQ01]   Wikiquote: Goerge E. P. Box. http://en.wikiquote.org/wiki/George_E._P._Box
              (2014)

[WIL01]   Williamson, L.: Tomorrow's cities: Just how smart is Songdo? BBC News Techno-
              logy. 2. September 2013. http://www.bbc.co.uk/news/technology-23757738 (2013)

[WILKE]   Wilke, H.: Smart Governance: Governing the Global Knowledge Society. Campus
              Verlag; Auflage: 1, 12. März 2007 (2007)

[WILLETT]   Willett, M.: The 20 Best Cities On The Planet. In: Business Insider. http://www.busi-
              nessinsider.com/iese-smartest-cities-in-motion-index-2014-5?IR=T (2014)

[WOZ]   Wozniak, S.: Never trust a computer you can't throw out a window. http://keepcal-
              mandprogram.me/post/76328828067/never-trust-a-computer-you-cant-throw-out-a
              (2009)

[ZAPF]   Zapf, W.: Über soziale Innovationen. Soz. Welt **40**(1/2), 170–183 (1989)

[ZSCHÄ]   Zschäpitz, H.: Europa ist intellektuell bankrott. Interview mit Edmund Phelps.
              In: Die Welt vom 25.08.2014. http://www.welt.de/print/die_welt/wirtschaft/artic-
              le131557267/Europa-ist-intellektuell-bankrott.html (2014)

[ZUKU]   Oberösterreichische Zukunftsakademie: Smart Regions. Beispiele zur Vernetzung
              technologischer und sozialer Innovationen für die Zukunft. Redaktion: Peyrt, R. und
              Bernhard, K. http://www.ooe-zukunftsakademie.at/Best_Practice_Beispiele_Blatt-
              sammlung_neu_Trennblaetter.pdf (2013)

Stichwortverzeichnis

© Springer Fachmedien Wiesbaden 2015

M. Jaekel, *Smart City wird Realität*, DOI 10.1007/978-3-658-04455-8

Printed in the United States
By Bookmasters